21世纪高等职业教育创新型精品规划教材

报关与国际货运专业单证实务

Documents Practice in Customs and International Forwarding

主　编　孙　康　王瑞华　朱　蕾
副主编　董　敬　童结红　赵　阔　黄秀丹
参　编　陈　冀　徐　军　王桂英
主　审　张援越

天津大学出版社
TIANJIN UNIVERSITY PRESS

内容提要

为了深入地探索对高等职业技能型人才的培养，努力构建以学生就业为导向，以职业岗位能力为核心，以工作任务为主线，以专业素质为基础的职业性课程体系，本书打破了传统单证类教材的体系结构，以报关与国际货运这一特定领域为基础，系统地阐述了各项主要单证的种类、作用、格式、内容和缮制方法。此外，书中还加入了业务中必须熟知的报关常用英语、运输常用英语等专业英语知识和相关法律法规，为读者提供了更全面、更前沿的报关知识信息。

图书在版编目(CIP)数据

报关与国际货运专业单证实务/孙康，王瑞华，朱蕾编. —天津：天津大学出版社，2010.1
21世纪高等职业教育创新型精品规划教材
ISBN 978-7-5618-3344-5

Ⅰ.①报… Ⅱ.①孙… ②王… ③朱… Ⅲ.①进出口贸易－海关手续－票据－高等学校：技术学校－教材②国际运输：货物运输－票据－高等学校：技术学校－教材 Ⅳ.①F745②F511.41

中国版本图书馆CIP数据核字(2010)第010138号

组稿编辑 赵宏志
责任编辑 周小明 王 尧
装帧设计 谷英卉

出版发行 天津大学出版社
出 版 人 杨欢
地 址 天津市卫津路92号天津大学内(邮编:300072)
电 话 发行部:022-27403647 邮购部:022-27402742
网 址 www.tjup.com
印 刷 昌黎太阳红彩色印刷有限责任公司
经 销 全国各地新华书店
开 本 169mm×239mm
印 张 22.25
字 数 461千
版 次 2010年1月第1版
印 次 2010年1月第1次
印 数 1－3000
定 价 42.00元

前言

要想做好报关与国际货运专业的教学，必须明确该专业的培养目标：培养德、智、体、美等全面发展，适应社会主义市场经济和全球经济一体化的要求，掌握报关、国际货运、国际贸易等基本理论、基础知识，具有较高的计算机操作能力和外语水平，熟悉相应的实务技能，能在各类企业中独立从事单证制作、海关通关、口岸商检、外贸运输代理、外贸仓储管理、报关代理等实务的技术应用型人才。

在海关通关、口岸商检、外贸运输代理、外贸仓储管理、报关代理乃至整个国际贸易活动中都伴随着单证的流转。通过单证的签发、缮制、流转，明确全部运作过程中参与方的权利和责任，特别是那些具有物权凭证的单证，它们在流转过程中代表货物所有权的变化过程。因此，制作单证、审核单证是国际贸易活动中的重要环节。在国际结算中，单据是否齐全、单据制作的质量高低决定了收汇风险的大小，如果处理有误，可能会造成货款两空的困境。在向海关、出入境检验检疫局进行报关、报检申报活动中，如果单据不符合官方机构的要求，轻则被退单，重则违反法律规定。总之，掌握报关与国际货运专业所涉及的单证的填制规范，是从事报关与国际货运专业人员必备的基本知识。

本书主要内容有基础知识、业务流程以及习题。基础知识包括报关与国际货运中主要单证的概念和填制规范、单证制作的基本要求和单证审核应注意的环节以及在报关与国际货运活动中常用的英语知识；业务流程包括报关程序和国际货运业务流程。另外还根据报关员、单证员、货代员执业资格考试设置了相关的习题。

本书内容简练，实用性强。编者根据多年的教学和实践经验，对报关与国际货运中的单证进行甄选，选出在报关与国际货运中最常见和最重要的单证进行编写。

因此，本书既可作为报关与国际货运、国际商务等专业的教材，又可以作为国际商务单证员、报关员、国际货代等职业资格考试的辅导教材。本书还有一个特色是：提供大量的业务流程图，使读者能够对单证流程以及业务流程有一个清楚的认识。

本书在编写过程中得到了天津市报关协会专家、天津市对外经济贸易职业学院张援越教授的指导，中国常熟外轮代理公司经理张华、江苏美集国际物流有限公司经理张明鑫在内容和单据样本上的大力帮助，在此深表感谢！

本教材由苏州建设交通高等职业技术学校孙康、辽宁经济职业技术学院王瑞华、天津国土资源和房屋职业学院朱蕾担任主编，负责全书的结构安排、内容设计和审稿、统稿。天津大川国际货运代理有限公司董敬负责实际工作流程与教学内容的衔接。参加编写人员的具体分工如下:孙康负责第1章;黄秀丹负责第2章;王瑞华负责第3章;陈冀负责第4章;朱蕾负责第5章;徐军负责第6章;赵阔负责第7章;童结红负责附录样表搜集和相关法律条文的摘录;王桂英负责本书习题答案的整理和核对。全书由张援越主审。

由于编者水平有限,编写时间仓促,教材中难免有不足之处,恳请专家和读者批评指正,以便再版改正。

编　者

2010年1月

目　录

1

国际货运单证

1.1 国际货物托运单证

1.1.1 货物托运及其当事人

货物托运就是货物的委托运输，是指托运人即货主以自己的名义或者委托货运代理人向实际承运人或其代理人办理货物运输业务的行为。

在货物委托运输过程中，如果托运人以口头形式与承运人约定货物运输合同，也是符合我国合同法中关于口头合同的规定的，但是在实际业务中，则是托运人根据买卖合同和信用证的要求，就其货物运输的需要向承运人提交一份书面凭证即托运书，以确定双方的货物运输业务关系。

在货物托运过程中，其当事人包括托运人、承运人、货运代理人、收货人。

1. 托运人

在货物运输合同中，将货物托付承运人按照合同约定的时间运送到指定地点，向承运人支付相应报酬的一方当事人，称为托运人。

我国《海商法》第四十二条第（三）项规定："托运人是指本人或者委托他人以本人名义或者委托他人为本人与承运人订立海上货物运输合同的人；本人或者委托他人以本人名义或者委托他人为本人将货物交给与海上货物运输合同有关的承运人的人。"因此，托运人应包括以下两类：与承运人订立运输合同的人和实际交付货物的人。

1）托运人的基本权利和义务

托运人的基本权利：要求承运人将货物按期、完好地运至目的地，如果货物在运输途中丢失、损坏、变质、污染，可依据合同要求损害赔偿。

托运人的基本义务:缴纳运费,完整、准确地填写托运单,遵守国家有关法令;因自身过错给予承运人或其他托运人、收货人造成损失时应负赔偿责任。

2)托运人的托运准备

(1)了解所运货物适合使用哪种运输方式运送。

(2)了解所运货物是否需要特殊处理,例如化学品或危险品需特殊处理。

(3)了解所运货物需要多少运输费用,这些费用能否接受。

2. 承运人

在货物运输合同中,将货物安全、及时地运到托运人指定的地点,并有权向托运人收取运输服务的对价即运费的当事人,称为承运人。

在海上货物运输合同中,承运人又分为班轮承运人和无船承运人。

班轮承运人通常是指班轮公司运用自己拥有或者自己经营的船舶,提供国际港口之间的班轮运输服务,并依据法律规定设立的船舶运输企业。

无船承运人是指经营无船承运业务的公司以承运人身份接受托运人的托运,签发自己的提单或者其他运输单证,向托运人收取运费,通过班轮运输公司完成国际海上货物运输,承担承运人的责任,并依据法律规定设立的提供国际海上货物运输服务的企业。

3. 货运代理人

货运代理人是指以托运人的名义或者以自己的名义,为托运人办理与国际运输业务相关的业务的人。其身份根据具体情况确定。当货运代理人以自己的名义从不同的客户手中接受零散货物,并将这些零散货物集中起来以自己的名义与运输公司签定运输合同时,相对于其托运人而言,他是居间人,相对于运输合同对方当事人而言,他是托运人,运输公司是承运人。同样在目的地点,货运代理人还可以以自己的名义接受这些散货,他同样可以成为收货人。当货运代理人从不同的托运人手中接受货物,以托运人的名义与运输公司签定运输合同时,货运代理人是托运人的代理人,运输公司是承运人。当货运代理人以自己的名义与托运人签定运输合同并向托运人签发航空货运单,然后再委托运输公司运送货物,货运代理人是缔约承运人,运输公司是实际承运人。

4. 收货人

收货人是指有权提取货物的人。提单"收货人"栏内填明的人就是有权提取货物的人。由于提单的主要功能之一是物权凭证,因此提单可以转让,承运人在交付货物时必须要求收货人提供提单。提单"收货人"栏内填明记名的人,货物只能凭单交付给记名人;"收货人"栏内填明来人或空白,则货物可凭单交付给来人。提单"收货人"栏内填明"凭指示"或"凭某人指示"则货物必须经托运人或某人背书后持单提货。

1.1.2 海运货物托运书的填制

1. 海运货物托运书

海运出口托运书(Booking Note for Export Cargo)是发货人向承运人托运海运出口货物的申请单证,是出口企业向外运公司提供出运货物的必要资料,是外运公司向船公司订舱配载的依据,也是货主取得货运单据的前提条件。

海上运输主要有两种运输方式:一种是传统的杂货班轮运输;另一种是现代的集装箱货物运输。两种不同的运输方式,分别使用不同的托运单证。

传统的杂货班轮运输的托运单证主要有托运单、装货单、收货单。由于这三张单据的主要项目基本一致,为了减少工作量、减少错误,又将其制成联单以便一次制作,故这三张单据又称为“装货联单”。

现代的集装箱货物运输托运单又称“场站收据”,是集装箱运输专用出口单证,一式十二联,性质与散杂货运输托运单相同。此单证通常是货运代理人受托运人委托,根据货主的托运书的内容缮制。

第一联由货主留底;

第二联为集装箱货物托运单,由船代理留底;

第三联为运费通知(1);

第四联为运费通知(2);

第五联为装货单,场站收据副本(第五联正联),附页,缴纳出口货物港务费申请书(第五联副页);

第六联为场站收据副本,大副联;

第七联为场站收据;

第八联由货运代理留底;

第九联为配舱回单(1);

第十联为配舱回单(2);

第十一联为由托运人备用;

第十二联为由托运人备用。

目前,由于第十一联、第十二联已经不再使用,因此集装箱货物托运单又称为十联单。

船公司或其代理接受订舱后在托运单上加填船名、航次及编号(此编号俗称关单号,与该批货物的提单号保持一致),并在第五联装货单上盖章,表示确认订舱,然后将第二至第四联留存,第五联以下全部退还货代公司。

货运代理人将第五联、第五联附页、第六联、第七联共四联拆下,作为报关单证使用,第九联或第十联交托运人作配舱回执,其余供其他各环节使用。

托运单核心单据为第五、第六、第七联。第五联是装货单,盖有船公司或其代理人的图章,是船公司发给船上负责人和集装箱装卸作业接受装货的指令,报关时海关查核后在此联盖放行章,船方(集装箱装卸作业区)凭此收货装船。第六联供港区在货物装船前交外轮理货公司，当货物装船时与船上大副交接。第七联是场站收据，俗称“黄联”，在货物装上船后由船上大副签字（通常由集装箱码头堆场签章），退回船公司或其代理人，据此签发提单。

无论是传统的杂货运输还是现代的集装箱运输的托运书，主要内容有以下事项。

（1）委托单位名称。

（2）托运货物内容：商品名称、标记、号码、件数、包装、式样、毛重、体积、贸易条件、出口总价。

（3）装运事项：运输起讫地点、可否分批装运、装运期限、信用证有效期（结汇到期日）以及配船要求等。

（4）提单记载事项：提单发货人、收货人、通知人、正本份数、运费预付或到付，以及信用证规定的某些必要记载事项。

（5）货物交运日期及交运方式、货物备妥日期。

（6）集装箱运输的有关事项：集装箱类别、集装箱数量、装箱或提箱要求，例如自拉自送、送 CFS（Cargo Freight Station，集装箱货运站）装箱、门到门（注明装箱工厂或仓库地址、电话、联系人）。

（7）运费结算事项：外币及人民币结算单位的开户银行、账号。

（8）其他特殊事项，例如危险品、冷冻货的特殊说明。

2. 海运货物托运书填制

在杂货班轮和集装箱班轮运输中，二者的托运单和装货单填写内容大致相同，将在第 2 章对装货单的填写规范做详细说明。本节仅介绍实际发货人向货运代理人订舱时应该填写的主要内容。虽然不同发货人的托运单格式不尽相同，但主要内容如下。

1）托运人（Shipper 或 Consignor）

填写出口公司中文名称及地址，在信用证结算方式下则为受益人。如果是货运代理人受托运人的委托办理租船订舱的，则填写货运代理公司名称。

2）收货人（Consignee）

收货人是指有权提取货物的人，在信用证支付的条件下，应按信用证的条款制定。收货人的写法一般有以下几种。

（1）记名收货人（记名抬头）：填“Co.”，一般是合同的买方。

（2）空白指示：填“To order”指示收货人。

（3）记名指示：填“To order of ABC. Co.”。

例如在信用证方式下，来证要求：“Full set of B/L made out to order”，提单收货人一栏则应填“To order”。或来证要求：“B/L issued to order of Applicant”，此“Applicant”为信用证的开证申请人如“ABC. Co.”，则提单收货人一栏应填写“To order of ABC. Co.”。

3)被通知人(Notify Party)

被通知人一般由买方或其代理人指定,职责是接受船公司的到货通知并告知收货人。被通知人只起到及时通知的作用,并无权提取货物。在信用证结算方式下,填写信用证规定的提单通知人名称及地址,通常为开证人即进口商。

4)托运单编号(No.)

一般填写发票号码,信用证若有另外规定,则按信用证的规定填写。

5)装运港、目的地(Port of Loading, Port of Destination)

装运港即是船公司接收货物的港口,目的港即是货物最终送达的港口,应按合同或信用证所列填写。

6)运输标志(Shipping Marks)

如果买卖合同或信用证规定了唛头,则运输标志的内容和形式应与所规定的完全一致;如果买卖合同或信用证中没有规定唛头,可填写"N/M"(无唛头)。这种标志通常是由一个简单的几何图形和一些字母、数字及简单的文字组成。其主要内容:目的地的名称或代号,收、发货人的代号,件号、批号。此外,有的运输标志还包括原产地、合同号、许可证号和体积与重量等内容。运输标志的内容,繁简不一,由买卖双方根据商品特点和具体要求商定。鉴于运输标志的内容差异较大,联合国欧洲经济委员会简化了国际贸易程序工作组,在国际标准化组织和国际货物装卸协调协会的支持下,制定了一套标准化运输标志并向各国推荐使用。该标准化运输标志包括收货人或买方名称的英文缩写字母或简称,参考号,如运单号、订单号或发货票号,目的地,件号。至于根据某种需要还应在运输包装上写的其他内容,如许可证号等,则不作为运输标志必要的组成部分。

标准化运输标志举例如下:

ABC…………………收货人代号

1234…………………参考号

NEW YORK…………目的地

1/25…………………件数代号

7)货物说明(Description of Goods)

填写货物大类名称或统称,比如化妆品或者服装大类,如果同时出口不同的商品,则应分别填写。

8)数量(Quantity)

托运单上的数量应指最大包装的件数。应注意填写的数量是最大包装数量而不是商品的销售数量。若出口货物有多件,包装方式和材料都不同,则填每种货物的最大包装,因为当货运代理和船公司理货时,都是按货物的最大包装计算。

9)重量(Gross Weight/Net Weight)

重量应分别计算毛重和净重。毛重(Gross Weight)是指商品本身的重量加包装物的重量。净重(Net Weight)是指商品本身的重量,即除去包装物后的商品实际重量。“以毛作净”(Gross for Net)实际上就是以毛重当作净重计价,适用于有些价值较低的农产品或其他商品。货物毛重是船公司计算运费的依据之一,货物净重是客户计算货价的依据之一。因此毛重和净重都应填写准确。

10)尺码(Measurement)

整批货物的体积总数,一般单位是立方米(CBM)。如果有小数位,则保留小数点后两位。由于货物尺码也是船公司计算运费的依据之一,如果货物是轻泡货,则按尺码吨计算运费。如果货物是重货,则按重量吨计算运费。

11)装运期、有效期(Date of Shipment, Date of Expiry)

装运期、有效期应按信用证规定填写。装运期一般在有效期之前。

12)运费付款方式(Terms of Payment)

此处填写“运费到付”(Freight Collect)或“运费预付”(Freight Prepaid)。如果合同中的价格术语是FOB,则填写“Freight Collect”,通常这个时候的货物又称指定货,由进口商租船订舱,货送到目的地再付运费;如果价格术语是CIF、CFR,则填写“Freight Prepaid”,这个合同的海运费则是由发货人预先支付。

13)存货地点(Location)

注明货物存放的仓库地址。

14)转船(Transshipment)

填写内容应与合同或信用证条款相符。填写“允许”或者“不允许”。

15)分批(Partial Shipment)

填写要求应与转船一致,填写“允许”或者“不允许”。

16)货物的交接方式

整箱交接—FCL/FCL;整箱接、拼箱交—FCL/LCL;拼箱接、整箱交—LCL/FCL;拼箱交接—LCL/FCL(FCL—Full Container Load, LCL—Less than Container Load, CY—Container Yard, CFS—Container Freight Station)。

17)制单日期(Date of List)

制单日期应与发票日期相同。

18)提单正本份数(No. of Original B/L)

填写信用证或合同规定的份数,例如“Full Set of Bill of Lading”,指全套提单。一般是三份正本提单。

19)货物种类(Kind of Goods)

有普通货、冷藏货、液体、散货、危险品等。

20)特殊条款(Special Condition in B/L)

填写信用证或合同中有关运输方面的特殊要求,如货物不能倒置、立即装运等。

21)签章(Signature)

出口企业签章,经办人签字。

22）托运人联系方式

托运人的联系地址、电话、传真等。

海运货物托运书样本如图1-1所示。

公司编号	出口货物订舱委托书	日期
1)发货人	4)信用证号码	
	5)开证银行	
	6)合同号码	7)成交金额
	8) 装运口岸	9)目的港
2)收货人	10)转船运输	11)分批装运
	12)信用证有效期	13)装船期限
	14)运费	15)成交条件
	16)公司联系人	17)电话/传真
3)通知人	18)公司开户行	19)银行账号
	20)特别要求	

21)标记唛	22)货号规格	23)包装件数	24)毛重	25)净重	26)数量	27)单价	28)总价
	29)总件数	30)总毛重	31)总净重	32)总尺码			33)总金额

34)备注

图1-1 海运货物托运书样本

1.1.3 空运货物托运书的填制

1. 空运货物托运书

根据《统一国际航空运输某些规则的公约》（《华沙公约》）第5条第（1）款和第（5）款的规定，货运单应由托运人填写，也可由承运人或其代理人代为填写。实际上，目前货运单均由承运人或其代理人填制，为此，作为填写货运单依据的托运书，应由托运人自己填写，而且托运人必须在上面签字。

空运货物托运书（Shipper's Letter of Instruction）是托运人用于委托承运人或其代理人填写航空货运单的一种表单，表单上列有填制货运单所需各项内容，并应印有授权于承运人或其代理人代其在货运单上签字的文字说明。

托运书包括下列主要内容栏。

1)托运人(Shipper)

填写托运人的全称、街名、城市名称、国名以及便于联系的电话号、电传号和传真号。

提示

(1)集中托运时的托运人:货运代理人。直接托运方式时的托运人:货主。

(2)有时承运人要求托运人提供账号,以便在收货人拒付运费时向托运人索偿。

(3)在信用证结汇方式下,托运人一般按信用证的受益人内容填写。

(4)托运危险货物时,托运人必须填写实际托运人,航空公司不接受货运代理人托运。

2)收货人(Consignee)

填写收货人的全称、街名、城市名称、国名(特别是在不同国家内有相同城市名称时,必须填国名)以及电话号、电传号和传真号。

提示

(1)本栏不得填写"To Order"或"To Order of Shipper"等字样,因为航空货运单不能转让。

(2)集中托运方式时的收货人:货运代理人的海外代理。直接托运时的收货人:实际收货人。

(3)承运人一般不接受货物有两个或两个以上收货人。如果实际上有两个以上收货人,本栏填第一收货人,通知栏填第二收货人。

3)始发站机场(Airport of Departure)

填写始发站机场的全称。

提示

(1)在始发站机场的全称不清楚的情况下,允许填写始发站所在城市名称。

(2)与不同国家的其他城市同名的,必须填写国家名称。

(3)同一城市有不同机场,必须填写机场名称。

4)目的地机场(Airport of Destination)

填写目的地机场(不知道机场名称时,可填城市名称),如果某一城市名称用于一个以上国家时,应加上国名。例如:LONDON UK 伦敦,英国;LONDON KY US 伦敦,肯塔基州,美国;LONDON TO CA 伦敦,安大略省。

提示

(1)按国际航空运输协会规定的机场代码填报。

(2)机场名称不明确时,可填城市名称。

(3)标签上的卸货机场代码与托运单上目的地机场代码必须一致。

(4)如果有"转运路线"要求,可以填在专门栏目内。

5)要求的路线/申请定舱(Requested Routing/Requesting Booking)

本栏用于航空公司安排运输路线时使用,但如果托运人有特别要求,也可填入本栏。

6)供运输用的声明价值(Declared Value for Carriage)

填写供运输用的声明价值金额,该价值即为承运人负赔偿责任的限额。承运人按有关规定向托运人收取声明价值费。

可在本栏内填入“NVD”(No Value Declared,未声明价值),如本栏为空白,承运人或其代理人则可视为货物未声明价值。

7)供海关用的声明价值(Declared Value for Customs)

国际货物通常要受到目的站海关的检查,海关根据此栏所填数额征税。如托运人不办理此项声明价值,必须打上“NVD”字样。

8)保险金额(Insurance Amount Requested)

中国民航各空运企业暂未开展国际航空运输代保险业务,本栏可空白不填。

9)处理事项(Handling Information)

填写附加的处理要求,如另请通知(Also Notify)。除填写收货人之外,托运人还希望在货物到达的同时通知他人,请另填写通知人的全名和地址。

10)货运单所附文件(Document to Accompany Air Waybill)

填写随附在货运单上去往目的地的文件,应填所附文件的名称,如托运人的动物证明(Shipper Certification for Live Animals)。

11)件数和包装方式(Number and Kind of Packages)

填写该批货物的总件数,并注明其包装方法,例如:包裹(Package)、纸板盒(Carton)、盒(Case)、板条箱(Crate)、袋(Bag)、卷(Roll)等,如货物没有包装,应注明为散装(Loose)。如货物运价种类不同时,应分别填写,并将总件数相加,包装种类用“Packages”。

12)实际毛重 (Actual Gross Weight)

本栏内的重量应由承运人或其代理人在称重后填入。如托运人已经填写重量,承运人或其代理人必须进行复核。用代码“K”表示千克。

提示

(1)在以公斤为单位时,保留小数后一位,并按0.5进位。

(2)多项货物时,在下方对应栏内打上毛重之和。

13)运价种类(Rate Class)

填写所采用的货物运价种类的代号。

M——最低运价;

N——45公斤以下普通货物运价;

Q——45公斤以上普通货物运价;

C——指定商品运价。

14)计费重量(公斤)(Chargeable Weight)(KG)

本栏内的计费重量应由承运人或其代理人在量过货物的尺寸(以厘米为单位)后,由承运人或其代理人算出计费重量再填入,如托运人已经填写,承运人或其代理人必须进行复核。

提示

(1)当货物是重货时,计费重量可以是货物的实际毛重。

(2)当货物是轻泡货时,计费重量可以是货物的体积重量。

(3)当货物临近重量分界点时,可以是较高重量、较低运价的分界点重量。

15)费率(Rate/Charge)

填写所适用的货物运价。

提示

(1)使用最低运费时,填写与运价代号 M 相对应的最低运费。

(2)使用运价代号 N、Q、C、S、R 时,填写相对应的运价。

16)货物的品名及数量(包括体积或尺寸)[Description of Goods(Including Dimensions or Volume)]

填货物的品名和数量(包括尺寸或体积)。货物中的每一项均须分开填写,并尽量填写详细,本栏所属填写内容应与出口报关发票和进口许可证上所列明的相符。危险品应填写适用的准确名称及标贴的级别。

提示

(1)不得填写表示货物类别的名称,应填货物品名、数量、体积、产地等细节。

(2)对于危险品、鲜活易腐货,应分别填写其标准的学术名称。

(3)按货物外包装"最长×最宽×最高×件数"的顺序或总计体积填写。

17)运费

在 PP 下方打"×"表示预付;在 CC 下方打"×"表示到付。

18)杂费

与运费表示方法相同。

19)其他费用

托运时可以不填写其他费用,但货运单必须填写金额并冠以规定的操作代号。

20)托运人签字盖章

由托运人或其他代理人签字盖章。

21)日期和地点

由托运人填写货运单的时间和地点。

空运货物托运书样本如图 1-2 所示。

2. 空运货物托运注意事项

1)托运

托运国内货物凭本人居民身份证或者其他有效证件,填写货物托运书,向承运人

SHIPPER'S INSTRUCTIONS TO ARRANGE FOR SHIPMENT OF GOODS

国 际 航 空 货 物 托 运 书

Shipper("Company name, Add.,Attn"): Attn: Tel: Fax:	Mawb No.:	Hawb No.:
Consignee Tel: Fax:	**苏州市海威国际货运代理有限公司** SUZHOU HI-TECH WAY LOGISTICS CO.,LTD. 苏州保税物流中心B栋507室 Tel:0512-33873198 Fax：33873199 E-mail:info@szjsjt.com Please receive the undermentioned cargo for delivery by air in accordance with the terms and conditions overleaf and the conditions and provisions states or referred to on the air waybill form of the carrier(s). In the case of shipments requiring transportation by air through air carriers in the united states form the transshipment point(s) to final destination. I/we further agree to accept the limit of liability of that domestic air carrier as full settlement in the event of loss and/or damage of goods.	
Notify Party:		

Name of Carrier	Departure Airport	Airfreight Charges: ☐ Prepaid ☐ Collect	Other Charges: ☐ Prepaid ☐ Collect
Destination	Airline Counter-Signature ☐ Yes ☐ No	Country of Origin(Goods): CHINA	

Marks and Kind of Packages :Description of Goods	Gross Weight	Measurement

Specify Currency	Declared Value for Customs	Declared Value for Carriage	Insurance Amount	Shipper's C.O.D

Special Instructions:	We hereby guarantee payment of all freight collect charges due to the fowarders or to the carrier. If the shipment is abandoned ,refused by consignee. Returned at our request, confiscated by the customs or for any other reason can't be delivered within a reasonable time. We also agree that the forwards shall have all right of lien upon doc and/or goods of our company for unpaid freight and charges and such lien shall apply until all unpaid accounts are fully settled. We also guarantee that payment should be made right after job execution ,latest 7days after invoice date. We shall guarantee interest on all overdue accounts at 12% annum and pay reasonable legal charges in the event of judjcial proceedings to enforce collection. Other arrangements: In case of any other of special arrangements we agree to hold the forwarders exempt from any liability whatsoever arising out of unforeseen circumstances and/or acts of nature, ect.
Documents accompanying Airway Bill: ☐ Packing List ☐ Certificate of Origin ☐ Commercial Invoice ☐ Consular Invoice	
	Signatory's Name in Block Letters:

图 1-2 空运货物托运书样本

或其代理人办理托运手续。如承运人或其代理人要求出具单位介绍信或其他有效证明,托运人也应予提供。托运地所在政府规定限制运输的货物以及需向公安、检疫等有关部门办理手续的货物应随附有关部门的准运证明。

托运国际货物时,托运人所交运的货物必须符合有关始发、中转和目的地国家的法律、法令和规定以及相关航空公司的特殊规定。交运货物前,托运人必须自行或委托代理人办妥海关、卫生检疫等出境手续。

托运人托运鲜活易腐物品时,应当提供最长允许运输时限和运输注意事项,订妥舱位,按约定时间送机场办理托运手续。

对于因运输条件或者货物性质不同而不能在一起运输的货物,应当分别填写托运书。为确保航空运输的安全,机场货运安检部门有权对货物进行安全检查。

2)包装和标志

货物的包装应当保证货物在运输过程中不致损坏、散失、渗漏,并且不致损坏和污染飞机设备或其他物品。

货物包装内不准夹带禁止运输或者限制运输的物品、危险品、贵重物品、保密文件和资料等。

对于精密、易碎、怕震、怕压、不可倒置的货物,必须有相应防止货物损坏的包装措施和指示标志。

托运人应当在每件货物外包装上标明出发站、到达站和托运人、收货人的单位、姓名及详细地址。托运人使用旧包装时,必须除掉旧包装的残旧标志和标贴。

活动物、鲜活易腐物品、贵重物品等特种货物的包装应符合航空运输对各种货物的特定要求。

3)体积和重量

货物重量按毛重计算,计量单位为公斤,尾数四舍五入。每张航空货运单的货物重量不足1公斤时,按1公斤计算。贵重物品可以计量到0.1公斤。

非宽体飞机载运的货物,每件货物重量一般不超过80公斤,体积一般不超过40厘米×60厘米×100厘米。宽体飞机载运的货物,每件货物重量一般不超过250公斤,体积一般不超过100厘米×100厘米×140厘米。

每件货物的长、宽、高之和不得小于40厘米。轻泡货物按每6 000立方厘米折合1公斤计量。

4)声明价值

托运国内货物,毛重每公斤价值在人民币20元以上的,可办理货物声明价值,按规定交纳声明价值附加费。每张货运单的声明价值一般不超过50万元人民币。

托运国际货物,毛重每公斤在20美元以上的,须办理货物声明价值,按规定交纳声明价值附加费。

5)货物运输变更

托运人对已办妥运输手续的货物要求变更时,应当提供原托运人出具的书面要求、个人有效证件和货运单托运人联。

要求变更运输的货物，应是此张货运单填写的全部货物。

6）查询

货物托运后，托运人或收货人可在出发地或目的地向承运人或其代理人查询货物的运输情况。查询时，应出具货运单或提供货运单号码、出发地、目的地、货物名称、件数、重量、托运日期等内容。

7）押运货物

托运人托运需特殊照料的活体动物或价值昂贵的货物，必须采取防护措施和注意看管以确保安全的货物，并应派人押运。

押运人须事先与机场货运部门联系，定妥吨位，购好机票后，在规定的时间内将货物送到机场货运部门办理托运手续。押运员要自行办理乘机手续。

8）保险

托运国内货物时，托运人可委托承运人或其代理人办理货物国内航空运输险；托运国际货物时，托运人可自行到保险公司投保，承运人及其代理人暂不受理国际航空运输险。若投保货物在运输中发生损坏、丢失、保险公司将按保险条例给予赔偿。

9）责任和赔偿

由于承运人的原因造成货物丢失、短缺、变质、污染、损坏，承运人按照有关规定受理赔偿事宜。

10）危险品运输

危险货物的国内运输必须符合中国民用航空总局关于危险货物航空安全运输的管理规定。危险货物的国际运输必须符合国际航空运输协会及承运人的有关规定。

1.2 国际货物装运单证

1.2.1 海运提单

1. 海运提单的概念

海运提单（Ocean Bill of Lading）是指在海上运输方式下，船公司或其代理人签发的，确认已经收到或已装船某种货物，并且承诺将其运到指定地点交与提单持有人的一种具有法律效力的证明文件。它也是托运人与船公司之间运输合同的证明，在托运人获得提单后，船公司有责任将托运人的货物安全、及时地送达目的地，而托运人也有义务及时支付运费等相关费用。

提单的主要关系人是签订运输合同的双方：托运人和承运人。托运人即货方，承运人即船方。其他关系人有收货人和被通知人等。收货人通常是货物买卖合同中的买方，被通知人是承运人为了方便货主提货的通知对象，可能不是与货权有关的当事人。如果提单发生转让，则会出现受让人、持有人等提单关系人。

2. 海运提单的性质和作用

(1)提单是货物收据。表示提单签发人已经收到了提单所列货物。

(2)提单是物权凭证。提单的合法持有人有权提取或支配货物。在国际市场上,提单可以在载货船舶到达目的港之前转让,或是凭提单向银行办理抵押贷款。

(3)提单是承运人与托运人之间运输协议的证明,由于提单列明了双方的权利和义务,所以是处理这类问题的主要依据。

3. 海运提单的分类

海运提单从不同角度可分为以下几种类型。

1)按货物是否装船分类

(1)已装船提单(On Board B/L, Shipped on Board B/L)。已装船提单是指货物已经装上指定船只的提单。提单内注有"Shipped on Board"字样,并注明装货船名和装船日期。除集装箱运输或多式联运所使用的运输单据外,必须提供已装船提单,才能凭以结汇和提货。

(2)备运提单(Received for Shipment B/L)。这是表明货物已收妥但尚未装船的提单。提单中注有"... Received for Shipment..."字样,这种提单中只有签单日期,没有装运日期,一般不能凭以结汇和提货。一但货物装上船,提单应加装船批注,从而构成已装船提单。

2)按提单上有无不良批注分类

(1)清洁提单(Clean B/L)。指货物装船时"表面状况良好",提单签发时未被加注任何货损或包装不良之类批注的提单。结汇时如无特殊规定必须提供这种提单。

(2)不清洁提单(Foul B/L, Unclean B/L)。这种提单上注有货物或包装缺陷的批注,如提单上注有"Two cartons are wet"即为不清洁提单。在进出口业务中,通常都要求卖方提供"清洁提单"。尤其是在信用证支付方式下,银行对运输单据的要求更为严格。《UCP600》(国际商会第600号出版物,英文全称为"Uniform Customs and Practice for Documentary Credits",简称《UCP600》)第27条规定,银行只接受清洁运输单据。清洁运输单据是指未载有明确宣称货物或包装有缺陷的条文或批注的运输单据。

3)按提单可否转让分类

(1)记名提单(Straight B/L)。指提单的"收货人"栏内具体写明了收货人名称的提单。由于这种提单只能由提单上指定的收货人提取货物,不能转让给第三者,因此记名提单不能流通。

(2)不记名提单(Blank B/L, Open B/L, Bearer B/L)。指提单的"收货人"栏内不写具体的收货人名称,而仅写"To Bearer"(交持单人的提单)。不记名提单是可转让的提单,转让手续简便,无须任何背书,仅凭交付即可。但这种提单风险较大,一旦遗失或被盗,提单持有人即可凭手中的提单向船公司提取货物,所以这种提单在实务中应避免使用。

(3)指示提单(Order B/L)。指示提单指提单的“收货人”栏内填上“To order of ×××”(凭×××人指示),或“To order”(凭指示)字样的提单。这种抬头的提单可以转让,但需要“背书”手续。由谁背书是由发出指示的人决定的。如为“To order of Shipper”,转让时应由“托运人”背书;如为“To order of ×× Bank”,转让时应由该指定的“银行”背书;如为“To order of Consignee”,则由“收货人”背书。对于收货人栏为“To order”,习惯上称为“空白抬头”的提单,虽然未列明具体的“指示人”,根据业务惯例,转让时一般由“托运人”背书。

4)按提单内容的繁简分类

(1)全式提单(Long Form B/L)。除了提单正面记载有关托运人、收货人、装运港、目的港、货名、运费等事项外,还在提单的背面印有船方承运条款细则的叫全式提单。

(2)简式提单(Short Form B/L)。只有提单正面记载有关事项而背面为空白的提单称为简式提单。简式提单一般在提单正面注明背面条款同本公司的全式提单或注明如有需要可向本公司索取。根据《UCP600》,除非信用证特别规定,银行一般不拒绝接受简式提单。

5)其他种类提单

(1)倒签提单(Anti-dated Bill of Lading)。承运人或其代理应托运人要求,在货物装船后签发提单,但提单上的签发日期较该批货物实际装船完毕日期早,以符合信用证装运日期的规定,这种提单称为“倒签提单”。倒签提单具有欺骗性,应避免使用。

(2)顺签提单(Post-date B/L)。顺签提单指在货物装船完毕后,承运人或其代理人应托运人的要求而签发的提单,但是该提单上记载的签发日期晚于货物实际装船完毕的日期,即托运人从承运人处得到的以晚于该票货物实际装船完毕日期作为提单签发日期的提单。由于顺填日期签发提单,所以称为“顺签提单”。

(3)预借提单(Advanced Bill of Lading)。由于信用证规定的装运日期和交单结汇日期均已到期而货物因故未能及时装船,但已交到承运人管理之下,或已经开始装船但该批货尚未装毕,由托运人出具保函要求承运人或其代理签发已装船提单,这种提单称为预借提单,按不少国家的法规和判例,承运人签发预借提单将丧失享受责任限制和免责的权利。

(4)过期提单(Stale Bill of Lading)。过期提单原来的概念是指晚于货物到达目的地的提单。按国际惯例,银行对过期提单是不接受的,但发货地与到货地航程较短的运输,例如我国沿海各港装往香港、日本、韩国的货物,航程仅2~3天,货运单据无论如何快速处理,也跟不上货物运输速度,因此如按以上过期提单的概念来掌握接受与否,不但不符情理,而且也缺乏可操作性,目前银行的掌握原则是根据《UCP 600》规定:凡超过装运日期21天后的提交单据即为过期单据,但如信用证效期或信用证规定的交单期早于此限期,则以效期或规定的交单期为最后限期。

过期提单是商业习惯的一种提单,但它在运输合同下并不是无效提单,提单持有人仍可凭其要求承运人交付货物。

(5)交换提单(Switch Bill of Lading)。凭启运港签发的提单,在中途港由承运人的有关代理换发另一套提单,原启运港签发的提单称为"交换提单"。换发的一套提单或将装货人改为另一人,或以中途港作为装运港。这种做法主要是适应贸易上的需要,例如信用证开证人不愿将实际供货人泄露给其买户,以防今后跳过他直接发生买卖关系,或如进口地国家对启运地国家货物限制进口,因而以中途港为装运港。

(6)电子提单(Electronic Bill of Lading)。电子提单是为适应 EDI(电子数据交换,英文全称为"Electnric Data Interchange",简称 EDI)的需要而设计的非书面提单。承运人在接收发货人货物后,给予发货人一个收到货物的电讯通知。通知内容中应包括一个日后传输电讯的密码,发货人必须向承运人确认该项收讯。根据该确认,承运人承认发货人为提单的持有人,具有要求承运人放货或指定收货人或向另一方转让货物的权利。持有人在向承运人行使上述权利时须用含有密码的电讯通知。

电子提单转让时由原持有人向承运人发出通知,要求能转让给指名的受让人。承运人据以向受让人发出电讯通知,如受让人电讯确认接受转让,承运人销毁原用密码,并向新持有人(受让人)发出一个新的密码。电子提单每经一次转让,都须调换一个新的密码。

电子提单的所有电讯都通过 EDI 程序处理,其电子数据效力等同于书写形式。但在承运人交货前的任何时间,持有人如有必要,有向承运人索要书面提单的选择权。

电子提单应在国际法规的制约下有效地使用。

4. 海运提单的主要内容

1)提单正面内容

提单正面主要包括提单名称、编号、托运人、收货人、船名和国籍、启运港、目的港、唛头、货名、件数、重量、体积、运费、提单份数、载货船、公司名称、签发日期和地址、承运人或其代理人签字装船批注及一些其他特殊批注等。

提单正面还包括事先印好的契约条文。

(1)装船条款(或确认条款):表明外表状况良好的货物已经装上船或已经收妥待运。

(2)内容不知悉条款:表明承运人对提单所列重量、数量、品质、内容、价值等不知悉,表示承运人对此不尽核对之责。

(3)承认接受条款:表明托运人、收货人、提单持有人接受本提单和背面所记载的一切规定的免责条款。

(4)签署条款:该条款是承运人或其代理人表明签发本提单(正本)的份数,各份提单具有相同效力,其中一份完成提货后,其余各份均告失效,提取货物必须交出经背书的一份提单以换取货物或提货单的条款。

2)提单背面内容

提单背面主要是发行提单的船公司根据《海牙规则》(*The Hague Rules*)与《汉堡规则》(*Hamburg Rules*)制订的承运人与货主之间权利义务的各项条款,是解决船、货双方纠纷的主要依据。这些条款可以归纳为下列内容。

(1)定义条款(Definition):是对于提单有关术语的含义和范围做出明确规定的条款。

(2)首要条款(Paramount Clause):说明提单所适用的法律依据，即如果发生纠纷,应按哪一国家的法律和在哪一个国家的法庭裁决。

(3)承运人责任条款(Carrier's Responsibility Clause):承运人从收受货物到交货的全部过程对货物负责。如是已装船提单,则是从货物上船到货物下船的整个过程对货物负责。

(4)免责条款(Exception Clause):承运人对由于战争、罢工、政府机关的行为和命令、货方行为或疏忽、货物本身的特性或缺陷、包装不良、疾病等承运人无法控制的原因造成的货物损坏和灭失不负责任。

(5)包装与标志(Package and Mark):货物应有合适的包装,外表要有运输标志,并且要注明目的港。

(6)运费条款(Freight Clause):预付运费应在启运港连同其他费用一并支付,到付运费应在目的港连同其他费用一并支付,无论预付运费还是到付运费,即使货物遭受损坏和灭失,也必须向承运人付清而且不得退回或扣减。

承运人有权查对货物的数量、重量、体积和内容等,如发现实际情况与提单所列情况不符,而且所付运费低于应付运费,承运人有权按少付运费的两倍收取罚金,由此而引起的一切费用和损失应由托运人负担。

(7)留置权(Lien Clause):如果货方未交付运费、空仓费、滞期费、共同海损分摊的费用及其他一切与货物有关的费用,承运人有权扣押或出售货物以抵付欠款,如仍不足以抵付全部欠款,承运人仍有权向货方收回差额。

(8)损失赔偿条款(Claim Clause):收货人提货时如发现货物损坏或灭失,应提出书面通知。如提货时不能发现,则应在提货后三日内提出书面通知。索赔应在交货后一年内提出,否则承运人将解除一切责任。

承运人的赔偿按实际净价加运费、保险费计算。同时规定每件或每一计费单位的最高限额。

(9)转运或转船条款(Transshipment Clause):如果需要,承运人有权将货物转船或改用其他运输方式直接或间接运至目的地。由此而引起的费用由承运人负担,但风险由货方负担。承运人的责任只限于其本身经营船舶所完成的运输。

(10)卸货和交货条款(Discharge and Delivery Clause):船到卸货港后,收货人应及时提货,否则承运人有权将货物卸在岸上或卸在其他适当场所,一切费用和风险应由货方承担。

(11)动植物及舱面货条款(Animals, Plants and on Deck Cargo Clause):对于动植物及舱面货在收受、保管、装卸和运输过程中造成的风险和损失全部由货方承担。

(12)危险品条款(Dangerous Cargo Clause):危险品的装运必须由托运人在装船时声明,如不声明或标明,承运人有权将该货卸下、抛弃或消灭而不予赔偿。

(13)共同海损和碰撞条款(General Average and Collision Clause):货主应分担船舶碰撞或共同海损的损失。

(14)战争、罢工、冰冻、检疫、港口拥挤条款(War, Strike, Ice, Quarantine, Congestion Clause):如遇战争、罢工、冰冻、检疫及港口拥挤等承运人无法控制的原因而使船舶不能安全抵达目的港时,承运人有权在合适的地方卸货,并认为承运人已经履行了承运责任,由此而引起的费用由货方负担。

(15)变更航线条款(Deviation Clause):为了施救或其他合理目的而改变航线不能认为是违反运输合约,承运人对由此造成的货损不负责任。

5. 海运提单的缮制

海运提单的种类和样式多种多样,但基本内容大致相同。提单的基本内容一般包括以下几个方面。

1)托运人(Shipper)

托运人一般为出口商,在信用证付款方式下为信用证受益人。

2)承运人(Carrier)

承运人一栏应明确、详细列明承运人的名称、地址和位置。

3)收货人(Consignee)

如属信用证项下的提单,必须严格按照信用证的提单条款缮制,不要擅自改动;如果是托收项下的提单,则一般只能做空白指示或托运人指示提单,即写“To Order”或“To Order of Shipper”,然后加上托运人背书,送交托收银行。

4)被通知人(Notify Party)

这是货物到达目的港时船方发送到货通知的对象,由该通知人通知收货人货物已经到达目的港,有时被通知人即为进口人。

5)提单号码(B/L No.)

为了便于工作联系和核查,提单必须编号。发货人向收货人发送装船通知的主要内容也包括船名及提单号码。如果信用证规定其他单据中必须列明提单号码的,这时此号码必须与提单的号码一致。

6)首程运输工具(Pre-carriage by)

在联合运输中,首程的运输工具要根据实际情况填写。

7)收货地点(Place of Receipt)

即联合运输的起运地点,也就是第一程运输的起点。

8)船名(Name of Vessel)

应填写承运船只的船名及航次。

9)装货港(Port of Loading)

按照信用证要求在提单上填写实际装船港口的具体名称,如“上海”、“大连”,不能填“中国港口”。

10)卸货港(Port of Discharge)

填写货物自所装载的船只(即第一程海运船只)卸下的地点,如经香港转船则应填写“Hong Kong”(香港)。

11)最后目的地(Place of Destination)

应按信用证或买卖合同的规定填写,如遇有同名港,必须加列国名。

12)运费付款地(Freight Payable at)

说明运费在何处付款。

13)正本提单的份数(Number of Original B/L)。

如信用证有具体份数的规定,须按规定打制,若信用证规定为全套,则两份或三份均可,并用大写英文字母“TWO”或“THREE”表示。正本提单不论多少张,其中任何一张正本提货后,其他各张正本即告失效。

14)运输标志(Shipping Marks)

如信用证有规定,按规定缮制(应与发票核对是否一致);信用证没有规定,可按发票上的运输标志缮制。

15)件数和包装(Number and Kind of Packages)

件数应与唛头中件号的累计数相符。

16)货名(Description of Goods)

一般只要列出货物的统称即可,不必详列商品的规格、成分等。

17)毛重(Gross Weight)

列出货物的毛重总数,一般以公斤为计量单位。

18)尺码(Measurement)

即货物的体积,除信用证另有规定者外,一般以立方米为计算单位,要保留到小数点后两位。

19)货物装船日期(Shipped on Board Date)

货物装入船舱的日期。

20)提单的签发地点和日期(Place and Date of Issue)

地点应为装运地点,日期不得迟于信用证或合约所规定的最迟装运日期。

21)运费(Freight and Charges)

此栏一般可不填写,但如信用证规定提单须列明运费,则在此栏列出运费费率及运费总额。

22)船方的签名和印章(Signature of Carrier)

每张正本提单都必须有船方或其代理人的印章方始有效。同时注意信用证是否有提单必须手签的条款,如有此规定则必须手签。

海运提单样本如图 1-3 所示。

Shipper

B/L NO.

Consignee

中国外运股份有限公司
SINOTRANS LIMITED

Notfy address

OCEAN BILL OF LADING

SHIPPED on board in apparent good order and condition (unless otherwise indicated) the goods or packages specified herein and to be discharged at the mentioned port of discharge or as near thereto as the vessel may safely get and be always afloat.

The weight, measure, marks and numbers, quality, contents and value. being particulars furnished by the Shipper, are not checked by the Carrier on loading.

The Shipper, the Consignee and the Holder of this Bill of Lading hereby expressly accept and agree to all printed, written or stamped provisions. exceptions and conditions of this Bill of Lading, including those on the back hereof.

IN WITNESS where of the number of original Bills of Lading stated below have been signed,one of which being accomplished, the other(s) to be void.

Pre-carriage by	Port of loading
Vessel	Port of transshipment
Port of discharge	Final destination

Container seal No. or marks and Nos.	Number and kind of packages	Description of goods	Gross weigh(kgs.)	Measurement(m^3)
		ORIGINAL		

PARTICULARS FURNISHED BY SHIPPER

Freight and charges	REGARDING TRANSSHIPMENT INFORMATION PLEASE CONTACT

Ex.rate	Prepaid at	Freight payable at	Place and date of issue
	Total Prepaid	Number of original Bs/L	Signed for or on behalf of the Master
			as Agent

(SINOTRANS STANDARD FORM 6) SUBJECT TO THE TERMS AND CONDITIONS ON BACK 03C NO.GD

图 1-3 海运提单样本

1.2.2 航空运单

1.航空运单的概念

航空运单(Airway Bill)由托运人或者托运人委托承运人或其代理人填制,是托运人和承运人之间为在承运人的航线上承运托运人货物所订立运输合同的凭证。它是办理货物运输的依据,是计收货物运费的财务票证,也是货主银行结汇文件之一。由于航空运输操作要求高、专业性强,因此通常情况下,航空运单由货运代理人代为填制。

2.航空运单的性质、作用

航空运单是由承运人或其代理人签发的重要的货物运输单证,是承托双方的运输合同。

航空运单内容对双方均具有约束力。航空运单不可转让,持有航空运单也并不能说明可以对货物要求所有权。

1)航空运单是发货人与航空承运人之间的运输合同

与海运提单不同,航空运单不仅证明航空运输合同的存在,而且航空运单本身就是发货人与航空运输承运人之间缔结的货物运输合同,在双方共同签署后产生效力,并在货物到达目的地交付给运单上所记载的收货人后失效。

2)航空运单是承运人签发的已接收货物的证明

航空运单也是货物收据,在发货人将货物发运后,承运人或其代理人就会将其中的“发货人联”交给发货人,作为已经接收货物的证明。除非另外注明,它是承运人收到货物并在良好条件下装运的证明。

3)航空运单是承运人据以核收运费的账单

航空运单分别记载着属于收货人负担的费用以及属于应支付给承运人的费用和应支付给代理人的费用,并详细列明费用的种类、金额,因此可作为运费账单和发票。承运人往往也将其中的承运人联作为记账凭证。

4)航空运单是报关单证之一

出口时航空运单是报关单证之一。在货物到达目的地机场进行进口报关时,航空运单通常是海关查验放行的基本单证。

5)航空运单可作为保险证书

如果承运人承办保险或发货人要求承运人代办保险,则航空运单也可用来作为保险证书。

6)航空运单是承运人内部业务的依据

航空运单随货同行,证明了货物的身份。航空运单上载有有关该票货物发送、转运、交付的事项,承运人会据此对货物的运输做出相应安排。

航空运单的正本一式三份,每份都印有背面条款,其中一份交发货人,是承运人或其代理人接收货物的依据;第二份由承运人留存,作为记账凭证;最后一份随货同行,在货物到达目的地时,交付给收货人时作为核收货物的依据。

3. 航空运单的分类

航空运单主要分为两类。

1)航空主运单(MAWB,Master Air Waybill)

凡由航空运输公司签发的航空运单称为航空主运单。它是航空运输公司据此办理货物运输和交付的依据,是航空公司和托运人订立的运输合同。每一批航空运输的货物都有自己相对应的航空主运单。

2)航空分运单(HAWB,House Air Waybill)

在办理集中托运业务时,集中托运人签发的航空运单被称为航空分运单。

在集中托运的情况下,除了航空运输公司签发主运单外,集中托运人还要签发航空分运单。此时,航空分运单作为集中托运人与托运人之间的货物运输合同,合同双方分别为货主和集中托运人;而航空主运单作为航空运输公司与集中托运人之间的货物运输合同,当事人则为集中托运人和航空运输公司,因此托运人货主与航空运输公司没有直接的契约关系。同时,由于在起运地由集中托运人将货物交付航空运输公司,在目的地由集中托运人或其代理从航空运输公司处提取货物,再转交给收货人,因而托运人与航空运输公司也没有直接的货物交接关系。

4. 航空运单的构成

货运单一式八联。其中正本三联,副本五联。

第一联:正本3,蓝色,为托运人联。作为托运人支付货物运费并将货物交由承运人运输的凭证。

第二联:正本1,绿色,为财务联。作为收取货物运费的凭证交财务部门。

第三联:副本7,白色,为第一承运人联。由第一承运人留交其财务部门作为结算凭证。

第四联:正本2,粉红色,为收货人联。在目的站交收货人。

第五联:副本4,黄色,为货物交付联。收货人提取货物时在此联签字,由承运人留存,作为货物已经交付收货人的凭证。

第六联:副本5,白色,为目的站联。由目的站机场留存,也可作为第三承运人联,由第三承运人留交其财务部门作为结算凭证。

第七联:副本6,白色,为第二承运人联。由第二承运人留交其财务部门作为结算凭证。

第八联:副本8,白色,为代理人联(存根联)。由货运单填制人留存备查。

货运单的三联正本具有同等法律效力。一联交承运人;一联交收货人;一联交托运人,分别由托运人签字或盖章,由承运人接收货物后签字或盖章。

5. 航空运单的内容

航空运单与海运提单类似,也有正面、背面条款之分,但不同的航空公司也会有自己独特的航空运单格式。海运公司的海运提单可能千差万别,但各航空公司所使用的航空运单则大多借鉴 IATA(国际航空运输协会,英文全称为"International Air

Transport Association”,简称 IATA)所推荐的标准格式,差别并不大。本节只介绍航空运单的标准格式,也称中性运单,有关填写栏目说明如下。

1)编号(Airway Bill No.)

航空运单最上方的编号由航空公司填制。编号的前三位一般是各国航空公司的代号,如中国民航的代号为 999,日本航空公司的代号为 131 等。

2)承运人(Carrier)

承运人即航空公司。根据《UCP600》规定,若信用证要求空运单据,银行将接受表面标明承运人名称的单据。

3)发货人名址(Shipper's Name and Address)

在托收方式下,按合同的卖方名址填列。在信用证方式下,则必须与受益人的名址一致。

4)发货人账号(Shipper's Account Number)

此栏一般可不填。

5)收货人名址(Consignee's Name and Address)

在托收方式下,若以代收行为收货人,须事先征取代收行同意。在实务操作中多以合同的买方为收货人。在信用证方式下,有的以买方为收货人,有的以开证行为收货人,应根据信用证的规定填写,但最好以开证行为收货人,以防进口商借口拒付或延付,而货物却被提走。

6)收货人账号(Consignee's Account Number)

此栏一般可不填。

7)签发运单的承运人的代理人名称和城市名(Issuing Carrier's Agent Name and City)

若航空运单由承运人的代理人签发时,此栏填实际代理人名称及城市名;若航空运单直接由承运人本人签发,此栏则可空白不填。

8)代理人国际航空运输协会的代号(Agent's IATA Code)

此栏一般可不填。

9)代理人账号(Account Number)

如需要时可填代理人的账号,供承运人结算时使用;一般可不填。

10)起航机场和指定航线(Airport of Departure and Requested Routing)

一般仅填起航机场名称即可。

11)会计事项(Accounting Information)

会计事项指与费用结算的有关事项。如运费预付、到付或发货人结算使用信用卡号、账号以及其他必要的情况。

12)转运机场/一程承运人/路线和目的地(To/By First Carrier/Routing and Destination)

如货物运输途中转运,则按实际情况填写。

13)目的地机场(Airport of Destination)

即货物运载的最终目的地机场。

14)航班/日期(仅供承运人使用)[Flight/Date(For Carrier Use Only)]

即飞机航班号及其实际起飞日期。但本栏所填的内容只能供承运人使用,因而该起飞日期不能视为货物的装运日期(一般以航空运单的签发日期作为装运日期)。

15)货币及费用代码(Currency & CHGS Code)

货币代码即支付费用使用的货币的货币国际标准电码表示,如 HKD、USD 等,费用代码一般不填。

16)运费/声报价值费及其他费用(WT/VAL & Other, Weight Charge/Valuation Charge)

声报价值费(Valuation Charge)是指下列第 17 栏向承运人声报了价值时,必须与运费一起交付声明价值费。若该栏费用是预付,则在"PPD"(Prepaid)栏下打"×";若是待付,则在"COLL"(Collect)栏下打"×"。此栏应注意要与第 11 栏保持一致。

17)运输申报价值(Declared Value for Carriage)

填写托运货物总价值,一般可按发票额填列。如不愿申报,则填"NVD"(No Value Declared,无申报价值)。

根据《统一国际航空运输某些规则的公约》(《华沙公约》)规定,托运人在交运货物时有特别声明货物价值者,如果货物因承运人的责任而造成毁灭、遗失或损坏等损失,承运人则按其声明价值赔偿。如无声明价值,承运人即按统一规定的每千克定额赔偿,但其定额不超过该货到达后的价值。

18)海关申报价值(Declared Value for Customs)

此栏所填价值是提供给海关的征税依据。当以出口货物报关单或商业发票作为征税依据时,本栏可不填或填写"As Per INV.(Invoice) No."。如果货物系样品等,数量少且无商业价值,可填"NCV"(No Commercial Value)。

19)保险金额(Amount of Insurance)

如发货人根据本运单背面的条款要求保险,则在本栏内注明保险金额,若无则可填"NIL"。

20)处理情况(Handling Information)

可利用本栏填写所需要注明的内容。如被通知人,飞机随带的有关商业单据名称,包装情况,发货人对货物在途时的某些特别指示,对第二承运人的要求等。

21)件数(No. of Pieces)

正确地填入所装载的包装件数(附样中本栏的 RCP 即"Rate Combination Point"的缩写,意为税率组成点)。

22)毛重/千克或磅(Gross Weight/kg/b)

填列以千克或磅为计量单位的货物毛重("kg"也可写作"K")。

23)费率等级(Rate Class)

根据航空公司有关运价资料,按实际填列费率等级的代号,费率等级代号有"M"、"N"、"Q"、"C"、"R"、"S"六种。

"M"—Minimum Charge,即货物的起运费率。

"N"—Normal Under 45 kgs Rate,即 45 千克以下普通货物的费率。

"Q"—Quantity Over 45 kgs Rate,即 45 千克以上普通货物的费率。

上述以 45 千克为计算界限,因此称为重量分界点(Weight Break Point)。

"C"—Special Commodity Rate,即特种货物费率。

"R"—Reduced Class Rate,Less than Normal Rate,即折扣费率。对少数货物,可按"N"费率给予一定百分比的折扣。

"S"—Surcharged Class Rate,More than Normal Rate,即加价费率。对少数货物,按"N"费率加一定的百分比。

24)商品编号(Commodity Item No.)

按费率等级填列商品编号,一般也可不填。

25)计费重量(Chargeable Weight)

填列货物实际毛重,若属于"M"费率等级和以尺码计费者,则可不填此栏。

26)费率(Rate/Charge)

填写实际计费的费率。

27)运费总额(Total)

填计收运费的总额,即计费重量与费率的乘积。

28)货物品名和数量(包括体积或容积)[Nature and Quantity of Goods(Including Dimensions or Volume)]

填合同或信用证中规定的货物名称、唛头、数量及尺码。

29)计重运费(预付/待付)[Weight Charge(Prepaid/Collect)]

在对应的"预付"或"待付"栏内填写按重量计算的运费额。

30)其他费用金额(Other Charges)

当发生诸如运单费、危险货物费、起运地仓储费和目的地仓储费等费用时填写,若无此类费用则可空白不填。

31)声报价值费(Valuation Charge)

一般空白不填。

32)因代理人需要而产生的费用(Total Other Charges Due Agent)

一般空白不填。

33)因承运人需要而产生的其他费用(Total Other Charges Due Carrier)

一般填写"As Arranged"。

34)预付费用总额/待付费用总额(Total Prepaid/Total Collect)

指预付或待付的运费及其他费用总额,可在相应栏内填"As Arranged"。

35）发货人或其代理人签名（Signature of Shipper on His Agent）

签名后，以示保证所托运的货物并非危险品。

36）承运人或其代理人签字及签发运单日期、地点［Executed on（date）at（place），Signature of Issuing Carrier or Its Agent］

签单后，正本航空运单方能生效。本栏所表示的日期为签发本运单的日期，也就是本批货物的装运日期。如果信用证规定运单必须注明实际起飞日期，则以该所注的实际起飞日期为装运日期。本栏的日期不得晚于信用证规定的装运日期。

以代理人身份签章时，同提单一样，需在签章处加注“As Agent”。承运人签章时则加注“As Carrier”。

37）正本（Original）

航空运单正本按国际惯例为一式三份：第一份“Orignal 1（For Issuing Carrier）”由航空公司留存；第二份“Orignal 2（For Consignee）”随飞机转给收货人；第三份“Original 3（For Shipper）”交给发货人。虽然正本签发三份，但银行允许只提交一份正本。副本共九份，由航空公司按规定和需要分发。

航空运单样本如图 1-4 所示。

MAWB

Shipper's Name and Address | Shipper's Account Number

Not negotiable

Air consignment note HELLMANN WORLDWIDE LOGISTICS issued by

Copies1,2 and 3 of this Air Waybill are originals and have the same validity

Consignee's Name and Address | Consignee's Account Number

It is agreed that the goods described herein are accepted in apparent good order and condition (except as noted) for carriage SUBJECT TO THE CONDITIONS OF CONTRACT ON THE REVERSE HEREOF, THE SHIPPER's ATTENTION IS DRAWN TO THE NOTICE CONCERNING CARRIER's LIMIATION OF LIABILITY, shipper may increase suchlimitation of liability by declaring a higher value for carriage and paying a supplemental charge if required.

Issuing Carrier's Agent Name and City

Accounting information

Agents IATA Code | Account No.

to	By first Carrier Routing and Destination	to	by	to	by	Currency	chgs code	WT/VAL PPD	WT/VAL COLL	Other PPD	Other COLL	Declared Value for Carriage	Declared Value for Customs

Airport of Destination | Flight/Date | For Carriers Use Only Flight/Date | Amount of insurance

INSURANCE-IF carrier offers insurance and such insurance is requested in accordance with the conditions on reverse hereof, indicate amount to be insured in figures in box marked amount of insurance.

Handling information

No. of Pieces RCP	Gross Weight	kg lb	Rate Class Commodity item No.	Chargeable Weight	Rate / Charge	Total	Nature and quantity of Goods (incl. Dimensions or Volume)

Prepaid | Weight Charge | Collect

Other Charges

Valuation Charge

Tax

Total other Charges Due Agent

Shipper certifies that the particulars on the face hereof are correct and that insofar as any part of the consignment contains dangerous goods, such part is propely dscribed by name and is in proper condition for carriage by air according to the applicable Dangerous Goods Regulations.

Total other Charges Due Carrier

Total Prepaid | Total Collect

Currency Conversion Rates | Charges in Dest.Currency

Executed on | of Issuing Carrier or its Agent

For Carrier's Use Only at Destination | Charges at Destination | Total Collect Charges

图 1-4 航空运单样本

2

国际货运的其他单证

2.1 装货单

2.1.1 装货单概述

1. 装货单的概念

装货单(Shipping Order,S/O)又称关单,俗称下货纸,是船公司或其代理签发给货物托运人的一种通知船方装货的凭证。船公司收到托运单后根据船舶配载原则,结合货物和具体航线及港口的情况,安排船只和舱位,然后签发 S/O 表示船公司接受这批货物的承运。S/O 一经签发,承运托运双方即受其约束。同时,托运人凭船公司签章的装货单要求船长将货物装船之前,还应先到海关办理货物装船出口的报关手续,经海关查验后,在 S/O 上加盖海关放行章,表示该票货物已允许装船出口,才能要求船长装货。装货单是办理订舱的基本单据,也是出口货运中的重要单据之一。

按国际惯例,装货单一般是一式三联:第一联留底,为船方缮制装货清单之用;第二联是装货单;第三联为收货单,即大副收据。目前,由于海关管理方式有所变化,出口企业一般难以取得海关签章的出口货物装货单,出口货物装货单也可不必海关签章。

2. 装货单的内容

装货单的内容主要反映了货物信息和船务信息,具体内容如下。

1)托运人(Shipper or Consignor)

一般情况下,填写合同的卖方或是信用证项下的受益人的名称及地址。如果第三方为发货人,只要信用证没有禁止,本栏可填第三方作为发货人。

2)收货人(Consignee)

按合同或信用证规定填写,在实际业务中一般都要求把收货人写成指示式,以方便收货人在货物到港后对货物进行处理。

3)通知人(Notify Party)

提单的收货人常写成指示式,所以要让船方了解货物到达目的港后的实际收货人,或代理人的联系方式。根据信用证要求显示具体名称、地址或联系电话。

4)前段运输(Pre-carriage by)

此栏可以不填,一般适用于联运货物情况下填写第一程运输方式的运输工具名称或车皮号码。

5)收货地点 (Place of Receipt)

若港至港海运方式,此栏可以不必填写;若系联合运输方式,则应根据信用证上所规定的"From"后的××地方填注。

6)运输工具名称(Vessel)

指海运段运输船舶的名称及航次号。

7)装运港(Port of Loading)

指实际的装货港口名称,此栏应按信用证的要求填写。

8)卸货港(Port of Discharge)

指实际的卸货港口名称,此栏应按信用证的要求填写。

9)交货地点(Place of Delivery)

如果是转船运输,应填写实际卸货港口名称,而在其上的卸货港处填写转船港口名称;如果是联运,应填写联运的最终陆路目的地。

10)最终目的地(Final Destination)

指联运货物的最终目的地。

11)唛头(Marks)

指运输标志。

12)货物描述(Destination of Goods)

按合同或信用证上的货物描述填写。

13)集装箱号及封志号(Container No. and Seal No.)

填写由船公司租给发货人使用的集装箱号码。封志是指向出口地海关申报得到海关放行后,由海关发放的用于锁集装箱门的一种铅封,这种铅封是一次性的,一旦锁上,只有毁坏后才能打开集装箱门。封志号就是铸在铅封上的号码,每个铅封上都有专用的号码,不能重复。

14)包装种类(Kind of Packages)

指货物的运输包装或外包装。

15)箱数或件数(No. of Containers or Packages)

指集装箱数量或外包装数量,用阿拉伯数字表示。

16)集装箱数或件数合计(大写)(Total Number of Containers or Packages in Words)

用汉字表示的集装箱数量或是货物的外包装数量。

17)毛重(Gross Weight)

货物的总毛重。

18)尺码(Measurement)

货物的外包装尺寸,即外包装的“长×宽×高”。

19)集装箱交接方式(Service Type on Receiving and Delivery)

指集装箱在出口地和进口地交接货物的地点,应明确承运人是在出口地的哪一处接货,又在进口地的何处交货。

20)冷藏集装箱的冷藏温度要求(Reefer Temperature Required)

指发货人对承运人要求在运输过程中,需要对集装箱设定的冷冻温度,以防货物变质。

21)提单的份数(No. of Original B(s)/L)

发货人要求承运人签发正本提单的份数。

22)付运费地(Prepaid or Payable at)

支付运费的地点,以便承运人确定在何处收取运费。

23)场站员签字(By Terminal Clerk)

在货物装入集装箱后,应进入集装箱货运站或堆场等待装船,此时,需要值班人员签收货物,此处是值班人员接收货物后的签字处,表明在此场站收据上列明的货物情况收妥。

24)签发地点(Place of Issue)

指签发提单的地点,应填写船公司或代理人所在地。

25)货物类型(Place of Cargo)

指货物是普通货物还是冷藏货物,或是否属于危险品还是其他需要特殊说明的货物。

26)危险品级别和类型(Class and Property of Dangerous Goods)

按照危险品管理规定,应标明危险品的等级和类型。

3. 装货单的主要作用

1)装货单是承运人确认承运货物的证明

承运人签发装货单,即表明已办妥托运手续,承运人已同意承运单上所列货物。装货单一经签订,运输合同即告成立。

2)装货单是海关对出口货物进行监管的单证

托运人凭装货单及其他有关单证,办理出口报关手续,海关核准出口,即在装货单上加盖海关放行章。

3)装货单是承运人通知码头仓库或装运船舶接货装船的命令

托运人将装货单连同货物送交承运人指定的仓库或船舶,理货人员按积载计划由装卸工人分票装船后,即将实装货物数量、装舱部位及装船日期项写在装货单上,交船方留存备查。

装货单样本如图 2-1 所示。

SHIPPER 发货人	D/R NO.（编号） APL
	装 货 单
CONSIGNEE 收货人	场站收据副本
NOTIFY PARTY 通知人	RECEIVED BY THE CARRIER THE TOTAL NUMBER OF CONTAINERS OR OTHER PACKAGES OR UNITS STATED BELOW TO BE TRANSPORTED SUBJECT TO THE TEMS AND CONDITIONS OF THE CARRIER' S REGULAR FORM OF BILL OF LADING (FOR COMBINED TRANSPORT OR PORT TO PORT SHIPMENT) WHICH SHALL BE DEEMED TO BE INCORPORATED HEREIN. DATE (日期)：
PRE-CARRIAGE BY（前程运输） PLACE OF RECEIPT（收货地点）	场地章
OCEAN VESSEL（船名） VOY. NO.（航次） PORT OF LOADING（装货港）	
PORT OF DISCHARGE（卸货港） PIECE OF DELIVERY（交货地点）	FINAL DESTINATION FOR THE MERCHANT' S REFERENCE（目的地）

CONTAINER NO.（集装箱号）	SEAL NO.（封志号）MARKS & NOS.（标记与号码）	NO.OF CONTAINERS OR PKGS（箱数或件数）	KIND OF PACKAGES;DESCRIPTION OF GOODS（包装种类与货名）	GROSS WEIGHT 毛重（公斤）	MEASUREMENT 尺码（立方米）
TOTAL NUMBER OF CONTAINERS OR PACKAGES（IN WORDS）集装箱数或件数合计（大写）					

CTNER NO.（箱号） SEAL NO.（封志号） PKGS.（件数） CONTAINER NO.（箱号） SEAL NO.（封志号） PKGS.（件数）

RECEIVED（实收） BY TERMINAL CLERK（场站员签字）

FREIGHT & CHARGES	PREPAID AT（预付地点）	PAYABLE AT（到付地点）	PLACE OF ISSUE（签发地点）
	TOTAL PREPAID（预付总额）	NO. OF ORIGINAL B(s)/L（正本提单份数）	BOOKING APPROVED BY（订舱确认）
SERVICE TYPE ON RECEIVING □-CY □-CFS □-DOOR		SERVICE TYPE ON DELIVERY □-CY □-CFS □-DOOR	REEFER TEMPERATURE REQUIRED（冷藏温度） ℉ ℃
TYPE OF GOODS（种类）	□ Ordinary.（普通） □ Liquid.（液体）	□ Reefer.（冷藏） □ LiveAnimal（活动物） □ Dangerous.（危险品） □ Bulk.（散货） □ Auto.（裸装车辆） □	危险品 CLASS: PROPERTY: IMDG CODE PAGE: UN NO.

图 2-1 装货单样本

2.1.2 装货单实例体验

大连速达国际物流有限公司接到大连美滋味股份有限公司 2009 年 1 月 6 日传来的托运书后，缮制装货单，并向船公司办理租船订舱手续。确定船名为“SYDL V. 012E”，集装箱号码为“SYTU 6640427”，船期为 2009 年 2 月 3 日，提单号为“5432DL –238”。装货单实例体验如图 2-2 所示。

（1）信用证（NO.：001/95/14020X）见附件。

（2）发票号码为 95XW10，开票日期为 Dec. 30，2008。

（3）信用证项下的货物包装规格及唛头如下。

XUWANG DOCUMENTATION SYSTEMS：每 10 套装一个纸箱

唛头：BIG TREE

CANADA

CTNS 1 – 100

（4）毛重：23KGS

（5）净重：22KGS

附件

ISSUING BANK：STANDARD CHARTERED BANK, LONDON

ADVISING BANK：BANK OF CHINA GUANGZHOU

APPLICANT：PETRICO INTERNATIONAL TRADING CORP. UO SHEPPARD ARENUE EAST SUITE 406 WILLOWDALE ONTARIO CANADA M2K W2

BENEFICIARY：XUWANG BUSINESS COMPUTING CO. LTD. RM. NA34. ROSE HOTEL OF ZHONGSHAN UNIVERSITY, DALIAN, P. R. CHINA

FORM OF L/C：IRREVOCABLE

L/C NO.：001/95/14020X

ISSUE DATE：08. 12. 22

EXPIRY DATE/PLACE：09. 04. 30 IN COUNTRY OF BENEFICIARY

L/C AMOUNT：USD 4,458,314. 00

AMOUNT SPECIFICATION：CIF

AVAILABLE WITH/BY：FREELY AVAILABLE BY NEGOTIATION

DRAFTS：AT SIGHT DRAWN ON OURSELVES

TRANSPORT DETAILS：FROM CHINESE PORT NOT LATER THAN 15TH APRIL 2009 TO TORONTO, CANADA

DESCRIPTION OF GOODS：XUWANG DOCUMENTATION SYSTEMS VERSION 5. 0 1,000 SETS

DOCUMENTS REQUIRED：CERTIFICATE OF ORIGIN FORM A DULY NOTARIZED IN SIX COPIES.

CONDITIONS：CONSIGNEE—BIG TREE BUSINESS CO., LTD., SUNRISE STREET EAST, TORONTO, CANADA.

Shipper 发货人 XUWANG BUSINESS COMPUTING CO., LTD. RM. NA34. ROSE HOTEL OF ZHONGSHAN UNIVERSITY, DALIAN, P. R. CHINA			D/R No.(编号) **装货单**		
Consignee收货人 TO ORDER			**场站收据副本**		
Notify Party (通知人) PETRICO INTERNATIONAL TRADING CORP. UO SHEPPARD ARENUE EAST SUITE 406 WILLOWDALE ONTARIO CANADA M2K W2			RECEIVED BY THE CARRIER THE TOTAL NUMBER OF CONTAINERS OR OTHER PACKAGES OR UNITS STATED BELOW TO BE TRANSPORTED SUBJECT TO THETEMS AND CONDITIONS OF THE CARRIER'S REGULAR FORM OF BILL OF LADING (FOR COMBINED TRANSPORT OR PORT TO PORT SHIPMENT) WHICH SHALL BE DEEMED TO BE INCORPORATE HEREIN DATE (日期):		
Pre-carriage by (前程运输)	Place of Receipt(收货地点)		**场地章**		
Ocean Vessel (船名) Voy. No.(航次) SYDL V. 012E	Port of Loading(装货港) DALIAN		Final Destnation for the Merchant's Reference(目的地)		
Port of Discharge(卸货港) TORONTO	Place of Delivery (交货地点)				
Container No. (集装箱号)	Seal No. (封志号) Marks & Nos. (标记与号码) BIG TREE CANADA CTNS# 1-100	No. of containers of Pkgs: (箱数或件数) 1 000 SETS	Kind of Packages; Description of Goods (包装种类与货名)	Gross Weight 毛重(公斤) FREIGHT	Measurement 尺码(立方米) PREPAID
TOTAL NUMBER OF CONTAINERS OR PACKAGES (IN WORDS) 集装箱数或件数合计(大写)	**SAY ONE HUNDRED CARTONS ONLY**				
Container No.(箱号) Seal No. (封志号) Pkgs.(件数)			Container No.(箱号) Seal No.(封志号) Pkgs.(件数)		
			Received(实收) By terminal clerk(场站员签字)		
FREIGHT & CHARGE	Prepaid at (预付地点) DALIAN		Payable at (到付地点)	Place of Issue (签发地点) DALIAN	
	Total Prepaid (预付总额)		No. of Original B(s)/L (正本提单份数) THREE	BOOKING (订舱确认)	
Service Type on Receiving □-CY, □-CFS, □-DOORS	Service Type on Delivery □-CY, □-CFS, □-DOOR		Reefer Temperature Required (冷藏温度) ℉ ℃		
TYPE OF GOODS (种类)	□Ordinary, □Reefer, □Dangerous, □Auto. (普通) (冷藏) (危险品) (裸装车辆) □Liquid, □Live Animal, □Bulk, (液体) (活动物) (散货)		危险品 Class: Property: IMDG Code Page: UN NO.		

图 2-2 装货单实例体验

2.2 提货单

2.2.1 提货单的概念

提货单(Delivery Order)又称小提单。收货人凭正本提单或副本提单随附有效的担保向承运人或其代理人换取,它是向港口装卸部门提取货物的凭证。发放小提单时应做到:正本提单为合法持有人所持有;提单上的非清洁批注应转入小提单;当发生溢短残损情况时,收货人有权向承运人或其代理获得相应的签证;运费未付的,应在收货人付清运费及有关费用后,方可发放小提单。

通常,收货人或其代理人收到到货通知书后,应凭正本提单和到货通知书到船公司或其代理处办理换单事宜。按照提单的有关规定,除特殊情况外,船公司或其代理人只要收到正本提单就有义务对提单持有人签发提货单,因此,经审核提单无误后,船公司或其代理应在提货单上加盖船公司或其代理的"进口提货章"(如果是运费到付情况,收货人应先支付到付运费,再办理换取提货单手续)。提货单的签发是采用与正本提单相交换的形式进行的。提货单仅仅是作为船公司向收货人交货的凭证,本身并不具有提单的流通性。提单的收货人可以是指示式的,但提货单的收货人栏目必须是记名式的。

在签发提货单时,首先要核对正本提单签发人的签署、签发提单的日期、提单背书的连贯性,判定提单持有人是否正当,然后再发给提货单。提货单应具有提单所记载的内容,如船名、交货地点、集装箱号码、铅封号、货物名称、收货人等交货所必须具备的项目。在到付运费和未付清其他有关费用的情况下,应收妥后再签发提货单。

如果发货人已经办理电放手续的,货运代理公司可以凭收货人出具的保函,向在卸港的船公司机构或其代理办理电放提货手续,以便于收货人及早提取货物。

2.2.2 提货单的签发

为了便于承托双方交接货物和分清各自的责任义务,在实务中,通常使用提货通知书、到货通知书、提货单、交货记录等单证。

1. 提货通知书

提货通知书(Delivery Notice)又称为提货单(Delivery Order),是指在杂货班轮货运过程中收货人凭正本提单向承运人或其代理人换取的可向港区堆场、货运站提货的凭证,也是船公司或其代理人对码头堆场或货运站交货放箱的通知,其内容包括船名、货名、件数、数量、包装式样、标志、提单号、收货人名称等。

提货单的性质与提单完全不同,不具备流通及其他作用。

2. 交货记录的内容及缮制

1)交货记录的构成

交货记录是指在集装箱班轮货运过程中集装箱码头堆场和集装箱货运站向收货

人或其代理人交货的凭证，是证明船公司责任终止的重要单证。

交货记录联单共一式五联：

第一联为到货通知书（白色）；

第二联为提货单（白色）；

第三联为费用账单（蓝色）；

第四联为费用账单（红色）；

第五联为交货记录（白色）。

2）交货记录的内容

五联单在内容上均具有船、货等方面说明的栏目，其中包括：收货人名称、地址、开户银行与账号、船名、航次、起运港、目的地、提单号、交付条款、到付运费、卸货地点、到达日期、进库场日期、一程运输、标记与集装箱号、货名、集装箱数、件数、重量、体积。

提货单联增加了存放箱/货的港区、场站的名称以及提供船代、收货人、海关等部门盖章确认的栏目。

3. 交货记录的流转程序

（1）船舶代理人在收到进口货物单证资料后，在国外进口船舶联检后（支线船抵港后），向收货人发出到货通知书。

（2）收货人或其代理人在收到到货通知书后，凭正本提单向船舶代理换取交货记录，在提货单上加盖专用章，连同“费用账单”、“交货记录”共四联交给收货人。

（3）收货人或其代理人持提货单随进口货物有关资料，向海关申报。海关验后在提货单的规定栏内加盖放行章。收货人或其代理人办妥其他有关手续，必要时还需有关单位盖章方可放行。

（4）收货人及其代理人凭盖章放行的提货单、费用账单和交货记录向港区或场站办理申请提货作业计划，港区或场站核对船舶代理人签发的提货单及有关放行章后，将提货单、费用账单留下作为放货依据，以备结算和收取费用。在第五联交货记录上盖章，以示确认手续完备，受理提货作业申请，安排提货作业计划。

（5）收货人及其代理人凭港区或场站已盖章的交货记录联，到港区、场站库场提取货物。提货完毕后提货人应在交货记录规定的栏目内签名，以示确认提取的货物无误。交货记录上货物全部提完后，港区或场站应收回交货记录。

（6）港区或场站凭收回的交货记录联核算费用，填制费用账单以便结算费用。将第三联（蓝色）费用账单留存港区、场站，第四联（红色）费用账单联作为向收货人收取费用的凭证。

（7）港区、场站将第二联提货单及第四联费用账单联、第五联交货记录留存归档备查。

2.2.3 换领小提单操作要点

1)换单日期

船东委托船代在船舶抵港后开始换发小提单,若需确认实际换单日,应详细咨询。

2)换单方式

正本提单需有收货人完整的背书;收货人如为"TO ORDER OF SHIPPER"或"TO ORDER",则必须提供发货人完整背书;若无背书,须交回全套正本提单(一般为一式三份)。

3)电报放货

需出具有收货人盖章确认的提单副本和船代指定的电放保函。

4)海运单(Sea Way Bill)

需出具有收货人盖章确认的提单副本和船代指定的电放保函。

5)收货人提供文件注意事项

副本提单的背书必须与收货人一致;正本银行保函上须有收货人和担保银行的盖章;银行担保内容须与收货人提供的提单内容一致;同时银行保函上不得有诸如担保期限、担保金额等附加条款。

6)小提单遗失后的处理方法

在货物尚未被提领的情况下,船主才可接受小提单补发。原以正本提单、电报放货或海运单换取小提单者缴交登报一日的报纸或登报收据、收货人盖章的正本保函、单证重制费。原以银行担保书换取小提单者可以要求银行重新开立银行担保或由收货人另行押款、给予收货人盖章的正本保函和单证重制费。

提货单样本如图 2-3 所示。

2.2.4 提货单实例体验

大连速达国际物流有限公司从提单上得知提单是由 MODAN COMPANY LTD. 签发的,随即在网上查询船期表,确定船舶将于 2009 年 2 月 6 日到达大连港。同时 COSCO DALIAN 也接到 MODAN COMPANY LTD. 的通知并通过 PETRICO INTERNATIONAL TRADING CORP. 与大连速达国际物流有限公司取得联系,由 COSCO DALIAN 及时将船舶运行动态通知大连速达国际物流有限公司。确定船期后,大连速达国际物流有限公司应持由 PETRICO INTERNATIONAL TRADING CORP. 作为被背书人背书(即在提单的被背书人处签字盖章)的提单,到 COSCO DALIAN 换取提货单。

发票号码为 95XW10,开票日期为 Dec. 30,2008。

信用证项下的货物包装规格及唛头如下。

XUWANG DOCUMENTATION SYSTEMS:每 10 套装一纸箱

唛头:BIG TREE
CANADA
CTNS 1 - 100

提货单实例体验如图 2-4 所示。

提　货　单

DELIVERY　ORDER

收货人 / 通知方：　　SAME AS CONSIGNEE

______地区、场、站　TO ORDER OF DALIAN MATSUDA　　____年___月___日

船名	航次	起运港	目的港
提单号	交付条款	到付海运费	合同号
卸货地点	到达日期	进库场日期	第一程运输
货　名		集　装　箱　号　/ 铅　封　号	
集装箱数			
件　数			
重　量 (KGS)			
体　积 (CBM)			
标　　志			
请核对放货 大连金元集装箱船务代理有限公司 凡属法定检验、检疫的进口商品，必须向有关监督机构申报。			
收货人章 1	海关章 2	3	4
5	6	7	8

图 2-3　提货单样本

大连金元集装箱船务代理有限公司
JINYUAN DALIAN CONTAINER SHIPPING AGENCY CO., LTD.

提 货 单
DELIVERY ORDER

收货人 / 通知方：　SAME AS CONSIGNEE
______地区、场、站　TO ORDER OF DALIAN MATSUDA　____年___月___日

船名 SYDL V.	航次 012E	起运港 CANADA	目的港 DALIAN
提单号 5432DL-238	交付条款 CFS-CFS	到付海运费	合同号
卸货地点	到达日期 03/02/2009	进库场日期	第一程运输
货 名	XUWANG DOCUMENTATION SYSTEMS VERSION 5.0	集 装 箱 号 / 铅 封 号	
集装箱数	1 × 20'	SYTU 6640427	
件 数	100 CARTONS		
重 量			
体 积			
标 志			
BIG TREE CANADA CTNS# 1-100			
请核对放货 大连金元集装箱船务代理有限公司 凡属法定检验、检疫的进口商品，必须向有关监督机构申报。			
收货人章	海关章		

图 2-4 提货单实例体验

2.3 装船通知

2.3.1 装船通知的概述

1.装船通知概念

装船通知(Shipping Advice)也叫装运通知,主要指的是出口商在货物装船后发给进口方的包括货物详细装运情况的通知。按照国际贸易的习惯做法,发货人一般在装船后三天内发送装运通知给买方或其指定的人,从而有利于买方做好筹措资金、付款、办理保险和接货的准备。如卖方未能及时给买方发送装船通知而使其不能及时办理保险或接货,卖方就应负责赔偿买方由此而引起的一切损害或损失。

装运通知没有固定的格式,一般由发货人自行设计,可采用电报、电传、传真及电子邮件等各种形式发送。其内容必须符合信用证的有关规定。

2.装船通知的主要内容及其缮制

1)单据名称

主要有下面几种形式:Shipping/Shipment Advice、Advice of Shipment 等,也有人将其称为"Shipping Statement/Declaration",如果信用证有具体要求,按信用证的规定填制。

2)通知的对象

应按信用证规定填写,可以是开证申请人、申请人的指定人或保险公司等。

3)通知的内容

主要包括所发运货物的合同号或信用证号、品名、数量、金额、运输工具名称、开航日期、启运地和目的地、提运单号码、运输标志等,并且与其他相关单据保持一致,如信用证提出具体项目要求,应严格按规定出单。另外,通知中还可能出现包装说明、ETD(船舶预离港时间)、ETA(船舶预抵港时间)、ETC(预计开始装船时间)等内容。

4)缮制和签发日期

日期不能超过信用证约定的时间,常见的有以小时为准(Within 24/48 Hours)和以天(Within 2 Days after Shipment Date)为准两种情形,信用证没有规定时应在装船后立即发出,如信用证规定"Immediately after Shipment"(装船后立即通知),应理解是在提单后三天之内。

5)签署

一般可以不签署,如信用证要求"Certified Copy of Shipping Advice",通常加盖受益人章。

3.缮制装船通知应注意的事项

(1)在 CFR/CPT 交易条件下发装运通知的必要性。因货物运输和保险分别由不同的当事人操作,所以受益人有义务向申请人对货物装运情况给予及时、充分的通知，以便进口商保险，否则如漏发通知，则货物越过船舷后的风险仍由受益人承担。

(2)通知应按规定的份数、内容、方式、时间发出。

(3)各名称之间的区别："Shipping Instructions"意思是"装运须知"，一般是进口商发给出口商的；"Shipping Note/ Bill"指装货通知单/船货清单；"Shipping Order"简称S/O，含义是装货单/报关单/下货纸（是海关放行和命令船方将单据上载明的货物装船的文件）。

4. 信用证中有关装船通知条款的分析

(1)"ORIGINAL FAX FROM BENEFICIARY TO OUR APPLICANT EVIDENCING B/L NO., NAME OF SHIP, SHIPMENT DATE, QUANTITY AND VALUE OF GOODS."其要求应向申请人提交正本通知一份，通知上列明提单号、船名、装运日期、货物的数量和金额。制作单据时只要按所列项目操作即可。

(2)"THE NAME OF INSURANCE CO. AND THE POLICY NO. CCN DD. ··· HAVE TO BE MENTIONED ON B/L, SHIPMENT ADVICE TO BE MADE TO SAID INSURANCE CO. VIA TLX NO. CCN INDICATING POLICY NO. AND DETAILS OF SHIPMENT, A COPY OF WHICH IS TO BE ACCOMPANIED BY THE ORIGINAL DOCS."提单上应明确保险公司的名称、保单号码和出单日期，所出的装运通知则应标明保险公司名称、电传号码、保单号码和货物的详细情况，电抄副本随正本单据向银行提交。

(3)"SHIPMENT ADVICE WITH FULL DETAILS INCLUDING SHIPPING MARKS, CTN NUMBERS, VESSEL'S NAME, B/L NUMBER, VALUE AND QUANTITY OF GOODS MUST BE SENT ON THE DATE OF SHIPMENT TO US."该项规定要求装运通知应列明包括运输标志、箱号、船名、提单号、货物金额和数量在内的详细情况，并在货物发运当天寄开证行。

(4)"BENEFICIARY MUST FAX ADVICE TO THE APPLICANT FOR THE PARTICULARS BEFORE SHIPMENT EFFECTED AND A COPY OF THE ADVICE SHOULD BE PRESENTED FOR NEGOTIATION."受益人以传真的方式发出装运通知，是在货物装运前发出，并将传真副本作为议付单据提交。

(5)"INSURANCE COVERED BY OPENERS. ALL SHIPMENTS UNDER THIS CREDIT MUST BE ADVISED BY YOU IMMEDIATELY AFTER SHIPMENT DIRECT TO M/S GUANGMING INSURANCE CO. AND TO THE OPENERS REFERRING TO COVER NOTE NO. CA364 GIVING FULL DETAILS OF SHIPMENT. A COPY OF THIS ADVICE TO ACCOMPANY EACH SET OF DOCUMENTS."本条款要求申请人负责保险，货物装运后由受益人直接发装船通知给光明保险公司和申请人，通知单上要注明号码为CA364的暂保单，并说明货物的详细情况。每次交单都应随附该通知副本。

(6)"BENEFICIARY'S CERTIFIED COPY OF FAX SENT TO APPLICANT WITHIN 48 HOURS AFTER SHIPMENT INDICATING CONTRACT NO., L/C NO.,

GOODS'NAME, QUANTITY, INVOICE VALUE, VESSEL'S NAME, PACKAGE/CONTAINER NO. , LOADING PORT, SHIPPING DATE AND ETA."本信用证条款要求,由受益人出具的装运通知必须已签署,装运通知应在发货后48小时内发出,具体通知内容为合同号、信用证号、品名、数量、发票金额、船名、箱/集装箱号、装货港、装运日期和船舶预抵港时间。受益人要严格按要求的内容缮制。

(7)"SHIPMENT ADVICE QUOTING THE NAME OF THE CARRYING VESSEL, DATE OF SHIPMENT, NUMBER OF PACKAGES, SHIPPING MARKS, AMOUNT, LETTER OF CREDIT NUMBER, POLICY NUMBER MUST BE SENT TO APPLICANT BY FAX, COPIES OF TRANSMITTED SHIPMENT ADVICE ACCOMPANIED BY FAX TRANSMISSION REPORT MUST ACCOMPANY THE DOCUMENTS."本条款表明船名、装船日期、包装号、唛头、金额、信用证号、保险单号的装船通知必须由受益人传真给开证人,装船通知和传真副本以及发送传真的电讯报告必须随附议付单据提交。

(8)"BENEFICIARY'S CERTIFICATE CERTIFYING THAT THEY HAVE DAY AFTER B/L DATE ADVISING SHIPMENT DETAILS INCLUDING CONTRACT NO. , INVOICE VALUE, NAME OF THE VESSEL, LOADPORT, QUANTITY GOODS LOADED, B/L DATE, THE VESSEL MOVEMENT INCLUDING TIME OF ARRIVAL, TIME OF BERTHED, TIME OF START LOADING DESPATCHED THE SHIPMENT ADVICE TO APPLICANT BY FAX(FAX NO. 2838 – 0983) WITHIN 1 NG, TIME OF FINISH LOADING AND DEPARTURE TIME FROM DALIAN AND THIS CREDIT NO."这条规定来自香港的某份信用证,其对装船通知的要求是:装运货物后一天内受益人通过传真加以通知,内容包括合同号、发票金额、船名、装运港、货物数量、提单日,包括抵达时间、靠泊时间、开始装货时间、装货完毕时间和驶离大连港的时间等船舶的航行轨迹和本信用证号码。

装船通知是信用证常见的单据,在制作装船通知时一定要按照信用证的要求,不仅应满足信用证对发出装船通知时间的要求,还应满足对装船通知内容的要求。否则会影响信用证的结汇。

装船通知样本如表2-1所示。

表 2-1 装船通知样本

ISSUE:	装船通知 SHIPPING ADVICE
TO	DATE
INVOICE NO.	L/C.
RE:	
QUANTITY: MEANS OF CONVEYANCE: DATE OF SHIPMENT: TRANSSHIPMENT:	VALUES: B/L NO. PORT OF LOADING: DESTINATION:
MARKS AND NUMBERS	NUMBER AND KIND OF PACKAGES; DESCRIPTION OF GOODS

2.3.2 装船通知实例体验

出口商公司名称:CHUNGUANG DALIAN KNIT&GARMTEX I/E CORP. LTD.

进口商公司名称:SUNSHINE INP. &EXP. CORP.

货物描述:MEN'S COTTON WOVEN SHIRTS

货号/规格	装运数量及单位	总金额	毛重/净重(件)	尺码
2 - A1421	1 000 PCS	2 440.00 USD	25 KGS	4.23 CBS
2 - A1421 - 1				
2 - 1421 - 2				

包装情况:每 100 件装一个纸箱

唛头:SYKS

COPENIIAGEN

CTNS 1 - 10

L/C NO. :102 - 216 - 1068

船名:DONGFENG V.163

DATE: MAR. 14, 2009

ETD:MAR. 12,2009 ETA:MAY 7,2009

INV. NO. :04MN21401

B/L NO. :D/5432DL-238

装船通知实例体验如表 2-2 所示。

表 2-2 装船通知实例体验

大连春光纺织品进出口有限公司			
CHUNGUANG DALIAN KNIT&GARMTEX I/E CORP. LTD.			
Shipping Advice			
MESSRS:SUNSHINE INP. &EXP. CORP.		Date :MAR. 14, 2009	
Fax No. :0028 - 036 - 2265010		INV. No. :04MN21401	
L/C NO. :102 - 216 - 1068			
WE HAVE SHIPPED THE GOODS UNDER S/C NO. 2500Y, THE DETAILS OF THE SHIPMENT ARE AS FOLLOWS:			
FROM:DALIAN TO CANADA VIA HONG KONG			
MARKS	DESCRIPTION OF GOODS	QUANTITY	AMOUNT
SYKS	MEN'S COTTON WOVEN SHIRTS	1 000 PCS	2 440.00 USD
SYKS	2 - A1421		
COPENHAGEN CTNS 1 - 10	2 - A1421 - 1 2 - 1421 - 2		
VESSEL'S NAME: DONGFENG V. 163			
B/L NO. :D/5432DL - 238			
ETD:MAR 12,2009 ETA:MAY 7,2009			
We here with certify this message to be true and correct			
Beneficiary's signature			

2.4 到货通知书

2.4.1 到货通知书概述

到货通知书是在集装箱卸船并做好准备后，将五联单中的第一联（到货通知联）寄交收货人或通知人。收货人持正本提单和到货通知书至船公司或船代付清运费并换取其余四联。到货通知书除了确认提货日期外，也是日后结算集装箱或货物堆场费，防止在费用计算上发生纠纷的单证。

到货通知一般由代办人港口机构填制《海运进口货物到货通知书》，寄送给托运人或由托运人指明的收、用货单位。托运人或收、用货单位收到到货通知书后，对该通知书逐项加以核对，如发现内容有误，以电报的形式通知代办人港口机构纠正。如属于同一张提单内货物要求分运几个地点，则须告知代办人港口机构，由代办人港口机构根据港口条件酌情受理。

1. 到货通知书的概念

到货通知书（Arrival Notice）是指船舶靠港前或船公司卸港代理在集装箱卸入集装箱堆场前，以书面形式向收货人发出的并要求收货人及时换取提货单和提取货物的通知。

在实际业务中，船公司向收货人发出的到货通知书中，通常都有关于提货期限和对不按时提取货物将按规定对货物进行处理的规定。例如，有些港口在到货通知书上就明确规定："根据海关规定，货物到港（站）14 天内未能及时向海关申报，由此引起的海关滞报金由收货人承担。"货物到港 10 天内未能及时提取货物，由此引起的港口疏港所发生的费用，由收货人承担。货物抵港 3 个月不提取，将作为无主货处理。

2. 到货通知书的内容

1）收货人名称及地址

按合同或信用证的实际规定填写。

2）收货人开户银行账号

填写收货人开户的银行及账号。

3）船名、航次

填写运输船舶的名称及航次号码。

4）起运港

即实际的装货港口名称，此栏可按信用证的要求填写。

5）目的地

指联运货物的最终目的地。

6）提单号

指提单上注明的编号，以便核查。

7)交付条款

按信用证规定填制。

8)到付海运费

指在 FOB 术语下,买方告知卖方其在装运港的货运代理,并要求卖方向其订船,海运费为到付,由买方支付,通常买方支付的海运费较卖方自己订船要便宜 10% ~ 20%。

9)合同号

根据信用证的规定填制。

10)卸货地点

信用证上规定的实际卸货港口。

11)抵港日期

预计到港的日期。

12)进库场日期

指进入港口为装卸和存储货物的仓库、货棚、堆场、货囤、筒仓、油槽(库)等建筑物的时间。

13)第一程运输

此栏可以不填,一般适用于联运货物情况下填写第一程运输方式的运输工具名称或车皮号码。

14)货名

按合同或信用证上的货物名称填写。

15)集装箱号/铅封号

由船公司填制的拟租给发货人使用的集装箱号码。封志是指向出口地海关申报得到海关放行后,由海关发放的用于锁集装箱门的一种铅封,每个铅封上都有专用的号码,不能重复。

16)集装箱数

指集装箱的数量,一般用阿拉伯数字表示。

17)件数

指外包装数量,用阿拉伯数字表示。

18)重量

货物的实际重量。

19)体积

货物的外包装尺寸,即外包装的长×宽×高。

20)标志

指运输的唛头。

到货通知书样本如图 2-5 所示。

中国外运大连公司

SINOTRANS DALIAN CORP.　　NO. 0015640

到 货 通 知 书

ARRIVAL NOTICE

收货人:

地　址:

您单位下列进口货物已抵港请速凭本提单来我司办理提货手续。　年　月　日

收货人开户银行账号			
船名	航次	起运港	目的地
提单号	交付条款	到付海运费	合同号
卸货地点	抵港日期	进库场日期	第一程运输

货名		集装箱号/铅封号	
集装箱数			
件数			
重量			
体积			
标　志			

以上货物已运抵港，请持正本提单及有关单证来我司办理提货手续。为了不影响提货以及避免不必要的经济损失，请注意下列事项：

1. 请确认正本提单背书是否完整。

2. 请核对到货通知书的内容和正本提单是否一致，如有不符请立即和我司联系。

3. 如此货已做电放，请在提单复件背书确定身份的同时出具收货人盖有公章的保函。

4. 货物抵港后如未及时提货（通常为普通箱10天，特种箱7天）将收取相应的集装箱超期使用费。

5. 根据海关的有关规定，收货人应在货物进境之日起 14 天内，向海关申报，逾期未申报的由海关征收相应的滞报金。超过三个月未向海关申报的，其进口货物由海关没收。

6. 如需委托我司代为报关、转运服务的，请及时和我司联系。

地址：沈阳市中华路135号外运大厦　　邮编：110001

电话：024-2306999

传真：024-2267822

图 2-5　到货通知书样本

2.4.2 到货通知书的实例体验

出口商公司名称:CANADA I/E CORP. LTD.

进口商公司名称:沈阳昌盛贸易有限公司,沈阳市中华路135号外运大厦

货物描述:MEN'S COTTON WOVEN SHIRTS

货号/规格	装运数量及单位	毛重/净重(件)	尺码
2-A1421	300 PCS	2 886 KGS	1.23 CBM

包装情况:每100件装一个纸箱

唛头:SYKS
CANADA
CTNS1-10

合同号:102-216-1068

船名:DONG FENG V.163

ETA:MAR 31,2009

集装箱数:1个20′的集装箱

B/L NO.: SHYA5201

集装箱号/铅封号: GVDU2095564/201256

交付条款:CY-CY

到货通知书实例体验如图2-6所示。

2.5 设备交接单

2.5.1 设备交接单概述

1. 集装箱设备交接单的概念

集装箱设备交接单简称设备交接单(Equipment Receipt,E/R),它是集装箱进出港区、场站时,用箱人、运箱人与管箱人或其代理人之间交接集装箱和特殊集装箱及其设备的凭证,是拥有和管理集装箱的船公司或其代理人与利用集装箱运输的陆运人签订有关设备交接基本条件的协议(Equipment Interchange Agreement)。

2. 设备交接单的种类及构成

1)按进出场分类

设备交接单分为出场(港)设备交接单和进场(港)设备交接单。

2)按用途分类

设备交接单可分为船舶装卸交接时使用的设备交接单和在货运站、堆场收发箱时使用的设备交接单。

在正常情况下,陆地港区、场站发/收箱使用的设备交接单分为出场交接单和进场交接单,各有三联:船代留底联(白色),港区、堆场联(红色),用箱人、运箱人联(黄色)。

中国外运大连公司

SINOTRANS DALIAN CORP. NO. 0015640

到 货 通 知 书

ARRIVAL NOTICE

收货人: 沈阳昌盛贸易有限公司

地 址: 沈阳市中华路 135 号外运大厦

您单位下列进口货物已抵港请速凭本提单来我司办理提货手续。 2009 年 3 月 31 日

收货人开户银行账号			
船名 DONG FENG	航次 163	起运港 CANADA	目的地SHENYANG
提单号 SHYA5201	交付条款 CY-CY	到付海运费 到付	合同号102-216-1068
卸货地点 DALIAN	抵港日期 2009/03/31	进库场日期	第一程运输

货名	MEN' S COTTON WOVEN SHIRTS	集装箱号/铅封号	
集装箱数	1 x 20′	GVDU2095564/201256	
件数	300		
重量	2 886		
体积	1.23 CBM		
标 志		SYKS CANADA CTNS1-10	

以上货物已运抵港，请持正本提单及有关单证来我司办理提货手续。为了不影响提货以及避免不必要的经济损失，请注意下列事项：

1. 请确认正本提单背书是否完整。
2. 请核对到货通知书的内容和正本提单是否一致，如有不符请立即和我司联系。
3. 如此货已做电放，请在提单复件背书确定身份的同时出具收货人盖有公章的保函。
4. 货物抵港后如未及时提货（通常为普通箱 10 天，特种箱 7 天）将收取相应的集装箱超期使用费。
5. 根据海关的有关规定，收货人应在货物进境之日起 14 天内，向海关申报，逾期未申报的由海关征收相应的滞报金。超过三个月未向海关申报的，其进口货物由海关没收。
6. 如需委托我司代为报关、转运服务的，请及时和我司联系。

地址：沈阳市中华路 135 号外运大厦 邮编：110001

电话：024-2306999

传真：024-2267822

图 2-6 到货通知书实例体验

3. 设备交接单的主要内容

各类管箱人一般都印制自己的设备交接单,其内容大同小异,设备交接单的背面印有划分管箱人和用箱人之间责任的集装箱使用合同条款。主要内容是集装箱及设备在货方使用期间,产生的费用以及遇有设备及所装货物发生损坏、灭失的责任划分,及对第三者发生损害赔偿的承担。设备交接一般在区、站大门口办理。设备包括集装箱、底盘车、台车及电动机等。

1)出场集装箱设备交接单的主要内容

(1)提箱(用箱人和运箱人);

(2)发往地点;

(3)用途(出口载货、修理、进口重箱等);

(4)集装箱号、封号(铅封号、关封号);

(5)集装箱尺寸、类型;

(6)集装箱所有人;

(7)提离日期;

(8)提箱运载工具牌号;

(9)集装箱出场检查记录(完好或损坏)。

2)进场集装箱设备交接单的主要内容

(1)送箱人;

(2)送箱日期;

(3)集装箱号、封号;

(4)集装箱尺寸、类型;

(5)集装箱所有人;

(6)用途:返还重箱;出口集装箱,此时需登记该集装箱发往的时间、地点(航次、时间);

(7)送箱运载工具牌号;

(8)集装箱进场检查记录。

集装箱交接地点应详细认真进行检查和记录,并将进出场集装箱的情况及时反馈给集装箱代理人,积极配合集装箱代理人的工作,使集装箱代理人能够及时、准确地掌握集装箱的运用情况,及时安排集装箱的调运、修理,追缴集装箱延期使用费,追缴集装箱的损坏、灭失费用等工作。

4. 设备交接单的填制

1)用箱人/运箱人名称

可以是货方或其代理,或受货方或其代理委托的内陆承运人,此栏由船舶代理填写。

2)提箱地点

进口拆箱及进口空箱,由船舶代理填写;出口装箱,由港区、集装箱堆场/集装箱货运站填写。其他因检验、修理等原因而提离有关港区或场站的空箱由船代填写。

3)发往地点

进口拆箱,由船代填写;出口装箱,由用箱人填写。

4)来自地点

进口拆箱,由船代填写;出口装箱由用箱人填写。如果进口箱复用于出口,则用箱人必须于套箱前到船舶代理处办理相关手续,更正进场联的来自地点栏,并加盖船舶代理同意的字样,否则港区、集装箱堆场/集装箱货运站不予以收箱。

5)返回收箱地点

进出口全部由船舶代理填写。

6)船名/航次

进出口全部由船舶代理填写。因特殊原因造成集装箱不能按设备交接单规定的船名/航次使用,用箱人/运箱人可到船舶代理处办理更正手续后继续使用,但不能违背用箱原则。

7)集装箱号

进口拆箱,由船舶代理填写;出口装箱,除指定箱号外,均由港区、集装箱堆场/集装箱货运站填写。

8)尺寸/类型

类型采用代号表示,如 F/R(Flat Rack Container,框架集装箱)、O/T(Open Top Container,开顶集装箱)、R/F(Refrigerated Container,冷藏集装箱)。进出口全部由船舶代理填写。

9)集装箱营运人

进出口全部由船舶代理填写;设备交接单签发后,营运人发生变更时必须由船舶代理及时通知港区或场站。

10)提单号

进口拆箱,由船舶代理填写;出口装箱,由用箱人要求装箱点填写。

11)铅封号

进口拆箱,由船舶代理填写;出口装箱,由用箱人要求装箱点填写。

12)免费期限

进出口全部由船舶代理填写。

13)运载工具牌号

进出口全部由运箱人填写。填写时必须列明内陆承运人单位简称及承运车辆牌号。

14)出场目的/状态与进场目的/状态

此栏由船代填写。

15)出场日期与进场日期

由港区或场站填写。

16)出场检查记录与进场检查记录

由运箱人与港区、集装箱堆场/集装箱货运站大门人员进行联合检查。

17)用箱人/运箱人签署与码头/场站值班人员签署

分别由运箱人和港区/场站大门人员签署。

填写设备交接单时，各栏目的字体必须清楚，发往地点要写完整，个人签名应写全名。设备交接单一经签发不得更改，凡需更改者，必须到船代办理更正手续，并在集装箱设备交接单盖更正章，非船代更正章一律无效，未经办理更正手续的设备交接单一律不得进入港区、集装箱堆场/集装箱货运站使用。使用者按规定追究责任。

5.设备交接单的流转

1)集装箱装卸时设备交接单的签发及流转程序

(1)海上承运人与港口方交接时，由外轮理货人员代表海上承运人在船边交接。外轮理货人员在船边理箱，并填写理箱报告。

(2)卸船时，理货员根据进口单证，核对箱号、铅封、检查箱体有无残损。如有发现箱号、封号等与进口单证不符或箱体有残损，理货人员应填制“设备交接单”一式四联，并经船方签字。凡卸船前发生的残损应定为原残，卸船后发生的残损视为工残，凡无原残记录的残损，一律视为工残。

(3)装船时，如发现有不符合交接标准的集装箱，一般不应装船。如不影响目的港交货，且船方同意接受，则可以装船。但理货人员在填制“设备交接单”一式四联时，应将有关情况在“设备交接单”上注明，并由港方签字确认。

(4)在船舶装卸完毕后，外理人员应将“设备交接单”交船代和港区以备查。

2)集装箱进出堆场和货运站时设备交接单的签发及流转程序

(1)“设备交接单”由管箱单位(船代)填写有关栏目后，交用箱人或运箱人。

(2)由用箱人、运箱人填写出场“设备交接单”的有关栏目，经港区检查桥时交检查桥管理员。

(3)港区检查桥检查箱号、封号，检查箱体，如发现与单证不符或箱体残损，必须在“设备交接单”上注明，并填上出场时间。用箱人、运箱人和检查桥人员共同在“设备交接单”上签字。第一联交船代，第二联给检查桥留底，第三联由用箱人、运箱人留用，检查桥将“设备交接单”船代留底联汇总至船代。

集装箱设备交接单(出场)如图2-7所示，集装箱设备交接单(进场)如图2-8所示。

集装箱设备交接单

EQUIPMENT INTERCHANGE RECEIPT

OUT 出场

NO.

用箱人/运箱人(CNTR. USER/HAULIER)				提箱地点(PLACE OF DELIVERY)
发往地点(DELIVERED TO)		返回/收箱地点(PLACE OF RETURN)		
船名/航次(VESSEL/VOY. AGE NO.)	集装箱号(CNTR. NO.)	尺寸/类型(SIZE/TYPE)	营运人(CNTR. OPTR)	
提单号(B/L NO.)	危品类别(IMCO CLASS)	铅封号(SEAL NO.)	免费期限(FREE TIME PERIOD)	运载工具牌号(TRUCK W.AGON BARGE NO.)
货重(CARGO W.)	出场目的/状态(PPS OF GATE-OUT/STATUS)	进场目的/状态(PPS OF GATE-IN/STATUS)		出场日期(TIME-OUT)
				月 日 时

(I)箱管单位留底

出场检查记录(INSPECTION AT THE TIME OF INTERCHANGE)

普通集装箱(GP.CNTR.)	冷藏集装箱(RF.CNTR.)	特种集装箱(SPL.CNTR.)	发电机(GEN.SET)
□ 正常(SOUND)	□ 正常(SOUND) 设定温度(SET) ℃	□ 正常(SOUND)	□ 正常(SOUND)
□ 异常(DEFECTIVE)	□ 异常(DEFECTIVE) 记录温度(RECORDED) ℃	□ 异常(DEFECTIVE)	□ 异常(DEFECTIVE)

损坏记录及代号(DAMAGE & CODE)

BR 破损(BROKEN)　D 凹损(DENT)　M 丢失(MISSING)　DR 污箱(DIRTY)　DL 危标(DGLABEL)

左侧(LEFT SIDE)　右侧(RIGHT SIDE)　前墙(FRONT)　内部(INSIDE)

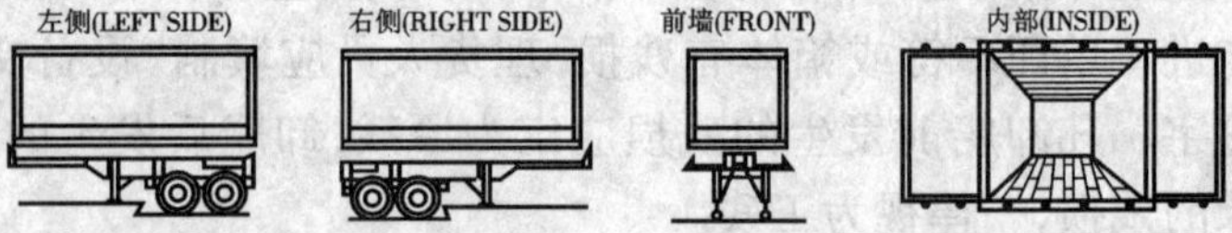

顶部(TOP)　底部(FLOOR BASE)　后墙(REAR)

如有异状,请注明程度及尺寸(REMARK)

除列明者外,集装箱设备交接时完好无损,铅封完整无误。

CONTAINER EQUIPMENT INTERCHANGED IN SOUND CONDITION AND SEAL INTACT UNLESS OTHERWISE STATED

用箱人/运箱人签署
(CONTAINER USER/HAULIER' S SIGNATURE)

码头/堆场值班员签署
(TERMINAL/DEPOT CLERK' S SIGNATURE)

______年______月______日　　　　______年______月______日

GB/T 16561—1996 格式印刷

图 2-7 集装箱设备交接单(出场)

集装箱设备交接单

EQUIPMENT INTERCHANGE RECEIPT

IN 进场

NO.

用箱人/运箱人(CNTR. USER/HAULIER)	提箱地点(PLACE OF DELIVERY)

来自地点(WHERE FROM)	返回/收箱地点(PLACE OF RETURN)

船名/航次(VESSEL/VOY. AGE NO.)	集装箱号(CNTR. NO.)	尺寸/类型(SIZE/TYPE)	营运人(CNTR. OPTR)

提单号(B/L NO.)	危品类别(IMCO CLASS)	铅封号(SEAL NO.)	免费期限(FREE TIME PERIOD)	运载工具牌号(TRUCK W.AGON BARGE NO.)

货重(CARGO W.)	出场目的/状态(PPS OF GATE-OUT/STATUS)	进场目的/状态(PPS OF GATE-IN/STATUS)	进场日期(TIME-IN)
			月 日 时

进场检查记录(INSPECTION AT THE TIME OF INTERCHANGE)

普通集装箱(GP.CNTR.)	冷藏集装箱(RF.CNTR.)	特种集装箱(SPL.CNTR.)	发电机(GEN.SET)
□ 正常(SOUND) □ 异常(DEFECTIVE)	□ 正常(SOUND) 设定温度(SET) ℃ □ 异常(DEFECTIVE) 记录温度(RECORDED) ℃	□ 正常(SOUND) □ 异常(DEFECTIVE)	□ 正常(SOUND) □ 异常(DEFECTIVE)

(I)箱管单位留底

损坏记录及代号(DAMAGE & CODE)

BR	D	M	DR	DL
破损 (BROKEN)	凹损 (DENT)	丢失 (MISSING)	污箱 (DIRTY)	危标 (DGLABEL)

左侧(LEFT SIDE)

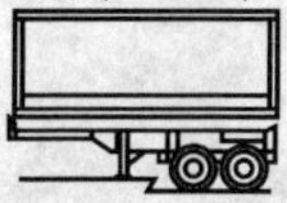

右侧(RIGHT SIDE)

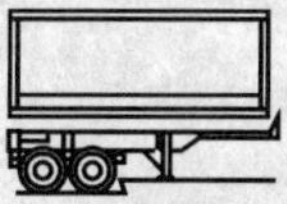

前墙(FRONT)

内部(INSIDE)

顶部(TOP)

底部(FLOOR BASE)

后墙(REAR)

如有异状,请注明程度及尺寸(REMARK)

除列明者外,集装箱设备交接时完好无损,铅封完整无误。

CONTAINER EQUIPMENT INTERCHANGED IN SOUND CONDITION AND SEAL INTACT UNLESS OTHERWISE STATED

用箱人/运箱人签署

(CONTAINER USER/HAULIER' S SIGNATURE)

______年______月______日

码头/堆场值班员签署

(TERMINAL/DEPOT CLERK' S SIGNATURE)

______年______月______日

GB/T 16561—1996 格式印刷

图 2-8 集装箱设备交接单(进场)

3

进出口货物报关单及随附单证

3.1 进出口货物报关单

3.1.1 进出口货物报关单概述

1.进出口货物报关单含义和类别

1)含义

进出口货物报关单是指进出口货物的收发货人或其代理人,按照海关规定的格式对进出口货物的实际情况做出的书面申明,以此要求海关对其货物按适用的海关制度办理报关手续的法律文书。

2)类别

按货物的流转状态、贸易性质和海关监管方式的不同,进出口货物报关单可分为以下几种类型。

(1)按进出口状态分类:进口货物报关单,出口货物报关单。

(2)按表现形式分类:纸质报关单,电子数据报关单。

(3)按海关监管方式分类:进料加工进出口货物报关单,来料加工及补偿贸易进出口货物报关单,一般贸易及其他贸易进出口货物报关单。

2.进出口货物报关单各联的用途

纸质进口货物报关单一式五联,分别是:海关作业联、海关留存联、企业留存联、海关核销联、进口付汇证明联;纸质出口货物报关单一式六联,分别是:海关作业联、海关留存联、企业留存联、海关核销联、出口收汇证明联、出口退税证明联。

1)进出口货物报关单的海关作业联和海关留存联

进出口货物报关单的海关作业联和海关留存联是报关员配合海关查验、缴纳税费、提取或装运货物的重要单据,也是海关查验货物、征收税费、编制海关统计及处理其他海关事物的重要凭证。

2)进出口货物报关的付汇、收汇证明联

进口货物报关单付汇证明联和出口货物报关单收汇证明联是海关对已实际进出口的货物所签发的证明文件,是银行和国家外汇管理部门办理售汇、付汇和收汇及核销手续的重要依据之一。

对需办理进口付汇核销或出口收汇核销的货物,进出口货物的收、发货人或其代理人应当在海关放行货物或结关以后,向海关申领进口货物报关单进口付汇证明联或出口货物报关单出口收汇证明联。

3)进出口货物报关单的加工贸易核销联

进出口货物报关单的海关核销联是指口岸海关对已实际申报进出口的货物所签发的证明文件,是海关办理加工贸易合同核销、结案手续的重要凭证。加工贸易的货物进出口后,申报人应向海关领取进出口货物报关单的海关核销联,凭此向主管海关办理加工贸易合同核销手续。

4)出口货物报关单的出口退税证明联

出口货物报关单的出口退税证明联是海关对已实际申报出口并已装运离境的货物所签发的证明文件,是国家税务部门办理出口货物退税手续的重要凭证之一。

对可办理出口退税的货物,出口货物发货人或其代理人应当在载运货物的运输工具实际离境、海关收到载货清单(俗称清洁舱单)并办理结关手续后,向海关申领出口货物报关单的出口退税证明联。对不属于退税范围的货物,海关均不予签发该联。

3. 进出口货物报关单的法律效力

《海关法》规定:"进口货物的收货人、出口货物的发货人应当向海关如实申报,交验进出口许可证件和有关单证。"

进出口货物报关单以及其他进出境报关单(证)在对外经济贸易活动中具有十分重要的法律效力,是货物的收、发货人向海关报告其进出口货物实际情况及适用海关业务制度、申请海关审查并放行货物的必备法律文书。它既是海关对进出口货物进行监管、征税、统计以及开展稽查、调查的重要依据,又是出口退税和外汇管理部门查处骗税、逃套汇犯罪活动的重要书证。因此,申报人对所填报的进出口货物报关单的真实性和准确性应承担法律责任。

3.1.2 进出口货物报关单填制要求与内容

1. 海关对进出口货物报关单填制的一般要求

进出口货物的收、发货人或其代理人向海关申报时,必须填写并向海关递交出口货物报关单。申报人在填制报关单时,应当依法如实向海关申报,对申报内容的真实性、准确性、完整性和规范性承担相应的法律责任。

(1)报关人必须按照《海关法》、《货物申报管理规定》和《报关单填制规范》的有关规定和要求,向海关如实申报。

(2)报关单的填制必须真实,做到“两个相符”,一是单、证相符,即所填报关单各栏目的内容必须与合同、发票、装箱单、提单以及批文等随附单据相符;二是单、货相符,即所填报关单各栏目的内容必须与实际进出口货物情况相符,不得伪报、瞒报、虚报。

(3)报关单的填报要准确、完整、清楚,报关单各栏目内容要逐项详细准确填报(打印),字迹清楚、整洁、端正,不得用铅笔或红色复写纸填写。若有更正,必须在更正项目上加盖校对章。

(4)不同批文或合同的货物、同一批货物中不同贸易方式的货物、不同备案号的货物、不同提运单的货物、不同征免性质的货物、不同运输方式的或相同运输方式但不同航次的货物等均应分单填报。一份原产地证书只能对应一份报关单。同一份报关单上的商品不能同时享受协定税率和减免税。在同一批货物中,对于实行原产地证书联网管理的,如涉及多份原产地证书或含非原产地证书商品,亦应分单填报。

(5)在反映进出口商品情况的项目中,必须分项填报的主要有下列几种情况:商品编码不同的,商品名称不同的,原产国(地区)/最终目的国(地区)不同的。

(6)已向海关申报的进出口货物报关单,如原填报内容与实际进出口货物不一致而又有正当理由的,申报人应向海关递交书面更正申请。经海关核准后,对原填报的内容进行更改或撤销。

2. 进出口货物报关单填制的主要内容

《中华人民共和国海关进出口货物报关单填制规范》

为规范进出口货物收发货人的申报行为,统一进出口货物报关单填制要求,保证报关单数据质量,根据《中华人民共和国海关法》及有关法规,制定本规范。

《中华人民共和国海关进(出)口货物报关单》在本规范中采用“报关单”、“进口报关单”、“出口报关单”的提法。

报关单各栏目的填制规范如下。

1)预录入编号

预录入编号是指预录入单位录入报关单的编号,用于申报单位与海关之间引用其申报后尚未接受申报的报关单。本栏目填报预录入报关单的编号,预录入编号规则由接受申报的海关决定,由计算机自动填充。

2)海关编号

本栏目填报海关接受申报时给予报关单的编号,一份报关单对应一个海关编号。

进口报关单和出口报关单应分别编号,确保在同一公历年度内,能按进口和出口唯一地标识本关区的每一份报关单。报关单海关编号由18位数组成,其中前4位为接受申报海关的编号(关区代码表中相应海关代码),第5位至第8位为海关接受申报的公历年份,第9位为进出口标志(“1”为进口,“0”为出口),第10位至第18位为报关单顺序编号。

3）进（出）口口岸

本栏目应根据货物实际进出境的口岸海关填报海关规定的《关区代码表》中相应口岸海关的名称及代码。

填报要求

（1）进口货物报关单的“进口口岸”栏应填报货物实际进入我国关境的口岸海关的名称及代码；进口货物报关单的“出口口岸”栏应填报货物实际运出我国关境的口岸海关的名称及代码。口岸海关代码指口岸海关的关区代码。

例如：上海海关的关区代码为2200，浦江海关关区代码为2201，吴淞海关关区代码为2202，浦东海关关区代码为2210。

（2）“进口口岸”栏或“出口口岸”栏应视货物进出口情况，按以下不同的方式填报。

①对于实际进出境的货物，填报货物实际进出口岸的口岸海关名称及代码。

②对于加工贸易货物，填报货物限定或指定进出口岸的口岸海关名称及代码。限定或指定口岸与货物实际进出境口岸不符时，应向合同备案主管海关办理变更手续后填报。

③对于进口转关运输货物，填报货物进境地海关名称及代码；对于出口转关运输货物，填报货物出境地海关名称及代码。

④对于按转关运输方式监管的跨关区加工结转货物，出口报关单填报转出地海关名称及代码，进口报关单填报转入地海关名称及代码。

⑤对于在不同出口加工区之间转让的货物，填报对方出口加工区海关名称及代码。

⑥对于其他无实际进出境的货物，填写接受货物申报的海关名称及代码。

⑦对于无法确定进出口口岸的货物，填报接受申报的海关名称及代码。

4）备案号

本栏目填报进出口货物收发货人在向海关办理加工贸易合同备案或征、减免税审批备案等手续时，由海关给予“中华人民共和国海关加工贸易手册”、“中华人民共和国海关加工贸易设备登记手册”、“电子账册及其分册”、“中华人民共和国海关进出口货物征免税证明”或其他有关备案审批文件的编号。

备案号长度为12位，其中第1位是标记码。备案号的标记码必须与“贸易方式”、“征免性质”、“征免方式”、“用途”及“项号”等栏目相协调。例如：若贸易方式为“进料加工”，征免性质也应为“进料加工”，备案号的标记代号为“C”。

填报要求

（1）一份报关单只允许填报一个备案号。

（2）无备案审批文件的报关单，本栏目免予填报。

（3）加工贸易合同项下使用加工贸易手册的货物和凡涉及减免税备案审批的货

物，本栏均应填写加工贸易手册编号和征免税证明编号，不得为空白。

使用异地直接报关分册和异地深加工结转出口分册在异地口岸报关的，本栏目应填报分册号；使用本地直接报关分册和本地深加工结转分册而限制在本地报关的，本栏目应填报总册号。

(4)加工贸易货物转为享受减免税或需审批备案后办理形式进口的货物，进口报关单填报征免税证明等审批证件备案编号，不得为空白。

(5)涉及构成整车特征的汽车零部件的报关单，填报备案的 Q 账册编号。

5)进口日期/出口日期

进口日期是指运载所申报货物的运输工具申报进境的日期。"进口日期"栏填报的日期必须与运载所申报货物的运输工具申报进境的实际日期一致。

出口日期是指运载所申报货物的运输工具办结出境手续的日期。

填报要求

(1)日期均为 8 位数字，顺序为年(4 位)、月(2 位)、日(2 位)。例如：2008 年 5 月 18 日进口一批货物，运输工具申报进境日期为 5 月 18 日，"进口日期"栏填报"2008. 05. 18"。

(2)进口货物收货人或其代理人在进口申报时无法确知相应的运输工具的实际进境日期时，"进口日期"栏允许为空白。

(3)进口货物收货人或其代理人未申报进口日期，或申报的进口日期与运输工具负责人或其代理人向海关申报的进境日期不符的，应以运输工具申报进境的日期为准。

(4)"出口日期"栏供海关打印报关单证明联用，免予填报。

(5)对于无实际进出境的货物，报关单"进(出)口日期"栏应填报向海关办理申报手续的日期，以海关接受申报的日期为准。

6)申报日期

申报日期是指海关接受进出口货物的收、发货人或受其委托的报关企业向海关申报的日期。

若以电子数据报关单方式申报，申报日期为海关计算机系统接受申报数据时记录的日期；若以纸质报关单方式申报，申报日期为海关接受纸质报关单并对报关单进行登记处理的日期。

填报要求

(1)本栏目填报格式要求与进口日期/出口日期相同。

(2)除特殊情况外，进口货物申报日期不得早于进口日期；出口货物申报日期不得晚于出口日期。

7)经营单位

经营单位是指经国家商务主管部门及其授权部门核准，有权在一定的范围内从事对外经济贸易进出口经营活动的法人、其他组织和个人。

进出口货物报关单中的经营单位专指对外签订并执行进出口贸易合同的中国境内企业、单位或者个人。

经营单位编码指经营单位向所在地主管海关办理注册登记手续时,海关为之设置的注册登记编码。经营单位编码为10位数字,如缤特力通讯科技(苏州)有限公司,其编码为“3205240827”

经营单位编码的结构如下。

第1位至第4位数为进出口单位属地的行政区划代码,其中第1位、第2位数表示省、自治区、直辖市;第3位、第4位数表示省辖市,如第3位、第4位用“90”的,则表示未列名的省直辖行政单位。第5位数为市经济区划代码:“1”表示经济特区;“2”表示经济技术开发区和上海浦东新区、海南洋浦经济开发区;“3”表示高新技术产业经营单位的中文名称及编码。

填报要求

(1)只填报经营单位中文名称及经营单位10位数编码。

(2)进出口企业之间相互代理进出口,或没有进出口经营权的企业委托有进出口经营权的企业代理进出口的,“经营单位”栏填报代理方中文名称及编码。

(3)外商投资企业委托外贸企业进口投资设备、物品的,“经营单位”栏填报外商投资企业的中文名称及编码,并在“标记唛码及备注”栏注明“委托××公司进口”。

(4)援助、赠送、捐赠的货物,“经营单位”栏填报直接接受货物的单位的中文名称及编码。

(5)经营单位编码第6位数为“8”的单位是只有报关权而没有进出口经营权的企业,不得作为经营单位填报。

(6)境外企业不得作为经营单位填报。对于委托我驻港澳机构成交的货物,国内委托人为经营单位。

(7)合同的签订者和执行者不是同一企业的,经营单位应按执行合同的企业填报。

8)运输方式

运输方式是指国际贸易买卖双方就进出口货物交接、交换所磋商决定可采取的运输方式。进出口货物报关单所列的“运输方式”栏专指载运货物进出关境所使用的运输工具的分类,即海关规定的运输方式。

本栏目应根据实际运输方式按海关规定的《运输方式代码表》选择填报相应的运输方式。

填报要求

(1)对于进出境旅客随身携带的货物,按旅客所乘运输工具填报。

(2)对于非邮政方式进出口的快递货物,按实际运输方式填报。

(3)对于进口转关运输的货物,按载运货物抵达进境地的运输工具填报,出口转关运输货物,按载运货物驶离出境地的运输工具填报。

(4)对于无实际进出境的货物,根据实际情况选择填报《运输方式代码表》中运输方式:“0”(非保税区运输入保税区和保税区退区)、“1”(境内存入出口监管仓库和出口监管仓库退仓)、“7”(保税区运往非保税区)、“8”(保税仓库转内销)或“9”(其他运输),如表3-1所示。

表3-1 运输方式代码表

运输方式代码	运输方式名称
0	非保税区运输入保税区和保税区退区
1	境内存入出口监管仓库和出口监管仓库退仓
2	江海运输
3	铁路运输
4	汽车运输
5	航空运输
6	邮政运输
7	保税区运往非保税区
8	保税仓库转内销
9	其他运输

9)运输工具名称

运输工具是指从事国际间运营业务进出关境和境内载运海关监管货物的工具。进出口货物报关单上的运输工具名称专指载运货物进出境所使用的运输工具的种类名称或运输工具编号。

在纸质报关单中,运输工具名称栏根据不同的运输方式有不同的填报要求,一般需填报运输工具名称及航次号。内容应与运输部门向海关提供的载货清单所列相应内容一致。

填报要求

(1)一份报关单只允许填报一个运输工具名称。

(2)江海运输:填报船舶号(来往港澳小型船舶为监管簿编号)+“/”+航次号。

(3)汽车运输:填报该跨境运输车辆的国内行驶车牌号+“/”+进出境日期(8位数字,即年月日,下同)。

(4)铁路运输:填报车厢编号或交接单号+“/”+进出境日期。

(5)航空运输:填报航班号+进出境日期+“/”+总运单号。

(6)邮政运输:填报邮政包裹单号+“/”+进出境日期。

(7)转关运输货物报关单填报如下。

对于进口报关单运输工具名称,按如下填报。

①江海运输：直转、提前报关填报“@”+16位转关申报单预录入号；中转填报进境英文船名+“/”+“@”+进境船舶航次。

②铁路运输：直转、提前报关填报“@”+16位转关申报单预录入号；中转填报车厢编号+“/”+“@”+8位进境日期。

③航空运输：直转、提前报关填报“@”+16位转关申报单预录入号；国际空运联程货物填报8位分运单号，无分运单号的为空。

④汽车及其他运输：填报“@”+16位转关申报单预录入号。

⑤以上各种运输方式使用广东地区载货清单转关的提前报关货物填报“@”+13位载货清单号；其他地区提前报关货物免予填报。

对于出口报关单运输工具名称，按如下填报。

①江海运输：非中转的，填报“@”+16位转关申报单预录入号。中转货物，境内江海运输填报驳船船名+“/”+“驳船航次”；境内铁路运输填报车名（主管海关4位关别代码+TRAIN）；境内公路运输填报车名（主管海关4位关别代码+TRAIN）。

②铁路运输：填报“@”+16位转关申报单预录入号，如多张报关单需要通过一张转关单转关的，运输工具名称字段填报“@”。

③航空运输：填报“@”+16位转关申报单预录入号，如多张报关单需要通过一张转关单转关的，运输工具名称字段填报“@”。

④其他各类出境运输方式：填报“@”+16位转关申报单预录入号。

对于无实际进出境货物报关单，本栏为空白。

10）提运单号

提运单号指进出口货物提单或运单的编号。本栏目填报的内容与运输部门向海关申报的载货清单所列相应内容一致。

填报要求

（1）一份报关单只允许填写一个提运单号，一票货物对应多个提运单时，应分单填报。

（2）实际进出境的不同运输方式填报如下。

①江海运输：填报进出口提运单号。如有分提运单的，填报进出口提运单号+“*”+分提运单号。

②汽车运输：免予填报。

③铁路运输：填报运单号。

④航空运输：填报总运单号+“_”（下划线）+分运单号，无分运单的填报总运单号。

⑤邮政运输填报邮运包裹单号。

（3）进出境转关运输货物不同运输方式的填报如下。

对于进口报关单提运单号栏，按如下填报。

①江海运输：直转、中转填报提单号，提前报关免予填报。

②铁路运输：直转、中转填报铁路运单号，提前报关免予填报。

③航空运输：直转、中转货物填报总运单号＋“_”＋分运单号，提前报关免予填报。

④其他运输方式，本栏为空。

⑤以上各种运输方式进境货物，在广东省内用公路运输转关的，填报车牌号。

对于出口报关单提运单号栏，按如下填报。

①江海运输：中转货物填报运单号；非中转免予填报；广东省内提前报关的转关货物填报车牌号。

②其他运输方式：广东省内提前报关的转关货物填报车牌号；其他地区免予填报。

11）收货单位/发货单位

收货单位是指已知的进口货物在境内的最终消费、使用单位，如自行从境外进口货物的单位、委托有外贸进出口经营权的企业进口货物的单位等。

发货单位是指出口货物在境内的生产或销售单位，如自行出口货物的单位、委托有外贸进出口经营权的企业出口货物的单位等。

收货单位/发货单位与经营单位不一定存在必然的关系。自行进、出口货物的收货单位/发货单位同经营单位；外商投资企业委托外贸企业进口投资设备、物品的，收货单位/发货单位同经营单位；其他委托有外贸进出口经营权的企业进、出口货物的收货单位/发货单位与经营单位不一致。

填报要求

（1）备有海关注册编码或加工生产企业编号的收、发货单位，进口货物报关单的“收货单位”栏和出口货物报关单的“发货单位”栏应当填报其经营单位编码或加工生产企业编号；没有编码或编号的，填报其中文名称。

（2）加工贸易报关单的收、发货单位应与加工贸易手册的货主单位一致。

（3）减免税货物报关单的收、发货单位应与征免税证明的申请单位一致。

12）贸易方式（监管方式）

进出口货物报关单上所列的贸易方式专指以国际贸易中进出口货物的交易方式为基础，结合海关对进出口贸易监督管理综合设定的对进出口货物管理方式。

一份贸易报关单只允许填报一种贸易方式。

填报要求

加工贸易报关单特殊情况填报如下。

（1）进料加工客供辅料 5 000 美元以下（78 种以内）的出口合同，使用《登记手册》的，按《登记手册》备案的贸易方式填报。

（2）加工贸易料件结转或深加工结转货物，按批准的贸易方式填报。

（3）三资企业按内外销比例加工内销产品而进口的料件或进口供加工内销产品的料件，进口报关单填报“一般贸易”。三资企业为加工出口产品全部使用国内料件的出口合同,成品出口报关单填报"一般贸易"。

(4)加工贸易合同项下料件或加工的成品经批准内销(包括转为享受减免税货物的),进出口报关单均填报"来料转内销"或"进料转内销"(区分料件或成品)。

(5)加工贸易出口成品因故退运进口及复进口,以及复运出境的原进口料件退换后复运进口的,填报与《登记手册》备案相应的退运(复出)贸易方式。

(6)备料《登记手册》中的料件结转入加工出口《登记手册》的,进出口报关单均填报为"进料余料结转"。

(7)保税工厂加工贸易进出口货物,根据《登记手册》填报相应的来料或进料加工贸易方式。

贸易方式代码表如表3-2所示。

表3-2 贸易方式代码表

代 码	简 称	全 称
0 110	一般贸易	一般贸易
0 130	易货贸易	易货贸易
0 139	旅游购物商品	旅游者五万美元以下的出口小批量订单
0 200	料件放弃	主动放弃交由海关处理的来料或进料加工料件
0 214	来料加工	来料加工装配贸易进口料件和加工出口成品
0 245	来料料件内销	来料加工料件转内销
0 255	来料深加工结转	来料深加工结转货物
0 258	来料余料结转	来料加工余料结转
0 265	来料料件复出	来料加工复运出境的原进口料件
0 300	来料料件退换	来料加工料件退换
0 314	加工专用油	国有企业代理来料加工企业进口柴油
0 320	不作价设备	加工贸易外商提供的不作价进口设备
0 345	来料成品减免	来料加工成品凭征免税证明转减免税
0 400	成品放弃	主动放弃交由海关处理的来料或进料加工成品
0 420	加工贸易设备	加工贸易项下外商提供的进口设备
0 444	保区进料成品	按成品征税的保税区进料加工成品转内销货物
0 445	保区来料成品	按成品征税的保税区来料加工成品转内销货物
0 446	加工设备内销	加工贸易免税进口设备转内销
0 456	加工设备结转	加工贸易免税进口设备结转
0 466	加工设备退运	加工贸易免税进口设备运出境
0 500	减免设备结转	用于监管年限内减免设备的结转
0 513	补偿贸易	补偿贸易

续表

代码	简称	全称
0 544	保区进料料件	按料件征税的保税区进料加工成品转内销货物
0 545	保区来料料件	按料件征税的保税区来料加工成品转内销货物
0 615	进料对口	进料加工
0 642	进料以产顶进	进料加工成品以产顶进
0 644	进料料件内销	进料加工料件转内销
0 654	进料深加工结转	进料深加工结转货物
0 657	进料余料结转	进料加工余料结转
0 664	进料料件复出	进料加工复运出境的原进口料进
0 700	进料料件退换	进料加工料件退换
0 744	进料成品减免	进料加工成品凭征免税证明转减免税
0 815	低值辅料	低值辅料
0 844	进料边角料内销	进料加工项下边角料内销
0 845	来料边角料内销	来料加工项下边角料内销
0 864	进料边角料复出	进料加工项下边角料复出口
0 865	来料边角料复出	来料加工项下边角料复出口
1 139	国轮油物料	中国籍运输工具境内添加的保税油料、物料
1 200	保税间货物	海关保税场所及保税区域之间往来的货物
1 233	保税仓库货物	保税仓库进出境货物
1 234	保税区仓储转口	保税区进出境仓储转口货物
1 300	修理物品	进出境修理物品
1 427	出料加工	出料加工
1 500	租赁不满一年	租赁期不满一年的租赁贸易货物
1 523	租赁贸易	租赁期在一年以上的租赁贸易货物
1 616	寄售代销	寄售、代销贸易
1 741	免税品	免税品
1 831	外汇商品	免税外汇商品
2 025	合资合作设备	合资合作企业作为投资进口的设备、物品
2 225	外资设备物品	外资企业作为投资进口的设备、物品
2 400	外航公务货	外国航空公司进口公务货
2 439	常驻机构公用	外国常驻机构进口办公用品
2 600	暂时进出货物	暂时进出口货物
2 700	展览品	进出境展览品
2 939	陈列样品	驻华商业机构不复运出 l3 的进 El 陈列品

续表

代码	简称	全称
3 010	货样广告品 A	有经营权单位进出口的货样广告品
3 039	货样广告品 B	无经营权单位进出口的货样广告品
3 100	无代价抵偿	无代价抵偿货物
3 339	其他进出口免费	其他进出口免费提供货物
3 410	承包工程进口	对外承包工程进口物资
3 422	对外承包出口	对外承包工程出口物资
3 511	援助物资	国家或国际组织无偿援助物资
3 612	捐赠物资	华侨、港澳台同胞、外籍华人捐赠物资
4 019	边境小额	边境小额贸易(边民互市贸易除外)
4 039	对台小额	对台小额贸易
4 200	驻外机构运回	我驻外机构运回旧公用物品
4 239	驻外机构购进	我驻外机构境外购买运回国的公务用品
4 400	来料成品退换	来料加工成品退换
4 500	直接退运	直接退运货物
4 539	进口溢误卸	进口溢卸、误卸货物
4 561	退运货物	因质量不符、延误交货等原因退运进出境货物
4 600	进料成品退换	进料成品退换
5 000	料件进出区	用于区内外非实际进出境货物
5 015	区内加工货物	加工区内企业从境外进口料件及加工出口成品
5 033	区内仓储货物	加工区内仓储企业从境外进口的货物
5 100	成品进出区	用于区内外非实际进出境货物
5 200	区内边角调出	用于区内外非实际进出境货物
5 300	设备进出区	用于区内外非实际进出境货物
5 335	境外设备进区	加工区内企业从境外进口的设备物资
5 361	区内设备退运	加工区内设备退运境外
6 033	物流中心进出境货物	保税物流中心与境外之间进出仓储货物
9 639	海关处理货物	海关变卖处理的超期未报货物、走私违规货物
9 700	后续退补税	无原始报关单的后续退补税
9 739	其他贸易	其他贸易
9 800	租赁征税	租赁期一年以上的租赁贸易货物的租金
9 839	留赠转卖物品	外交机构转售境内或国际活动留赠放弃特批货
9 900	其他	其他

13)征免性质

征免性质是指海关根据《海关法》、《关税条例》及国家有关政策对进出口货物实施的征、减、免税管理的性质类别。

常见的征免性质有:一般征税、加工设备、来料加工、进料加工、中外合资、中外合作、外资企业、鼓励项目等。

填报要求

(1)一份报关单只允许填报一种征免性质。

(2)按照海关合法的征免税证明中批注的征免性质填报,或根据进出口货物的实际情况,参照《征免性质代码表》选择填报相应的征免性质简称或代码。

(3)加工贸易货物应按海关核发的登记手册中批注的征免性质填报相应的征免性质简称或代码。

(4)特殊情况填报要求如下。

①外商投资企业为加工内销产品而进口料件,填报一般征税。

②加工贸易转内销货物,按实际应享受的征免性质填报。

③料件退运出口、成品退运进口的货物填报其他法定。

④加工贸易结转货物,本栏目为空。

征免性质代码表如表3-3所示。

表3-3 征免性质代码表

代码	简称	全称
101	一般征税	一般征税进出口货物
118	整车征税	构成整车特征的汽车零部件纳税
119	零部件征税	不构成整车特征的汽车零部件纳税
201	无偿援助	无偿援助进口物资
299	其他法定	其他法定减免税进出口货物
301	特定区域	特定区域进口自用物资及出口货物
307	保税区	保税区进口自用物资
399	其他地区	其他执行特殊政策地区出口货物
401	科教用品	在大专院校及研究机构进口科教用品
403	技术改造	企业技术改造进口货物
406	重大项目	国家重大项目进口货物
412	基础设施	通信、港口、铁路、机场建设进口设备
413	残疾人	残疾人组织和企业进出口货物
417	运洋渔业	远洋渔业自捕水产品
418	国产化	国家定点生产小轿车的摄录机企业进口散件

续表

代 码	简 称	全 称
419	整车特征	构成整车特征的汽车零部件进口
420	远洋船舶	远洋船舶及设备部件
421	内销设备	内销远洋船舶用设备及关键部件
422	集成电路	集成电路生产企业进口货物
499	ITA 产品	非全税号信息技术产品
501	加工设备	加工贸易外商提供的不作价进口设备
502	来料加工	来料加工装配和补偿贸易进口料件及出口成品
503	进料加工	进料加工贸易进口料件及出口成品
506	边境小额	边境小额贸易进出口货物
510	港澳 OPA	港澳在内地加工的纺织品获证出口
601	中外合资	中外合资经营企业进出口货物
602	中外合作	中外合作经营企业进出口货物
603	外资企业	外商独资企业进出口货物
606	海上石油	勘探、开发海上石油进口货物
608	陆地石油	勘探、开发陆地石油进口货物
609	贷款项目	利用贷款进口货物
611	贷款中标	利用国际金融组织和外国政府贷款项目中标进口机电设备
789	鼓励项目	国家鼓励发展的内外资项目进口设备
799	自有资金	外商投资额度外利用自有资金进口设备、备件、配件
801	救灾捐赠	救灾捐赠进口物资
808	航材减免	经核准的航空公司进口维修用航空器材
898	国批减免	国务院特准减免的进出口货物
998	内部暂定	享受内部暂定税率的进出口货物
999	例外减免	例外减免税进出口货物

14)征税比例/结汇方式

征税比例用于原进料非对口贸易方式下进口料件的进口报关单。目前,该栏暂不填报。

出口报关单结汇方式是指出口货物的发货人或其代理人收结外汇的方式。本栏目应按海关规定的《结汇方式代码表》选择填报相应的结汇方式名称或代码。

结汇方式代码表如表 3-4 所示。

表 3-4　结汇方式代码表

代　码	结汇方式	英文缩写	英文名称
1	信汇	M/T	Mail Transfer
2	电汇	T/T	Telegraphic Transfer
3	票汇	D/D	Remittance by Banker's Demand Draft
4	付款交单	D/P	Documents against Payment
5	承兑交单	D/A	Documents against Acceptance
6	信用证	L/C	Letter of Credit
7	先出后结		
8	先结后出		
9	其他		

15）许可证

进出口货物许可证是指一国根据其进出口管制法令由商务主管部门签发的允许管制商品进出口的证件。

许可证号是指由商务部及其授权发证机关的进出口货物许可证的编号。许可证号的组成为××—××—××××××，第1、2位代表年份，第3、4位代表发证机关，后6位为顺序号。

填报要求

（1）许可证号栏填报进出口货物许可证的编号，长度为10位字符。

（2）一份报关单只允许填报一个许可证号。

16）起运国（地区）/运抵国（地区）

起运国是指在未与任何中间国发生任何商业性交易或其他改变货物法律地位的活动的情况下，把货物发出并运往进口国的国家或地区。如果货物在运抵进口国之前在第三国发生中转，并且发生某种商业性交易或活动，则应把第三国作为起运国。

运抵国亦称为目的国，指在未发生任何商业性交易或其他改变货物法律地位的活动的情况下，货物被出口国所发往的或最后交付的国家或地区。

无实际进出境的，本栏目填报"中国"（代码是142）。

主要国别（地区）代码表如表3-5所示。

表 3-5　主要国别（地区）代码表

代　码	中文名称	代　码	中文名称
110	中国香港	307	意大利
116	日本	331	瑞士
121	中国澳门	344	俄罗斯联邦

续表

代码	中文名称	代码	中文名称
132	新加坡	501	加拿大
133	韩国	502	美国
142	中国	601	澳大利亚
143	中国台澎金马关税区	609	新西兰
303	英国	701	国(地)别不详
304	德国	702	联合国及机构和国际组织
305	法国	999	中性包装原产国别

17)装货港/指运港

装货港也称装运港,是指货物起始装运的港口。报关单上的装货港是专指进口货物在运抵我国关境前的最后一个装运港。

指运港亦称目的港,指最终卸货的港口,报关单上的指运港专指出口货物运往境外的最终目的港。

填报要求

(1)报关单"装货港"栏或"指运港"栏应填报装货港或目的港的中文名称。如最终目的港不可预知的,按尽可能预知的目的港填报。

(2)在填制报关单时,如遇到装货港或指运港为非中文名称时,应翻译成中文名称填报。

(3)对于直接运抵货物,以货物实际装货的港口为装货港,货物直接运抵的港口为指运港。

(4)对于发生运输中转的货物,最后一个中转就是装货港,指运港不受中转影响。

对于无实际进出境的货物,"装货港"栏或"指运港"栏应填报"中国境内"(代码是142)。

18)境内目的地/境内货源地

境内目的地是指已知的进口货物在境内的消费、使用地区或最终运抵的地点。

境内货源地是指出口货物在境内的生产地或原始发货地(包括供货地点)。

填报要求

(1)境内目的地栏和境内货源地栏均按《国内地区代码表》选择国内地区名称或代码填报,代码含义与经营单位代码前5位的定义相同。

(2)境内目的地以进口货物在境内的消费、使用地或最终运抵地为准。一般有以下几种情况:

①直接接受有外贸进出口经营权的企业调拨物资的境内消费、使用单位所在地;

②委托有外贸进出口经营权的企业进口货物的单位所在地;

③自行从境外进口货物的单位所在地；

④如难以确定进口货物的消费、使用单位、应以预知的进口货物最终运抵地区为准。

(3)境内货源地以出口货物的生产地为准。如出口货物在境内多次周转，不能确定生产地的，应以最早的起运地为准。

19)批准文号

本栏目仅填报出口收汇核销单上的编号；进口货物报关单免予填报。

填报要求

(1)无长度要求。

(2)出口报关单填报出口收汇核销单编号。例如：311555451。

20)成交方式

成交方式是指在进出口贸易中进出口商品的价格构成和买卖双方各自应承担的责任、费用和风险，以及货物所有权转移的界限。成交方式在国际贸易中称为贸易术语，又称价格术语，在我国习惯称为价格条件。

填报要求

(1)"成交方式"栏应根据实际成交价格条款，按海关规定的《成交方式代码表》选择填报相应的成交方式名称或代码。

(2)无实际进出境的货物，进口成交方式为 CIF 或其代码，出口成交方式为 FOB 或其代码。

成交方式代码表如表 3-6 所示。

表 3-6 成交方式代码表

成交方式代码	成交方式名称
1	CIF
2	C&F/CFR
3	FOB
4	C&I
5	市场价
6	垫仓

21)运费

运费是指进出口货物从始发地至目的地的国际运输所需要的各种费用。

填报要求

(1)"运费"栏用于填报该份报关单所含全部货物的国际运输费用，包括成交价格中不包含运费的进口货物的运费和成交价格中含有运费的出口货物的运费，即进口成交方式为 FOB 或出口成交方式为 CIF、CFR 的，应在本栏填报运费。

(2)本栏应根据具体情况选择运费单价、运费总价或运费率三种方式之一填报,同时注册运费标记,并按海关规定的《货币代码表》选择填报相应的币种代码。

运费标记:"1"表示运费率,"2"表示每吨货物的运费单价,"3"表示运费总价。

填制纸质报关单时,"运费"栏不同的运费标记填报如下。

①运费率:直接填报运费率的数值。

②运费单价:填报运费币值代码+"/"+运费单价的数值+"/"+运费单价标记。

③运费总价:填报运费币值代码+"/"+运费总价的数值+"/"+运费总价标记。

(3)运保费合并计算的,运保费填报在"运费"栏中。

22)保费

保险费是指被保险人用于承担某种损失、风险而支付给保险人的对价或报酬。进出口货物报关单所列的保险费专指进出口货物在国际运输过程中,由被保险人付给保险人的保险费用。

填报要求

(1)"保费"栏用于填报进出口货物的全部国际运输的保险费用,包括成交价格中不包含保险费的进口货物的保险费和成交价格中含有保险费的出口货物的保险费,即进口成交方式为FOB、CFR或出口成交方式为CIF的,应在本栏填报保险费。

(2)本栏应根据具体情况选择保险费总价或保险费率两种方式之一填报,同时注明保险费标记,并按海关规定的货币代码表选择填报相应的币种代码。

保险费标记:"1"表示保险费率,"3"表示保险费总价。

填制纸质报关单时,"保费"栏不同的保费标记填报如下。

①保费率:直接填报保费率的数值。

②保费总价:填报保费币值代码+"/"+保费总价的数值+"/"+保费总价标记。

(3)运保费合并计算的,运保费填报在运费栏目中。

23)杂费

杂费是指成交价格以外的,应计入货物完税价格或应从货物完税价格中扣除的费用,如手续费、佣金、折扣等。

填报要求

(1)本栏应根据具体情况选择杂费总价或杂费率两种方式之一填报,同时注明杂费标记(杂费标记免填),并按海关规定的《货币代码表》选择填报相应的币种代码。

杂费标记:"1"表示杂费率,"3"表示杂费总价。

(2)应计入完税价格的杂费填报为正值或正率,应从完税价格中扣除的杂费填报为负值或负率。

填制纸质报关单时,"杂费"栏不同的杂费标记填报如下。

①杂费率:直接填报杂费率的数值。

②杂费总价:填报杂费币值代码+“/”+杂费总价的数值+“/”+杂费总价标记。

(3)无杂费时,本栏免填。

24)合同协议号

合同协议号是指在进出口贸易中,买卖双方或数方当事人根据国际贸易惯例或国家的法律、法规,自愿按照一定的条件买卖某种商品所签署的合同协议的编号。

在原始单据(发票)上合同协议号一般表示为“Contract No.”。

填报要求

(1)填报进出口货物合同(协议)的全部字头和号码。

(2)无长度要求。

25)件数

件数是指有外包装的单件进出口货物的实际件数,货物可以单独计数的一个包装称为一件。

填报要求

(1)“件数”栏填报有外包装的进出口货物的实际件数。

(2)裸装、散装货物,“件数”栏填报为“1”。

(3)有关单据只列明托盘件数,或者既列明托盘件数,又列明单件包装件数的,本栏填报托盘件数。

(4)有关单据及列明集装箱个数,又列明托盘件数、单件包装件数的,按以上要求填报。如仅列明集装箱个数,未列明托盘或者单件包装件数的,填报集装箱个数。

26)包装种类

商品的包装是指包裹和捆扎货物用的内部或外部包装和捆扎物的总称。在一般情况下,应以装箱单或提运单据所反映的货物处于运输状态时的最外层包装或称运输包装作为“包装种类”向海关申报,并相应计算件数。

填报要求

本栏目应根据进出口货物的实际外包装种类,选择填报相应的包装种类中文名称,如托盘、木箱、纸箱、铁桶、散装、裸装、辆、包、捆、卷及其他等。

27)毛重

毛重指实际货物及其包装材料的重量之和。

“毛重”栏填报进出口货物实际毛重,以千克(公斤)计,不足一千克的填报为“1”。

28)净重

净重指货物的毛重减去外包装材料后的重量,即商品本身的实际重量。

“净重”栏填报进出口货物实际净重,以千克(公斤)计,不足一千克的填报为“1”。

29)集装箱号

集装箱又称货柜,是一种用金属板材或木材、塑料、纤维板制成的长方体的大箱,可装载5~40吨的商品。

集装箱号是在每个集装箱箱体两侧标示的全球唯一的编号。其组成规则是:箱主代号(3位字母)+设备识别号"U"+顺序号(6位数字)+校验码(1位数字),例如EASU9809490。

填报要求

(1)在填制纸质报关单时,集装箱号以集装箱号+"/"+规格+"/"+自重的方式填报。多个集装箱的,第一个集装箱号填报在"集装箱号"栏中,其余的依次填报在"标记唛码及备注"栏中。

(2)非集装箱货物,填报为"0"。

30)随附单据

随附单据是指随进出口货物报关单一并向海关递交的单证,包括发票、装箱单、提单、运单、装运单等基本单证,监管证件、征免税证明、外汇核销单等特殊单证和合同、信用证等预备单证。

在填制报关单时,"随附单据"栏仅填报除进出口许可证以外的监管证件代码及编号。

填报要求

(1)合同、发票、装箱单、许可证等随附单证不在"随附单据"栏填报。

(2)填报纸质报关单时,本栏目填报监管证件的代码及编号,格式为:监管证件的代码+":"+监管证件编号。所申报货物涉及多个监管证件的,第一个监管证件代码及编号填报在"随附单据"栏,其余监管证件代码和编号填报在"标记唛码及备注"栏中。

监管证件名称代码表如表3-7所示。

表3-7 监管证件名称代码表

代 码	监管证件名称	代 码	监管证件名称
1	进口许可证	F	濒危物种允许进口证明书
5	纺织品临时出口许可证	H	港澳OPA纺织品证明
7	自动进口许可证	J	金产品出口证或人总行进口批件
9	禁止进口商品	P	固体废物进口许可证
B	出境货物通关单	S	进出口农药登记证明
E	濒危物种允许出口证明书	3	敏感物项出口许可证
G	易制毒化学品定向出口许可证书	4	出口许可证
I	精神药物进(出)口准许证	6	旧机电产品禁止进口
O	自动进口许可证(新旧机电产品)	8	禁止出口商品
Q	进口药品通关单	A	入境货物通关单
T	银行调运外币现钞进出境许可证	D	出/入境货物通关单(毛坯钻石用)

续表

代码	监管证件名称	代码	监管证件名称
X	有毒化学品环境管理放行通知单	W	麻醉药品进出口准许证
Z	进口音像制品批准单或节目提取单	Y	原产地证明
S	适用 ITA 税率的商品用途认定证明	e	关税配额外优惠税率进口棉花配额证
V	自动进口许可证(加工贸易)	t	关税配额证明
y	出口许可证(边境小额贸易)	x	出口许可证(加工贸易)

31)用途/生产厂家

用途是指进口货物在境内应用的范围。

生产厂家是指出口货物的境内生产企业的名称。

填报要求

进口货物填报要求,应根据进口货物的实际用途,按海关规定的“用途代码表”选择填报相应的用途名称或代码。

“生产厂家”栏指出口商品在境内的生产企业的名称,该栏仅供必要时填报。

用途代码表如表 3-8 所示。

表 3-8 用途代码表

用途代码	用途名称	用途代码	用途名称	用途代码	用途名称
01	外贸自营内销	05	加工返销	09	作价提供
02	特区内销	06	借用	10	货样广告品
03	其他内销	07	收保证金	11	其他
04	企业自用	08	免费提供	13	以产顶进

32)标记唛码及备注

标记唛码是运输标志的俗称。进出口货物报关单上标记唛码专指货物的运输标志。它通常是由一个简单的几何图形和一些字母、数字及简单的文字组成,一般分列为收货人代号、合同号和发票号、原产国(地区)、目的地[包括最终目的国(地区)、目的港或中转港]和件数号码等项。

备注是指填制报关单时需要注解说明的事项,包括关联备案号、关联报关单号等。

填报要求

(1)填报货物标记唛码中除图形以外的所有文字和数字。

(2)受外商投资企业委托代理进口投资设备、物品的进出口企业名称,格式为:“委托 ABC 公司进口”。

(3)所申报货物涉及多个监管证件的,除第一个监管证件以外的其余监管证件和代码。格式为:监管证件的代码 + “:” + 监管证件编号。

(4)所申报货物涉及多个集装箱的,除第一个集装箱号以外的其余的集装箱号。

格式为:“集装箱号”+“/”+“规格”+“/”+“自重”。

(5)其他申报时必须说明的事项。

33)项号

项号是指申报货物在报关单中的商品排列序号。

一张纸质报关单最多可打印5项商品,纸质报关单表体共有5栏,一张电子报关单表体共有20栏,一项商品占据表体的一栏。一份纸质报关单最多可打印20项商品,超过20项商品时必须填报另一份纸质报关单。

填制报关单需注意的是:对于商品编号不同的,商品名称不同的,原产地/最终目的国不同的,征免不同的,都应各自占据表体的一栏。

填报要求

(1)每项商品的“项号”栏分两行填报。

①第一行填报货物在报关单中的商品排列序号。

②第二行专用于加工贸易和实行原产地证书联网管理等已备案的货物,填报该项货物在加工贸易手册中的项号或对应的原产地证书上的贸易项号。

加工贸易合同项下进出口货物,必须填报与加工贸易手册一致的商品项号,所填报项号用于核销对应项号下的料件或成品数量。

如一张加工贸易料件进口报关单上某项商品的项号是上“01”、下“10”,说明其列此报关单申报商品的第1项,且对应加工贸易手册备案料件第10项。

(2)特殊情况下填报要求如下。

①深加工结转货物,分别按照加工贸易手册中的进口料件项号和出口成品项号填报。

②料件结转货物,出口报关单按照转出加工贸易手册中的进口料件的项号填报;进口报关单按照转入加工贸易手册中的进口料件的项号填报。

③料件复出货物,按照加工贸易手册中的进口料件的项号填报;料件退换货物,出口报关单按照加工贸易手册中的进口料件的项号填报。

④成品退运货物,退运进境报关单和复运出境报关单按照加工贸易手册原出口成品的项号填报。

⑤加工贸易料件转内销货物应填制进口报关单,本栏目填报加工贸易手册中的进口料件的项号。加工贸易边角料、副产品内销,本栏目填报加工贸易手册中对应的料件项号。当边角料或副产品对应一个以上料件项号时,填报主要料件项号。

⑥加工贸易成品凭征免税证明转为享受减免税进口货物的,应先办理进口报关手续。进口报关单填报征免税证明中的项号,出口报关单填报加工贸易手册原出口成品的项号。

⑦加工贸易料件、成品放弃,本栏目填报加工贸易手册中的项号。半成品放弃的应按单耗折回料件,以料件放弃申报的,本栏目填报加工贸易手册中对应的料件项号。

⑧加工贸易副产品退运出口、结转出口或放弃，本栏目填报加工贸易手册中新增的变更副产品的出口项号。

⑨经海关批准实行加工贸易联网监管的企业，对按海关联网监管要求企业需申报报关清单的，应在向海关申报货物进出口报关单前，向海关申报清单。一份报关清单对应一份报关单，报关单商品由报关清单归并而得。加工贸易电子账册报关单中项号、品名、规格等栏目的填制规范比照加工贸易手册。

34）商品编码

商品编码又称商品编号，是指按《税则》确定的进出口货物的编号。

填报要求

（1）“商品编码”栏应填报《税则》的8位税则号列，有附加编号的，还应填报附加的9、10位附加编码。

（2）在填报商品编码时应该按照进出口商品的实际情况填报。

（3）加工贸易手册中商品编号与实际商品编号不符的，应按实际商品编号填报。

35）商品名称、规格型号

商品名称，即商品品名，是指缔约双方同意买卖的商品的名称。报关单中的商品名称，是指进出口货物规范的中文名称。

商品的规格型号，是指反映商品性能、品质和规格的一系列指标，如品牌、等级、成分、含量、纯度、大小、长短、粗细等。

填报要求

（1）“商品名称及规格型号”栏分两行填报。

①第一行填报进出口货物规范的中文名称。如果发票中的商品为非中文名称，则需翻译成规范的中文名称填报，仅在必要时加注原文。

②第二行填报规格型号。

（2）商品名称及规格型号应据实填报，并与所提供的商业发票相符。

（3）商品名称应当规范，规格型号应足够详细，以能满足海关监管的要求为准。要根据商品属性来填报，包括：品名、牌号、规格、型号、等级、成分、含量、用途、功能等。

（4）加工贸易等已备案的进出口货物，本栏目填报的内容必须与已在海关备案登记中同项号下货物的名称与规格型号一致。

（5）对需要海关签发“货物进口证明书”的车辆，该栏应填报“车辆品牌＋排气量＋车型”。“规格型号”栏可填报“汽油型”等。

（6）加工贸易边角料和副产品内销，边角料复出口，应填报其报检状态的名称和规格型号。属边角料、副产品、残次品、受灾保税货物且按规定需要加以说明的，填注规定的字样。

（7）一份报关单最多允许填报20项商品。

36)数量及单位

报关单上的“数量及单位”栏指进出口商品的实际数量和计量单位。

填报要求

(1)进出口货物必须按海关法定计量单位和成交计量单位填报。

(2)“数量及单位”栏分三行填报。

①法定第一计量单位及数量应填报在本栏目第一行。

②凡列明海关法定第二计量单位的,必须填报第一及第二法定计量单位及数量,第二法定计量单位填报在本栏目第二行。无第二法定计量单位的,本栏目第二行为空。

③以成交计量单位申报的,须填报与海关法定计量单位转换后的数量,同时还需将成交计量单位及数量填报在本栏第三行。如成交计量单位与海关法定计量单位一致时,本栏目第三行为空。

(3)加工贸易等已备案的货物,成交计量单位必须与备案登记中同项号下货物的计量单位一致,不相同时必须修改备案或转换一致后填报。

37)原产国(地区)/最终目的国(地区)

原产国(地区)指进口货物生产、开采或加工制造国家(地区)。最终目的国(地区)指已知的出口货物的最终实际消费、使用或进一步加工制造国家(地区)。

填报要求

(1)来料结转货物,出口报关单填报“中国”(代码是142);进口报关单填报原料件生产国。

(2)深加工结转货物,进出口报关单均填报“中国”(代码是142)。

(3)料件复运出境货物,填报实际最终目的国;加工出口成品因帮退运境内的,填报“中国”(代码是142),复运出境时填报实际最终目的国。

38)单价

单价是指商品的一个计量单位以某一种货币表示的价格。商品的单价一般应包括:单位商品价值金额、计价单位、计价货币和价格术语四个部分,若有佣金和折扣,佣金、折扣的大小也应在价格术语中注明。

填报要求

(1)“单价”栏填报同一项号下进出口货物实际成交的商品单位价格的金额。单价如非整数,其小数点后保留4位,第5位以后略去。

(2)无实际成交价格的,填报货值。

39)总价

总价是指进出口货物实际成交的商品总价。

填报要求

(1)填报同一项号下进出口货物实际成交的商品总价。总价如非整数,其小数点后保留4位,第5位以后略去。

(2)无实际成交价格的,填报货值。

40)币制

币制是指进出口货物实际成交价格的计价货币。

填报要求

“币制”栏根据实际成交情况按海关规定的“币制代码表”选择填报相应的币制名称或代码或符号。

货币代码表如表3-9所示。

表3-9 货币代码表

币制代码	币制符号	币制名称	币制代码	币制符号	币制名称	币制代码	币制符号	币制名称
110	HKD	港元	300	EUR	欧元	344	SUR	俄罗斯卢布
116	FPY	日元	302	DKK	丹麦克朗	501	CAD	加拿大元
132	SGD	新加坡元	303	GBP	英镑	502	USD	美元
142	CNY	人民币元	330	SEK	瑞典克朗	601	AUD	澳大利亚元
133	KRW	韩元	331	CHF	瑞士法朗	609	NZD	新西兰元

41)征免

征免是指海关依照《海关法》、《进出口关税条例》及其他法律、行政法规,对进出口货物进行征税、减税、免税或特案处理的实际操作方式。同一份报关单上可以有不同的征减免税方式。

填报要求

(1)根据海关核发的征免税证明或有关政策规定,对报关单所列每项商品选择填报海关规定的“征免税方式代码表”中相应的征免税方式的名称。

(2)加工贸易报关单应根据登记手册中备案的征免规定填报。加工贸易手册中备案的征免规定为“保证金”或“保函”的,不能按备案的征免规定填报,而应填报“全免”。

征减免方式代码表如表3-10所示。

表3-10 征减免方式代码表

征减免税方式代码	征减免税方式名称	征减免税方式代码	征减免税方式名称	征减免税方式代码	征减免税方式名称
1	照章征税	4	特案	7	保函
2	折半征税	5	征免性质	8	折半补税
3	全免	6	保证金	9	全额退税

42)税费征收情况

本栏目供海关批注进出口货物税费征收及减免情况。

43）录入员

本栏目用于预录入和EDI报关单，打印录入人员的姓名。

44）录入单位

本栏目用于预录入和EDI报关单，打印录入单位的名称。

45）申报单位

本栏目指报关单左下方用于填报申报单位有关情况的总栏目。

申报单位指对申报内容的真实性直接向海关负责的企业或单位。若为自理报关的，应填报进（出）口货物的经营单位名称及代码；委托代理报关的，应填报经海关批准的专业或代理报关企业名称及代码。

46）填制日期

填制日期指报关单的填制日期。预录入和EDI报关单由计算机自动打印。本栏目为8位数，顺序为年月日。

47）海关审单批注栏

本栏目指供海关内部作业时签注的总栏目，由海关关员手工填写在预录入报关单上。其中“放行”栏填写海关对接受申报的进出口货物作出放行决定的日期。

进口货物报关单实例和出口货物报关单实例如图3-1和图3-2所示。

3.2 进出口货物报关随附单证

3.2.1 基本单证

1. 贸易合同

1）贸易合同的定义

贸易合同又称契约或合约，是进出口双方当事人依照法律通过协商就各自在贸易上的权利和义务所达成的具有法律约束力的协议。

2）贸易合同的形式

在国际贸易中，订立合同的形式有三种：书面形式、口头形式，以实际行为表示。国际贸易合同一般采用书面形式。书面形式是指合同书、信件和数据电文（包括电报、电传、传真、电子数据交换和电子邮件）等可以有形地表现所载内容的形式。

随着国际贸易的迅速发展和国际通讯技术的不断改进，当前国际货物买卖合同一般都是通过现代化的通讯方法达成的，所以很难要求一定要用书面形式订立合同。为了加速成交和简化订立合同的手续，许多国家对于国际货物买卖合同一般不作形式上的要求，即使要求书面形式，也是起证据作用。

3）贸易合同的内容

贸易合同的内容主要由三部分组成：约首、基本条款和给尾。

（1）约首部分：一般包括合同名称、合同编号、买卖双方名称和地址、电话及传真号码等内容。

中华人民共和国进口货物报关单

预录入编号： 54152452235　　　　海关编号：521825461

进口口岸 深圳海关（5301）	备案号	进口日期 2009.02.15	申报日期 2009.02.18
经营单位 深圳纺织品进出口广通贸易公司（4401913490）	运输方式 江海运输（2）	运输工具名称 JI CHANG/AL IHSA	提运单号 JT08-1875
收货单位 深圳纺织品进出口广通贸易公司	贸易方式 一般贸易	征免性质 一般征税	征税比例
许可证号	起运国(地区) 阿联酋	装货港 迪拜	境内目的地 深圳

批准文号 293206	成交方式 CIF	运费 502/1072/3	保费 0.05/1	杂费
合同协议号 C126-07-MI	件数 40	包装种类 箱	毛重(公斤) 2 400.00	净重(公斤) 1 200.00
集装箱号 MAEU6542564*1(2)	随附单据			用途 外贸自营内销

标记唛头及备注　N/M

项号	商品编号	商品名称 规格型号	数量及单位	原产国(地区)	单价	总价	币制	征免
01	6104.6300	女装尼龙长裤 LADIES LYCRA LONG PANT	20打 600千克	阿联酋	23.00	4 600.00	美元	照章片税
02	6104.6300	女装尼龙长裤 LADIES LYCRA LONG PANT	20打 600千克	阿联酋	24.00	4 800.00	美元	照章片税

税费征收情况

录入员录入单位	兹声明以上申报无讹并承担法律责任	海关审单批注及放行日期(签章)
报关员　申报单位(签章) 深圳纺织品进出口厂通贸易公司 单位地址 邮编　电话　填制日期2009.02.18		审单　审价 征税　统计 查验　放行

图 3-1　进口货物报关单实例

中华人民共和国出口货物报关单

预录入编号： 1245845510　　　　海关编号：15107761

出口口岸 深圳海关（5301）	备案号	出口日期	申报日期 2008.11.05
经营单位 深圳纺织品进出口广通贸易公司 （4401913490）	运输方式 江海运输（2）	运输工具名称 WIEN/018	提运单号 JI08-2354
发货单位 深圳纺织品进出口广通贸易公司	贸易方式 0110	征免性质 101	结汇方式
许可证号	运运国(地区) 美国	指运港 旧金山	境内货源地 深圳罗湖

批准文号 ENX:289541	成交方式 FOB	运费	保费	杂费
合同协议号 GH07-12	件数 100	包装种类 纸箱	毛重(公斤) 700	净重(公斤) 500
集装箱号	随附单据			生产厂家

标记唛头及备注

N/M

项号	商品编号	商品名称	规格型号	数量及单位	最终目的国(地区)	单价	总价	币制	征免
01	63049290	棉印花靠垫		7 200.00件	美国	1.27	9 120.00	USD	照章

税费征收情况

录入员录入单位	兹声明以上申报无讹并承担法律责任	海关审单批注及放行日期(签章)
报关员　申报单位(签章) 张丽　深圳纺织品进出口广通贸易公司 单位地址 邮编　电话　填制日期　2008.11.15		审单　审价 征税　统计 查验　放行

图3-2　出口货物报关单实例

(2)基本条款:包括商品的品名与品质、数量、包装、价格、交货条件、运输、保险、支付、检验检疫、索赔、不可抗力和仲裁等内容。

(3)约尾部分:一般包括订约日期、订约地点和双方当事人签字等内容。

4)贸易合同的格式

国际货物贸易中,合同的名称与格式并无统一的规定,合同格式的繁简程度也不一致。具体采用何种格式,取决于贸易习惯做法和买卖双方的意愿。销售合同和销售确认书分别如图3-3和图3-4所示。

销售合同

SALES CONTRACT

卖方
SELLER:

编号 NO.:
日期 DATE:
地点 SIGNED IN:

买方
BUYER:

买卖双方同意以下条款达成交易:
This contract is made by and agreed between the BUYER and SELLER, in accordance with the terms and conditions stipulated below.

1. 商品号 Art No.	2. 品名及规格 Commodity & Specification	3. 数量 Quantity	4. 单价及价格条款 Unit Price & Trade Terms	5. 金额 Amount

允许 溢短装,由卖方决定
With More or less of shipment allowed at the sellers' option

6. 总值
Total Value
7. 包装
Packing
8. 唛头
Shipping Mark
9. 装运期及运输方式
Time of Shipment & Means of Transportation
10. 装运港及目的地
Port of Loading & Destination
11. 保险
Insurance
12. 付款方式
Terms of Payment
13. 备注
Remarks

The Buyer **The Seller**

图3-3 销售合同

SALES CONFIRMATION

卖方 **NO.:**
Seller: **DATE:**
SIGNED IN:

买方
Buyer:

经买卖双方同意成交下列商品，订立条款如下：
This contract is made by and agreed between the BUYER and SELLER, in accordance with the terms and conditions stipulated below.

唛头 Marks and Numbers	名称及规格 Description of goods	数量 Quantity	单价 Unit Price	金额 Amount
总值 TOTAL:				

Transshipment (转运):
☐ Allowed (允许) ☐ not allowed (不允许)
Partial shipments (分批装运):
☐ Allowed (允许) ☐ not allowed (不允许)
Shipment date (装运期):

Insurance (保险):
由 _____ 按发票金额110%投保 ______ 险，另加保 _____ 险至 _____ 为止。
To be covered by the _____ for 110% of the invoice value covering _____ additional _____ from _____ to _____ .
Terms of payment (付款条件):
☐ 买方不迟于 ____ 年 ____ 月 ____ 日前将100%的货款用即期汇票/电汇送抵卖方
he buyers shall pay 100% of the sales proceeds through sight(demand) draft/by T/T remittance to the sellers not later than ____
☐ 买方须于 ____ 年 ____ 月 ____ 日前通过 ____ 银行开出以卖方为受益人的不可撤消 ____ 天期信用证，并注明在上述装运日期后 ___ 天内在中国议付有效，信用证须注明合同编号。
The buyers shall issue an irrevocable L/C at ____ sight through ___ in favor of the sellers prior to ____ indicating L/C shall be valid in China through negotiation within ___ day after the shipment effected, the L/C must mention the Contract Number.
☐ 付款交单：买方应对卖方开具的以买方为付款人的见票后 ____ 天付款跟单汇票，付款时交单。
Documents against payment:(D/P)
The buyers shall duly make the payment against documentary draft made out to the buyers at ___ sight by the sellers.
☐ 承兑交单：买方应对卖方开具的以买方为付款人的见票后 ___ 天承兑跟单汇票，承兑交单。
Documents against acceptance:(D/A)
The buyers shall duly accept the documentary draft made out to the buyers at ___ days by the sellers.
Documents required (单据):
卖方应将下列单据提交银行议付/托收。
The sellers shall present the following documents required for negotiation/collection to the banks.
☐ 整套正本清洁提单。
Full set of clean on Board Ocean Bills of Lading.
☐ 商业发票一式 ___ 份。
Signed commercial invoice in ___ copies.

图 3-4 销售确认书

续

Documents required (单据):

卖方应将下列单据提交银行议付/托收。

The sellers shall present the following documents required for negotiation/collection to the banks.

☐ 整套正本清洁提单。

Full set of clean on Board Ocean Bills of Lading.

☐ 商业发票一式 ___ 份。

Signed commercial invoice in ___ copies.

☐ 装箱单或重量单一式 ___ 份。

Packing list/weight memo in ___ copies.

☐ 由 ___ 签发的质量与数量证明书一式 ___ 份。

Certificate of quantity and quality in ___ copies issued by ___ .

☐ 保险单一式 ___ 份。

Insurance policy in ___ copies.

☐ 由 ___ 签发的产地证一式 ___ 份。

Certificate of Origin in ___ copies issued by ___.

Shipping advice (装运通知):

一旦装运完毕，卖方应即电告买方合同号、商品号、已装载数量、发票总金额、毛重、运输工具名称及启运日期等。

The sellers shall immediately, upon the completion of the loading of the goods, advise the buyers of the Contract No., names of commodity, loaded quantity, invoice values, gross weight, names of vessel and shipment date by TLX/FAX.

Inspection and claims (检验与索赔):

1. 卖方在发货前由 ______________ 检验机构对货物的品质、规格和数量进行检验，并出具检验证明书。

   The buyers shall have the qualities, specifications, quantities of the goods carefully inspected by the ____________ Inspection Authority, which shall issue Inspection Certificate before shipment.

2. 货物到达目的口岸后，买方可委托当地的商品检验机构对货物进行复检。如果发现货物有损坏、残缺或规格、数量与合同规定不符，买方须于货到目的口岸的 ___ 天内凭 _________ 检验机构出具的检验证明书向卖方索赔。

   The buyers have right to have the goods inspected by the local commodity inspection authority after the arrival of the goods at the port of destination if the goods are found damaged/short/their specifications and quantities not in compliance with that specified in the contract, the buyers shall lodge claims against the sellers based on the Inspection Certificate issued by the Commodity ______ Inspection Authority within ___ days after the goods arrival at the destination.

3. 如买方提出索赔，凡属品质异议须于货到目的口岸之起 ___ 天内提出；凡属数量异议须于货到目的口岸之日起 ___ 天内提出。对所货物所提任何异议应由保险公司、运输公司或邮递机构负责的，卖方不负任何责任。

   The claims, if any regarding to the quality of the goods, shall be lodged within ____ days after arrival of the goods at the destination, if any regarding to the quantities of the goods, shall be lodged within ____ days after arrival of the goods at the destination. The sellers shall not take any responsibility if any claims concerning the shipping goods is up to the responsibility of Insurance Company/Transportation Company/Post Office.

Force majeure (人力不可抗拒):

如因人力不可抗拒的原因造成本合同全部或部分不能履约，卖方概不负责但卖方应将上述发生的情况及时通知买方。

The sellers shall not hold any responsibility for partial or total non-performance of this contract due to Force Majeure. But the sellers advise the buyers on time of such occurrence.

Disputes settlement (争议之解决方式):

凡因执行本合约或有关本合约所发生的一切争执，双方应协商解决。如果协商不能得到解决，应提交仲裁。仲裁地点在被告方所在国内，或者在双方同意的第三国。仲裁裁决是终局的，对双方都有约束力，仲裁费用由败诉方承担。

All disputes in connection with this contract of the execution thereof shall be amicably settled through negotiation. In case no amicable settlement can be reached between the two parties, the case under dispute shall be submitted to arbitration, which shall be held in the country where the defendant resides, or in third country agreed by both parties. The decision of the arbitration shall be accepted as final and binding upon both parties. The Arbitration Fees shall be borne by the losing party.

Law application (法律适用):

本合同之签订地，或发生争议时货物所在地在中华人民共和国境内或被诉人为中国法人的，适用中华人民共和国法律，除此规定外，适用《联合国国际货物销售公约》。

It will be governed by the law of the People's Republic of China under the circumstances that the contract is signed or the goods while the disputes arising are in the People's Republic of China or the defendant is Chinese legal person, otherwise it is governed by *Untied Nations Convention on Contract for the International Sale of Goods.*

本合同使用的价格术语系根据国际商会《INCOTERMS 1990》。

The terms in the contract based on *INCOTERMS 1990* of the International Chamber of Commerce.

Versions (文字):

本合同中、英两种文字具有同等法律效力，在文字解释上，若有异议，以中文解释为准。

This contract is made out in both Chinese and English of which version is equally effective. Conflicts between these two languages arising therefrom, if any, shall be subject to Chinese version.

本合同共 ___ 份，自双方代表签字（盖章）之日起生效。

This contract is in copies, effective since being singed/sealed by both parties.

5)国际货物销售合同基本内容

国际货物销售合同是地处不同国家的当事人双方买卖一定货物达成的协议,是当事人各自履行约定义务的依据,也是一旦发生违约行为时,进行补救、处理争议的依据。为此,一项有效的国际货物销售合同,必须具备必要的内容,否则就会使当事人在履行义务、进行违约补救或处理争议时产生困难。一般说来,国际货物销售合同应包括以下几个方面的基本内容。

(1)品质条款(Quality Clause)。商品的品质(Quality of Goods)是指商品的内在素质和外观形态的综合。前者包括商品的物理性能、机械性能、化学成分和生物的特性等自然属性;后者包括商品的外形、色泽、款式或透明度等。品质条款的基本内容是所交易商品的品名、等级、标准、规格、商标或牌号等。

合同中规定品质规格的方法有两种:凭样品和凭文字与图样法。在凭样品确定商品品质的合同中,卖方要承担货物品质必须同样品完全一致的责任。为避免发生争议,合同中应注明“品质与样品大致相同”。凭样品成交适用于从外观上即可确定商品品质的交易。凭文字与图样的买卖包括凭规格、等级或标准的买卖,凭说明书的买卖以及凭商标、牌号或产地的买卖。对于附有图样、说明书的合同要注明图样、说明书的法律效力。

以上各种表示品质的方法,一般单独使用,但有时也可酌情将其结合使用。

合同中品质条款常有如下表述。

Quality Clause:Plush Rabbit, White, 17cm, Art. No. JB602. The goods to be delivered shall be about equal to the counter sample.(绒毛兔,白色,17厘米,货号JB602,交货品质与确认样品大致相同)

面粉:Wheat Flour Special Grade GB1355-78

Wet Gluten(湿面筋)	28%-30%
ASH(灰分)	0.50%-0.55%
Moisture(水分)	13.0%-14.0%

(2)数量条款(Quantity Clause)。数量条款的主要内容是规定商品的交货数量、计量单位与计量方法。制定数量条款时应注意明确计量单位和度量衡制度法。在数量方面,合同通常规定有“约数”,但对“约数”的解释容易发生争议,故应在合同中增订“溢短装条款”,明确规定溢短装幅度,如“东北大米500公吨,溢短装3%”,同时规定溢短装的作价方法。

商品数量的计量单位和计量方法各不相同。

国际贸易中的不同商品,需要采用不同的计量单位。通常使用的有下列几种。

按重量:克、公斤、公吨、长吨、短吨、磅、克拉。

按个数:件、双、套、打、罗、令、卷。

按长度:米、英尺、码。

按面积:平方米、平方英尺、平方码。

按体积:立方米、立方英尺、立方码。

按容积:公升、加仑、夸特。

在国际贸易中,按重量计量的商品很多。根据一般商业习惯,通常计算重量的方法有下列几种。

毛重(Gross Weight):毛重是指商品本身的重量加包装物的重量。这种计重办法一般适用于低值商品。

净重(Net Weight):净重是指商品本身的重量,即除去包装物后的商品实际重量。净重是国际贸易中最常见的计重办法。不过,有些价值较低的农产品或其他商品,有时也采用"以毛作净"(Gross for Net)的办法计重。在采用净重计重时,对于如何计算包装重量,国际上有下列几种做法:按实际皮重(Actual Tare or Real Tare)计算;按平均皮重(Average Tare)计算;按习惯皮重(Customary Tare)计算;按约定皮重(Computed Weight)计算。

公量(Conditioned Weight):有些商品,如棉花、羊毛、生丝等有比较强的吸湿性,所含的水分受客观环境的影响较大,其重量也就很不稳定。为了准确计算这类商品的重量,国际上通常采用按公量计算,其计算方法是以商品的干净重(即烘去商品水分后的重量)加上国际公定回潮率与干净重的乘积所得出的重量,即为公量。

理论重量(Theoretical Weight):对于一些按固定规格生产和买卖的商品,只要其重量一致或大体相同,一般即可从其件数推算出总量。

法定重量(Legal Weight)和实物净重(Net Weight):按照一些国家海关法的规定,在征收从量税时,商品的重量是以法定重量计算的。所谓法定重量是商品加上直接接触商品的包装物料如销售包装等的重量;而除去这部分重量所表示出来的纯商品的重量,则称为实物净重。

合同中数量条款常有如下表述。

Quantity:500 dozen

Quantity:1200 PCS

(3)包装条款(Packing Clause)。包装是指为了有效地保护商品的数量完整和质量要求,把货物装进适当的容器里。商品包装条款的主要内容有:包装方式、规格、包装材料、费用和运输标志。制定包装条款要明确包装的材料、造型和规格,不应使用"适合海运包装"、"标准出口包装"等含义不清的词句。

合同中包装条款常有如下表述。

Packing:in 120 cartons

PACKING:10PCS/CTN

(4)价格条款(Price Clause)。价格条款是由单价(Unit Price)和总值(Amount)组成。

单价:国际货物买卖合同中的单价包括计量单位、单位价格金额、计价货币、价格术语四项内容。

例如，每吨 100 美元 CIF 纽约

在合同中通常表述如下。

USD 20. 00 per yard CIF Dalian

GBP 46. 10 per set CPT Beijing

总值(或总金额):总值是单价和数量的乘积。总值所使用的货币必须与单价所使用的货币一致。

在合同中通常表述如下。

AMOUNT:USD6000. 00

TOTAL:U. S. DOLLARS SIX THOUSAND ONLY

(5)支付条款(Terms of Payment)。在实践中主要有汇款、托收和信用证等几种支付方式。此外,为了保证付款的安全可靠,也可使用银行保函和国际保理业务。

汇款:汇款是汇款人(进口人)通过银行向收款人(出口人)汇寄货款的一种结算方式。它包括电汇(Telegraphic Transfer,T/T)、信汇(Mail Transfer,M/T)、票汇(Remittance by Banker's Demand Draft,D/D)三种方式。

在合同中通常表述如下。

Payment Terms:T/T

Payment Terms:D/D

Payment Terms: The buyer shall pay 100% of the sales proceeds by T/T to reach the sellers within 10 days after the signing of the contract.

托收:托收是指出口人开具以进口人为付款人的汇票,委托当地银行通过它在国外的分支行或代理行向进口人收取货款的结算方式。它主要包括付款交单(Document against Payment,D/P)、承兑交单(Document against Acceptance,D/A)

在合同中通常表达如下。

Payment Terms:D/P at sight

Payment Terms: The buyer shall duly accept the documentary draft drawn by the sellers at 30 days after date of B/L upon first presentation and make payment on its maturity. The shipping documents are to be delivered against acceptance only.

信用证:信用证是开证行根据开证申请人的请求和开证行以自身的名义向受益人开立的在一定金额和一定期限内凭规定的单据承诺付款的书面文件。

在合同中通常表述如下。

Terms of Payment:L/C after 30 day sight

Terms of Payment:L/C at sight

Terms of Payment:By 100% confirmed irrevocable L/C in favor of the sellers to be available by sight draft to be opened and to reach china before MAY 1,1998 and to remain valid for negotiation in china until the 15th days after the foresaid all banking charges outside chin are for account of the drawee.

(6)货物的装运条款。装运条款的主要内容是:装运时间、运输方式、装运地与目的地、装运方式及装运通知等。根据不同的贸易术语,装运的要求是不一样的,所以应该依照贸易术语来确定装运条款。如果合同中规定有选择港,则应订明增加的运费、附加费用应由谁承担。

合同中通常表述如下。

Time of shipment, with 10 days after receipt of your letter of credit from Shanghai to Singapore.

Shipment before the end of this year from Qingdao to London, allowing partial shipment and transshipment.

Shipment will be effected during March/April/May 2009 in three equal monthly lots.

(7)违约条款(Breach Clause)。国际贸易合同中的违约条款主要包括异议与索赔条款、罚金条款。

异议与索赔条款主要是针对卖方交货品质、数量或包装不符合合同的规定而订立的,这是索赔的基本前提。此外还包括索赔依据、索赔期限等。

在合同中通常表述如下。

Any claim by the buyer regarding the goods shall be filed within 30 days after the arrival of the goods at the port of destination specified in the relative B/L and supported by a survey report issued by a surveyor approved by the seller. (买方对装运货物的任何索赔,必须于货物到达提单及/或运输单据所规定的目的港之日 30 天内提出,并须提供卖方同意的公证机构出具的检验报告)

罚金条款主要规定当一方违约时,应向对方支付一定数额的约定罚金,以弥补对方的损失。罚金就其性质而言就是违约金。

在合同中通常表述如下。

Should the sellers fail to effect delivery on time as stipulated in this contract owing to causes other than Force Majeure, the buyers shall have the right to cancel the relative quantity of the contract. Or alternatively, the sellers may, with the buyers' consent, postpone delivery on payment of penalty to the buyers. The buyers may agree to grant the sellers a grace period of 15 days. Penalty shall be calculated from the 16th day and shall not exceed 5% of the total value of the goods involved. (除不可抗力原因外,如卖方不能按合同规定的时间交货,买方有权撤销该部分的合同,或经买方同意在卖方缴纳罚款的条件下延期交货。买方可同意给予卖方 15 天优惠期。罚款率为每 10 天按货款总额的 1%,不足 10 天者按 10 天计算。罚款自第 16 天起计算。最多不超过延期货款总额的 5%)

(8)不可抗力条款(Force Majeure Clause)。该条款实际上也是一项免责条款。不可抗力,是指在合同签订后,不是由于当事人的过失或疏忽,而是由于发生了当事人所不能预见的、无法避免和无法预防的意外事故,以致不能履行或不能如期履行合同,遭受意外事故的一方可以免除履行合同的责任或可以延期履行合同,另一方无权要求损害赔偿。

一般来说,不可抗力来自两个方面:自然条件和社会条件。前者如水灾、旱灾、地震、海啸、泥石流等;后者如战争、暴动、罢工、政府禁令等。不可抗力是一个有确切涵义的法律概念,并不是所有的意外事故都可构成不可抗力。有时当事人在合同中改变了不可抗力概念通常的含义,因此需要在合同中定明双方公认的不可抗力事故。

在合同中通常表述如下。

Parties shall not be responsible in part or in full for the performance of obligations contained in the present Contract if this non-performance is the result of force-majeure circumstances which may arise after the conclusion of the Contract as a result of extraordinary conditions which the Parties could neither foresee nor prevent with reasonable measures. These circumstances include: flood, fire, earthquake and other natural phenomena, acts or actions of governmental bodies.(当出现不可抗力时,各方不能预见或实施合理的预防措施时,各方不承担部分或全部合同中应履行的义务。这些情况包括:洪水,火灾,地震等自然现象或政府当局的行动)

2. 发票

1)发票的含义与类别

(1)发票的含义。根据财政部发布的《中华人民共和国发票管理办法》的规定,发票是指在购销商品、提供或者接受服务以及从事其他经营活动中,开具、收取的收付款凭证。据此,在我国境内经济活动中的一切单位和个人,在销售产品、商品和提供劳务服务以及从事其他业务活动取得收入时提供给付款方的各种收款票据以及收购单位和扣缴义务人支付个人款项时开具给收款方的各种付款票据,都属于发票的范围。

在国际贸易中,发票通常是指商业发票。

(2)发票的类别。发票包括商业发票、海关发票、形式发票、领事发票、厂商发票、证实发票、联合发票。

商业发票(Commercial Invoice)是卖方开立的载有货物名称、数量、价格等内容的清单,作为买卖双方交接货物和结算货款的主要单证,也是进出口报关完税必不可少的单证之一。

海关发票(Customs Invoice)是进口国(地区)海关制定的一种专用于向该国(地区)出口的一种特别的发票格式。非洲、美洲和大洋洲的一些国家按FOB价计算进口海关关税,因此在与那些国家的交易中,进口商往往会要求出口商提供规定格式的海关发票,供进口商凭以报关。海关发票还可被进口国海关据以识别货物原产地,审核是否存在倾销。

形式发票(Proforma Invoice)是一种非正式发票,是卖方对潜在的买方报价的一种形式。买方常常需要形式发票,以作为申请进口和批准外汇之用。形式发票与商业发票不同的是在发票上有“形式”字样。这种发票可以用作邀请买方发出确定的订单。发票上一般注明价格和销售条件，所以一旦买方接受此条件，就能按形式发票内容签定确定合约。由于形式发票上详细载明了进口货价及有关费用，所以有些国家规定可以凭形式发票申请进口许可证，或作为向海关申报货物价格之用。

领事发票（Consular Invoice）是由进口国驻出口国的领事出具的一种特别印制的发票。这种发票证明出口货物的详细情况，作为进口国用于防止外国商品的低价倾销，同时可用作进口税计算的依据，有助于货物顺利通过进口国海关。出具领事发票时，领事馆一般要根据进口货物价值收取一定费用。这种发票主要被拉丁美洲的国家所采用。

厂商发票（Manufacture's Invoice）是出口厂商所出具的以本国货币计算价格，用来证明出口国国内市场的出厂价格的发票，其作用是供进口国海关估价、核税以及征收反倾销税之用，如国外来证要求提供厂商发票，应参照海关发票有关国内价格的填写办法处理。

证实发票（Certified Invoice）是按要求在商业发票上由卖方或指定人加注证实的发票。

联合发票（Combined Invoice）是一种对中国港澳地区出口习惯使用的发票。

2）商业发票的缮制

商业发票（以下简称“发票”）没有统一的格式，但是，一般应具备以下主要内容。

（1）首文部分。首文部分应列明发票的名称、发票号码、合同号码、发票的出票日期和地点，以及船名、装运港、卸货港、发货人、收货人等。

出票人名称与地址：发票的出票人一般为发货人，即是出口商或信用证的受益人，其名称和地址一般打印在发票的上方。如果信用证中有特别规定，则按信用证的具体要求，一般情况下，发货人的名称和地址等应与信用证的受益人完全一致。

发票名称：发票上应有“Invoice”（发票）字样。一般情况下应按信用证对发票的具体要求制作，例如，如果信用证要求提供的是“Commercial Invoice”（商业发票），则发票的名称必须有“Commercial”（商业）字样，否则发票则与信用证的要求不符。

收货人：收货人就是发票的抬头人，一般为进口商或信用证的开证申请人，其名称和地址（有时包括电传号码、传真号码等）应严格按照信用证的具体要求加打在发票上。

发票号码：发票号码是出口商制作发票的编号，这是发票中不可缺少的内容之一。

发票的日期和地点：发票的日期就是发票的制作日期，也应理解为发票的签发日期。一般情况下，发票的日期应略早于汇票日期，同时不能迟于信用证的有效期，发票的制作地点一般是出口公司的出单地点，在发票上应有反映。发票的日期应在运输单据的出单日期之前。

信用证号码：当采用信用证支付方式支付货款时，可以填写；当采用其他方式付款时，此项可以不填。

合同号码:发票中应反映进出口双方贸易合同的号码。信用证中经常规定要在发票上加注合同号码。但是,如果信用证规定加注的合同号码与实际合同号码不符并且来不及修改时,发票上应按信用证的要求加注错误的合同号码。不过,可在错误的合同号码后面注明"正确的合同号码应为……"。有时,信用证要求在发票上加注开证行名称,则应将其加注在发票上。

装运港、目的港及运输工具:一般发票上应列明货物的装运港和目的港。如果采用直达船运输时,应在发票上加注船名,如果中途需要转船,则应注明转运港名称。

支付方式:应填写此次业务的支付方式。

(2)本文部分。发票的本文主要包括唛头、商品名称、货物数量、规格、单价、总价、毛重/净重等内容。

唛头:是货物运输的标记。发票上的唛头应与信用证中规定的唛头完全一致。

货物描述:发票上的商品名称应与信用证中规定的商品名称完全一致。如果信用证中的商品名称有错误或漏字等,并且未来得及修改,发票上的商品名称也应将错就错,以保证发票与信用证规定的完全一致。不过,可在错误的名称后面加注正确的名称。银行只负责审核单据表面上的一致性。因此,商品名称的表面性应与信用证的要求保持一致,不可使用商品名称的简写或同义词或同义名称等。货物的品质规格是出口商交货的标准。发票上一般应标明所装货物的品质规格情况。

货物的数量和重量:发票中列明的货物的数量(件、个、条等)和重量应与信用证中货物描述的数量和重量完全一致,并与提单等基本单据中货物的数量和重量一致。

商品的单价:发票的单价一般包括计价单位、计价货币、价格条件和单价金额等内容。发票的单价应与信用证中规定的货物单价一致。

商品的总价:发票的总价是货物总金额、总价值,也就是货物数量与货物单价之积。发票的总金额不能超过信用证的金额(除非信用证另有规定)。

(3)结文部分。发票的结文一般包括信用证中要求加注的特别条款或文句。

出票人签字或盖章:发票的结文还包括发票的出票人签字。发票的出票人签字一般在发票的右下角,包括两部分内容:一是出口商的名称(信用证的受益人),二是出口公司经理或其他授权人的手签,有时也可用手签图章代替手签。但是,有些国家规定,写在签署人签字以下的文字内容无效。因此,应特别注意:发票的各项内容应列在签署人签字之上。

商业发票一式四份,并证明以下内容:每件商品标明"中国制造";一套副本装运提单已预先航邮寄给买方。商业发票实例如图 3-5 所示。

3.装箱单

1)装箱单的含义

装箱单(Packing List)是发票的补充单据,它列明了信用证(或合同)中买卖双方约定的有关包装事宜的细节,便于国外买方在货物到达目的港时供海关检查和核对货物,通常可以将其有关内容加列在商业发票上,但是在信用证有明确要求时,就必须严格按信用证约定制作。

上海轻工业品有限公司

SHANGHAI LIGHT INDUSTRIAL PRODUCTS COMPANY LIMITED

168 DONGXU ROAD SHANGHAI CHINA

商业发票

COMMERCIAL INVOICE

To MESSRS:	INVOICE NO.: YSM199901
SANYEI HONGKONG	INVOICE DATE: NOV.11, 2000
14/F., KAISER ESTATE 1, MAN	L/C NO.:
YUE STREET, HUNG HOM, KOWLOON	L/C DATE:
AUSTRALIA	S/C NO.: A97AU22300287

EXPORTER:

SHANGHAI LIGHT INDUSTRIAL
PRODUCTS COMPANY LIMITED
168 DONGXU ROAD SHANGHAI CHINA

TRANSPORT DETAILS:

FROM SHANGHAI TO MELBOURNE　　TERMS OF PAYMENT: T/T

W/T HONGKONG BY VESSEL

MARKS & NOS	DESCRIPTION OF GOODS	QUANTITY	UNIT PRICE	AMOUNT
KMART	EDGING DNIFE WITH	1 200PCS	USD5.00/PC	USD6 000.00
CTN NO. 1-120	METAL HANDLE C810			
AUSTRIALIA				
			FOB SHANGHAI	USD6 000.00

TOTAL QUANTITY: 1 200PCS PACKING: 120BAGS

TOTAL WEIGHT: NET WT. 10 800KGS GROSS WT: 1 200KGS

TOTAL: U.S. DOLLARS SIX THOUSAND ONLY

SHANGHAI LIGHT INDUSTRIAL
PRODUCTS COMPANY LIMITED

图 3-5 商业发票实例

2)装箱单的特点

(1)装箱单为了保持与发票一致,在号码和日期两栏与发票完全相同。

(2)装箱单一般不显示收货人、价格、装运情况,对货物的描述一般都使用统称概述。

(3)装箱单着重表现货物的包装情况,从最小包装到最大包装的包装材料、包装方式一一列明。

(4)装箱单的制作要以信用证、合同、备货单、出货单为凭据。

(5)如果信用证上要求在装箱单上填写一些特殊条款,应照办。

3)装箱单填制的主要内容

(1)装箱单名称。应按照信用证规定使用。通常用"Packing List","Packing Specification"或"Detailed Packing List"。如果来证要求用"中性包装单"(Neutral Packing List),则包装单名称用"Packing List",但包装单内不用写卖方名称,不能签章。

(2)发票号码。

(3)合同号。注此批货物的合同号。

(4)运输路线。

(5)唛头。与发票一致,有的注实际唛头,有时也可以只注"as per invoice No. ×××"。

(6)货物描述。要注明品名和规格,要求与发票一致。货名如有总称,应先注总称,然后逐项列明详细货名。应逐一注明每一包装件的货名、规格、品种。

(7)数量。应注明此箱号内每种货物的包装件数。例如:"bag 10"、"drum 20"、"bale 50","合计"栏同时注明合计件数。

(8)箱外尺寸。注明每个包装件的外尺寸。

(9)净重。

(10)毛重。注明每个包装件的毛重和此包装件内不同规格、品种、花色货物各自的总毛重(Sub Total),最后在"合计"栏处注总货量。信用证或合同未要求,不注亦可。如为"Detailed Packing List",则此处应逐项列明。

(11)合计。此栏是对(7)、(8)、(9)、(10)栏的合计。

(12)出单人签章应与发票相同,如信用证规定包装单为"in plain"或"in white paper"等,则在包装单内不应出现买卖双方的名称,不能签章。

装箱单实例如图3-6所示。

3.2.2 特殊单证

1. 产地证

1)原产地证明书的含义

原产地证明书是证明商品原产地,即货物的生产或制造地的一种证明文件,是商品进入国际贸易领域的"经济国籍",是进口国对货物确定税率待遇,进行贸易统计,实行数量限制(如配额、许可证等)和控制从特定国家进口(如反倾销税、反补贴税)的主要依据之一。

上海进出口贸易公司
SHANGHAI IMPORT&EXPORT TRADE CORPORATION
121 ZHONGSHAN ROAD SHANGHAI CHINA
TEL: 021-61234566 FAX: 021-61234567

PACKING LIST

TO: YIYANG TRADING CORPORATION INVOICE NO.:XH051111
88MARAHALL AVE
DONCASTER VIC 3108
MONTREAL, CANADA
S/C NO.: ST303
DATE: OCT. 01, 2008
FROM: SHANGHAI TO: MONTREAL

Marks & No.	Description of Goods	Quantity (DOZS)	Measurement (M)	Net Weight (KGS)	Gross Weight (KGS)
Y.Y.T.C	COTTON TEATOWELS				
MONTREA	10'×10'	16 000	3.2	320	400
C/NO-330	20'×20'	6 000	1.2	120	150
	30'×30'	11 000	2.2	220	270
	PACKED IN ONE CARTON OF 100 DOZS EACH				
Total Amount		33 000	6.6	660	820

PACKED IN 330 WOODEN CASES
TOTAL GROSS WEIGHT 820.00KGS
TOTAL NET WEIGHT 660.00KGS

WE HEREBY CERTIFY THAT THE ABOVE MENTIONGED GOODS ARE OF CHINESE ORIGIN

SHANGHAI IMPORT&EXPORT TRADE CORPORATION

图 3-6 装箱单实例

2)原产地证明书的类别

原产地证明书一般有三类:第一类是普惠制原产地证明书;第二类是一般原产地证明书;第三类是某些专业性原产地证明书。

3)原产地证明书填制的主要内容

一般原产地证明书的主要内容如下。

(1)出口商名称(Exporter)必须是经检验检疫局登记注册的,其名称、地址必须与注册档案一致。必须填明在中国境内的出口商的详细地址、国名。如果出口单位是其他国家或地区某公司的分公司,申请人要求填境外公司名称时可填写,但必须在中国境内的出口商名称后加上“ON BEHALF OF (O/B)”或“CARE OF (C/O)”,再加上境外公司名称。

(2)收货人(Consignee)的名称、地址和国别一般应填写最终收货人名称,即提单通知人或信用证上特别声明的收货人,如最终收货人不明确或为中间商时可填“TO ORDER”字样。

(3)运输方式和路线(Means of transport and route)填明装货港、目的港名称及运输方式(海运、空运或陆运)。经转运的,应注明转运地。

(4)目的地(Country/Region of destination)指货物最终运抵港或国家、地区,一般应与最终收货人一致。

(5)签证机构专用栏(For certifying authority use only),此栏留空。签证机构在签发后发证书、补发证书或加注其他声明的使用。

(6)唛头及包装号(Marks and numbers on packages)应照实填具完整的图案、文字标记及包装号。如唛头内容太多本栏填不下,可填在第(7)、(8)、(9)栏的空白处,如还不够,可以附页填写。如图案文字无法缮制,可附复印件,但须加盖签证机构印章。如无唛头,应填“N/M(No Marks)”字样。

(7)商品名称、包装数量及种类(Description of goods:number and kind of packages)应填明商品总称和具体名称。在商品名称后须加上大写的英文数字并用括号加上阿拉伯数字及包装种类或度量单位。如同批货物有不同品种则要有总包装箱数。最后应加上截止线,以防止填伪造内容。

(8)商品编码(H. S. Code, Hormonized System Code)要求填写四位数的H. S.税目号,若同一证书含有多种商品,应将相应的税目号全部填写上。

(9)数量和重量(Quantity or weight)应填写商品的计量单位。

(10)发票号与日期(Number and date of invoice)不得留空。月份一律用英文缩写。该栏日期应早于或同于(11)和(12)栏的申报和签发日期。

(11)出口商声明(Declaration by the exporter)由申领单位已在签证机构注册的人员签字并加盖企业中英文印章,同时填写申领地点和日期,该栏日期不得早于发票日期。

(12)签证机构注明(Certification)申请单位在此栏填写签证日期和地点,然后,由签证机构已授权的签证人签名、盖章。签发日期不得早于发票日期和申请日期。

如信用证要求填写签证机关名称、地址、电话、传真以及签证人员姓名，需仔细核对，要求准确无误。

一般原产地证明书实例如图3-7所示。

Exporter (full name, address and country) DALIAN TOOL IMPORT & EXPORT CO., LTD 11, XIAN ROAD DALIAN, CHINA	CERTIFICATE NO. 12838900096 **CERTIFICATE OF ORIGIN** **OF** **THE PEOPLE`S REPUBLIC OF CHINA**
Consignee (full name, address and country) MAMUT ENTERPRISESAV TARRAGONA75-3ER BARCELONA, SPAIN	
Means of transport and route FROM DALIAN TO BARCELONA BY S.S	For certifying authority use only
Destination port SPAIN	

Marks & numbers on packages	Container no.; No. and kind of packages; Description of goods	H.S. Code	Gross weight or other quantity	Number and date of invoice
M.E BARCELONA C/NO. 1-515	HAND TOOLS FIVE HUNDRED AND FIFTEEN(515)CATONS ******************************	8 204.1100	5,400SETS	TY034 APR. 20, 2007

Declaration by the exporter The undersigned hereby declares that the above details and statements are correct, that all the goods were produced in China and that they comply with the Rules of Origin of the People's Repulic of China. DALIAN APR. 20. 2008 …………………………………………… Place, date, signature and stamp of authority signatory.	Certification It is hereby certified that the declaration by the exporter is correct. APR. 22, 2008 丁毅 …………………………………………… Place, date, signature and stamp of certifying authority.

图3-7 一般原产地证明书实例

普惠制原产地证明书的主要内容如下。

(1)证书号(Reference No.),普惠制原产地证书标题栏(右上角),填上检验检疫机构编定的证书号。

(2)出口商名称、地址、国家(Goods consigned from),此栏出口商公司名称应与注册时相同,必须写上国名、地址。例如 SHENZHEN HUAYELONG IMPORTS & EXPORTS LTD. SHENZHEN CHINA。

(3)收货人的名称、地址、国家(Goods consignee to),除欧盟 25 国、挪威外,此栏须填上给惠国最终收货人名称,不可填中间转口商的名称,此栏须填上国名。欧盟 25 国、挪威对此栏是非强制性要求,若进口商国家和最终目的国都是欧盟国家,则可以与第(12)项中国家不同,也可以不填详细地址,只填上"To Order"。

36 个给惠国及输入代码为:欧盟 25 国,305 法国(France)、303 英国(United Kingdom)、306 爱尔兰(Ireland)、304 德国(Germany)、302 丹麦(Denmark)、307 意大利(Italy)、301 比利时(Belgium)、309 荷兰(Netherlands)、308 卢森堡(Luxembourg)、310 希腊(Greece)、312 西班牙(Spain)、311 葡萄牙(Portugal)、315 奥地利(Austria)、330 瑞典(Sweden)、318 芬兰(Finland)、327 波兰(Poland)、321 匈牙利(Hungary)、350 斯洛文尼亚(Slovenia Rep)、352 捷克(Czech Rep)、353 斯洛伐克(Slovak Rep)、334 爱沙尼亚(Estonia)、335 拉脱维亚(Latvia)、336 立陶宛(Lithuania)、108 塞浦路斯(Cyprus)、324 马耳他(Malta);137 土耳其(Turkey)、331 瑞士(Switzerland)、326 挪威(Norway)、116 日本(Japan)、601 澳大利亚(Australia)、609 新西兰(New Zealand)、501 加拿大(Canada)、344 俄罗斯(Russia)、347 乌克兰(Ukraine)、340 白俄罗斯(Byelorussia)、341 哈萨克斯坦(Kazakhstan)。

(4)运输方式及路线(Means of transport and route),一般应填上装货、到货地点(启运港、目的港)及运输方式(如海运、陆运、空运)。例如 FROM DONGGUAN TO SHENZHEN BY TRUCK, THENCE TRANSHIPPED TO HAMBURG BY SEA。转运商品应加上转运港,例如 FROM SHENZHEN TO HONGKONG BY TRUCK, THENCE TRANSHIPPED TO HAMBURG BY SEA。对输往内陆给惠国的商品,如瑞士、奥地利,由于这些国家没有海岸,因此如是海运,都须经第三国再转运至该国,填证时应注明。例如 BY VESSEL FROM SHENZHEN TO HAMBURG, IN TRANSIT TO SWITZERLAND。

(5)供官方使用(For official use),此栏由签证当局填写,在正常情况下此栏空白。在特殊情况下,签证当局在此栏加注,例如货物已出口,签证日期迟于出货日期,签发"后发"证书时,此栏盖上"ISSUED RETROSPECTIVELY"红色印章;证书遗失、被盗或者损毁,签发"复本"证书时盖上"DUPLICATE"红色印章,并在此栏注明原证书的编号和签证日期,并声明原发证书作废,其文字是"THIS CERTIFICATE IS IN REPLACEMENT OF CERTIFICATE OF ORIGIN NO. … DATED … WHICH IS CANCELLED"。注意:在录入后发证书时,请在申请书"备注"栏注明"申请后发",否则计算机会退回。

(6)商品顺序号(Item number)。如果同批出口货物有不同品种,则按不同品种分列“1”、“2”、“3”……,以此类推。单项商品,此栏填“1”。

(7)唛头及包装号(Marks and numbers on packages)。填写的唛头应与货物外包装上的唛头及发票的唛头一致,唛头不得出现中国以外的地区和国家制造的字样,也不能出现“香港、澳门、台湾原产地字样(例如:MADE IN TAIWAN, HONG KONG PRODUCTS 等)”;如货物无唛头应填“N/M”。如唛头过多,此栏不够填则打上(SEE THE ATTACHMENT),用附页填写所有唛头,在右上角打上证书号,并由申请单位和签证当局授权签字人分别在附页末页的右下角和左下角手签、盖印。附页手签的笔迹、地点、日期均与证书第(12)项、(13)项中的内容相一致的。注意:有附页时,请在申请书“备注”栏注明“唛头见附页”,否则计算机退回。

(8)包装件数及种类(Number and kind of packages; description of goods)。商品的包装件数必须有英文和阿拉伯数字同时表示,例如:ONE HUNDRED AND FIFTY (150) CARTONS OF WORKING GLOVES。

填报要求

(1)如果包装件数为1千以上,则千与百单位之间不能有“AND”连词,否则计算机退回。应填:TWO THOUSAND ONE HUNDRED AND FIFTY (2150) CARTONS OF WORKING GLOVES。

(2)数量、品名要求在一页内打完,如果内容过长,则可以合并包装箱数,合并品名。例如 ONE HUNDRED AND FIFTY (150) CARTONS OF GLOVES, SCARF, TIE, CAP。

(3)包装必须填写具体的包装种类(例如 POLYWOVEN BAG, DRUM, PALLET, WOODEN CASE 等),不能只填写“PACKAGE”。如果没有包装,应填写“NUDE CARGO”(裸装货),“IN BULK”(散装货),“HANGING GARMENTS”(挂装)。

(4)商品名称必须具体填写,具体到能找到相对应的4位HS编码,不能笼统填“MACHINE”(机器)、“GARMENT”(服装)等。对一些商品,例如玩具电扇,应注明为“TOYS: ELECTRIC FANS”,不能只填写“ELECTRIC FANS”(电扇)。

(5)商品的商标、牌名(BRAND)及货号(ARTICLE NUMBER)一般可以不填。商品名称等项列完后,应在下一行加上表示结束的符号,以防止加填伪造内容。国外信用证有时要求填写合同、信用证号码等,可填加在此栏空白处。

(9)原产地标准(Origin criterion)。完全原产品,不含任何非原产成分,出口到所有给惠国,填写“P”; 含有非原产成分的产品,出口到欧盟、挪威、瑞士和日本,填写“W”,其后加上出口产品的H. S. 品目号,例如“W”42. 02。条件:产品列入了上述给惠国的“加工清单”符合其加工条件;产品未列入“加工清单”,但产品生产过程中使用的非原产原材料和零部件经过充分的加工,产品的H. S. 品目号不同于所用的原材料和零部件的H. S. 品目号。含有非原产成分的产品,出口到加拿大,填写“F”。条件:非原产成分的价值未超过产品出厂价的 40%;含有非原产成分的产品出口到俄罗斯、乌克兰、白俄罗斯、哈萨克斯坦、捷克、斯洛伐克六国,填写“Y”,其后加上非原产成分价值占该产品离岸价格的百分比,例如“Y”38%。条件:非原产成分的价值未超过产品离岸价的 50%。

输往澳大利亚、新西兰的货物,此栏可以留空。

(10)毛重或其他数量(Gross weight or other quantity)。应以商品的正常计量单位填写,例如“只”、“件”、“双”、“台”、“打”等。例如:3 200 DOZ. 或 6 270 KGS.。以重量计算的则填毛重,只有净重的,净重亦可,但要标上 N. W.(NET WEIGHT)。

(11)发票号码及日期(Number and date of invoices)。此栏不得留空。月份一律用英文(可用缩写)表示,例如:PHK50016 Apr. 6,2007,此栏的日期必须按照正式商业发票填写,发票日期不得迟于出货日期。

(12)签证当局的证明(Certification)。填写签证机构的签证地点、日期,例如:SHENZHEN CHINA APR. 6,2007。检验检疫局签证人经审核后在此栏(正本)签名,盖签证印章。此栏日期不得早于发票日期和申报日期,而且应早于货物的出运日期。

(13)出口商的声明(Declaration by the exporter)。进口国横线上填写最终进口国,进口国必须与目的港的国别一致。另外,申请单位应授权专人在此栏手签,标上申报地点、日期,并加盖申请单位中英文印章。手签人笔迹必须在检验检疫局注册登记,并保持相对稳定。此栏日期不得早于发票日期。盖章时应避免覆盖进口国名称和手签人姓名。本证书一律不得涂改,证书不得加盖校对章。

普惠制原产地证明书实例如图 3-8 所示。

2. 出口收汇核销单

出口收汇核销是国家加强出口收汇管理,确保国家外汇收入,防止外汇流失,指定外汇管理部门对出口企业贸易下的外汇收入情况进行监督检查的一项制度。

出口收汇核销单是指由外汇局制发、出口单位凭以向海关出口报关、向外汇指定银行办理出口收汇、向外汇局办理出口收汇核销、向税务机关办理出口退税申报的有统一编号及使用期限的凭证。

出口收汇核销单分为存根、正联、退税联三部分。

1)存根

(1)编号。应与出口报关单的编号一致。

(2)出口单位。填写领取核销单的单位的名称,即出口公司或企业名称,并加盖公章。

(3)单位代码。填写领取核销单的单位在外汇管理局备案的号码。

(4)出口币种总价。此栏填写出口成交货物总价及使用币种。一般情况下,须与报关单一致。溢短装出口时,可以不一致,但须提供该笔出口的货运提单副本。(提单上有实际出口的数量和重量,根据发票或报关单上的单价与提单上的重量或数量相乘,即可得出实际出口的总金额)。

(5)收汇方式。按实际收汇方式填写,如信用证、托收、汇付。

Goods consigned from (Exporter's business name,address,country) GUANZHOU IMPORT&EXPORT TRADE CORPORATION 756 TIANHE ROAD GUANGZHOU , CHINA	Reference No. T200710819 **GENERALIZED SYSTEM OF PREFERENCES** **CERTIFICATE OF ORIGIN** **(Combined declaration and certificate)** **FORM A** **Issued in THE PEOPOE'S REPUBLIC OF CHINA** -- (Country) See Noted Overleaf
Goods consignee to(Consignee's name,address,country) ANXING TRADING CORPORATION 1 8MARAHALL AVE DO NCASTER VIC 3238 MONTREAL, CANADA	
Means of transport and route FROM GUANGZHOU, CHINA TO MONTREAL, CANADA	For official use

Item number	Marks & numbers on packages	Number and kind of packages; description of goods	Origin criterion(see Notes overleaf)	Gross weight or other quantity	Number and date of invoices
1	Y. Y. T. C MONTREAL C/NO. -330	THREE HUNDRED AND THIRTY CARTONS OF COTTON TEATOWELS ******************************	"P"	G. W. 820KGS	XH051111 OCT. 01, 2008

Certification It is hereby certified, on the basis of control carried out, the declaration by the exporter is correct. GUANGZHOU OCT. 05 , 2007 -- Place and date. signature and stamp of certifying authority	Declaration by the exporter The undersigned hereby declares that the above detail and statements are correct that the goods were produce in CHINA (country) and that they comply with the original requirements specified for those goods in the Generalized System of Preferences for goods exported to CANADA (import country) GUANGZHOU OCT. 02 , 2008 -- Place and date,signature of authorized signatory

图 3-8 普惠制原产地证明书实例

(6)预计收款日期。依付款期限、地点不同按规定填写。

即期信用证和即期托收项下的货款,从寄单之日起,近洋地区(香港和澳门)20天内,远洋地区(香港和澳门以外的地区)30天内结汇或收账。如:2008年2月1日寄单,预计收款日期即应填写2008年2月21日。

远期信用证和远期托收项下货款,从汇票规定的付款日起,港澳地区30天内,远洋地区40天内结汇或收账。如港澳地区,预计收款日期为寄单日期加上邮程日期加上汇票规定的远期天数加上30天。如:寄单日期为2007年6月1日,汇票为远期180天,则预计收款日期应为从2007年6月1日开始加10天,加180天,加30天,则为2008年1月10日。

(7)报关日期。同出口报关单右上角的出单日期。

(8)备注。填写出口单位就该核销单项下需说明的事项。如:北京甲进出口公司代广西乙进出口公司出口,收汇后,货币划转广西乙进出口公司,则该事项连同该受托公司的联系地址和电话应批注在备注栏内并加盖批注单位的公章。

(9)有效期。自领单日起4个月。此栏由外汇管理局填。

2)正联

(1)出口单位及单位代码。同存根。

(2)银行签审。(类别、币种金额、日期、公章)填写收汇方式、币种总价、收结汇日期,银行盖章。

(3)海关签注栏。海关验放该核销单项下的出口货物后,在该栏目内加盖"放行"或"验讫"章,并填写放行日期。如遇退关,海关需在该栏目加盖有关更正章。

(4)外汇管理局签注栏。由外汇管理部门将核销单、报关单、发票等配对审核无误后,在该栏内签注意见,并由核销人员签字,加盖"已核销"章。

3)退税联

(1)编号。同存根。

(2)出口单位。同存根。

(3)单位代码。同存根。

(4)货物名称。同报关单。

(5)出口数量。同报关单。

(6)币种总价。同存根。

(7)报关单编号。按报关单左上角号码填写。

(8)外汇局签注栏。同正联。

出口收汇核销单实例如图3-9。

3. 检验检疫证书

根据《中华人民共和国进出口商品检验法》规定,凡列入《出入境检验检疫机构实施检验检疫的进出境商品目录》和其他相关法律、法规规定须经检验的进出口商品、出入境人员、交通工具、运输设备,动植物及其产品、装载动植物及其产品的容器、包装物等,必须经过我国出入境检验检疫机构或其指定的检验机构检验,即法定检验后才能出口或进口。

收汇核销

中华人民共和国出口货物报关单

预录入编号：1245845510　　　　海关编号：15107761

出口口岸	备案号	出口日期	申报日期
广州海关（5101）			2006.10.05
经营单位	运输方式	运输工具名称	提运单号
广东纺织品进出口广通贸易公司（4401913490）	江海运输（2）	WIDS/018	XI08-2354
发货单位	贸易方式	征免性质	结汇方式
广东纺织品进出口广通贸易公司	0110	101	
许可证号	运国（地区）	指运港	境内货源地
	英国	伦敦	广州白云山

批准文号	成交方式	运费	保费	杂费
GNX:289541	FOB			
合同协议号	件数	包装种类	毛重(公斤)	净重(公斤)
E006-12	100	纸箱	700	500

集装箱号	随附单据	生产厂家

标记唛头及备注

N/M

项号	商品编号	商品名称	规格型号	数量及单位	最终目的国(地区)	单价	总价	币制	征免
01	63049290	棉印花靠垫		7 200.00件	美国	1.27	9 120.00	USD	照章

税费征收情况

录入员录入单位	兹声明以上申报无讹并承担法律责任	海关审单批注及放行日期(签章)
报关员　申报单位(签章)		审单　审价
张丽　广东纺织品进出口广通贸易公司		
单位地址		征税　统计
邮编　电话　填制日期　2006.10.15		查验　放行

图 3-9　出口收汇核销单实例

我国办理进出口商品检验检疫并对外签发商检证书的官方机构是中国出入境检验检疫局(China Entry-Exit Inspection and Quarantine,CIQ)及其分支机构。除了国家商检局以外,也常见有客户委托第三方民间检验机构检验的。比如最著名的SGS检验公司(Societe Generale de Surveillance S. A. 通标标准技术服务有限公司,总部在日内瓦),不少非洲和南美洲国家的贸易商因为本国进出口商品检验能力有限等原因而认可SGS检验。SGS在我国上海、青岛等地都有分支机构,可应客户要求办理检验,同时SGS现已与我国政府官方机构——国家商检局合作,由国家商检局指定中国检验认证(集团)有限公司[China Certification & Inspection (Group) Co. ,Ltd. ,英文简称CCIC]代为办理装船前检验,辽宁、北京、天津、河北、山东、湖北、上海、广东等地的CCIC有代理权签发SGS的检验报告。

1)检验检疫证书的概念

检验检疫证书,是各种进出口商品检验证书、鉴定证书和其他证明书的统称,是对外贸易有关各方履行契约义务、处理索赔争议和仲裁、诉讼举证,具有法律依据的有效证件,也是海关验放、征收关税和优惠减免关税的必要证明。

2)检验检疫证书的种类及作用

检验检疫证书的种类很多,在实际进出口商品交易中,应在检验检疫条款中规定检验检疫证书的类别及其商品检验检疫的要求。商检证书的种类和用途主要有以下几个方面。

(1)品质检验证书,是出口商品交货结汇和进口商品结算索赔的有效凭证;法定检验商品的证书,是进出口商品报关、输出输入的合法凭证。商检机构签发的放行单和在报关单上加盖的放行章有与商检证书同等通关效力;签发的检验情况通知单与商检证书性质相同。

(2)重量或数量检验证书,是出口商品交货结汇、签发提单和进口商品结算索赔的有效凭证;出口商品的重量证书,也是国外报关征税和计算运费、装卸费用的证件。

(3)兽医检验证书,是证明出口动物产品或食品经过检疫合格的证件,适用于冻畜肉、冻禽、禽畜罐头、冻兔、皮张、毛类、绒类、猪鬃、肠衣等出口商品,是对外交货、银行结汇和进口国通关输入的重要证件。

(4)卫生/健康证书,是证明可供人类食用的出口动物产品、食品等经过卫生检验或检疫合格的证件,适用于肠衣、罐头、冻鱼、冻虾、食品、蛋品、乳制品、蜂蜜等,是对外交货、银行结汇和通关验放的有效证件。

(5)消毒检验证书,是证明出口动物产品经过消毒处理,保证安全卫生的证件,适用于猪鬃、马尾、皮张、山羊毛、羽毛、人发等商品,是对外交货、银行结汇和国外通关验放的有效凭证。

(6)熏蒸证书,是用于证明出口粮谷、油籽、豆类、皮张等商品以及包装用木材与植物性填充物等已经过熏蒸灭虫的证书。

(7)残损检验证书,是证明进口商品残损情况的证件,适用于进口商品发生残、短、渍、毁等情况,可作为受货人向发货人或承运人或保险人等有关责任方索赔的有效证件。

(8)积载鉴定证书,是证明船方和集装箱装货部门正确配载、积载货物,证明履行运输契约义务的证件,可供货物交接或发生货损时处理争议之用。

(9)财产价值鉴定证书,是作为对外贸易关系人和司法、仲裁、验资等有关部门索赔、理赔、评估或裁判的重要依据。

(10)船舱检验证书,证明承运出口商品的船舱清洁、密固、冷藏效能及其他技术条件是否符合保护承载商品的质量和数量完整与安全的要求,可作为承运人履行租船契约适载义务、对外贸易关系方进行货物交接和处理货损事故的依据。

(11)生丝品级及公量检验证书,是出口生丝的专用证书。其作用相当于品质检验证书和重量/数量检验证书。

(12)产地证明书,是出口商品在进口国通关输入和享受减免关税优惠待遇和证明商品产地的凭证。

(13)舱口检视证书、监视装/卸载证书、舱口封识证书、油温空距证书、集装箱监装/拆证书,作为证明承运人履行契约义务,明确责任界限,便于处理货损货差责任事故的证明。

(14)价值证明书,是进口国管理外汇和征收关税的凭证。在发票上签盖商检机构的价值证明章与价值证明书具有同等效力。

(15)货载衡量检验证书,是证明进出口商品的重量、体积吨位的证件,可作为计算运费和制订配载计划的依据。

(16)集装箱租箱交货检验证书、租船交船剩水/油重量鉴定证书,可作为契约双方明确履约责任和处理费用清算的凭证。

3)商检证书的缮制说明

(1)各种商品检验证书的格式基本相同,都有以下各项:编号和出证日期、发货人、受货人、品名、报检重量及数量。各项均应与其他单据各相应项目保持一致。

(2)各证书都有"检验结果"栏。"检验结果"栏是对名个不同检验项目的检验结果做出适合的评语。

(3)发货人一般在货物装运前填制出境货物报检单并向当地商检机构申请报验,商检机构检验后出具相关证书。所有的商品检验证书的出证日期不得晚于装运完毕日期(即提单日期),但越接近提单日期越好,不能过早于提单日期。

4)缮制有关证书应注意的事项

(1)各种单据应由相关部门有资格的人员如实填制。

(2)任何人不得更改已受理的报检单,检验证明应做到货证、事(货物的事实状态)证和证证(同一批货物各种证书之间)的"三相符"。

(3)检验证书的更改除了在更正处加盖"变更已批准"章、签发人的小签外,还应加上“变更内容已经出单人授权”字样。

(4)换证凭单和换证凭条。两者都是出境货物报检的凭证,适用于在报检地与出境地不同的情况下向出境地检验检疫机构换取正本《通关单》的情形。区别在于:前者可以一次报检,分批核销,后者只能一证一批;前者速度慢,后者速度快;前者换单时需提交正本,后者则不必。

(5)代理报检和自理报检。自理报检就是为本企业生产的产品在出口时进行报检,而代理报检是有关货代公司或报关公司接受企业委托,代为办理报检业务的活动,两者都由持报检员证的注册报检员进行操作。对代理报检从业人员而言,处理的单据和经过的程序要求相对更高。

5)出境货物报检单的填制

出境货物报检单所列各栏必须填写完整、准确、清晰,没有内容填写的栏目应以“/”表示,不得留空。

(1)报检单位:指向检验检疫机构申报检验、检疫、鉴定业务的单位;报检单应加盖报检单位公章。

(2)报检单位登记号:指在检验检疫机构登记的号码。

(3)发货人:指本批货物贸易合同中卖方名称或信用证中受益人名称,如需要出具英文证书的,填写中英文。

(4)收货人:指本批出境货物贸易合同中或信用证中买方名称,如需要出具英文证书的,填写中英文。

(5)货物名称:按贸易合同或发票所列的货物名称,根据需要可填写型号、规格或牌号。货物名称不得填写笼统的商品类,如“陶瓷”、“玩具”等,而必须填写具体的类别名称,如“日用陶瓷”、“塑料玩具”等。不够位置填写的,可用附页的形式填报。

(6)H. S. 编码:指货物对应的海关商品代码,填写 8 位数或 10 位数。

(7)产地:指货物生产/加工的省(自治区、直辖市)以及地区(市)名称。

(8)数/重量:填写报检货物的数/重量,重量一般填写净重,如填写毛重,若以毛重作净重则需注明。

(9)货物的总值:按本批货物合同或发票上所列的总值填写(以美元计),如同一报检单报检多批货物,需列明每批货物的总值(注:如申报货物总值与国内、国际市场价格有较大差异,检验检疫机构保留核价权力)。

(10)包装件数及种类:指本批货物运输包装的件数及种类。

(11)运输工具名称号码:填写货物实际装载的运输工具类别名称(如船、飞机、货柜车、火车等)及运输工具编号(如船名、飞机航班号、车牌号码、火车车次等)。报检时,未能确定运输工具编号的,可只填写运输工具类别。

(12)贸易方式:一般贸易、三来一补、边境贸易、进料加工、其他贸易。

(13)货物存放的地点:指本批货物存放的地点。

(14)合同号:指本批货物贸易合同编号。

(15)信用证号:指本批货物的信用证编号。

(16)用途:指本批出境货物用途,如种用、食用、奶用、观赏或演艺、实验、药用、饲用、加工等。

(17)发货日期:按本批货物信用证或合同上所列的出境日期填写。

(18)输往国家(地区):指贸易合同中买方(进口方)所在的国家或地区。

(19)许可证/审批号:对实施许可证制度或者审批制度管理的货物,报检时填写许可证编号或审批单编号。

(20)启运地:指装运本批货物离境的交通工具的启运口岸/地区城市名称。

(21)到达口岸:指装运本批货物的交通工具最终抵达目的地停靠的口岸名称。

(22)生产单位注册号:指生产/加工本批货物的单位在检验检疫机构的注册登记编号。

(23)集装箱规格、数量及号码:填写装载本批货物的集装箱规格以及分别对应的数量和集装箱号码。若集装箱太多,可用附单形式填报。

(24)合同、信用证订立的检验检疫条款或特殊要求:指贸易合同或信用证中贸易双方对本批货物特别约定而订立的质量、卫生等条款和报检单位对本批货物检验检疫的特别要求。

(25)标记及号码:按出境货物实际运输包装标记填写,如没有标记,填写"N/M",标记栏不够位置填写时,可用附页填写。

(26)随附单据:按实际提供的单据,在对应的"□"里打"✓"。

(27)需要证单名称:按需要检验检疫机构出具的证单,在对应的"□"里打"✓",并对应注明所需证单的正副本的数量。

(28)报检人郑重声明:必须有报检人的亲笔签名。

出境货物报检单实例和出境货物通关单实例如图3-10和图3-11所示。

4.进出口许可证

1)出口许可证

(1)出口许可证含义。出口许可证(Export License)是出口国家政府有关当局签发批准某些商品出口的证明文件,是国家管理货物出境的法律凭证。在国际贸易中,很多国家为了达到一定的政治、经济目的,往往对某些商品实行进出口管制。根据我国2009年《出口商品许可证管理商品目录》的规定,实行出口货物许可证管理范围内的商品有50种。凡纳人出口货物许可证管理范围内的商品,都必须向商务部主管部门配额许可证事务局及其驻各口岸办事处或商务部授权的直辖市、省、自治区的经贸主管部门申请签发出口货物许可证。出口货物许可证原则上实行"一批一证"制度,如果是"非一批一证"的商品,可在有效期内使用12次。

(2)出口许可证的作用。国家可根据国别政策和国内市场的变化,调节商品的出口结构;避免本国出口商品在国际市场上的盲目竞争,控制管理出口商品的数量与价格;是海关查验放行和银行结汇的必备文件。

中华人民共和国出入境检验检疫

出境货物报检单

报检单位 (加盖公章): *编 号 ____________

报检单位登记号: 联系人: 钱明江 电话: 0311-4325477 报检 年 月 日

发货人	(中文)	上海宏利贸易有限公司	日期:
	(外文)	SHANGHAI HONGLI TRADING CO.,LTD.	
收货人	(中文)		
	(外文)	SAMAN AL-ABDUL KARIM AND PARTNERS CO.	

货物名称(中/外文)	H.S.编码	产地	数/重量	货物总值	包装种类及数量
苹果酱罐头 CANNED APPLE JAM	2007.9910		2 200 箱	USD14960.00	2 200 箱
草莓酱罐头 CANNED STRAWBERRY JAM	2007.9910		2 200 箱	USD14960.00	2 200 箱

运输工具名称号码		贸易方式	一般贸易	货物存放地点	工
合同号	DS2001SC205	信用证号	LC010986	用途	食
发货日期	2001-06-05	输往国家(地区)	沙特阿拉伯	许可证 / 审批号	
启运地	上海	到达口岸	达曼	生产单位注册号	
集装箱规格、数量及号码	20 尺小柜 X 2				

合同、信用证订立的检验检疫条款或特殊要求	标 记 及 号 码	随附单据 (划"✓"或补填)	
	N/M	□合同 □信用证 □发票 □换证凭单 □装箱单 □厂检单	□包装性能结果单 □许可/审批文件 □ □ □

需要证单名称 (划"✓"或补填)		*检验检疫费	
□品质证书 __正__副 □重量证书 __正__副 □数量证书 __正__副 □兽医卫生证书 __正__副 □健康证书 __正__副 □卫生证书 __正__副 □动物卫生证书 __正__副	□植物检疫证书 __正__副 □熏蒸/消毒证书 __正__副 □出境货物换证凭单 __正__副 □ □ □ □	总金额 (人民币元)	
		计费人	
		收费人	

报检人郑重声明: 1. 本人被授权报检。 2. 上列填写内容正确属实，货物无伪造或冒用他人的厂名、标志、认证标志，并承担货物质量责任。 签名: ____________	领 取 证 单	
	日期	
	签名	

注: 有"*"号栏由出入境检验检疫机关填写 ◆国家出入境检验检疫局制

[1-2 (2000.1.1)]

图 3-10 出境货物报检单实例

编号:3251125264256142-2

<table>
<tr><td colspan="3">1. 发货人
广州市北华外贸企业有限公司</td><td rowspan="3">5. 标记及号码
N/M</td></tr>
<tr><td colspan="3">2. 收货人
东方发展有限公司</td></tr>
<tr><td colspan="2">3. 合同/信用证号
051ff0107/I</td><td>4. 输往国家或地区
香港</td></tr>
<tr><td colspan="2">6. 运输工具名称及号码
火车/</td><td>7. 发货日期</td><td>8. 集装箱规格及数量</td></tr>
<tr><td>9. 货物名称及规格
竹叶
/
(下空白)</td><td>10. H. S. 编码
1404900000
(下空白)</td><td>11. 申报总值
*800美元
(下空白)</td><td>12. 数/重量、包装数量及种类
•168千克。
12纸箱
(下空白)</td></tr>
<tr><td colspan="4">13. 证明
上述货物业经检验检疫，请海关予以放行。
本通关单有效期至　二00七年：七月　-日
签字：　　　　　　　日期：2007年06月15日</td></tr>
<tr><td colspan="4">14. 备注</td></tr>
</table>

图 3-11　出境货物通关单实例

(3)出口许可证的有效期。一份出口许可证,自发证之日起有效期最长不超过3个月,在有效期内只能报关使用一次,由海关签章后,领证单位退回原发证单位核销。外商投资企业的出口货物、加工贸易、补偿贸易项下的出口货物,以及大米、玉米、小麦、活牛、活猪、活鸡、原油、成品油、煤炭等“非一批一证”管理的出口货物,其出口许可证可在同一口岸多次报关,但不得超过12次。当12次报关后,出口许可证即使有余额,海关也停止接受报关。

(4)出口许可证缮制说明。

出口商(Exporter):填写出口企业全称,注明在海关注册的企业代码。

收货人(Consignee):按信用证或合同的规定填写,并与运输单据中显示的收货人相符。

出口许可证编号(Exporter licence No.):此栏空,由签证机关填写。

许可证有效期(Exporter licence expiry date):出口许可证的有效期限,"一批一证"制的商品为3个月,其他情况下的商品为6个月,应根据装运实际需要填写。

贸易方式(Terms of trade):根据实际方式填写,例如一般贸易、进料加工、来料加工等。

合同号(Contract No.):填写该批出口合同的编号,长度不得超过20个字节。

报关口岸(Port of shipment):填写实际装运口岸,注明全称。

进口国(地区)(Country/Region of purchase):填写目的港(地)国家的全称。

支付方式(Terms of payment):按合同支付条款的规定填写,例如L/C、T/T等。

运输方式(Means of transport):填写合同或信用证规定的运输方式,例如海运、空运等。

商品名称及商品编码(Description of goods & Commodity No.):按《中华人民共和国海关统计商品目录》规定的商品标准名称和统一编码填写。

规格等级(Specification):填写实际规格,不同规格应分行填写,当同一编码商品规格型号超过4种时,应另行填写出口许可证申请表。

单位(Unit):填写合同或信用证规定的计量单位名称。对非贸易项下的出口商品,此栏以"批"为计量单位,具体单位在"备注"栏中说明。

数量(Quantity):必须填写实际出运的数量,并与发票的相关内容一致。

单价(Unit price):按合同成交的单价填制,并与发票的相关内容一致。计量单位为"批"的,此栏为总金额。

总值(Amount):按合同成交的总额填写,并与发票总金额相同。

总值折美元(Amount in USD):按外汇牌价折算美元计入。

总计(Total):将各栏的合计数分别填入本栏内。

备注(Supplementary details):如有特别要求或说明,应在此栏注明。

发证机关盖章及发证日期(Issuing authority's stamp & signature date):发证机关审核无误后盖章,由授权人签名,并注明签证日期。

(5)出口许可证缮制应注意的事项。

①出口许可证申请书中的出运数量应严格与合同和信用证规定的数量保持一致,实际出运的数量不得超过出口许可证允许的数量。

②合同中的商品单价不得低于出口许可证所允许的单价。

③出口许可证中的贸易方式、报关口岸等项目应与出口报关单一致。

④出口许可证实行"一批一证"制,每份出口许可证有效期自发证日起最长不超

过3个月,有效期内只能报关一次。对于特殊商品不实行“一批一证”制,这些商品的出口许可证有效期最长为6个月,允许多次报关使用,但最多不能超过12次,并且由海关逐次签注出运数。出口许可证一般不能跨年度使用,其有效期最迟到当年的12月31日。如需跨年度使用,须向原发证机关换证,该证的有效期最迟只能延迟至下一年的2月底,并不得再延。

⑤出口许可证应由出口企业或单位根据分级管理的原则,分级申请,并于货物装运前向签证机关提出书面申请,经签证机关审核,符合有关规定、手续完备的,3个工作日内即可予签发。委托代理出口的,由接受代理的单位申领出口许可证。

⑥出口许可证一经签发后,出口单位需变更许可证内容时必须到达原发证机关换证,并且应在原出口许可证和合同有效期内进行,任何涂改或伪报,都要追究责任。

(6)关于《2009年出口许可证管理货物分级发证目录》。

①2009年实行出口许可证管理的货物共有玉米、小麦、棉花、煤炭、原油、成品油等50种,分别由商务部配额许可证事务局、商务部驻各地特派员办事处及商务部授权的地方商务主管部门负责签发相应货物的出口许可证。

②许可证局负责签发以下6种货物的出口许可证:玉米、小麦、棉花、煤炭、原油、成品油。

③特办负责签发以下33种货物的出口许可证:大米、玉米粉、小麦粉、大米粉、锯材、活牛、活猪、活鸡、焦炭、稀土、锑及锑制品、钨及钨制品、锌矿砂、锡及锡制品、白银、铟及铟制品、钼、磷矿石;蔺草及蔺草制品、碳化硅、氟石块(粉)、滑石块(粉)、轻(重)烧镁、矾土、甘草及甘草制品;冰鲜牛肉、冻牛肉、冰鲜猪肉、冻猪肉、冰鲜鸡肉、冻鸡肉、铂金(以加工贸易方式出口)、天然砂(含标准砂)。

④地方发证机构负责签发以下11种货物的出口许可证:消耗臭氧层物质、石蜡、锌及锌基合金、部分金属及制品、汽车(包括成套散件)及其底盘、摩托车(含全地形车)及其发动机和车架、钼制品、柠檬酸、青霉素工业盐、维生素C、硫酸二钠。

出口许可证实例、出口许可证申请表实例和出口许可证/商业发票实例如图3-12、图3-13和图3-14所示。

2)进口货物许可证

(1)进口许可证含义。进口许可证(Import Licence)是进口国家政府有关当局签发的批准进口商品的证明文件,也是进口货物通关的单证之一。我国进口货物许可证由商务部统一印制,共有20项内容,一式四份,分别用于进口货物报关、结汇和备案等。进口商向发证机关申请签发进口货物许可证,必须提交进口货物许可证申请表和相关文件。发证机关经核准后,才予以签发。该证的有效期为一年,如有特殊情况可申请延续。

中华人民共和国出口货物许可证

EXPORT LICENSE THE PEOPLE’S REPUBLIC OF CHINA

1. 出口商 Exporter 上海国际贸易公司	3. 出口许可证编号 Export license NO. 06AB122433
2. 发货单位 Consignor 上海国际贸易公司	4. 出口许可证有效截止期 Export license expiry date 2006-9-7
5. 贸易方式 Terms of trade 一般贸易	8. 输往国家(地区) Country/Region of purchase 日本
6. 合同号 Contract NO. TXT264	9. 收款方式 Terms of payment 信用证
7. 报关口岸 Port of shipment 吴淞海关	10. 运输方式 Means of transport 江海运输
11. 商品名称： 中国绿茶 商品编码：0902.1090, Description of goods Code of goods	

12. 规格、型号 Specification	13. 单位 Unit	14. 数量 Quantity	15. 单价(USD) Unit price	16. 总值(USD) Amount	17. 总值折美元 Amount in USD
ART NO. 555	KG	100	110.00	1 100.00	1 100.00
ART NO. 666	KG	110	100.00	1 100.00	1 100.00
ART NO. 777	KG	120	90.00	10 800.00	10 800.00
18. 总计		330		13 000.00	13 000.00

19. 备注 Supplementary details	20. 发证机关盖章 Issuing authority’s stamp&signature 发证日期 License date 2006日5月6年

对外经济贸易部监制　　　　本证不得涂改，不得转让

图 3-12 出口许可证实例

中华人民共和国出口货物许可证申请表

1. 出口商单位及编码：1 9 5 7 6 2 6 5 4 6 上海国际贸易公司 电话：65788877 联系人：刘峰	3. 出口许可证编号：
2. 发货单位：1 9 5 7 6 2 6 5 4 6 电话：65788877 联系人：刘峰	4. 许可证有效截止期 至 年 月 日止
5. 贸易方式：一般贸易	8. 进口国家（地区）：日本
6. 合同号：TXT264	9. 支付方式：信用证
7. 报关口岸：上海吴淞海关	10. 运输方式：江海运输
11.商品名称：中国绿茶	商品编码：0902.1090

12. 规格、型号	13. 单位	14. 数量	15. 单价 (USD)	16. 总值 (USD)	17. 总值折美元 (USD)
ART NO. 555	KG	100	110.00	1 100.00	1 100.00
ART NO. 666	KG	110	100.00	1 100.00	1 100.00
ART NO. 777	KG	120	90.00	10 800.00	10 800.00
18. 总计		330		13 000.00	13 000.00

初审意见： 经办人：	19. 备注： 申请日期：2006年6月1日
处领导意见：	

对外经济贸易部监制　　　　本证不得涂改，不得转让

图 3-13 出口许可证申请表实例

对英国出口的纺织品出口许可证/商业发票

纺织品出口许可证/商业发票

TEXTILE EXPORT LICENCE/COMMERCIAL INVOICE

正本

ORIGINAL

<table>
<tr><td rowspan="3">1.出口人(名称和地址)
Exporter(name & address)
GUANGDONG TEXTILES IMP. & EXP.
60,ZHANQIAN ROAD GUANGZHOU,CHINA</td><td colspan="5">2.许可证号码
LICENCE NO. 6CN56871</td></tr>
<tr><td colspan="2">3.协议年度
Agreement year 2007</td><td colspan="3">4.类别号
Category No. 750</td></tr>
<tr><td colspan="5">5.发票号码
Invoice No. GDTEX0541241</td></tr>
<tr><td rowspan="2">6.收货人(名称和地址)
Consignee (name & address)
SUNNY TEXTILES MANU LTD.,
P.O.BOX 3265
CHARLESTON ENGLAND</td><td colspan="5">7.装运港、装运期及目的地
Place & time of shipment destination
From Guangzhou to Charleston in Feb.2007</td></tr>
<tr><td colspan="5">8.中国港口离岸价值
Value of FOB Chinese USD××</td></tr>
<tr><td colspan="2">9.唛头-包装件数-商品名称
Marks & number-Number of package-Description of goods
RAMIE/COTTON FABRIC
SUNNY
CHARLESTON RC630 63’
MADE IN CHINA
NO. 1/100 Packed in 100 bales only.
Packed costs:RMB 850.00
Inland freight:USD 1 750.00</td><td colspan="2">10.数量
Quantity
40 000 yds.
(21 000.00
sq.yds)</td><td>11.单价
Unit price
USD2.30/yd</td><td>12.总值
Amount
USD92 000.00</td></tr>
<tr><td colspan="2">13.出口人签章
Exporter’s stamp and signature
GUANGDONG TEXTILES IMPORT & EXPORT COMPANY
Sun Yong-Zhao
日期
Date: FEB,15th,2007</td><td colspan="4">14.发证当局签章
Issuing authorities stamp and signature</td></tr>
</table>

图 3-14　出口许可证/商业发票实例

(2)进口许可证适用范围。

为了进一步开放市场和兑现加入世贸组织的承诺,我国逐年取消普通商品的进口许可证管理。至2005年1月1日止,我国已全部取消普通商品的进口许可证管理,仅保留3种特殊商品的进口许可证管理。至2007年底实行进口许可证管理的商品只有一种即消耗臭氧层物质,税目总计57个8位商品编码。通过调整,2009年实行进口许可证管理的货物有两种,为消耗臭氧层物质、重点旧机电产品,总计83个8位H.S.编码(含154个10位H.S.编码)。

(3)进口许可证缮制应注意的事项。

进口货物报关单经营单位应与进口许可证上的进口商或收货人一致。

由于许可证备注栏电子数据内容暂不能传至海关,海关核销及验放以许可证纸面证书"备注"栏内容为准。

许可证"备注"栏内不允许手写签注,如有涂改或手写内容,海关均视为无效许可证,并上报海关总署政策法规司和外经贸部配额许可证事务局。

进口许可证实行"一证一关";进口企业在直属海关所辖关区内的口岸均可报关;进口许可证证面内容一律不得更改。

5. 其他监管证件

出口退税是指在对出口商品已征收的国内税,部分或全部退还给出口商的一种措施,目的是为了帮助出口企业降低成本,增强出口产品的竞争力,鼓励出口,从而促进对外贸易的发展。

根据2005年5月1日起实施的《出口货物退(免)税管理办法(试行)》,对出口退税管理办法介绍如下。

1)出口企业退(免)税认定管理

对外贸易经营者按《中华人民共和国对外贸易法》和商务部《对外贸易经营者备案登记办法》的规定办理备案登记后,没有出口经营资格的生产企业委托出口自产货物(含视同自产产品,下同),应分别在备案登记、代理出口协议签定之日起30日内持有关资料,填写《出口货物退(免)税认定表》,到所在地税务机关办理出口货物退(免)税认定手续。

对外贸易经营者是指依法办理工商登记或其他执业手续,经商务部及其授权单位给予出口经营资格的从事对外贸易经营活动的法人、其他组织或个人。其中,个人(包括外国人)是指注册登记为个体工商户、个人独资企业或合伙企业。

已办理出口货物退(免)税认定的出口商,其认定内容发生变化的,须自有关管理机关批准变更之日起30日内,持相关证件向税务机关申请办理出口货物退(免)税认定变更手续。

出口商发生解散、破产、撤销以及其他依法应终止出口货物退(免)税事项的,应持相关证件、资料向税务机关办理出口货物退(免)税注销认定。

对申请注销认定的出口商,税务机关应先结清其出口货物退(免)税款,再按规定办理注销手续。

2)出口货物退(免)税申报及受理

(1)出口货物退(免)税申报。出口商应在规定期限内,收齐出口货物退(免)税所需的有关单证,使用国家税务总局认可的出口货物退(免)税电子申报系统生成电子申报数据,如实填写出口货物退(免)税申报表,向税务机关申报办理出口货物退(免)税手续。逾期申报的,除另有规定者外,税务机关不再受理该笔出口货物的退(免)税申报,该补税的应按有关规定补征税款。

出口退税附送的材料:

出口报关单(出口退税专用黄色联,附核销单编号);

出口商业发票副本;

增值税专用发票(抵扣联);

结汇水单或收汇通知书;

产品征税证明;

出口收汇已核销证明;

与出口退税有关的其他材料。

属于生产企业直接出口自制产品,凡以 CIF 结算的,还应附送出口货物运单和出口保险单。

有进料加工复出口产品业务的企业,还应向税务机关报送进口料件的合同编号、日期,进口料件名称、数量,复出口产品名称,进料成本金额和实纳各种税金额等。

(2)出口货物退(免)税受理。出口商申报出口货物退(免)税时,税务机关应及时予以接受并进行初审。经初步审核,出口商报送的申报资料、电子申报数据及纸质凭证齐全的,税务机关受理该笔出口货物退(免)税申报。出口商报送的申报资料或纸质凭证不齐全的,除另有规定者外,税务机关不予受理该笔出口货物的退(免)税申报,并要当即向出口商提出改正、补充资料、凭证的要求。税务机关受理出口商的出口货物退(免)税申报后,应为出口商出具回执,并对出口货物退(免)税申报情况进行登记。出口商报送的出口货物退(免)税申报资料及纸质凭证齐全的,除另有规定者外,在规定申报期限结束前,税务机关不得以无相关电子信息或电子信息核对不符等原因,拒不受理出口商的出口货物退(免)税申报。

3)税务机关的退税审核

税务机关受理出口商出口货物退(免)税申报后,应在规定的时间内,对申报凭证、资料的合法性、准确性进行审查,并核实申报数据间的逻辑对应关系。根据出口商申报的出口货物退(免)税凭证及资料的不同情况,税务机关应当实行人工审核和计算机审核。

(1)人工审核。

税务机关审核的内容有以下几个方面。

①申报出口货物退(免)税的报表种类、内容及印章是否齐全、准确。

②申报出口货物退(免)税提供的电子数据和出口货物退(免)税申报表是否一致。

③申报出口货物退(免)税的凭证是否有效,与出口货物退(免)税申报表明细内容是否一致等。

税务机关重点审核的凭证有以下几个方面。

①出口货物报关单(出口退税专用):出口货物报关单必须是盖有海关验讫章,注明"出口退税专用"字样的原件(另有规定者除外),出口报关单的海关编号、出口商海关代码、出口日期、数量及离岸价等主要内容应与申报退(免)税的报表一致。

②代理出口证明:代理出口货物证明上的受托方企业名称、出口商品代码、出口数量、离岸价等应与出口货物报关单(出口退税专用)上内容相匹配,并与申报退(免)税的报表一致。

③增值税专用发票(抵扣联):增值税专用发票(抵扣联)必须印章齐全,没有涂改。且增值税专用发票(抵扣联)开票日期、数量、金额、税率等主要内容应与申报退(免)税的报表匹配。

④出口收汇核销单:出口收汇核销单的编号、核销金额、出口商品名称应当与对应的出口货物报关单上注明的批准文号、离岸价、出口商名称匹配。

⑤消费税税收(出口货物专用)缴款书:消费税税收(出口货物专用)缴款书各栏目的填写内容应与对应的发票一致,征税机关、银行印章必须齐全并符合要求。

(2)计算机审核。计算机审核是将出口商申报出口货物退(免)税提供的电子数据、凭证、资料与国家税务总局及有关部门传递的出口货物报关单、出口收汇核销单、代理出口证明、增值税专用发票、消费税税收(出口货物专用)缴款书等电子信息进行核对。

审核、核对的重点有以下几个方面。

①出口报关单电子信息。出口报关单的海关编号、出口日期、商品代码、出口数量及离岸价等项目是否与电子信息核对相符。

②代理出口证明电子信息。代理出口证明有编号、商品代码、出口日期、出口离岸价等项目是否与电子信息核对相符。

③出口收汇核销单电子信息。出口收汇核销单号码等项目是否与电子信息核对相符。

④出口退税率文库。出口商申报出口退(免)税的货物是否属于可退税货物,申报的退税率与出口退税率文库中的退税率是否一致。

⑤增值税专用发票电子信息。增值税专用发票的开票日期、金额、税额、购货方及销售方的纳税人识别码、发票代码、发票号码是否与增值税专用发票电子信息核对相符。在核对增值税专用发票时应使用增值税专用发票稽核、协查信息。暂未收到增值税专用发票稽核、协查信息的,税务机关可先使用增值税专用发票认证信息,但必须及时用相关稽核、协查信息进行复核;对复核有误的,要及时追已退(免)税款。

⑥消费税税收(出口货物专用)缴款书电子信息。核对消费税税收(出口货物专用)缴款书的号码、购货企业海关代码、计税金额、实缴税额、税率(额)等项目是否与电子信息相符。

4)税务机关的退税审批

出口货物退(免)税按规定直接由直属进出口税收管理处办理的退税,由直属进出口税收管理处领导审批。其他地区办理的退税,一律由市、县以上税务机关领导审批。

出口退税申报单证受理备案表实例如图3-15所示。

出口退税申报单证受理备案表样单

企业名称(盖章):

序号	出口发票	报关单	出口日期	出口额(美元)	应(免抵)退税额(元)	备注
1						
2						
3						
4						
5						
6						
7						
8						
9						
10						
11						
12						
13						
14						
15						
本页小计						
本次合计						

企业填表人: 税务机关核对人:

报送日期: 核实日期:

图3-15 出口退税申报单证受理备案表实例

4 单证制作基本要求和单证审核

4.1 单证制作基本要求

现代国际贸易大部分采用凭单交货、凭单付款方式。因此,在出口业务中、做好单证工作是及时安全收汇的前提。特别是在信用证业务中,根据信用证的性质,银行作为信用证的第一付款人,其付款的依据是"两个只凭",即"只凭信用证,不管合同"及"只凭单据,不管货物"。"三个一致"即"单证一致"、"单单一致"、"单货一致"。

对出口单证制作的基本要求归纳起来是"正确、完整、及时、简明、整洁"。

1. 正确

为了达到安全、及时收汇的目的,正确是出口单证的前提。单据的正确性体现在出口单证要做到"单单一致"。这就要求制作各种单据相互之间的相应内容保持一致,不能相互矛盾。例如:发票的数量为"500 cartons",而提单上的数量为"500 cases",提单上的包装"cases"与发票上的包装"cartons"就成为"单单不一致"。"单单一致"还反映在各种单据签发日期必须保持合理,符合逻辑,符合国际惯例。

此外,还应注意"单货一致"。即单据与实际装运的货物情况一致。例如信用证规定"Packed in cloth bag"(布袋包装),实际货物用"gunny bag"(麻袋)包装,单据上如按信用证规定"cloth bag"制单,船方不能按"布袋包装"签发提单,因此而造成提单与信用证规定的不符。

在跟单托收业务中,虽然对单据正确性的要求不像信用证业务要求那样严格,但如果单据和合同规定不一致,也可能因国际市场行情对进口商不利或其他原因寻找借口拒付货款或延期付款。

2. 完整

出口单证完整体现在以下几个方面。

1)单据的种类必须齐全

在信用证支付方式下,每笔业务都规定所需的各种单据。有些信用证除规定所需的主要单据外,还要求证明某些内容,这就要求认真理解信用证条款是否需要一份独立单据来证明。例如:在海运以外的运输方式下,信用证要求证明重量时,但未规定其是独立文件,则运输单据上载有的货物重量即为凭证,不必另行增加重量证明书。但若信用证规定重量证明是独立文件时,出口商必须提供单独的单据,如果遗漏,即单据不齐全。

2)单据份数必须完整

每种单据所要求提供的份数要严格按规定,不得遗漏,即使未规定份数,如要求提供一套(full set)提单,除非另有规定,必须提供至少是两份正本提单进行议付,若只提供一份,即单证不完整。

3)单据内容必须完备

单证都有它的特定作用,这种作用是通过单据本身的格式、项目、文字、签章等体现的。如果格式适用不当、项目遗漏、文理不通、签章不全,就不能构成完备的有效文件,也不能为银行或进口商所接受。

3. 及时

在国际贸易中,出口单证的时间性很强,必须尽快尽早完成,以便及时发现问题,及早改单或重新制单,确保货交承运单位之前办理投保手续或在规定时间之内及时交单,因此要求各种单证都有适当的出单日期。各种出口单证的出单日期在签发时必须符合国际惯例和逻辑性,例如:提单日期不得迟于合同或信用证规定的装运日期;保险单和商检证书的日期不得迟于提单日期等。单据的时间性还反映在交单议付上。单据备好后,如不及时交单,银行或进口商有权拒收单据,拒付货款。

4. 简明

单证内容应按信用证规定和国际惯例与《UPC600》所反映的国际标准银行实务填写,力求简明,力戒烦琐以减少出口单据的差错,提高单证的质量。为简化单证,《UPC600》规定:除商业发票中货物的描述必须与信用证中的描述相符,其他单据中货物名称一栏可适用货物的统称。如出口各类服装商品,除非信用证另有具体规定,除商业发票外,在提单、保险单等单据中的"货名"栏内,都可使用"garments"这一统称。

5. 整洁

单据表面上美观整洁体现了单据的外观质量。单证的整洁要求单证格式的设计和制作力求标准化和规范化,单证内容的排列行次要整齐,字迹要清晰,整份单据布局要美观大方。一些重要单证,如商业发票是反映整笔业务的中心单据,提单是代表物权凭证,汇票是支付工具,产地证是供进口国减免关税的依据等,一般不宜更改,否则容易产生错觉，甚至使人怀疑其真实性，导致不必要的麻烦。

出口单证的外观在一定程度上反映一个企业的业务素质、一个国家的文化水平和技术水平。

4.2 单证审核

单证审核是对已经缮制好的单据对照信用证（在信用证付款方式下）或合同（在非信用证付款方式下）的有关内容进行“单证一致”、“单单一致”的检查和核对。

4.2.1 单证审核的要求

对审单的要求和单证制作一样，既要全面，又要及时。如果审单不及时，问题不能及时发现，酿成事故，便无法挽救。所以审单要求全面和及时，两者不可偏废。

审单不是简单的文字核对，要从安全收汇和整个合同的全面履行出发，既要考虑单证本身的正确，又要涉及单证更改过程中牵涉到的一系列具体问题。总之，审单必须联系实际，考虑整体，不仅要善于发现问题，还要善于恰当地处理问题。

审单的基本要求是确保“单证相符”、“单单相符”，具体有以下几个方面：

（1）单据齐全（信用证要求的单据和单据中的证明字句齐全无缺）；

（2）各种单据份数不缺，内容完整，不少签章；

（3）单据的名称和内容与信用证相符；

（4）各种单据之间内容相互一致；

（5）各种单据的签发日期没有矛盾。

4.2.2 审单的依据

我国进出口贸易，多采用信用证方式结算，以保证安全收汇。因此，在审单工作中，判定单证是否相符的唯一依据是信用证条款。而在托收条件下，则应以买卖合同为依据。其他因素如买方诺言、合约规定、往来函电、货物情况等只能作为参考，不能作为单证相符的依据。因此，国外来证条款就必须清晰明确，一语双关的字句、模棱两可的条款、含混不清的规定都应尽量避免，以确保安全收汇。

4.2.3 信用证下单证审核

信用证是银行有条件的付款承诺。在信用证结算方式中，银行付款的唯一依据是符合信用证条款的单据。只要是单证相符，开证行就必须接受单据，履行其付款义务。只有单证相符，受益人或议付行才有权向开证行要求付款。可见无论是付款还是收款，单据是决定性因素，所以对单证的审核非常重要。

1. 信用证审核

所谓信用证审核，简称审证，是指受益人或银行对收到的信用证进行审查和核对的过程，以决定是否接受该信用证，或是否需要对有关信用证条款进行修改。根据审核主体的不同，信用证审核可以分为银行信用证审核和受益人信用证审核。

1)银行审证的主要内容

银行主要负责对信用证的可靠性和有效性的审查,其审证的重点包括以下几个方面。

(1)审查开证行资信。开证行的资信状况的优劣受银行资产规模、银行分支机构的数量及分布、银行经营时间、往来关系的状况、业务量的规模、以往的业绩效果等因素的影响。

银行对开证行的资信调查,要靠平时资料的积累。对一些大银行的资信情况,则可以从其信用等级中了解大概。国际金融界每年都对世界性大银行的资信进行评级。对开证行资信尚不清楚的,应在仔细查清其资信后才能使用其信用证;开证行所在国与出口商所在国无外交往来的,一般不接受;对于资信欠佳的银行或政治局势紧张或外汇汇率动荡的国家开来的信用证,应建议受益人分批出运以尽量分散风险,或请其他银行对信用证加以保兑。

(2)审查信用证的有效性。信用证以电讯方式发送至受益人时,如果该电讯中声明"详情后告"或类似词语,或声明邮寄证实书为有效信用证文件,则该电讯内容还不是有效信用证,应等待信用证生效后方可使用。

(3)审查信用证的责任条款。开证行在信用证中应有保证付款的明确表示。凡是按照《UCP600》开立的信用证即有明确的保付条款。如开证行为减轻其应负责任而附加各种保留或限制,这种信用证对出口商的安全收汇没有保证,应要求开证行删除后才能接受。

(4)索汇路线和索汇方式的审查。信用证的索汇路线必须正常、合理,若索汇路线迂回、环节过多,应与开证行联系进行修改。大额信用证可要求加列电索条款。

上述只是银行审核信用证的主要范围,在实践中,银行审证的细节远不止此。

银行审证完成后,会对受益人提出一些建议。对银行的建议,受益人必须结合实际情况慎重考虑。

2)受益人审证的主要内容

主要审查信用证与合同的一致性、信用证条款的可接受性以及价格条款的完整性等。

(1)审核信用证的性质。信用证必须为不可撤销的信用证,如果是可撤销的信用证,则不能接受。根据《UCP500》第三条规定,即使信用证中没有明示是不可撤销的,信用证也是如此。《UCP600》取消了《UCP500》关于"可撤销信用证"的规定。因此,今后信用证只有"不可撤销信用证"一种,这是《UCP600》中的一条重大规定。

(2)审核开证人、受益人的名称和地址。

(3)审核价格条件和货币。

(4)审核分批装运及转船条款。

(5)审查信用证与合同的一致性。

(6)审查信用证条款的可接受性。

信用证中有时会出现各种限制信用证生效的条款、有条件的付款条款和限制出口方履约、交单等条款，极大地损害了出口方的利益，这些条款通常被称为“软条款”，应要求删除。最常见的软条款有：

限制信用证生效条款，如“本证是否生效依进口方是否能取得进口许可证”；

限制装运条款，如“货物只能待收到申请人指定船名的装运通知后装运”；

限制单据条款，如“受益人所交单据中应包括：由开证申请人或其代表签署的检验证书一份”；

限制交单条款，如“船样寄开证申请人确认后受益人才可交单”；

开证行有条件付款责任的条款，如：“开证行在货到目的港后通过进口商品检验后才付款”。

(7)审核其他条款。

值得一提的是，受益人在审核信用证时，必须根据买卖合同，并参照《UCP600》进行逐项审查与核对，同时要注意的是，信用证条款之间不得互相矛盾。

2. 单据审核

单据审核(Documents Examination)，简称审单，是指银行对受益人提交的凭以议付、付款的审查，即审核信用证下的单据。因为在信用证结算业务中，有关各当事人处理的是单据，而不是与单据有关的货物或服务，因此审单至关重要。

1)单据审核原则

(1)“单证一致”、“单单一致”原则。根据国际商会《UCP600》和《ISBP》(《关于审核限单信用证项下单据的国际标准银行实务》，International Standard Banking Practice for Examination of Documents under Documentary Credits，简称 ISBP)的有关规定，银行要合理小心地审核单据，以确定其表面是否符合信用证的条款。单据表面符合信用证条款体现在信用证与所其要求的单据相符。单据与单据一致有两种含义，即通常所说的“单证一致”、“单单一致”。

长期以来，银行在审单时既有采取严格一致的原则，也有采取实质一致的原则。所谓严格一致的原则(Doctrine of Strict Compliance)，是指在单据和信用证条款之间，一个字与一个字、一个字母与一个字母的一致，即使是拼写错误，也构成单证不一致。所谓实质一致原则(Principle of Substantial Compliancc)是允许单据有差异，只要差异不损害进口人，或不违反法庭的“合理、公平、善意”的概念即可。

所谓“单证一致”，是指受益人提交的单据必须在表面上完全符合信用证的要求，即信用证的条款在单据上得到体现；信用证的要求必须从单据上得到已照办的证实。例如，信用证要求提供装箱单(Packing List)，并规定货物装于木箱中(packed in wooden cases)，而受益人虽提供了装箱单，但文字表述为货物装于纸箱中(goods packed in cartons)。这份单据表面与信用证要求不符，即单证不一致。

所谓“单单一致”，是指各种单据之间所表示的内容必须一致，只能相互补充，不能彼此矛盾，体现出每一单据从表面与其他单据有一种联系。例如，所有单据中引用的信用证号码要一致，货名、唛头要一致等。

(2)“单证表面相符”原则。银行对于单据所代表的货物、交易的真实性、单据是否伪造、签字是否有效等概不负责，它的责任仅是合理小心地审核单据，以确定其表面上符合信用证条款，而所谓“表面”不是指一张单据的“正面”与“背面”。单据表面符合信用证条款包含“单证表面相符”和“单单表面一致”两种含义。

①单证表面相符：包括以下几方面内容。

单据与信用证条款相符。例如，信用证规定最迟装运期为 5 月 10 日，而提单的已装船批注日期却是 5 月 15 日，即为不符。

单据与统一惯例相符。例如，信用证规定 CIF 价，保险单表示保险比例低于发票金额的 110% 就是不符点；又如，信用证没有规定最迟交单期，提交单据晚于运装期后 21 天就是不符点。

单据与情理相符。例如，信用证规定“shipment from Shanghai or Qingdao”，提单装货港照样表示成“Shanghai or Qingdao”就是不符；又如，信用证规定“Goods must be packed in boxes which effect to be indicated in the invoice”，若发票照样表示成“Goods must be packed in boxes”而不是“Goods have been packed in boxes”，就是不符。

②单单表面一致：即各单据之间所表示的货物、数量、金额、信用证号码等需要相同或一致，但并不是所有单据之间必须显示相同的内容，但要求显示与同一笔交易有关，也即每一单据从表面上与其他单据有一种联系，且各单据之间不得有矛盾。例如，所有单据列有货名必须相符，发票、汇票列有金额必须相同，发票、保险单、提单列有唛头必须一致。

(3)“眼看表面审核”原则。审单员眼看单据表面与信用证条款审核，不必外出实地调查。

(4)“合理小心地审单”原则。在审单过程中，要求银行合理小心地审核信用证下单据是否表面上符合信用证条款的规定。所谓“合理小心地审单”一般理解为在正常时间内审核单据，其审单尺度为同行业所普遍认可，做到公平、诚信、符合行业习惯。但是，由于银行审单人员不是进出口贸易商或承运人或保险商，不能拥有各方面的专业知识，所以，必须客观地看待“合理小心地审单”原则，即可以理解为一个具有本专业知识的普通审单人员在审单时，人们能够期望他应做到的注意和谨慎。

(5)“银行对信用证未规定的单据不予审核”原则。银行仅与信用证规定的单据有关系，没有义务和责任审核交单人交来的额外单据，如银行收到此类单据，银行应将他们退回交单人或仅作传递而不需要承担任何责任。一般情况下，银行将选择把他们退回交单人，以避免不必要的麻烦(因为额外单据中可能含有与信用证规定补符之处)。

(6)“审单合理时间”原则。开证行、保兑行(如有保兑行)或代其行事的指定银行应有各自的合理时间,即不得超过从其收到单据的次日起算 7 个银行工作日来审核单据,以决定接受或拒受单据并相应地通知寄送单据的一方。

(7)银行对未提交与其相符的信用证条款的单据的规定,视为"未规定"的原则。如果信用证载有某些条件,但并未规定需提交与之相符的单据,银行将视这些条件为"未规定"而不予理睬。然而,在某些情况下,跟单信用证中表示的某项条件与某项单据有明显关联,那么,此项条件不能视为非单据条件。例如:信用证中规定"货物原产地为英国",但是却没有产地证明书条款,则不应看作非单据条件,而应在产地证明书上证明货物的原产地为英国。

2)单据审核的方法

审单顺序,将审单记录放在桌面右边,把单据放在桌面中间,要有固定的开头次序和结尾次序,中间次序任意,然后把信用证或合同放在桌面左边。审核方法主要有以下几种。

(1)横审法。"横审"是根据信用证的条款逐字逐句地审核各种单据的内容,解决"单证一致"的问题。应注意以下几个方面。

①当信用证有修改时,应先确认受益人对修改书是否书面表示拒绝接受,然后再根据原信用证或原信用证与修改书审核有关单据。

②仔细分析信用证,信用证中每涉及一种单据,即按单据条款核对相对应的单据,以达到"单证一致"。如果发现有与信用证不一致之处,应做好记录,以免遗漏。

③阅读信用证文句,并与单据核对。

④按信用证审核完所有的单据后,剩下的则属于信用证未规定的单据,应退还交单人或将其照转,相关银行并不承担责任。

⑤若信用证项下的单据与单据之间表面上出现的彼此不一致,将被视为单据表面上与信用证条款不符。

(2)纵审法。"纵审"是以商业发票为中心,与其他单据相对照,要求单据与单据之间所共有的项目相互一致,达到"单单一致"的目的。

将被核对的单据全部阅读一遍,然后以发票为中心,与其他单据挨个核对,核对涉及发票的相同资料是否一致;将提单与保险单核对。

(3)两道审单法。有些进出口公司把制单工作分布在不同的部门进行。单据制妥后,即由各个部门进行一道初审,待各种单据集中以后,再由专门的审单环节进行综合复审。初审往往是单一的、纵向的审核;复审则是综合的、纵横交错的审核。因此,不应将两道审单看作是简单的重复。

(4)分船审单法。按照各船的日期前后,分轻重缓解,依次进行审单。这种方法有利于单证流转与运输进度相结合,当一条船的提单签发出来后,即可将经过预审的单据加入正本提单,立即交银行议付。

(5)分地区审单法。鉴于同一地区或同一国家的贸易方式和对单证的要求比较类似,按地区分工审单,有利于掌握该地区的一般特点,有利于提高工作效率和单证质量。如果能将同一客户的单据放在一起审核,更能达到良好的效果。

以上审单方法可归纳成:逐条逐字,对照审核;纵横交审,仔细严格;单据齐全,数字正确。审单方法一般都是交错综合使用的。

4.2.4 各类单据审核要点

1.发票审核

商业发票是全套单据的中心,其他单据如运输单据、保险单据、包装单、检验证书等都是为了支持商业发票而开立的,因此银行对商业发票的审核应给予足够的重视。

1)发票审核的要点

(1)由信用证受益人出具的发票,具有受益人的函头,包括名称、地址。

(2)除非信用证另有规定,发票必须做成以申请人的名称为抬头人。

(3)不可加注为"形式发票"或"临时发票"。

(4)货物描述和信用证的商品描述相符,如名称、品质、单价、数量、重量以及包装等。

(5)发票上提供的其他资料,如唛头、号码、运输通知等符合信用证要求且与其他单据一致。

(6)发票金额不超过信用证余额并与汇票一致。

(7)信用证的金额、单价及商品的数量单位前面如加有"about","approximately","circa ~"(约、近似、大约)或类似词语,发票金额、单价、数量可有不超10%的增减幅度或伸缩性。

(8)如果信用证和合同中规定的单价含有"佣金"(Commission),发票要照样填写,不应以"折扣"(Discount)字样代替。

(9)信用证无特殊规定,发票不许列入包租、佣金、电报费等额外费用。

(10)提供与信用证要求一致的发票份数。

(11)发票无需签字,如信用证要求发票被签字、公证人证实、合法化证明等,应保证照办。

2)发票常见的不符点

(1)发票的出票人不是信用证的受益人。

(2)发票上买方名称与信用证的付款人不同。

(3)货物所列(除数量外)与信用证不一致。

(4)货物数量不在允许幅度之内。

(5)发票总额超过信用证允许的金额。

(6)发票的货物单价未在信用证规定幅度内开列。

(7)发票上未列出价格条件或价格条件有错误。

(8)发票提交份数不足。

(9)分批出运不符合信用证规定。

(10)货物包装或标志上注有"Used","Second Hand"(旧货)或"Rebuilt"(重新装配)等字样,而未经信用证许可。

(11)未显示或声明信用证要求的内容。

(12)某项或某几项信用证规定的明细货物超过或少于信用证规定的增减幅度，支取金额超过或少于信用证规定允许的增减幅度。

2. 运输单据审核

运输单据具体反映了与货物有关的当事人之间的权利、义务关系。因此，对运输单据特别是对代表物权的海运提单的审核即成为重要内容。

1)海运提单审核的要点

(1)运输单据的种类与信用证相符。

(2)提单的托运人一般为信用证的受益人。如果信用证无特殊规定，以买卖双方之外的一方作为托运人的第三者提单亦可接受。

(3)收货人名称应符合信用证要求。对于仅仅作为证明收据的运输单据，往往在信用证中规定开证行本身为收货人；对作为物权凭证的海运提单，信用证中对“收货人”栏，即提单的抬头有明确规定，严格按信用证要求办理。

(4)提单如有被通知人，它的名称与地址要符合信用证要求。

(5)提单的装船批注。信用证一般都要求已装船提单。“已装船”(Shipped on Board)字样应有所体现，并注明船名和装船日期。提单的装船日不得迟于信用证的装运期。当信用证未规定装运期时，提单的签发日期不得迟于信用证的有效期。

(6)运输单据上的价格条款或与运费的记载应与信用证和发票一致。如 CIF 应在运输单据上注明“Freight Prepaid”，如 FOB 应注明“Freight Collect”。

(7)运输单据如需要背书，应确保其背书正确。如提单抬头被写作“To Order of Shipper”、“Shipper's Order”或“To Order”时，应由发货人作空白背书。如规定以开证行的指定人为抬头，则还应由开证行背书。

(8)货物的描述一般符合信用证所说明的货物描述，货名、唛头、号码、数量、重量以及其他规格，要与表现在其他单据上面的内容相同。

(9)提单的份数。除非信用证另有规定，提交的提单应为全套。审单时，注意清点正本提单份数与提单上注明的份数一致。如果信用证要求提供副本提单也应如数照交。

2)运输单据常见的不符点

(1)收货人姓名与信用证规定不符。

(2)被通知人名称与信用证不符。

(3)起运港或卸货港与信用证不符。

(4)未按信用证禁止转运及其相关要求而进行转运。

(5)没有“已装船”批注。

(6)提交不清洁提单。

(7)除非特殊商品(如有毒化学品等)，提交货装舱面提单。

(8)所列货物与信用证及相关单据不符。

(9)未列明已装船日期，或批注日期迟于信用证规定的日期。

(10)未按信用证规定,注明运费是否支付事宜。

(11)未按信用证规定签证或背书。

(12)未提交全套有效提单。

(13)未注明承运人名称。

(14)唛头不是信用证规定的可接受的唛头。

(15)更改的地方仅有出具人盖章,无有权签字人签字或小签。

(16)承运人或船长签字时,未表明身份;若是其代理人签字,未表明所代表的委托人的名称和身份。

3. 出口货物订舱委托书审核

审核要点如下。

(1)收货人和被通知人须符合信用证的规定。

(2)货物的毛重、净重、数量和尺码要计算清楚,与实际相符。

(3)转船运输和分批装运填写清楚。

(4)运费预付或运费到付须正确表明。

(5)起运地、转运地、目的地须符合信用证的规定。

(6)装运日期/出单日期须符合信用证的规定。

(7)货物的名称须与其他单证一致。

(8)包装件数须与其他单据相一致。

(9)唛头须与其他单据相一致。

4. 装箱单审核

审核要点如下。

(1)装箱单内容要与商业发票、提单、保险单等其他单据的内容相一致。

(2)装箱单一般不显示货物的单价和总价。

(3)单据名称应与信用证规定一致。

(4)重量一般以千克为单位;体积以立方米为单位,保留3位小数。

(5)装单箱一般体现货物总的外包装件数。

(6)“C/NOS.”一栏填写不同货号商品的包装序列号。

5. 出入境报检委托书审核

审核要点如下。

(1)一份委托书只限填报一批商品。

(2)项目填写须齐全。

(3)品名要与其他单证一致。

(4)商品编码要正确并与报关单一致。

(5)数量要与实际相符并与其他单证一致。

(6)有关号码应与其他单证实际相符。

(7)被委托人名称、地址等有关内容应填写完整、正确。

(8)委托人的名称、地址等有关内容应填写完整、正确。

(9)委托人的企业性质应与实际一致。

(10)委托书的有效期应明确。

6. 产地证审核

审核要点如下。

(1)产地证是独立的单据,并不与其他单据联合(信用证允许联合的除外)。

(2)按信用证要求,产地证已被签字,公证人证实合法等。

(3)产地证上面的资料与其他单据一致。

(4)产地证上载明产地国家符合信用证的要求。

7. 检验证书审核

审核要点如下。

(1)确保检验证由信用证上指定的检验机构(如果有的话)出具。

(2)确保检验证被签字。

(3)确保符合信用证的检验内容的要求。

(4)确保检验日期或检验证签发日期(若无检验日期)符合信用证要求。

(5)除非信用证准许,确保检验证没有包含关于货物、规格、品质包装等不利的声明。

8. 报关单审核

审核要点如下。

(1)报关单的填写必须真实,要做到两个相符:一是单证相符,即报关单与合同、批文、发票、装箱单等相符;二是单货相符,即报关单中所报内容与实际进出口货物情况相符。特别是货物的品名、规格、数量、价格等内容必须真实,不得出现差错,更不能伪报、瞒报及虚报。

(2)出口口岸应填报"海关"名称,而不是"口岸"名称。不同合同的货物,不能填写在同一份报关单上;同一批货物中有不同贸易方式的货物,也须用不同的报关单向海关申报。

(3)一份报关单只允许填写一个备案号。

(4)一张报关单上如有多种不同商品,应分别填报清楚,但一张报关单上一般最多不能超过五项海关统计商品编码的货物。

(5)报关单中填报的项目要准确、齐全。报关单所列各栏要逐项详细填写,内容无误;按规定填制方式填报,如用笔写,字迹要清楚、整洁、端正,不可用铅笔(或红色复写纸)填报;填报项目若有更改,必须在更改项目上加盖校对章。针对实行报关自动化的需要,申报单位除填写报关单上的有关项目外,还应填上有关项目的代码。

(6)计算机预录入的进出口货物报关单的内容必须与原始报关单完全一致。报关员应认真核对,防止录错,一旦发现有异,应及时提请录入人员重新录入。

(7)由于各种原因,导致原来填报报关单中的内容与实际进出口货物不相一致时，须立即向海关办理更正手续，对原来填报项目的内容进行更改，更改内容必须清楚。一般情况下，错什么改什么，但是如果更改的内容涉及货物件数的变化，则除应对货物的件数进行更改外，与件数有关的项目如货物的数量、重量、金额等也应作相应的更改。如一张报关单上有两种以上不同的货物，更正单上应具体列明是哪些货物有了更改。

(8)对于海关接受申报并放行后的出口货物，由于运输工具配载等原因，全部货物或部分货物未能装载上原申报的运输工具时，出口货物发货人应向海关递交《出口货物报关单更改申请》进行更改。

5

报关程序和国际货运流程

5.1　报关程序

5.1.1　报关的基本程序

报关程序是指进出口货物收发货人、运输工具负责人、物品所有人或其代理人按照海关的规定，办理货物、物品、运输工具的进出境及相关海关事务的手续和步骤。

进出口货物收发货人或其代理人应当采用纸质报关单形式和电子数据报关单形式向海关申报，即进出口货物收发货人或其代理人先向海关计算机系统发送电子数据报关单，接收到海关计算机系统发送的“接受申报”电子报文后，凭以打印纸质报关单，附必需的其他单证，提交给海关。

在特殊情况下，进出口货物收发货人或其代理人也可以单独使用纸质报关单或单独使用电子数据报关单向海关申报。

我国海关目前运用的电子通关系统是 H2000 通关系统，它是我国海关利用计算机对进出口货物进行全面信息化管理，实现监管、征税、统计三大海关业务一体化管理的综合性信息利用项目。

H2000 通关系统是 H883/EDI 通关系统的全面更新换代项目。H2000 通关系统在集中式数据库的基础上建立了全国统一的海关信息作业平台，不但提高了海关管理的整体效能，而且使进出口企业真正享受到简化报关手续的便利。进出口企业可以在其办公场所办理加工贸易登记备案、特定减免证明申领、进出境报关等各种海关手续。

中国电子口岸系统又称口岸电子执法系统，简称电子口岸。电子口岸利用现代计算机信息技术将有关的国家十二个部委分别管理的进出口业务信息电子底账数据集中存放在公共数据中心，为政府管理机关提供跨部门、跨行业联网数据核查，为企业提供网上办理各种进出口业务的国家信息系统。

电子口岸系统与海关通关系统尤其是与 H2000 通关系统连接起来，构成覆盖全国的进出口贸易服务和管理的信息网络系统。进出口贸易企业在其办公室就可上网向海关及国家有关部委办理与进出口贸易有关的各种手续。同时，海关及国家各有关部委也能在网上对进出口贸易企业进行有效管理。

在我国，货物的进出境须经过海关审查、查验、征税、放行四个作业环节。与之相适应，进出口货物收发货人或其代理人应当按照报关程序办理相应的进出口申报、配合查验、缴纳税费、提取或装运货物等手续，货物才能进出境。但是，这些程序还不能满足海关对所有进出境货物的实际监管要求。出口加工区和保税区区外的加工贸易货物进口，海关要求事先备案，因此不能在“申报”和“审单”这一阶段中完成上述工作，必须有一个前期办理手续的阶段；再如上述原材料进出口加工成品后出口，也不能在“放行”和“装运货物”离境时完成所有的工作，必须有一个后期办理核销等手续的工作阶段。因此，从海关对进出境货物进行监管的全过程来看，报关程序按时间先后可以分为三个阶段：前期阶段、进出境阶段、后续阶段。

1. 前期阶段

前期阶段是指根据海关对保税货物、特定减免税货物、暂准进出境货物以及其他进出境货物的监管要求，进出口货物收发货人或其代理人在货物进出境以前，向海关办理手续的过程。

前期阶段主要包括如下内容。

(1)保税货物中除出口加工区和保税区以外的保税加工货物在进口之前，进口货物收货人或其代理人应当办理加工贸易备案手续，申请建立加工贸易电子账册或者申领加工贸易纸质手册。

(2)特定减免税货物在进口之前，进口货物收货人或其代理人应当办理企业的减免税申请和申领减免税证明手续。

(3)暂准进出境货物中的展览品实际进境之前，进口货物收货人或其代理人应当办理展览品进境备案申请手续。

(4)其他进出境货物中的出料加工货物实际出境之前，出口货物发货人或其代理人应当办理出料加工的备案手续。

2. 进出境阶段

进出境阶段是指根据海关对进出境货物的监管制度，进出口货物收发货人或其代理人在一般进出口货物、保税加工货物、保税物流货物、特定减免税货物、暂准进出境货物、其他进出境货物进出境时，向海关办理进出口申报、配合查验、缴纳税费、提取或装运货物手续的过程。

货物在进出境阶段中，海关规定的货物报关程序如图 5-1 所示。

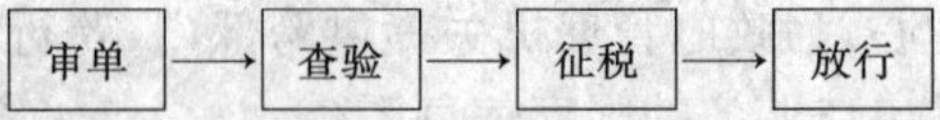

图 5-1　货物报关程序

根据海关这一报关程序，进出口收发货人或其代理人应在进出口阶段相应完成以下几个环节的工作。

1）进出口申报

进出口申报是指进出口货物的收发货人或其代理人在海关规定的期限内，按照海关规定的形式，向海关报告进出口货物的情况，提请海关按其申报的内容放行进出口货物的工作环节。

2）配合查验

配合查验是指申报进出口的货物经海关决定查验时，进出口货物的收发货人，或者办理进出口申报具体手续的报关员到达查验现场，配合海关查验货物，按照海关要求搬移货物，开拆包装以及重新封装货物的工作环节。

3）缴纳税费

缴纳税费是指进出口货物的收发货人或其代理人接到海关发出的税费缴纳通知书后，向海关指定的银行办理税费款项的缴纳手续，通过银行将有关税费款项缴入海关专门账户的工作环节。

4）提取或装运货物

提取货物是指提取进口货物，装运货物是指装运出口货物。

提取货物是指进口货物的收货人或其代理人，在办理了进口申报、配合查验、缴纳税费等手续，海关决定放行后，凭海关加盖放行章的进口提货凭证或凭海关通过计算机发送的放行通知书，提取进口货物的工作环节。

装运货物是指出口货物的发货人或其代理人，在办理了出口申报、配合查验、缴纳税费等手续，海关决定放行后，凭海关加盖放行章的出口装货凭证或凭海关通过计算机发送的放行通知书，通知港区、机场、车站及其他有关单位装运出口货物的工作环节。

3. 后续阶段

后续阶段是指根据海关对保税货物、特定减免税货物、暂准进出境货物、其他进出境货物的监管要求，进出口货物收发货人或其代理人在货物进出境储存、加工、装配、使用、维修后，在规定的期限内，按照规定的要求，向海关办理上述进出口货物核销、销案、申请解除监管等手续的过程。

1）保税货物

无论是保税加工货物还是保税物流货物，进口货物收货人或其代理人应当在规定期限内办理申请核销的过程。

2）特定减免税货物

进口货物收货人或其代理人应当在海关监管期满，或者在海关监管期内经海关批准出售、转让、退运、放弃并办妥有关手续后,向海关申请办理解除海关监管的手续。

3)暂准进境货物

收货人或其代理人应在暂准进境规定期限内或者在经海关批准延长暂准进境期限到期前办理复运出境手续或正式进口手续,然后申请办理销案手续。

4)暂准出境货物

发货人或其代理人应在暂准出境规定期限内或者在经海关批准延长暂准出境期限到期前办理复运进境手续或正式进口手续,然后申请办理销案手续。

5)其他进出境货物

其他进出境货物是指出料加工货物、修理货物、部分租赁货物等,进出口货物收发货人或其代理人应当在规定的期限内办理销案手续。

进出口货物类别和报关程序如表5-1所示。

表5-1 进出口货物类别和报关程序

货物类别	前期阶段	进出境阶段	后续阶段
一般进出口货物	无	申报、查验、征税、放行	无
保税进出口货物	备案、申领手册	申报、查验、征税、放行	核销、结关
特定减免税货物	备案、申领证明	申报、查验、征税、放行	解除监管、结关
暂准进出口货物	备案、申请证明	申报、查验、征税、放行	解除监管、销案

5.1.2 一般进出口货物的报关程序

一般进出口货物报关程序由四个环节构成,即进出口申报、配合查验、缴纳税费、提取或装运货物。

1.进出口申报

申报是指进出口货物收发货人、受委托的报关企业,按照《海关法》以及有关法律、行政法规的要求,在规定的期限、地点,采用电子数据报关单和纸质报关单形式,向海关报告实际进出口货物的情况,并接受海关审核的行为。

1)申报概述

(1)申报地点。进口货物应当由收货人或其代理人在货物的进境地海关申报;出口货物应当由发货人或其代理人在货物的出境地海关申报。

经收发货人申请、海关同意,进口货物的收货人或其代理人可以在设有海关的货物指运地申报,出口货物的发货人或其代理人可以在设有海关的货物启运地申报。

以保税、特定减免税和暂准进境申报进口或进境的货物,因故改变使用目的从而改变货物性质转为一般进口时,进口货物的收货人或其代理人应当在货物所在地的主管海关申报。

(2)申报期限。进口货物的申报期限为自装载货物的运输工具申报进境之日起14日内。申报期限的最后一天是法定节假日或休息日的,顺延至法定节假日或休息日后的第一个工作日。

出口货物的申报期限为货物运抵海关监管区后、装货的24个小时以前。

经海关批准准予集中申报的进口货物,自装载货物的运输工具申报进境之日起1个月内办理申报手续。

经电缆、管道或其他特殊方式进出境的货物,进出口货物收发货人或其代理人应当按照海关的规定定期申报。

进口货物自装载货物的运输工具申报进境之日起超过3个月仍未向海关申报的,货物由海关提取依法变卖处理。对属于不宜长期保存的货物,海关可以根据实际情况提前处理。

(3)申报日期。申报日期是指申报数据被海关接受的日期。

进出口货物收发货人或其代理人的申报数据自被海关接受之日起,其申报的数据就产生法律效力,即进出口货物收发货人或其代理人应当向海关承担“如实申报”、“如期申报”等法律责任。因此,海关接受申报数据的日期非常重要。

不论以电子数据报关单方式申报还是以纸质报关单方式申报,海关接受申报数据的日期即为接受申报的日期。

以电子数据报关单方式申报的,申报日期为海关计算机系统接受申报数据时记录的日期,该日期反馈给原数据发送单位,或公布于海关业务现场,或通过公共信息系统发布。电子数据报送单经过海关计算机检查被退回的,视为海关不接受申报,进出口货物收发货人或其代理人应当按照要求修改后重新申报,申报日期为海关接受重新申报的日期。

在采用先电子数据报关单申报后提交纸质报关单申报的情况下,海关接受申报的时间以海关接受电子数据报关单申报的日期为准。

在不使用电子数据报关单只提供纸质报关单申报的情况下,海关工作人员在报关单上作登记处理的日期,为“海关接受申报”的日期。

(4)滞报金。进口货物收货人未在规定期限向海关申报产生滞报的,由海关按规定征收滞报金。

进口货物滞报金应当按日计征。计征起始日为运输工具申报进境之日起第15日,截止日为海关接受申报之日(即申报日期)。起始日和截止日均计入滞报期间。

进口货物收货人在向海关传送报关单电子数据申报后,未在规定期限或核准的期限内提交纸质报关单,海关予以撤销电子数据报关单处理,进口货物收货人重新向海关申报,产生滞报的,滞报金的征收以自运输工具申报进境之日起第15日为起始日,以海关重新接受申报之日为截止日。

进口货物收货人申报并经海关依法审核,必须撤销原电子数据报关单并重新申报,产生滞报的,经进口货物收货人申请并经海关审核同意,滞报金的征收,以撤销原电子数据报关单之日起第 15 日为起始日，以海关重新接受申报之日为截止日。

进口货物因收货人在运输工具申报进境之日起超过 3 个月未向海关申报，被海关提取作变卖处理后，收货人申请发还余款的，滞报金的征收以自运输工具申报进境之日起第 15 日为起始日，以该 3 个月期限的最后一日为截止日。

滞报金的日征收金额为进口货物完税价格的 0.5‰，以人民币“元”为计征单位，不足人民币 1 元的部分免征。

滞报天数，从运输工具申报日的第二天开始计算，即运输工具申报日并不计入。

滞报天数，从撤销原电子数据报关单当日的第二天开始计算，即撤销原电子数据报关单的当日并不计入。

征收滞报金的计算公式为

滞报金金额 = 进口货物完税价格 ×0.5‰ × 滞报期间（滞报天数）

滞报金的起征点为人民币 50 元。

滞报金的计征起始日如遇法定节假日，则顺延至其后的第一个工作日。

根据海关规定，因不可抗力等特殊情况产生的滞报可以向海关申请减免滞报金。

2）申报步骤

（1）准备申报单证。准备申报的单证是报关员开始进行申报工作的第一步，是整个报关工作能否顺利进行的关键一步。申报单证可以分为主要单证、随附单证两大类，其中随附单证包括基本单证、特殊单证。

主要单证就是报关单（证）。报关单（证）是由报关员按照海关规定格式填制的申报单。

基本单证是指进出口货物的货运单据和商业单据，主要有进口提货单据、出口装货单据、商业发票、装箱单等。

特殊单证主要是指进出口许可证件、加工贸易登记手册（包括纸质手册和电子账册）、特定减免税证明、作为有些货物进出境证明的原进出口货物报关单证、出口收汇核销单、原产地证明书、贸易合同等。

进出口货物收发货人或其代理人应向报关员提供基本单证、特殊单证。报关员审核这些单证后据此填制报关单。

准备申报单证的原则是：基本单证、特殊单证必须齐全、有效、合法；填制报关单必须真实、准确、完整；报关单与随附单证数据必须一致。

（2）申报前看货取样。进口货物的收货人，在向海关申报前，为了确定货物的品名、规格、型号等，可以向海关提出查看货物或者提取货样的书面申请。海关审核同意的，派员到场监管。涉及动植物及其产品以及其他需依法提供检疫证明的货物，如需提取货样，应当按照国家的有关法律规定，事先取得主管部门签发的书面批准证明。提取货样后，到场监管的海关工作人员与进口货物的收货人在海关开具的取样记录和取样清单上签字确认。

（3）申报。根据《中华人民共和国海关法》的规定，报关企业向海关申报时应采用电子数据报关单形式和纸质报关单形式。目前,随着技术的不断发展和更新,主要以电子数据报关单形式向海关申报,在向未使用海关信息化管理系统作业的海关申报时,报关企业可以采用纸质报关单申报形式。

进出口货物收发货人或其代理人可以选择终端申报方式、委托 EDI 方式、自行 EDI 方式、网上申报方式等四种电子申报方式中的一种,将报关单内容录入海关电子计算机系统,生成电子数据报关单。

进出口货物收发货人或其代理人在委托录入或自行录入报关单数据的计算机上接收到海关发送的“不接受申报”报文后,应当根据报文提示修改报关单内容后重新申报。一旦接收到海关发送的“接受申报”报文和“现场交单”或“放行交单”通知,即表示电子申报成功。

海关审结电子数据报关单后,进出口货物收发货人或其代理人应当自接到海关“现场交单”或“放行交单”通知之日起 10 日内,持打印的纸质报关单,备齐规定的随附单证并签名盖章,到货物所在地海关提交书面单证,办理相关海关手续。

海关接受进出口货物申报后,电子数据和纸质的进出口货物报关单不得修改或者撤销;确有正当理由的,经海关审核批准,可以修改或撤销。

进出口货物收发货人或其代理人确有如下正当理由的,可以向原接受申报的海关申请修改或者撤销进出口货物报关单:

由于报关人员操作或书写失误造成申报的报关单内容有误,并且未发现有走私违规或者其他违法嫌疑的;

出口货物放行后,由于装运、配载等原因造成原申报货物部分或全部退关、变更运输工具的;

进出口货物在装载、运输、存储过程中因溢短装、不可抗力的灭失、短损等原因造成原申报数据与实际货物不符的;

根据贸易惯例先行采用暂时价格成交,实际结算时按商检品质认定或国际市场实际价格付款方式需要修改申报内容的;

由于计算机、网络系统等方面的原因导致电子数据申报错误的;

其他特殊情况经海关核准同意的。

海关已经决定布控、查验的以及涉及到有关案件的进出口货物的报关单,在“办结”前不得修改或者撤销。

进出口货物收发货人或其代理人申请修改或者撤销进出口货物报关单的,应当向海关提交“进出口货物报关单修改/撤销申请表”,并应提交下列有关单证:

可以证明进出口实际情况的合同、发票、装箱单等相关单证;

外汇管理、国税、检验检疫、银行等有关部门出具的单证;

应税货物的“海关专用缴款书”、用于办理收汇和出口退税的进出口货物报关单证明联等海关出具的相关单证。

海关发现进出口货物报关单需要进行修改或者撤销,但进出口货物收发货人或者其代理人未提出申请的，海关应当通知进出口货物的收发货人或者其代理人。进出口货物收发货人或其代理人应当填写“进出口货物报关单修改/撤销确认书”，对进出口货物报关单修改或者撤销的内容进行确认，确认后海关完成对进出口货物报关单的修改或者撤销。

因修改或者撤销进出口货物报关单导致需要变更、补办进出口许可证件的，进出口货物收发货人或其代理人应当向海关提交相应的进出口许可证件。

海关对申报的电子报关单数据实行“集中审单制度”。海关审单中心收到报关单电子数据，通过计算机系统对报关企业及报关员进行资格认证后，开始进入计算机自动审核程序。报关单电子数据通过规范性审核的，计算机自动接受申报。报关单电子数据经通道判别，交由现场海关进行接单审核、征收税费处理，以及经专业化审核通过后，系统自动完成计征税费程序处理。

2. 配合查验和送检化验

1）配合查验

（1）海关查验。对进出境货物进行查验是《中华人民共和国海关法》赋予海关的基本权力之一。

海关查验是指海关为确定进出境货物收发货人向海关申报的内容是否与进出口货物的真实情况相符，或者为确定商品的归类、价格、原产地等，依法对进出口货物进行实际核查的执法行为。

海关通过查验，检查报关单位是否伪报、瞒报、申报不实，同时也为海关的征税、统计、后续管理提供可靠的资料。

（2）查验地点。查验应当在海关监管区内实施。

因货物易受温度、静电、粉尘等自然因素影响，不宜在海关监管区内实施查验，或者因其他特殊原因，需要在海关监管区外查验的，经进出口货物收发货人或其代理人书面申请，海关可以派员到海关监管区外实施查验。

（3）查验方法。海关实施查验可以彻底查验，也可以抽查。彻底查验是指对一票货物逐件开拆包装、验核货物实际状况；抽查是指按照一定比例有选择地对一票货物中的部分货物验核实际状况。

查验操作可以分为人工查验和设备查验。

人工查验包括外形查验、开箱查验。外形查验是指对外部特征直观、易于判断基本属性的货物的包装、运输标志和外观等状况进行验核；开箱查验是指将货物从集装箱、货柜车箱等箱体中取出并拆装外包装后对货物实际状况进行验核。

设备查验是指利用技术检查设备对货物实际状况进行验核。

海关可以根据货物情况以及实际执法需要，确定具体的查验方式。

（4）查验时间。当海关决定查验时，即将查验的决定以书面的形式通知进出口货物收发货人或其代理人，约定查验的时间。查验时间一般约定在海关正常工作时间内。

在一些进出口业务繁忙的口岸，海关也可以接受进出口货物收发货人或其代理人的请求，在海关正常工作时间以外安排实施查验。

对于危险品或者鲜活、易腐、易烂、易失效、易变质等不宜长期保存的货物，以及因其他特殊情况需要“紧急验收”的货物，经进出口货物收发货人或其代理人申请，海关可以优先安排实施查验。

(5)复验。海关可以对已查验货物进行复验。

有下列情形之一的，海关可以复验：

经初次查验未能查明货物的真实属性，需要对已查验货物的某些性状做进一步确认的；

货物涉嫌走私违规，需要重新查验的；

进出口货物收发货人对海关查验结论有异议，提出复验要求并经海关同意的；

其他海关认为必要的情形。

已经参加过查验的查验人员不得参加对同一票货物的复验。

(6)径行开验。径行开验是指海关在进出口货物收发货人或其代理人不在场的情况下，对进出口货物进行开拆包装查验。

有下列情况之一的，海关可以径行开验：

进出口货物有违法嫌疑的；

经海关通知查验，进出口货物收发货人或其代理人届时未到场的。

海关径行开验时，存放货物的海关监管场所经营人、运输工具负责人应当到场协助，并在查验记录上签名确认。

2)送检化验

(1)取样。取样工作主要由查验人员负责实施。在海关关员的监督下由收发货人或其代理人按照取样要求进行取样(对特殊样品应由相关专业技术人员提取样品)。海关认为必要时可以在货物保管人在场的情况下径行提取货样。

取样时应同时提取两份平行样品，当场加封。由海关关员填写《中国海关进出境货物(物品)化验取样记录单》，包括取样方法、步骤、工具以及取样过程中出现某些现象等内容，并由收发货人或其代理人在取样记录上对整个取样过程进行签字确认。取样后，应由查验人员在第一时间内通过网络填写《海关化验鉴定申请书》，并将《中国海关进出境货物(物品)化验取样记录单》、查验记录以及《海关化验鉴定申请书》与待测样品一起送至化验中心。

送验样品应能客观反映货物的整体状况，应对不同包装、规格、品质的货物分别取样和包装。具体取样应按照固体、液体、纸张等不同种类商品的取样要求进行取样。

海关送检的样品应及时由海关派专人或通过邮递等方式送检；有特殊情况或应收发货人或其代理人提出申请，也可以采用专用送检箱由收发货人或其代理人送检。采用专用送检箱送检时，应施加海关封志，并在《化验申请单》上填写封志号码封于关封内供海关化验中心核对。不便置于专用送检箱中的样品,应根据具体情况妥善施加封志。

收发货人或其代理人应提供有关单证和技术资料(如产品说明书、生产工艺流程等),对于所提供的有关单证和技术如果涉及商业秘密,收发货人或其代理人应事先申明,海关应对其保密。

(2)化验步骤。收样程序如下:海关化验中心样品接收人员接收由具有完整海关封志的专用送检箱送达的样品;核对样品与《化验申请单》无误以及相关资料齐全;样品接收人员为样品编号,样品进入等待化验序列;样品接收人员填写《海关化验中心样品接收记录单》并反馈送检单位。

为了满足送检商品归类税号、确定原产地、估价、知识产权边境保护、毒品及精神药物管制、案件审理等工作的要求,由海关化验人员按照《海关化验室质量管理手册》的要求对送检样品进行化验,并给出相应的试验数据及结论。

将化验结果及结论以网络传输的方式给送检单位,由送检单位按照相关结果继续通关作业。

商品的收发货人或其代理人可通过海关的互联网页中的化验鉴定证书查询系统查询化验结果。具体的方法为:在海关互联网页面中"海关化验结果查询"的位置中填入所检商品的报关单号,点击"确认"按钮后系统将自动列出相关的信息;如果化验结果为空,则表示尚未化验完毕。

海关业务部门和收发货人或其代理人对鉴定证书提出异议时,应凭报关单、鉴定证书到送检海关提起复验请求。经送检海关(直属海关)主管部门同意并填写《中国海关进出境货物(物品)化验鉴定申请单(复验)》。一般情况下海关化验中心对同一样品受理一次复验申请。海关化验中心收到复验通知后,将优先安排化验。由海关化验中心技术负责人、化验员及其他技术人员组成复验小组,对原样品重新进行化验、对原始化验记录和结论进行审查,出具正式的《中国海关进出境货物(物品)化验鉴定证书(复验)》。

(3)工作时限。在申报规范、单据齐全并符合归类化验要求的前提下,化验样品自接样时起15日之内出具化验鉴定证书。

3. 缴纳税费

进出口货物收发货人或其代理人将报关单及随附单证提交给货物进出境地指定海关,海关对报关单进行审核,对需要查验的货物先由海关查验,然后核对计算机计算的税费,开具税款缴款书和收费票据。进出口货物收发货人或其代理人在规定时间内,持缴款书或收费票据向指定银行办理税费交付手续;在试行中国电子口岸网上缴税和付费的海关,进出口货物收发货人或其代理人可以通过电子口岸接收海关发出的税款缴款书和收费票据,在网上向指定银行进行税费电子支付。一旦收到银行缴款成功的信息,即可报请海关办理货物放行手续。

4.提取或装运货物

1)海关进出境现场放行和货物结关

现场放行是指海关接受进出口货物的申报、审核电子数据和纸质报关单及随附单证、征免税费或接受担保以后,对进出口货物做出结束海关进出境现场监管决定,允许进出口货物离开海关监管现场的工作环节。

海关进出境现场放行一般由海关在进口货物提货凭证或者出口货物装货凭证上加盖海关放行章。进出口货物收发货人或其代理人签收进口提货凭证或者出口装货凭证,凭以提取进口货物或者将出口货物装上运输工具离境。

在实行“无纸通关”申报方式的海关,海关做出现场放行决定时,通过计算机将海关决定放行的信息发送给进出口货物收发货人或其代理人和海关监管货物保管人。进出口货物收发货人或其代理人从计算机上自行打印海关通知放行的凭证,凭以提取进口货物或将出口货物装运到运输工具上离境。

海关进出境现场放行有两种情况:一种情况是货物已经结关,对于一般进出口货物,放行时进出口货物收发货人或其代理人已经办理了所有海关手续,因此,海关进出境现场放行即等于结关;另一种情况是,货物尚未结关,对于保税货物、特定减免税货物、暂准进出境货物、部分其他进出境货物,放行时进出境货物的收发货人或其代理人并未全部办完所有的海关手续,海关在一定时期内还需进行监管,所以该类货物的海关进出境现场放行不等于结关。

结关是进出境货物办结海关手续的简称。进出境货物由收发货人或其代理人向海关办理完所有的海关手续,履行了法律规定的与进出口有关的一切义务,就办结了海关手续,海关不再进行监管。

2)提取货物或装运货物

进口货物收货人或其代理人签收海关加盖海关放行章戳记的进口提货凭证(提单、运单、提货单等),凭以到货物进境地的港区、机场、车站、邮局等地的海关监管仓库办理提取进口货物的手续。

出口货物发货人或其代理人签收海关加盖海关放行章戳记的出口装货凭证(运单、装货单、场站收据等),凭以到货物出境地的港区、机场、车站、邮局等地的海关监管仓库办理将货物装上运输工具后离境的手续。

3)申请签发报关单证明联

进出口货物收发货人或其代理人,办理完提取进口货物或装运出口货物的手续以后,如需要海关签发有关的货物进口、出口证明联的,均可向海关提出申请。常见的证明主要有以下几种。

(1)进口付汇证明。对需要在银行或国家外汇管理部门办理进口付汇核销的进口货物,报关员应当向海关申请签发“进口货物报关单”付汇证明联。海关经审核,对符合条件的,即在“进口货物报关单”上签名、加盖海关验讫章,作为进口付汇证明联签发给报关员。同时,通过电子口岸执法系统向银行和国家外汇管理部门发送证明联电子数据。

(2)出口收汇证明。对需要在银行或国家外汇管理部门出口收汇核销的出口货物,报关员应当向海关申请签发“出口货物报关单”收汇证明联。海关经审核,对符合条件的,即在“出口货物报关单”上签名、加盖海关验讫章,作为出口收汇证明联签发给报关员。同时,通过电子口岸执法系统向银行和国家外汇管理部门发送证明联电子数据。

(3)出口收汇核销单。对需要办理出口收汇核销的出口货物,报关员应当在申报时向海关提交由国家外汇管理部门核发的“出口收汇核销单”。海关放行货物后,由海关工作人员在出口收汇核销单上签字、加盖海关单证章。出口货物发货人凭“出口货物报关单”、“收汇证明联”和“出口收汇核销单”办理出口收汇核销手续。

(4)出口退税证明。对需要在国家税务机构办理出口退税的出口货物,报关员应当向海关申请签发“出口货物报关单”退税证明联。海关经审核,对符合条件的,予以签发并在证明联上签名、加盖海关验讫章,交给报关员。同时,通过电子口岸执法系统向国家税务机构发送证明联电子数据。

(5)进口货物证明书。对进口汽车、摩托车等,报关员应当向海关申请签发“进口货物证明书”,进口货物收货人凭以向国家交通管理部门办理汽车、摩托车的牌照申领手续。

海关放行汽车、摩托车后,向报关员签发“进口货物证明书”。同时,将“进口货物证明书”上的内容通过计算机发送给海关总署,再传输给国家交通管理部门。

5.2 国际货运流程

5.2.1 国际海运货运流程

1. 国际海运的营运方式

目前国际海运船舶有两种营运方式:班轮运输和租船运输。

1)班轮运输(Liner Shipping)

班轮运输亦称定期船运输,是指班轮公司将船舶按事先制定的船期表,在特定航线的各挂靠港口之间,有既定操作规则,为非特定的广大货主提供规范的、反复的货物运输服务,并按运价表或协议运价来计收运费的一种营运方式。

目前,集装箱班轮运输已取代传统的杂货班轮运输而成为最普遍采用的运输方式。集装箱班轮运输的主要特点有“四固定一负责”,即:

固定的航线;

固定的挂靠港口;

固定的船舶班期;

相对固定的运价;

船公司负责装卸。

2)租船运输(Charter Shipping)

租船运输是相对于班轮运输的另一种江海运输方式,其既没有固定的船舶班期,也没有固定的航线和挂靠港,而是按照船源和货主对货物运输要求,由出租人和承租人洽商租金、安排船舶航行计划、组织货物运输的一种运输方式。因此租船运输又称为不定期船运输。

目前,国际市场上租船方式主要有三种:程租、期租和光船租船。

程租(Voyage Charter)就是按航程租船。船舶按租船合同,按时抵达装运港口,装上合同项下一定数量的指定货物,驶抵合同指定的卸货港口卸下货物,完成整个航程的运输任务。

程租的基本形式是单程。如果程租的航次数是若干个,称为连续航次程租(Consecutive Voyage),又可以细分为连续几个单程航次的连续单航次程期(Consecutive Voyage Charter)和完成一个来回航次的往返航次程租(Return Voyage Charter),以及连续完成几个来回的连续往返航次程期(Consecutive Return Voyage Charter)。如果出租人向承租人提供一定吨位的运力,在确定港口之间,按照事先约定的时间、航次周数和每航次约定运量完成全部货量的租船方式又称包运租船。以包运租船方式签订的合同称为运量合同或包运合同(Quantity Contract)。

期租(Time Charter or Period Charter)就是定期租船,是船东把特定的船舶,按照租船合同的约定,出租给租船人使用约定时期的租船方式。在此期限内,由租船人自行调度和经营管理,按月或按日计算租金,并按约定的结算日支付租金和合同项下的其他费用。

光船租船(Bare-boat Charter)是指在租期内船东只提供一艘空船给承租人使用,由承租人配备船员、提供工资给养、负责营运管理和航行各项事项,一切固定或变动的营运费用都由承租人负担。船舶所有人在租期内除了收取租金外,对船舶没有支配权和占有权,对船舶的营运不承担任何费用。这种光船租船的方式实质上是一种财产租赁方式。

2. 集装箱班轮运输的操作程序

1)集装箱班轮运输的含义、优越性

集装箱运输是指将零散的货物合并装入具有一定规格和强度的专为周转使用的大型货箱进行运输的一种现代运输方式。

集装箱班轮运输是指集装箱班轮公司按事先制定的船期表,在固定航线的固定挂靠港之间,按规定的操作规则为非固定的广大货主提供规范的、反复的集装箱货物运输服务,并按“箱运价”来计收运费的一种营运方式。

集装箱运输扩大了运输单元,规范了单元尺寸,使得货物的装卸、移动、搬运容易实现机械化、自动化,提高了货物的装卸效率、码头使用效率,扩大了港口的吞吐能力,也减轻了劳动强度。而这种单元又具有一定的规格和强度,集装箱运输具有件杂货运输无法相比的优越性。它在短短的几十年间,就基本取代了件杂货班轮运输,其主要优点如下：

提高装卸效率，减轻劳动强度，提高港口吞吐能力；

提高货物运输质量，减少了货损货差现象；

缩短货物在途时间，加速车船的周转，降低营运成本；

有利于组织多种运输方式的联合运输；

推动包装的标准化。

2）货代集装箱班轮运输出口操作程序（如图5-2所示）

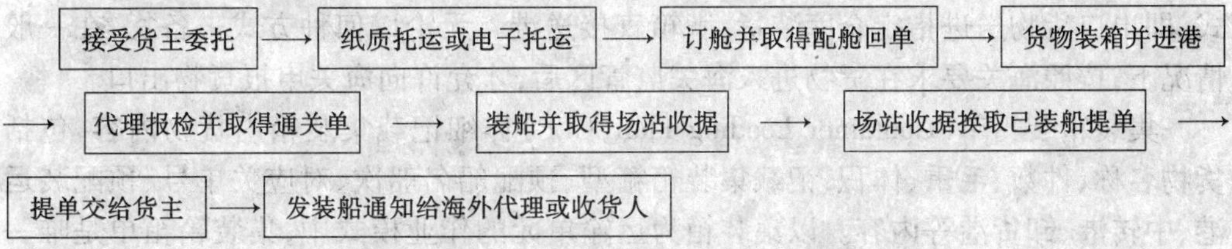

图5-2 货代集装箱班轮运输出口操作程序

（1）货主委托和国际货物托运委托书（SLI）。发货人根据外销出仓单和销售合同或信用证中关于装运条款，并根据收货人的要求选择合适的承运人、货运代理人、运输方式、运输时间、装箱方式，确定运费和杂费，将这些选择确定的内容缮制在国际货物托运委托书（Shipper's Letter of Instruction，SLI）上并盖章后交给货运代理公司。

此国际货物托运委托书是货主根据贸易合同中装运条款的“要约”而缮制的，是货主委托其货运代理进行货物运输操作的“操作指令”，也是货物装运后承运人或其代理签发提运单的“原始依据”。因此，国际货物托运委托书是货物运输操作的首要环节，也是最重要的书面指令。

（2）出口托运和托运单（B/N）。货代企业接受货主委托，并根据货主提供的国际货物托运委托书内容，向承运人申请货物运输“要约”，并在得到承运人或其代理人口头接受要约情况下，以书面托运单（Booking Note，B/N）的纸质形式或电子报文形式正式向承运人订舱托运。

托运单详细记载托运人对运输要求的具体内容，包括运输方式、运输时间、运输量、装运时间、装货港、卸货港、运输支付方式、运输货物细节、收发货人、通知人、提单份数等。承运人或其代理一旦对货代托运人的申请订舱给予承诺，则货运代理人与承运人之间关于货物运输合同的法律关系也正式成立，双方的权利和义务受到了约定，对于运输要求的具体内容得到了最后确定。因此托运单必须由货代企业盖章，以示确认。

（3）订舱和配舱回单（S/O）。订舱是货代托运人向承运人或其代理人申请舱位，承运人对这种申请给予承诺的行为。一旦承运人或其代理接受订舱后将在纸质托运单或电子托运单报文上加填船名、船次、编号（此编号俗称关单号，如该货物被随后装上船，该关单号就是以后的提单号），并在托运单的装货联（第五联）上盖章，以示确认订舱，此联称为“配舱回单”（Shipping Order，S/O）。

配舱回单是承运人(集装箱装卸作业区)接受装卸的书面指令,报关时海关核查后在此联上加盖放行章,承运人(集装箱装卸作业区)凭以收货装船。

(4)货物装箱和集装箱装箱单(CLP)。货运代理人在向船公司或其代理订妥舱位并取得配舱回单后,可凭其向船方领取设备交接单,按照有关设备交接单使用原则,做到"一箱一单、箱单一致、箱单同行",将所运货物齐集在海关监管的船公司指定的堆场,以便船到港后及时装运。对于整箱货物装箱送港一般有两种方式,其一是"门到门"作业方式,即空箱到工厂仓库装货,满箱后直接送港;其二是"内装箱"方式,即出口货物送进指定仓库装货,满箱直接送港。无论以何种方式来备货,在一般情况下,按照海关要求在货物进入海关监管区后,才允许向海关申报货物出口。

集装箱装箱单(Container Loading Plan, CLP)详细记载集装箱内货物内容,包括货物名称、件数、毛重、体积,记载集装箱箱型、预配船名船次、对应关单号、预配装运港、中转港、卸货港等内容。以集装箱为运输单元的作业模式中,集装箱箱单是唯一记载每一集装箱内装货情况的记录单,因此是极其重要的单据。

(5)代理报检和通关单。在货物进出境活动中,有时还需要办理"报检、报验"手续。凡列入检验检疫商品目录中的进出口商品,必须经出入境检验检疫机构实施检验检疫,对符合有关规定的货物机构给予出入境货物通关单,海关凭以放行。

货代托运人在接到货主委托报检或委托换通关单的手续后,在报关前,先向检验检疫机构办理报检,或凭已报检的电子换证凭单向口岸检验检疫机构换取出入境货物通关单。

(6)代理报关和装货单(S/O)。所有进出境的货物,必须通过设立海关地点进出境,由设关地进出境并办理海关手续,是货主应当履行的基本义务。货物报关就是货主以自己的名义直接向海关申报或委托其代理向海关办理货物申报、查验、缴纳税费、海关放行手续。

货代托运人在接到货主委托报关手续后,应当根据海关规定的报关文件要求,在规定报关的时限内向海关申报,严格做到"正确、准确、简洁、完整、准时",以确保货物准时出运,并满足出运后货主对于收汇核销、退税、销案的要求,满足出运后收货人对清关、提货和付汇的要求。

向海关提交的报关单证,包括基本单证、法定单证、货运单证和备用单证。其中出境货物的海运单证是指配舱回单第五联,报关时海关查核后在此联盖放行章,船方(集装箱装卸作业区)凭以收货装上运输工具。盖了海关放行章后的配舱回单称为"装货单"。

(7)装船和场站收据(M/R)。国际货物运输装运是指装有货物的集装器被装载到运输工具上,并驶离装运港。

在集装箱班轮运输中,由于班轮公司基本上是以装运港集装箱堆场到卸货港集装箱堆场作为货物的交接形式,因此集装箱货物的装船工作一般由班轮船公司或其代理人负责。货代托运人应协助公司的装船工作,如缮制正确的进港区装箱单或者输送正确的进港区装箱单电子报文,将放关的装箱单及时送到船舶配载部门以使货箱被编入装载图中,以便上船。

当一批货物全部装上船后,现场理货员即核对理货计数单的细节,并在装货单上签注实际数量、装船位置、装船日期并签名,然后随同收货单一起交船上大副,大副审核属实后在收货单上签字,将收货单退给理货长转交货运代理人。由大副签字的收货单称为"场站收据"(Mate's Receipt,M/R)或"大副收据"。

(8)换取提单(B/L)。货代托运人在货物被装船后持凭"大副收据"(场站收据)或者电子托运单中有"已放关,货物已装船,可放单"字样的记录单,便可以到承运人或其代理人处换取提单(Bill of Lading,B/L)或海运单(Sea Waybill, SWB),并及时将提单或海运单送交货主。有时候货运代理人在承运人提单(Master B/L)签发基础上再签发货运代理提单(House B/L),送交发货人,以保证货主及时结汇,并保证收货人在目的地及时提取货物。

(9)船舶离港后的善后工作。发出装运通知(Shipping Advice or Pre-Alert)即货物装运后,货代托运人除了将装运文件交给货主,还须及时将装运信息预报给海外代理人或收货人。预报内容包括:船名、航次、航班、提单或空运单号、启航日、预计到港日期、运费支付方式、货物细节包括:毛重、净重、件数、体积、品名、型号、规格、成分以及装货细节包括箱号、封号等项内容。这份关于装运细节的通知书称为"装运通知"(Shipping Note,S/N)或称为"装运预报"(Pre-Alert)。装运通知通常采用电子邮件、电传、传真和计算机专门网络等方式来发送。

装运通知是货代托运人必须完成的一项服务工作,尤其是运输时间短的近航线货物运输、空运货物以及特种货物显得格外重要。它可以使收货人及时掌握运输动态,对货物到达后的清关文件准备、资金准备、提货准备乃至销售、分配、加工等后继业务程序活动的开展,有着重要作用。

退关货物是指出口货物向海关申报出口后被海关放行,因故未能装上运输工具,发货人请求将货物退运出海关监管区不再出口的行为。出口货物的发货人或其代理人应当在知悉货物未能装上运输工具,并决定不再出口之日起3天内,向海关申请办理退关。经海关审核后撤销出口申报,将货物运出海关监管区域。货主或货代在办理出口退关手续后,海关对其所有单证予以注销,并删除有关报关电子数据。

短装货物是指在托运单允许分批时,发生部分货物已装船,其余部分货物因缺货或因破损等原因没能装上船的货物。

漏装货物是指在托运书不允许分批时,发生货物已报关,但因船舶超配、箱号或提单号与配载记录不一致等多种因素造成的未装上船或部分未装上船的货物。

货运代理人应及时口头或书面通知发货人关于退关、短装、漏装信息,以便发货人及时作决定。如这些货需要再出运,则发货人须重新补办委托订舱的手续。

(10)收取运费(Collection)。托运人及时支付运费给承运人是履行代理合同的一个重要方面,承运人在代理合同中一般约定托运人的付款方式、付款期限、付款保障措施,并在实际操作中,收取一定的风险保障金备用。因此,托运人应及时付款给承运人。

3)货代集装箱班轮运输进口操作程序

海运进口的货运代理业务是我国货代业务中涉及面最广、线最长、量最大、货种最复杂的货代业务。完整的海运进口业务,从国外接货开始,包括安排装船、安排运输、代办保险,直至货物运到我国港口后的卸货,接运报关报验,转运等业务。

(1)货运代理人接受委托。货运代理人与货主双方建立的委托可以是长期的,也可以是就某一批货物而签订的。在建立了长期代理关系的情况下,委托人往往会把代理人写在合同的一些条款中,这样,国外发货人在履行合约有关运输部分时会直接与代理人联系,有助于提高工作效率和避免联系脱节的现象发生。

(2)卸货地订舱。如果货物以 FOB 价格条件成交,货代接受收货人委托后,就负有订舱或租船的责任,并有将船名、装船通知发货人的义务。特别是在采用特殊集装箱运输时,更应尽早预订舱位。

(3)接运工作。接运工作要做到及时、迅速。主要工作包括:

加强内部管理,做好接货准备,及时告知收货人,汇集单证,及时与港方联系;谨慎接卸。

(4)报检报关。根据国家有关法律、法规的规定,进口货物必须办理验放手续后,收货人才能提取货物。因此,必须及时办理有关报检、报关等手续。

(5)监管转运。进口货物入境后,一般在港口报关放行后再内运,但经收货人要求,经海关核准也可运往另一设关地点办理海关手续,称为“转关运输货物”,属于海关监管货物。

办理转关运输的进境地申报人必须持有海关颁发的《转关登记手册》,承运转关运输货物的承运单位必须是经海关核准的运输企业,持有《转关运输准载证》,监管货物在到达地申报时,必须递交进境地海关转关关封、《转关登记手册》和《转关运输准载证》,申报必须及时,并由海关签发回执,交进境地海关。

(6)提取货物。货运代理人向货主交货有两种情况,一是象征性交货,即以单证交接,货物到港经海关验收,并在提货单上加盖海关放行章,将该提货单交给货主,即为交货完毕;二是实际性交货,即除完成报关放行外,货运代理人负责向港口装卸区办理提货,并负责将货物运至货主指定地点,交给货主,集装箱运输中的整箱货通常还需要负责空箱的还箱工作。以上两种交货,都应做好交货工作的记录。

货代集装箱班轮运输进口业务流程图如图 5-3 所示。

其中:

①收货人与货代建立货运代理关系;

②在买方安排运输的贸易合同下,货代办理卸货地订舱业务,落实货单齐备即可;

③货代缮制货物清单后,向船公司办理订舱手续;

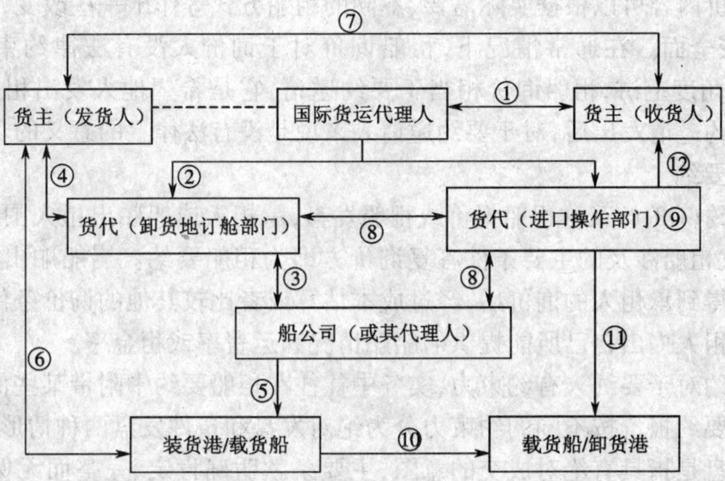

图 5-3 货代集装箱班轮运输进口业务流程图

④货代通知买卖合同中的卖方(实际发货人)及集装箱代理人;

⑤船公司安排载货船舶地装货港;

⑥实际发货人将货物交给船公司,货物装船后,发货人取得有关运输单证;

⑦货主之间办理交易手续及单证转移;

⑧货代掌握船舶动态,收集、保管好有关单证;

⑨货代及时办理进口货物的单证及有关手续(主要掌握换取提货单);

⑩船抵卸货港卸货,货物入库、进场;

⑪在办理了货物进口报关等手续后,凭提货单到现场提货,特殊情况下,船边提货;

⑫货代安排将货物交收货人,并办理空箱回运堆场等事宜。

注:在卖方安排运输的情况下,②-⑥项不需要。

3. 租船运输的操作程序

租船合同的洽订通常情况下是通过租船经纪人进行的。一项租船业务从发出询价到缔结租船合同的全过程称为"租船程序"(Chartering procedure or Chartering process)。在通常情况下,租船程序大致经过租船询价、租船要约、租船还价、租船承诺、签订租船确认书几个阶段。

1)租船询价

租船询价又称租船询盘(Chartering Inquiry)。询盘的目的和作用是让对方知道发盘人的意向和需求的概况,通常是指承租人根据自己对货物运输的需要或对船舶的特殊要求通过租船经纪人在租船市场上发出租用船舶的意向。询价也可以由船舶出租人为承揽货载而首先通过租船经纪人向租船市场发出。当然,询价也可以由船舶出租人或承租人直接发出。

租船询价内容可以根据实际需要、不同的租船方式等作出一些改变,有时比较简单,有时比较全面。在通常情况下,租船询价对于询价人没有法律约束力,从我国《合同法》的角度上讲,租船询价相当于要约邀请,它是希望他人发出租船要约的意思表示。要约邀请发出后,对于要约邀请人来说是没有法律上的意义的。

2)租船要约

租船要约(Offer)又称租船报价或租船发盘,承担人或船舶出租人围绕租船询价中的内容,就租船涉及的主要条件答复询价方即为租船要约。当船舶出租人从租船经纪人那里得到承租人的询价后,经过成本估算或者比较其他的询价条件,通过租船经纪人向承租人提出自己所能提供的船舶情况和运费率或租金率。

由于要约对于要约人有约束力,实务中往往在租船要约中附带某些保留条件,从而使得租船要约报价按不同的约束力分为绝对发盘和条件发盘两种情形。

绝对发盘是指具有绝对成交的意图,主要条款明确肯定、完整而无保留,具有法律效力。发盘方不能撤回或更改发盘中的任何条件。绝对发盘时,发盘人一般都规定对方接受并答复的期限。发盘人在期限内不得再向第三方作出相同内容发盘;接受方要在期限结束前给予明确答复,否则无效。绝对发盘的发出意味着租船业务洽谈进入决定时刻。如果接受发盘方认可发盘中的条件,并在期限内予以同意的答复时,该项租船业务即告成交。如果接受发盘方不接受发盘中的条件,或明确表示不接受发盘中的条件,或在期限内不予答复,该项租船业务即告失败。

条件发盘是指发盘方在发盘中对其内容附带某些"保留条件",所列各项条件仅供双方进行磋商,接受发盘方可对发盘中的条件提出更改建议的发盘方式。由于租船要约对于租船要约人有约束力,为了避免这种约束力以及谈判中掌握主动,租船要约人在实务中往往在租船要约中附带某些保留条件,在保留条件未成就前,条件发盘不构成一项具有约束力的合同,对租船业务谈判双方不具备限制力。

条件发盘中比较常见的保留条件有以下几个方面。

以细节内容为条件(Subject to Details),是租船条件发盘中最常用的一种表示方法。基本含义是租约以合同细节谈定为准,谈妥细节是合同成立的先决条件。在主要条款基本达成一致后,如果细节都谈妥了,合同才算有效成立。如合同的细节没有谈妥,合同就没有成立。但是根据美国的法律,在主要条款确定的情况下则合同确立,细节不影响合同的成立。

以发货人接受船舶受载期为条件(Subject to Stem),是指租约以发货人同意船舶受载期为前提条件。如果发货人认可承租双方约定的船舶受载期并确定接收后,租船合同成立。如果发货人不认可承租双方约定的船舶受载期时,则租船合同不成立。

以双方签订正式合同文本为条件(Subject to Contract),是指双方签订正式合同文本作为合同成立的条件,如果没有签订正式合同文本,即使双方已就各项事宜达成协议,通常也会认为合同还未成立。但只要对方有履约的行为或作出确认该合同的意思表示,就可以认定合同已经成立。

以船舶未出租为条件(Subject to Open),是指租约的成立以船舶尚未出租给他人为条件,如果发盘被接受时,船舶尚未出租出去,这个接受是有效的,合同成立。如果发盘被接受时,船舶已经出租给他人,这个接受是无效的,合同不成立。

3)租船还价

租船还价(Counter Offer)又称还盘,是接受发盘的一方对发盘中的一些条件提出修改,或提出自己的新条件,并向发盘人提出的过程。还价意味着询价人对报价人报价的拒绝和新的报价开始,我国《合同法》是将还盘认定为一种新要约的行为。因此,报价人对还价人的还价可能全部接受,也可能接受部分还价,对不同意部分提出再还价或新报价。这种对还价条件作出答复或再次作出新的报价称为返还价或称返还盘。

在一笔租船交易中,经过多次还价与返还价,如果双方对租船合同条款的意见一致,一方可以以报实盘的方式要求对方作出是否成交的决定。报实盘时,要列举租船合同中的必要条款,将双方已经同意的条款和尚未最后确定的条件在实盘中加以确定。同时还要在实盘中规定有效期限,要求对方答复是否接受实盘,并在规定的有效期限内作出答复。若在有效期限内未作出答复,所报实盘即告失效。同样,在有效期内,报实盘的一方对报出的实盘是不能撤销或修改的,也不能同时向其他第三方报实盘。

4)租船承诺

租船承诺(Acceptance)又称受盘或接受订租,即为明确接受或确认对方所报的各项租船条件,原则上,接受订租是租船程序的最后阶段,一项租船业务即告成交,至此租船合同成立。

5)签订租确认书

租船实务中通常的做法是在达成租船承诺后,当事人之间还要签署一份“订租确认书”(Fixture Note)。双方签认的订租确认书实质就是一份供双方履行的简式的租船合同,订租确认书经当事人双方签署后,各保存一份备查。

正式的租船合同是在合同主要条款被双方接受后开始拟制的。受盘后,双方共同承诺的受盘中的条款已产生约束双方的效力。按照国际惯例,在条件允许的情况下,双方应签署一份“确认备忘书”或称“订租确认书”,作为简式的租船合同。

签订租船确认书主要内容如下:

订租确认书签订日期;

船名或可替代船舶;

签约双方的名称和地址;

货物名称和数量;

装卸港名称及受载期;

装卸费用负担责任;

运费或租金率、支付方法;

有关费用的分担(港口使费、税收等);

所采用标准租船合同的名称;

其他约定特殊事项;

双方当事人或其代表的签字。

5.2.2 国际航空运输货运流程

1. 国际航空运输的营运方式

1)集中托运(Consolidation)

航空集中托运就是集中托运商(Consolidator)将多个托运人的货物集中起来作为一票货物交付给承运人,用较低的运价运输这些货物。货物运到目的地港,由分拨代理商(Break-bulk Agent)统一清关后,再分别将货物交付给不同的收货人。

航空运价随着货物计费重量等级的增加而逐渐递减。对此,航空代理人一方面可以将货物集中起来托运,将低等级计费重量的货物集中为高等级计费重量的等级向航空公司托运,并从航空公司获取高等级的优惠运价。另一方面,将不同的轻泡货和重货合理装载,在有限的体积内达到规定的最大载重量,以降低单位运输货物的运费率。这两方面的降低在不增加每个托运人成本的前提下,增加了集中托运商的利润。

航空集中托运的货运单由集中托运商填开,航空公司货运单上记载的货物发货人和收货人分别为集中托运商和分拨代理商,集中托运商的货运单上记载的货物发货人和收货人才是真正的发货人和收货人。

航空总运单(Master Air Waybill, MAWB),即集中托运商将来自不同托运人的货物集中到一起后进行搭配、整理,在托运单上记录总件数、总重量和总体积,以集中托运商自己的名义向航空公司订舱托运,航空公司托运后签发给集中托运商的就是总运单。总运单是航空公司接受货物的初步证据和交付货物的凭证,是航空公司运输货物的正式文件,也是航空公司与集中托运人结算航空运费的依据。

航空分运单(House Air Waybill,HAWB),即集中托运商在取得航空公司签发的总运单后,签发自己的分运单给真正的收发货人,这份分运单是集中托运商接受货物的初步证据,是集中托运商的目的港分拨代理人交付货物给真正收货人的一个正式文件,也是集中托运商与每个托运人结算运费的正式依据。一般银行可以接受该分运单作为装运文件来结算货款,该运单的份数和格式与总运单基本一致。

2)包舱包板运输

包舱包板是指托运人根据所运输的货物在一定时间内需要单独占用飞机部分或全部货舱、集装箱、集装板,而承运人需要采取专门措施予以保证的一种营运方式。

目前航空公司通常采取固定包舱和非固定包舱两种形式。固定包舱指托运人在承运人的航线上通过包舱包板的方式运输时,托运人无论向航空公司是否交付货物,都必须支付协议上规定的运费;非固定包舱指托运人在承运人的航线上通过包舱包板的方式运输时,托运人在航班起飞前 72 小时,如果没有确定舱位,承运人则可以自由销售舱位,托运人向航空公司支付已确定舱位的运费,没有确定舱位部分,则无需向航空公司支付运费。

3)航空快件(Air Courier)

航空快件业务,是指从事快件运输的航空货运代理与航空公司合作,将进出境的货物或物品从发件人所在地通过自身或代理网络,以最快速度运达收件人的一种快速运输方式。

从收运范围看,航空快件以收运文件和小包裹为主。文件包括贸易合同、货运单据、银行票据和小件资料等;小包裹包括样品、礼品、小零配件等。从运输和报关单据看,航空快件的交付凭证(Proof of Delivery,POD)是一种其他运输方式所没有的特殊单据。从服务层次和程度看,航空快件运输有完善的快递网络,有专人负责而减少了内部交接环节,缩短了衔接时间,因而运送的速度快于普通航空货运业务和邮递业务。从服务质量看,航空快件在整个过程中都处于电脑的监控下,通讯网络十分完善。收货人签字的交付凭证方式,使收发货人都感到安全、可靠。

2. 航空货物出口操作流程

1)办理托运

货主填写"国际货物托运委托书",作为货主委托货运代理承办航空货物出口托运的依据。货运代理则依此委托书缮制托运单向航空公司办理出口订舱托运手续。

2)预配舱、预订舱

货运代理人对相关单据(如商业发票、装箱单、报关单、外汇核销单等)进行审核后,进行预配舱、预订舱。确定航班和日期,确定运价后,通知货主交单、交货。

3)配运单

按照相关单证,货运代理制作订舱预报单和操作交接单,并给每份交接单配一份总运单或分运单或一份总运单下数份分运单。

4)收运货物

货主须自己送货至代理人的仓库并符合有关规定,代理人在接货时要对货物进行称重、丈量,并根据发票或有关单据清点货物,核对货物的数量、唛头、进舱编号、合同号等是否一致,检查货物外包装是否符合运输规定等。对于一份总运单下有数份分运单的,还要帖上分标签。

5)出口报关

货运代理人将已配总运单和货主提供的全部报关单证在起飞前 24 小时向海关办理出口报关手续,海关核准放行在总运单和报关单上盖放行章后,凭此总运单货物才可以装运离境,凭此报关单航空公司才给予签空运总运单。

6)正式订舱

货运代理人根据实际接收并已清关的货物,按待运货物的数量、重量、体积与实际舱容进行配舱,并向航空公司吨控部门正式订舱。经吨控部门确认舱位,货代领取集装器装货。

7)填制货运单、装板

经由航空确认舱位的货物，货代填制该货物的总运单。如果是由货代汇总各个出口企业的出口货物后再向航空托运的集中托运货物，则还需要为一票货物填开分运单。在准备文件的同时将货物装在航空集装器(舱板或集装箱)上，并缮制集装货物组装记录单。在有些航空公司或有些机场货代不需要领取集装器装板装箱，而只需按要求交货给航空公司即可。

8)随机文件

将发货人专为收货人清关提货用的文件如集中托运清单、分运单、商业发票和装箱单等装入一个信袋，放在航空货运单后面交航空公司，随同货物一起运到目的港。

9)交接

将盖有海关放行章的货运单、随机信袋和集装货物一起交给航空公司，航空公司验收单据和货物，在交接单上签字，并负责装上飞机。

10)装运通知

货物装机离境后，出口企业向买方发出装运通知，以便对方准备付款、赎单、办理清关手续。货运代理向其海外代理发出装运预报，以让对方办理到货清关准备。

航空货物出口托运流程如图5-4所示。

3. 航空货物进口操作流程

1)代理预报

代理预报是指在国外发货之前，由国外代理公司将运单、航班、件数、重量、品名、实际收货人及其地址、联系电话等内容通过传真或电子邮件发给目的地代理公司。

到货预报的目的是使代理公司做好接货前的所有准备工作。此时应注意的事项有：中转航班，中转点航班的延误会使实际到达时间而后预报时间出现差异；分批货物，从国外一次性运来的货物在国内中转时，由于国内载量的限制，往往采用分批的方式运输。

2)交接单、货

航空货物入境时，与货物相关的单据(运单、发票、装箱单等)也随机到达，运输工具及货物处于海关监管下。货物卸下后，将货物存入航空公司或机场的监管仓库，进行进口货物舱单录入，将舱单上总运单号、收货人、始发站、目的站、件数、重量、货物品名、航班号等信息通过电脑传输给海关留存，供报关用。同时根据运单上的收货人及地址寄发取单、提货通知。

航空公司的地面代理人向货运代理公司交接的有：国际货物交接清单，总运单、随机文件，货物。交接时要做到单单核对、单货核对。核对之后，如果出现问题应及时处理。

3)理货与仓储

代理公司自航空公司接货后，即短途驳运进自己的监管仓库，组织理货及仓储。

(1)理货内容。逐一核对每票件数，再次检查货物破损情况，遇有异常，确属接

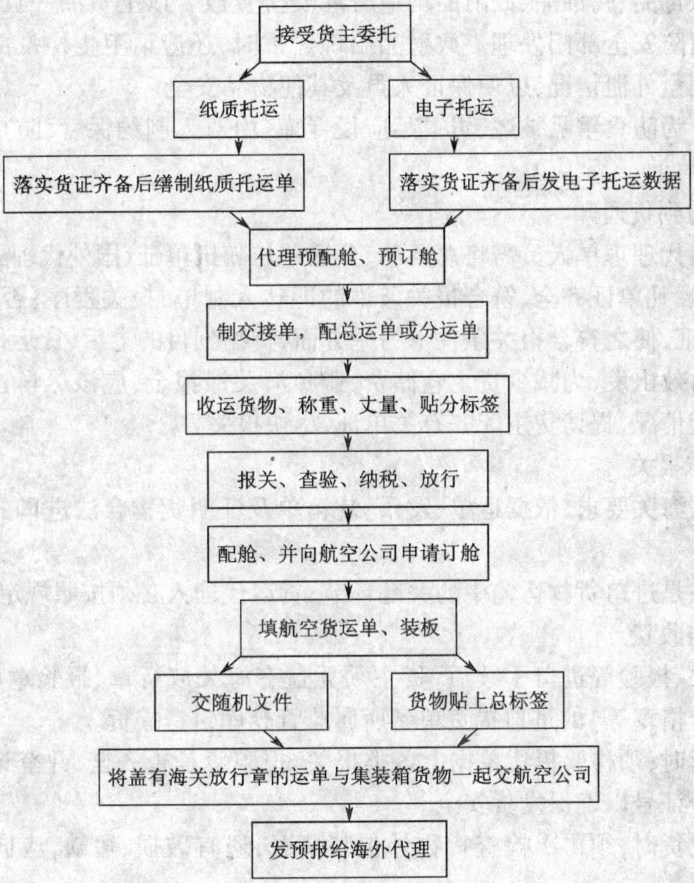

图5-4 航空货物出口托运流程

货时未发现的问题，可向航空公司提出交涉。

按大货、小货，重货、轻货，单票货、混载货，危险品、贵重品，冷冻、冷藏品，分别堆存、进仓。堆存时要注意货物箭头朝向、总运单、分运单标志朝向，注意重不压轻，大不压小。

登记每票货储存区号，并输入电脑。

(2)仓储注意事项。鉴于航空进口货物的贵重性、特殊性，其仓储要求较高，须注意以下几个方面。

①防雨淋、防受潮。货物不能置于露天，不能无垫托置于地上。

②防重压。纸箱、木箱均有叠高限制，纸箱受压变形，会危及箱中货物安全。

③防温升变质。生物制剂、化学试剂、针剂药品等部分特殊物品，有储存温度要求，要防止阳光暴晒。一般情况下：冷冻品置于 $-15\sim-20$ ℃冷冻库(俗称低温库)，冷藏品置放于 $2\sim8$ ℃冷藏库。

④防危险品危及人员及其他货品安全。空运进口仓库应设立独立的危险品库。

易燃、易爆品、毒品、腐蚀品、放射品均应分库安全置放。以上货品一旦出现异常，均需及时通知消防安全部门处理。放射品出现异常时，还应请卫生检疫部门重新检测包装及发射剂量外泄情况，以便保证人员及其他物品安全。

⑤防盗。为防贵重品被盗，贵重品应设专库，由双人制约保管，防止出现被盗事故。

4）理单与到货通知

航空货运代理理单人员需将总运单、分运单与随机单证、国外代理先期寄达的单证审核、编配。凡单证齐全、符合报关条件的即转入制单、报关程序；否则，则与货主联系，催齐单证，使之符合报关条件。另一方面，货物到目的港后，货运代理应从航空公司运输的时效出发，为减少货主仓储费，避免海关滞报金，应该尽早、尽快、妥善地通知货主到货情况，提请货主配齐有关单证，尽快报关。

5）制单与报关

制单指按海关要求，依据运单、发票、装箱单及证明货物合法进口的有关批准文件。

进口报关是进口货物运输中的关键环节，货运代理人必须按照规定办理报关。

6）发货与收费

办完报关、报验等进口手续后，货主须凭盖有海关放行章、报验章（进口药品须有药品检验合格章等）的进口提货单到所属监管仓库付费提货。

仓库发货时，须检验提货单据上各类报关、报验章是否齐全，并登记提货人的单位、姓名、身份证号以确保发货安全。

保管员发货时，须再次检查货物外包装情况，遇有破损、短缺，应向货主作出交代。

对分批到达的货物，应收回原提货单，出具分批到达提货单，待后续货物到达后，即通知货主再次提取；对航空公司责任的破损、短缺情况，应由航空公司签发商务记录；对货运代理公司责任的破损、短缺情况，应由代理公司签发商务记录；遇有货代公司责任的破损事项，应尽可能同货主、商检单位立即在仓库做商品检验，确定货损程序，要避免后面运输中加剧货损。

发货时，应协助货主装车，尤其遇有货物超大超重，件数较多的情况时，应指导货主（或提货人）合理安全装车，以提高运输效率，保障运输安全。

货运代理公司仓库在发货物前，一般先将费用收妥。

收费内容有：到付运费及垫付佣金；单证、报关费；仓储费（含冷藏、冷冻、危险品、贵重品特殊仓储费）；装卸、铲车费；航空公司到港仓储费；海关预录入、检验检疫报验等代收付费用；关税及垫付佣金。

除了每次结清提货的费用外，经常性的货主可与货运代理公司签订财务付费协议，实施先提货、后付款，按月结账的付费方法。

7)送货与转运

出于多种因素(或考虑便利,或考虑节省费用,或考虑动力所限),许多货主或国外发货人要求将进口到达货物由货运代理人报关,垫税,提货后运输到直接收货人手中。货运代理公司在代理客户制单、报关、垫税、提货、运输的一揽子服务中,工作熟练、衔接紧密、服务到位,因而受到货主的欢迎。

送货上门业务主要指进口清关后货物,直接运送至货主单位,运输工具一般为汽车。

转运业务主要指将进口清关后货物转运至内地的货运代理公司,运输方式主要为空运、陆运(汽车、火车)、水运、邮政。

办理转运业务,由内地货运代理公司协助收回相关费用,同时口岸货代公司亦应支付一定比例的代理佣金给内地代理公司。

进口货物转关,是指货物进境后不在进境地海关办理进口报关手续,而运往另一设关地点办理进口海关手续,在办理进口报关手续前,货物一直处于海关监管之下,转关运输亦称监管运输,因为此运输过程置于海关监管之中。

进口货物办理转关运输必须具备下列条件:指运地设有海关机构,或虽未设海关机构,但分管海关同意办理转关运输,即收货人所在地必须设有海关机构,或邻近地区设有分管该地区的海关机构;向海关交验的进境运输单据上列明到达目的地为非首达口岸,需转关运输;运输工具和货物符合海关监管要求,并具有加封条件和装置,海关规定,转关货物采用汽车运输时,必须使用封闭式的货柜车,由进境地海关加封,指运地海关启封。转关运输的单位必须是经海关核准、认可的航空货运代理公司。一般运输企业,尤其是个体运输者,即使拥有货柜车,也不能办理转关运输。

办理转关运输还应遵守海关的其他有关规定,如转关货物必须存放在海关同意的仓库、场所,并按海关规定办理收存、交付手续;转关货物未经海关许可,不得开拆、改装、调换、提取、交付;对海关加封的运输工具和货物,应当保持海关封志完整,不能擅自开启,必须负责将进境地海关签发的关封完整及时交指运地海关,并在海关规定的期限内办理进口手续。

转关手续无论采用飞机运输、汽车运输、火车运输,转关申请人(或货运代理)均要首先向指运地海关申请“同意接收××运单项下进口货物转关运输至指运地”的关封。

办理进口货物转关运输手续时,应向进境地海关递交:指运地海关同意转关运输的关封,转关运输申报单,国际段空运单、发票。

进境地海关审核货运单证同意转关运输后,将货物运单号和指运地的地区代号输入电脑进行核销,并将部分单证留存;将运单、发票、转关货物准备一份装入关封内,填妥关封号加盖验期讫章;在运单正本上加盖放行章;在海关配发给各代理公司的转关登记簿上登记,以待以后收回回执核销;采用汽车转关运输时,还须在海关颁发的货运代理监管运输车辆的“载运海关监管货物车辆登记簿”上登记、待销。

转关货物无论以后采用何种运输方式,无论将货物监管运输至指运地民航监管仓库、货运代理公司监管仓库还是收货人单位,等货物转关进入指运地海关监管之下,指运地海关都应将“转关运输货物准单”回执联填妥,盖章后,寄还给入境地海关核销。货运代理公司再根据转关登记簿上的有关项目,完成整个转关运输程序。

6 报关与国际货运专业英语知识

6.1 业务常用英语

6.1.1 报关常用英语

1. 报关常用单词及词组

ad valorem duty	从税价
ad valorem freight	从税运价
advice of shipment	装运通知,装船通知
air bill of lading	空运提单
air freight	空运费
air waybill	航空运单
airport of destination	目的地
amend	修改
Art. No.	货号
audit	审核,查账
authorized agent	指定的代理人
bill of lading	提单
broken and damaged cargo	残损货物
carriage and insurance paid to	运费、保险费付至目的地
carriage paid to	运费付至目的地
cargo insurance	货物运输保险
Case No.	箱号

certificate of origin	产地证明书
certificate of quality	货物品质证书,质量证书
certificate of quantity	货物数量证明书,数量证书
CFR/Cost and Freight	成本加运费
chargeable weight	计费重量
charges	费用
CIF/Cost Insurance Freight	成本,保险加海运费
clean bill of lading	清洁提单
clearance charge for agency	清关费,代理人收取此费为 CHA
commodity	商品
commodity code	商品编码
compile	编制
consignee	收货人
consignee address	收货人地址
consignor	发货人
consular invoice	领事签证发票,领事发票
country of origin	生产国别,原产国
coverage	保险范围
customs bonded warehouse	海关保税仓库
customs declaration	报关单
customs drawback	海关退税
customs duty rate	关税税率
customs duty	关税
customs entry	进口报关
customs establishment	海关(设关点)
customs formalities	海关报关手续
customs free depot	海关免税仓库
customs house	海关
Customs House Broker	报关行
Customs Import and Export Tariff of the People's Republic of China	中华人民共和国进出口税则
customs import tariff	海关进口税则
customs invoice	海关发票
customs quota	关税配额
customs valuation	海关估价
duty-paid value	完税价格

date of arrival	到达日期
date of delivery	交货日期
date of shipment	装船日期/装运期
delivery order	到港通知
delivered duty paid	完税后交货价
delivered duty unpaid	未完税交货价
delivery alongside the vessel	船边交货
deposit	押金
description	品名,商品名称
dirty bill of lading	不清洁提单
discharging port	卸货港口
document number	文件号码
drawback	退税
duty memorandum	(关税)税款缴款书
duty suspension	暂免关税
entry for warehousing	存仓报单
entry of goods inward	申报进口
entry of goods outward	申报出口
export bill of lading	出口提单
export duty	出口税
export license/export permit	出口许可证
exportation	出口
exporter	出口商
export-processing free zones	加工出口自由(关税)区
export-processing zones	出口加工区
EXW/EX Works	工厂交货价
faulty goods	有缺陷的货物
faulty packing	有缺陷的包装
flight number	航班号码
FAS/Free alongside Ship	装运港船边交货价
FCA/Free Carrier	货交承运人价
FOB/Free on Board	装运港船上交货
freight all kind	各种货品
freight forwarder	货运代理
general rate increase	全面涨价
gross weight	毛重

handling charge	代理费
home consumption	国内消费,内销
house air waybill	航空分运单
import documents	进口单证
import duty	进口税
import entry	进口报关单
import license	进口许可证
import surcharges	进口附加费,进口附加税
importation	进口
importer	进口商
inside sales	内销售
inspection certificate	检验证书
insurance certificate	保险凭证
insurance documents	保险单据
insurance policy	保险单
invoice	发票
Invoice No.	发票编号
invoice value	发票金额
irrevocable credit	不可撤销信用证
landed terms	目的港岸上交货价
Letter of Credit	信用证
levy	征收
loading charges	装货费
maritime bill of lading	海运提单
Marks & No.	唛头及数量
master air waybill	航空主运单
means of transport	运输工具
measurement	尺码
measurement ton	尺码吨(即货物收费以尺码计费)
metric ton	公吨
multimodal transport document	多式联运单据
named bill of lading	记名提单
net weight	净重
no value declared	没有声明价值
no commercial value	无商业价值
non-negotiable bill of lading	不可转让提单

notify	通知人
number of packages	包装件数
over-landed cargo	溢卸货物
over-carried cargo	漏卸货物或溢载货物
packing list	装箱单
packing	包装
pallet	托盘
partial shipment	分批装运
place of origin	产地
poor packing	有缺陷的包装
port of destination	目的地,到达地
port of discharge	卸货港
port of dispatch	发货口岸
port of loading	装货港
port of shipment	起运地
proforma invoice	形式发票
prompt shipment	即刻装船
quantity	数量
quarantine	检疫,检疫处
release	放行,解除监督
refund	退款
Regulations on Import and Export Tariff of the People's Republic of China	中华人民共和国进出口关税条例
verification	检查,核实
review	(法律)复审
sales confirmation	销售确认书
sales contract	销售合同
sales contract no.	销售合同编号
security	担保
shipping order	装货通知
shipment date	装船日期,装运期
shut-out cargo	退关货
shipper	托运人
shipping advice	已装船通知
shipping agent	装运代理人,发货代理人
shipping company	轮船公司

shipping container	船运集装箱
shipping mark	装运唛头,唛头
shipping order	装货单
short-landing certificate	短卸证明书
short-landed cargo	短卸货物
shut-out cargo	退关货物
smuggle	走私,偷运,偷带
supervision	监管,管理
statistics	统计
statute	法规
supervision	监督
The Customs General Administration	海关总署
The Harmonized Commodity Description and Coding System	商品名称及编码协调制度
The State Tariff Commission	国家关税委员会
total	总共
to collect duty	征税
trans-ship	转船,转运
vessel	船舶,飞机
violation	违反,违背
voyage charter	航次租船,简称程租
W/M(Weight or Measurement ton)	即以重量吨或者尺码吨中从高收费

2. 报关常用语句英汉对照

(1)According to the Customs Law, import cargos must be declared to the Customs House within ten days, since the declared arrival date of the conveyance.

根据《海关法》的规定,进口货物必须在运输工具到达口岸前十天向海关申报。

(2)Ships may sink or consignments may be damaged in transit, exchange rates may alter, buyers default or governments suddenly impose an embargo.

船舶可能会沉没,货物在运输中可能受到损坏,汇率可能会变化,买方可能性会背信弃义拒不付款,政府也可能会突然实行禁运。

(3)Be subjected to the levy of Customs Duties on imports or exports.

进出口货物应缴纳关税

(4)duties are short-levied	短征关税
(5)duties are over-levied	溢征关税
(6)apply to Customs for administrative consideration	向海关申请行政审议
(7)file a suit	提出诉讼

(8) The various lots may be cleared from the bonded warehouse and duty paid on them when the company is in a position to begin erecting the entire plant.

公司有能力建起整个工厂时,各批货物交纳海关税后从保税仓库清关提货。

(9) Sorry, you have chosen the wrong channel. You should have chosen the red or green channel, but not this channel for diplomats.

对不起,你走错了通道,应该走大厅里的红色或绿色通道,而不是这个外交免验通道。

(10) Here is my passport / Here it is.

这是我的护照。

(11) How much money do you have with you?

随身携带多少现金?

(12) Do you have anything to declare?

是否有东西申报?

(13) Please give this declaration card to that officer at the exit.

请将这张申报卡交给出口处的官员。

(14) Would you mind to show your identify paper, airway-bill, the declaration forms and the customs covers?

请出示你的证件、运单、申报单和关封。

(15) You can't send your articles now, because the quantity and weight in the airway-bill are different from those in the declaration form.

现在你的物品不能出口,因为这个运单与申报表上的数量和重量不相符。

(16) The articles on this list must be taxed. Please pay the tariff and the bank counter in the declaration hall.

在这张申报表上所列物品必须征税,请到申报大厅的银行柜台交款。

(17) Since the formalities are completed and the instruments are examined, you can go through the Customs.

单证册已办好,设备也核对了,你可以出关了。

(18) You must find a custom agency to finish the customs procedure for you.

你必须找一家报关公司为你办理报关手续。

(19) There are some problems in this declaration form.

这份报关单有些问题。

(20) Please open the cases for inspection.

请开箱接受检查。

(21) Please give me the declaration form and inward processing booking reference handbook.

请给我你的报关单和加工贸易登记手册。

(22) Please amend your declaration form at the customs data centre.

请你到海关数据中心修改报关单。

(23) *Article* 27 of the Customs Law stipulates that "With the permission of the Customs, the consignee of import goods is allowed to inspect the goods or draw samples before lodging their declaration."

《海关法》第 27 条规定:"进口货物的收货人经海关同意,可以在申报前查看货物或提取货样。"

(24) It's urgent to improve the packing.

必须马上改进包装。

(25) Packing charges are excluded in the quoted prices.

包装费用未算在报价中。

(26) To minimize any possible damage, we've packed our goods in the way to suit for long sea-voyage.

为使损失减少到最低限度,我们对货物的包装足以承受长途海运。

(27) Please make an offer indicating the packing.

请报价并说明包装情况。

(28) Please make sure that the goods be protected from moisture.

请保证货物不受潮。

(29) We hope your design and the color will be strongly attractive to the American people.

我们希望你们的设计和颜色对美国人具有巨大吸引力。

(30) This kind of box is not suitable for the transport of the tea sets by sea.

这种箱子不适合装茶具海运。

(31) We would like to know how you will pack the silk shirts.

我们想知道你们如何包装这些真丝衬衫。

(32) Please use normal export containers unless you receive special instructions from our agents.

除非你们收到我方代理的特别指示,否则请用正常出口集装箱。

(33) The crates are charge to you at $5 each if they are not returned to us within two weeks.

如果板条箱两星期内不归还,则每只箱扣罚五美元。

(34) Solid packing and overall stuffing can prevent the cases from vibration and jarring.

坚固的木箱和箱内严密的填充可防止木箱受震、开裂。

(35) Those goods are available in strong wooden drums of 1, 2, 5, 10 and 20 litres.

这些货物分别装入 1、2、5、10、20 升的木桶里。

(36) Fifty-litre carboy would be the most economical size. Carboys may be retained without charge for two months.

50 升的瓶子应是最经济的尺码，这些瓶子可免费保存两个月。

(37) The various items of your order will be packed into bundles of suitable size for shipment.

你们定单上的各种货物被打成各种大小不同的捆儿，以便于运输。

(38) Please keep the cartons to 15kg each and metal-strap all cartons in stacks of 4.

请将每个纸箱重量限制在 15 公斤内，并将每 4 箱一组用铁条儿固定起来。

(39) All measurements of each case must not exceed 1.5m × 1m × 1m.

每只木箱体积不应超过 1.5m × 1m × 1m。

(40) Each single crate is heavily padded and packed with 4 carboys.

每只木条箱内装 4 只大瓶子将空余处填满。

(41) Full details regarding packing and marking must be strictly observed.

请严格遵守包装及商标的细则。

(42) To facilitate carrying, rope or metal handles are indispensable and should be fixed to the boxes.

为便于搬运，绳子或铁把手不可缺少，并将其固定在箱子上。

(43) The whole carton is packed with double straps, each corner of the carton consolidated with metal angles.

纸箱外加了两道箍，每个箱角都用金属角加固。

(44) It's essential to choose the right means of transportation.

选择合适的运输方式很重要。

(45) To ensure faster delivery, you are asked to forward the order by air freight.

为了确保迅速交货，我方要求此订货用空运。

(46) Since we need the goods urgently, we must insist on express shipment.

由于我方急需这批货物，我方坚持使用快递装运。

(47) If the customer requests a carrier other thank truck, he must bear the additional charge.

如果顾客坚持用卡车以外的运输工具，就必须承担额外费用。

(48) The goods will be trans-shipped in Hong Kong.

货物将在香港转船。

(49) There may be some quantity difference when loading the goods, but not more than 5%.

货物装船时可能会有一些数量出入，但不会超过 5%。

(50) To make it easier for us to get the goods ready for shipment, we hope that partial shipment is allowed.

为了便于我方备货装船，希望允许分批发运。

6.1.2 运输常用英语

1. 运输常用英文缩略及词语

A/C	account 计算
ADD. COMM	address commission 订舱佣金,租船佣金
ADV.	advise 通知
AFMT	after fixing main terms 主要(租船)条款确认以后
AGW	all going well (取决于)一切顺利
AM	morning 上午
AMT	amount 金额、数额
APPROX	approximate 大约
ASF	as follows 如下
AUTO	automatic 自动的
AW	air waybill fee 货运单费
BAF	bunker adjustment factor 燃油附加费
BUTC	baltime uniform time charter 统一定期租船合同,"波尔的摩"期租合同
BDI	both dates inclusive 包括首尾两日
BENDS	both ends 装卸港
B/G	bonded goods 保税货物
BIZ	business 业务
BLK	bulk 散装
BLT	built (船舶)建造(年月)
B/N	booking note 托运单
B. RGDS	best regards 致敬,致意(电传尾常用结束语)
BS/L	bills of lading 提单(复)
B. T.	berth terms 班轮条款
CA	Air China 中国国际航空公司
CAF	currency adjustment factor 货币汇率附加费
CBA	cargo booking advance 国际航空货物订舱单
CC	charges collect 运费到付
CCA	cargo charges correction advice 货物运费更改通知
CCIC	China Commodities Inspection Corporation 中国商检总公司
C&D	collected and delivered 运费收讫和货物交毕
C&F	cost and freight 货价加运费
CFS	container freight station 集装箱货运站
CHGES	charges 费用,责任

CI	China Airlines 中华航空公司
CIF&C	cost, insurance, freight and commission 货价加保险费、运费及佣金
CL.	clause 条款、条文
CLP	container load plan 集装箱装箱单
CMI	Committee Maritime International 国际海事委员会
C/P	charter party 租船合同
CO.	company 公司
C/O	certificate of origin 原产地证明书
C. O. D.	cash on delivery 现金交货
COMM.	commission 佣金
CONGEN	conference genbill eral cargo bill of lading 公会杂货提单
CONT	Continent of Europe 欧洲大陆
CORP.	corporation 公司
COSTACO	China Ocean Shipping Tally Company 中国外轮理货总公司
C. P. D.	charterers pay dues 租船人负担税捐
CQD	customary quick despatch 按港口惯常速度快速装卸,不计滞期/速遣费
C. S. C	Container Service Charge 货柜服务费
C. T. L. O.	constructive total loss only 承保推定全损
CUB	cubic 立方
CUFT	cubic feet 立方英尺
CQD	customary quick dispatch 按港口习惯快速装卸
CX	Cathay Pacific Airways 国泰航空公司
CY	container yard 集装箱码堆场
CY/CY	整柜交货(起点/终点)
D206	diesel oil 206 tons 柴油 206 吨
DB	disbursement fee 垫付款手续费,承运人收取此费为 DBC,代理人收取此费为 DBA
DD	dated 日期
D. D. O	dispatch dicharging only 仅在卸货时计算速遣费
DDU	delivered duty unpaid 目的地约定地点交货(未完税)价
DEM	demurrage 滞期费
DEPT	departure (船舶)离港
DEQ	delivered ex quay 目的港码头交货价
DESP	despatch money 速遣费
DEST	destination 目的地(港)

DFL	draft full load 满载吃水装载量
DHD	demurrage and half despatch 滞期费,速遣费为滞期费的一半
DHDWTS	despatch money bends half demurrage and for working time saved at both ends 装卸港口的速遣费均按滞期费的一半,并按节省的工作时间计算
Direct B/L	直达提单
DISCH	discharge 卸货
D. L. O	dispatch loading delivery only 仅在装货时计算速遣费
D/O	delivery order 提货单,也称小提单
DOOR	货主工厂或仓库
DOZ	dozen 打
DP	direct port 直达港
D/R	dock's receipt 场站收据
D. S.	direct surcharge 直航附加费
D. T. A.	definite time of arrival 船舶确切抵港时间
D. W.	dock warrant 码头收货单
DWC	deadweight capacity 受载量
DWT	deadweight tonnage 载重吨
EFF	efficiency 效率
EIR(E/R)	equipment interchange receipt 设备交接单
EIU	even if used 即使用也不计算
ENCL	enclosure or enclosed 附件或所附的
ENG	engine 发动机,(主)机
EQ	equal 等于
EST	estimated 估计的,预计的
ETAD	expected time of arrival and departure (船舶)预计到达和离开时间
ETC	expected time of commencement 预计开始时间
ETCD	estimated time of commencing discharging (船舶)预计开始卸货时间
ETE	estimated time enroute 预计(在海上)航行时间
ETS	estimated time of sailing (船舶)预计开航时间
EXP	export 出口
EXT	extension 电话分机,延长
F	fuel oil 燃油
FAQ	fair average quality 中等货
FC	floating crane 浮吊
FCL	full container load 整箱货

FCA	free carrier 货交承运人
F. D.	free discharge (船方)不负担卸货费用
F. &D.	freight and demurrage 运费和延滞费
FEU	fourty-feet equivalent unit 40 英尺标准箱
FI	free in 船方不负担装货费
F. I. B.	free into bunkers (燃料)交到船上燃料舱价格
FILO	free in and liner out (船方)不负担装货费,但负担卸货费
FIO	free in and out 船方不负担装卸费
FIOST	free in, and out, stowed and trimmed 船方不负担装卸、理舱、平舱费
FLT	full liner terms 全班轮条款
FM	from 从……,来自
F/N	fixture note 订舱确认书
FO	free out 船方不负担卸货费
Foul B/L	不清洁提单
F. P.	floating (oropen) policy 船名未定保险单
F. R. O. F	fire risk on freight 货物火灾险
FT	foot or feet 英尺
F. T.	full terms 全部条款
FWD	forward 前部
FWDET	fresh water draft 淡水吃水
FYI	for your information 供你参考,供你掌握情况
GA	general average 共同海损
GCR	general cargo rate 普通货物运价
GMT	Greenwich Mean Time 格林威治标准时间
GRD	geared 带吊杆的
GRT	gross registered tonnage 总登记吨,简称总吨
HA	hatch 舱口
HATUTC	half time used to count (as laytime) 实际所使用时间的一半应计算(为作业时间)
HO/HA	hold/hatch 货舱、舱口
HRS	hours 小时
HWL	high water level 高潮水位
IATA	International Air Transport Association 国际航空运输协会
I. C. C	Institute Cargo Clauses, London 伦敦协会货物条款(保险)
IMMEDLY	immediately 立即
IMO	International Maritime Organization 国际海事组织

INC. including 包括
INSP inspection inspector 检验,检验员
IPI interior point intermodal 内陆公共点多式联运
IU if used 如果使用
KATT kind attention 请转,请交
KILO(S) kilograms 公斤
KT knot 节
LBP length between perpendiculars (船舶)垂线间高
LCL less container load 拼箱货
LD light diesel 轻柴油
LDT light deadweight 轻载重吨
LH lower hold 底舱
LIFO liner in, free out 船方不负担卸货费但负担装货费
LINER TERMS 班轮条款,即船方负担装卸费
L/L loading list 装货清单
LMPS lump sum 包干费总额
LOA length over all 船舶全长
L. W. lower water 低潮
M. minute, metre 分(钟),米
M/F manifest 载货清单,也称舱单
M. H. W. S. mean high water springs 大潮平均高潮面
M. I. P. marine insurance policy 海险保险单
MLB miniland bridge 小陆桥运输
M. L. W. S. mean low water springs 大潮平均低潮面
MOLOO more or less at owner's option 溢短装由船东选择
MPH miles per hour 海里/小时
M/R mate's receipt 收货单,也称大副收据
M. S motor ship 内燃机船
M/T motor tanker 内燃机油轮
MTO multimodal transport operator 多式联运经营人
MU China Eastern 中国东方航空公司
NRT net registered tonnage 净登记吨位,简称净吨
MTON measurement ton 尺码吨
NDW net deadweight 净载重量
NM nautical mile 海里
N. O. S. not otherwise specified 未列名

NVO	non vessel operator 无船经营人
NVOCC	non-vessel operations common carrier 无船公共承运人或无船承运人
NT. WT.	net weight 净重
NRT	net registered tonnage 净登记吨位,简称净吨
OAP	overage additional premium 老船加保
O. C.	open charter, open cover 货港未定租船合同,预定保险
OCP	overland common point 内陆公共点或陆上公共点运输
OFF	office 办公室,办事处
OFLD	offloaded 卸下,拉货
On board B/L, Shipped B/L	已装船提单
Ovcd	overcarried 漏卸
PCS	pieces 件(复数)
P. D.	port dues 港务费
PICC	People's Insurance Company of China 中国人民保险公司
P. O. D.	paid on delivery 交货时付讫
PP	charges prepaid 运费预付
PPT	prompt loading 即期装船
PSS	peak season surcharge 旺季附加费
Q. C.	quantity at captain'option 数量由船长确定
REF	referring to 提及、参阅
RGDS	regards 致敬,致意(电传尾常用结束语)
ROT	with rerefence to our telex 参阅我方电传
RYL	with reference to your letter 参阅贵方来信
SCR	specific commodity rate 指定商品运价
S. D.	short delivery 短卸
Sea B/L (Master B/L, Ocean B/L, Memo B/L)	海运提单,或称母提单、主提单、船公司提单、备忘提单
SF	stowage factor 货物积载因数
SHEX	sundays, holidays excepted 星期日和节假日除外
SHPR	shipper 托运人,发货人
SINO-TRANS	China National Foreign Trade Transportation Corporation 中国对外贸易运输总公司
SLB	siberian landbridge traffic 西伯利亚大陆桥运输
S/L. C.	sue and labour clause 损害防止条款
SLI	shipper's letter of instruction 空运托运书
SOC	shipper's own container 货主箱

S/O　shipping order 装货单,也称下货纸、关单
SOC　shipper's own container 货主箱
S. O. L　ship owner's liability 船舶所有人的责任义务
S/P　stowage plan,cargo plan 货物积载图,船图
S. R. D.　steamer pays dues 船方负担税金
SPSB　safe port and safe berth 安全港口,安全泊位
SRCC　strike, riots and civil commotion 罢工,暴乱,内乱(险)
S. S.　Suez surcharge 苏伊士运河附加费
SSPD　short shiped 漏(少)装
Stale B/L　过期提单
SU　surface charge 地面运输费
SUBCHARTERER third owner of the same vessel 再租人,三船东
SUBS　substitute 代替
S/W　shipper's weights 发货人提供的重量
SWDFT　salt water draft 海(咸)水吃水
TACT　the air cargo tariff 航空货物运价
TACT Rules　航空货物运价手册
T/C　time charter 定期租船,简称期租
T. C. T.　time charter on trip basis 航次期租船
TD　time of departure 开航时间
TDY　today 今天
TEU　twenty-feet equivalent unit 20 英尺标准集装箱
THC　terminal handling charges 码头作业附加费,或称码头操作费
Through B/L 联运提单
T. L.　total loss 全损
T. P. I　tons per inch 每一英寸吃水吨数
Transhipment B/L 转船提单
TRM　cargo transfer manifest 转运舱单
T/S　transhipment surcharge 转船附加费
U　you 你,你们
ULCC　ultra-large crude carrier 特大型油轮
UTD　upper tweendeck 三层的
V　voyage 航程,航次
VLBC　very large bulk carrier 大型散装船
V. O. P.　value as in original policy 价值如原保险单所载
VSL　vessel 船舶

WCCON	whether customs clearance or not 不管通关与否
WHF	wharf 码头
WICCON	whether in customs clearance or not (船舶)不管通关与否
WIPON	whether in port or not (船舶)不管抵港与否
WL	water line 水线
WOG	without guarantee 没有保证
WPA	with particular average 水渍险
W. R. O.	war risks only 仅保战争险
WTS	working time saved 节省的工作时间
WW	warehouse to warehouse (clause)仓至仓条款(保险)
WWDSHEX	weather working day sundays, holidays excepted 晴天工作日,星期日和节假日除外
YAR	York-Antwerp Rules 约克－安特卫普规则(1974)(共同海损理算规则)

2. 运输常用语句英汉对照

(1) I hope you will be entirely satisfied with this initial shipment.

我希望您能对第一批货感到满意。

(2) Please exercise better care with future shipments.

对今后装运的货,请多加注意。

(3) Can last shipment be duplicated?

上次装运的货能再卖一批吗?

(4) We'll send vessels to pick up the cargo at Huangpu.

我们将派船只在黄埔装运。

(5) We can get preferential duty rates when we ship to the U. S. A.

我们能在货物装运到美国时获得优惠税率。

(6) Can our order of 100 cars be shipped as soon as possible?

我们订的100辆小汽车能尽快装运吗?

(7) The order No. 105 is so urgently required that we have to ask you to speed up shipment.

第105号订单所订货物我们要急用,请你们加快装船速度。

(8) Could you possibly effect shipment more promptly?

你们能不能提前一点交货呢?

(9) Could you do something to advance your shipment?

你们能不能设法提前交货?

(10) If shipment were effected from Hong Kong, we could receive the goods much earlier.

如果在香港交货，我们可以更早些收到货物。

(11) I'm sorry to tell you that we are unable to give you a definite date of shipment for the time being.

很抱歉，现在我们还无法告诉您确切的装船日期。

(12) After shipment, it will be altogether four to five weeks before the goods can reach our retailers.

从交货到零售商收到货物总共需要4至5个星期。

(13) We assure you that shipment will be made no later than the first half of April.

请您放心，我们交货期不会迟于四月份上半月。

(14) We'd better have a brief talk about the loading port.

我们最好能就装运港问题简短地谈一谈。

(15) We are always willing to choose the big ports as the loading ports.

我们总希望用较大的港口作为装运港。

(16) Weather working days, Saturday PM, Sundays, holidays excepted.

晴天工作日，星期六下午、星期天和节假日除外。

(17) He exchanged views on the choice of the unloading port with Mr. Smith.

他和史密斯先生就选择卸货港问题交换了意见。

(18) Sometimes, we have to make a transshipment because there is no suitable loading port in the producing country.

有时因为在生产国找不到合适的装货港，我们不得不转船。

(19) In case of transhipment, we have to pay extra transportation charges.

货物如果转运，我们得多付运费。

(20) There were many vessels in the harbor today.

今天港口有许多船只。

(21) We must have the goods here in September for reshipment.

货物必须九月份到达此地，以便再转运。

(22) Weather working days, Sunday, holidays excepted, unless used.

晴天工作日，星期天和节假日除外，除非已使用。

(23) I'd say the expected delivery date should be by the end of the month.

我得说预定发货日期应该在本月底。

(24) I hope that the goods can be dispatched promptly after you get my L/C.

我希望你们能在收到我方信用证后马上交货。

(25) Shipment can be effected within two or three weeks after receipt of your L/C.

我们在收到你方信用证的两三个星期内就能交货。

(26) You may know that time of delivery is a matter of great importance to us.

您知道交货时间对我们来说很重要。

(27) I'm very sorry, we can't advance the time of delivery.

非常抱歉,我们不能提前交货.

(28) We will take the responsibility of chartering a ship.

我们可以负责租船装运。

(29) 2/3 set of clean shipped on board marine bills of lading, made out to order of shipper and blank endorsed, notify ABC Co., marked "freight prepaid", mentioning destination Rotterdam. "Received for shipment" B/L is not acceptable.

2/3 套清洁的已装船海运提单,做成凭托运人的指示的抬头并空白背书,通知 ABC 公司并注明"运费已付",显示目的港为鹿特丹,不接受备运提单。

(30) Full set of clean on board ocean bill of lading, made out to order and endorsed in blank, evidencing shipment from SHANGHAI to NEW YORK PORT not later than April 20, 2008, marked freight prepaid and notify to the applicant.

整套清洁海运提单,空白抬头、空白背书,从上海港装运到纽约港,不迟于 2008 年 4 月 20 日,标明运费预付,并通知开证人。

(31) Direct bills of lading cover sea shipment directly between port of loading and port of discharge.

直达提单是指货物从装货港受载后,中途不经换船,直接运至目的港卸船并交付货物的提单。

(32) Mate's receipt is subsequently exchanged for the marine bill of lading or sea way bill.

凭大副收据换取海洋提单或海运单。

(33) As a consolidator, the forwarder will provide the service in his own name and issue original House bills of lading.

作为货运代理公司,可以以自己的名义提供货运服务并签发自己的海运提单。

(34) Booking space are performed by the forwarder agent on behalf of the exporter.

货运代理人代理出口商预定舱位。

(35) The B/L、SWB、AWB are the most import documents in international transportation.

海运提单、海运单、航空运单都是国际上主要的运输单证。

(36) When the first original bill of lading being exchanged for Delivery Order to consignee, the others bill of lading are invalid.

当任意一份正本提单用来交换提货单,其他提单自动失效。

(37) Multimodal transport has the advantages such as providing faster transit of goods.

多式联运具有提高运输效率的优点。

(38) Normally the Air Waybill has three originals, namely for Shipper.

通常情况下，航空运单有三份正本，第一份交给托运人。

(39) Only when all the terms in the L/C are consistent with the terms of the sales contract can the exporter proceed to ship the goods.

只有当信用证上的所有条款和销售合同上的条款相一致时，出口商才开始装运货物。

(40) B/L showing invoice value, unit price, trade terms, contract No., proforma invoice No., and No. of this L/C unacceptable.

提单上不得显示发票金额、单价、价格术语、合同号码、形式发票号码和信用证号码。

6.2 世界主要国家的港口和货币

6.2.1 世界主要国家的港口

港口名称	中译名	所属国家或地区
Aalborg	奥尔堡	丹麦
Aarhus	奥尔胡斯	丹麦
Abadan	阿巴丹	伊朗
Abu Dhabi	阿布扎比	阿联酋
Acapulco	阿卡普尔科	墨西哥
Accra	阿克拉	加纳
Adelaide	阿得雷德	澳大利亚
Aden	亚丁	也门
Alesund	奥勒松	挪威
Alexandria	亚历山大	埃及
Amsterdam	阿姆斯特丹	荷兰
Anacortes	安娜柯蒂斯	美国
Ancona	安科纳	意大利
Annaba	安纳巴	阿尔及利亚
Antofagasta	安托法加斯塔	智利
Antwerp	安特卫普	比利时
Apapa	阿帕帕	尼日利亚
Aqaba	亚喀巴	约旦
Arica	阿里卡	智利
Athens	雅典	希腊

Auckland	奥克兰	新西兰
Augusta	奥古斯塔	美国
Avonmouth	埃文茅思	英国
Bahia Blanca	布兰卡港	阿根廷
Bahrain	巴林岛	巴林
Bandar Abbas	阿巴斯港	伊朗
Bandar Khomeini	霍梅尼	伊朗
Bangkok	曼谷	泰国
Barcelona	巴塞罗那	西班牙
Barranquilla	巴兰基利亚	哥伦比亚
Barrow	巴罗	英国
Barry	巴里	英国
Basra	巴士拉	伊拉克
Bassein	勃生	缅甸
Beirut	贝鲁特	黎巴嫩
Belawan	勿拉湾	印度尼西亚
Belfast	贝尔法斯特	英国
Belize	伯利兹	伯利兹
Benghazi	班加西	利比亚
Berbera	伯贝拉	索马里
Bergen	卑尔根	挪威
Bilbao	毕尔巴鄂	西班牙
Birkenhead	伯肯黑德	英国
Bombay	孟买	印度
Bordeaux	波尔多	法国
Boston	波士顿	美国(英国有同名港口)
Bourgas	布尔加斯	保加利亚
Brest	布雷斯特	法国
Brindisi	布林迪西	意大利
Brisbane	布里斯班	澳大利亚
Bristol	布里斯托尔	英国
Brunei	文莱	文莱
Bruseel	布鲁塞尔	比利时
Buenaventura	布埃纳文图拉	哥伦比亚
Buenos Aires	布宜诺斯艾利斯	阿根廷

Buffalo	布法罗	美国
Bunbury	邦伯里	澳大利亚
Bushire	布什尔	伊朗
Butterworth	巴特沃思	马来西亚
Cadiz	卡的斯	西班牙
Calcutta	加尔各答	印度
Callao	卡亚俄	秘鲁
Cambridge	坎布里奇	美国
Cam Pha	锦普	越南
Cape Town	开普敦	南非
Caracas	加拉加斯	委内瑞拉
Cardiff	加的夫	英国
Cartagena	卡塔赫纳	哥伦比亚(西班牙有同名港口)
Cebu	宿务	菲律宾
Ceuta	休达	西班牙
Chalna	查尔纳	孟加拉
Charleston	查尔斯顿	美国
Charlotte Amalie	夏洛特阿马利亚	维尔京群岛(美属)
Cheribon	井里文	印度尼西亚
Chiba	千叶	日本
Chicago	芝加哥	美国
Chittagong	吉大港	孟加拉
Chris Church	克赖斯特彻奇	新西兰
Christiansted	克里斯琴斯特德	维尔京群岛(美属)
Churchill	丘吉尔港	加拿大
Cienfuegos	西恩富戈斯	古巴
Cleveland	克利夫兰	美国
Cochin	科钦	印度
Colchester	科尔切斯特	英国
Colombo	科伦坡	斯里兰卡
Colon	科隆	巴拿马
Constantsa	康斯坦萨	罗马尼亚
Copenhagen	哥本哈根	丹麦
Corinto	科林托	尼加拉瓜
Cork	科克	爱尔兰

Cotonou	科托努	贝宁
Cristobal	克里斯巴尔	巴拿马
Croatia	克罗地亚	克罗地亚
Crua Grande	克鲁斯格兰德	智利
Dacca	达卡	孟加拉
Damman	达曼	沙特阿拉伯
Da Nang	岘港	越南
Darwin	达尔文	澳大利亚
Detroit	底特律	美国
Djakarta(Jakarta)	雅加达	印度尼西亚
Doha	多哈	卡塔尔
Douala	杜阿拉	喀麦隆
Dover	多佛尔	英国
Dubai	迪拜	阿联酋
Dublin	都柏林	爱尔兰
Dunedin	达尼丁	新西兰
Dunkirk	敦刻尔克	法国
Durban	德班	南非
Durres	都拉斯	阿尔巴尼亚
Dusseldorf	杜塞尔多夫	德国
East London	东伦敦	南非
Ensenada	恩塞纳尔	墨西哥
Felixstowe	费力克斯托	英国
Fleetwood	弗利特伍德	英国
Frankfurt	法兰克福	德国
Freemanfle	弗里曼特尔	澳大利亚
Fukuoka	福冈	日本
Garston	加斯顿	英国
Gdynia	格丁尼亚	波兰
Gelaka	杰拉	意大利
Geneva	日内瓦	瑞士
Ghent	根特	比利时
Gijon	希洪	西班牙
Glasgow	格拉斯哥	英国
Gothenburg	哥德堡	瑞典
Grangemouth	格兰杰默斯	英国

Grays Harbor	格雷斯	美国
Grimsby	格里姆斯比	英国
Guaymas	瓜伊马斯	墨西哥
Gwadur	瓜达尔	巴基斯坦
Haifa	海法	以色列
Hai Phong	海防	越南
Hakodate	函馆	日本
Halifax	哈利法克斯	加拿大
Halmstad	哈尔姆斯塔德	瑞典
Hamburg	汉堡	德国
Hamilton	哈密尔顿	百慕大群岛(加拿大有同名港口)
Hamina	哈米纳	芬兰
Hanoi	河内	越南
Haugesund	豪格松	挪威
Havana	哈瓦那	古巴
Helsinsborg	赫尔辛堡	瑞典
Helsingor	赫尔辛格	丹麦
Helsinki	赫尔辛基	芬兰
Hiroshima	广岛	日本
Ho Chi Minh City	胡志明市(西贡)	越南
Hobart	霍巴特	澳大利亚
Hodeida	荷台达	也门
Hongay	鸿基	越南
Hong Kong	香港	中国
Honiara	霍尼亚拉	所罗门群岛
Honolulu	火奴鲁鲁(檀香山)	美国
Houston	休斯敦	美国
Hull	赫尔	英国
Hungnam	兴南	朝鲜
Immingham	伊明翰	英国
Inchon	仁川	韩国
Iquique	伊基克	智利
Iskenderun	伊斯肯德伦	土耳其
Istanbul	伊斯坦布尔	土耳其
Izmir	伊兹密尔	土耳其
Jakarta	雅加达	印尼

Jiddah(Jeddah)	吉达	沙特阿拉伯
Jilong	基隆	中国
Jogjakarta	日惹	印度尼西亚
Johore Bahru	柔佛巴鲁	马来西亚
Kagoshima	鹿儿岛	日本
Kakinada	卡基纳达	印度
Kalama	卡拉玛	美国
Kaliningrad	加里宁格勒	俄罗斯
Karachi	卡拉奇	巴基斯坦
Kawasaki	川崎	日本
Kemi	盖密	芬兰
Kholmsk	霍尔姆斯克	俄罗斯
Khorramshahr	霍拉姆沙赫尔	伊朗
Kiel	基尔	德国
Kingston	金斯敦	牙买加
Kismayu	基斯马尤	索马里
Kitakyushu	北九州	日本
Kobe	神户	日本
Kompong Som	磅逊	柬埔寨
Kota Kinabalu	亚庇(哥基纳巴卢)	马来西亚
Kotka	科特卡	芬兰
Kuching	古晋	马来西亚
Kure	吴港	日本
Kuwait	科威特	科威特
Labuan	拉布安(纳闽)	马来西亚
Lagos	拉各斯	尼日利亚
La Guaira	拉瓜伊拉	委内瑞拉
Lancaster	兰开斯特	英国
La Paz	拉巴斯	玻利维亚
La Plata	拉普拉塔	阿根廷
La Spezia	拉斯佩齐亚	意大利
Latakia	拉塔基亚	叙利亚
Launceston	朗塞斯顿	澳大利亚
Leghorn	来亨	意大利
Livorno	里窝那	意大利

Le Havre	勒阿弗尔	法国
Leningrad	列宁格勒	俄罗斯
Lisbon	里斯本	葡萄牙
Liverpool	利物浦	英国
Lome	洛美	多哥
London	伦敦	英国
Londonderry	伦敦德里	英国
Long Beach	长滩	美国
Los Angeles	洛杉矶	美国
Lowestoft	洛斯托夫特	英国
Lubeck	吕贝克	德国
Lyttelton	利特尔顿	新西兰
Macao	澳门	中国
Madras	马德拉斯	印度
Mahe	马希	印度
Majunga	马任加	马达加斯加
Makasar	望加锡	印尼
Malacca	马六甲	马来西亚
Malaga	马拉加	西班牙
Malmo	马尔默	瑞典
Malta	马尔他	马耳他
Manchester	曼彻斯特	英国
Manila	马尼拉	菲律宾
Manzanillo	曼萨尼略	墨西哥(古巴有同名港口)
Maracaibo	马拉开波	委内瑞拉
Mardel Plata	马德普拉塔	阿根廷
Marseilles	马赛	法国
Matadi	马塔迪	扎伊尔
Melbourne	墨尔本	澳大利亚
Menado	万鸦老	印度尼西亚
Messina	墨西拿	意大利
Miami	迈阿密	美国
Middlesbrough	米德尔斯布勒	英国
Midland	米德兰	加拿大
Miri	米里	马来西亚

Mobile	莫比尔	美国
Mogadiscio	摩加迪沙	索马里
Moji	门司	日本
Mokha	穆哈	也门
Mokpo	木浦	韩国
Mombasa	蒙巴萨	肯尼亚
Monrovia	蒙罗维亚	利比里亚
Montevideo	蒙特维的亚	乌拉圭
Montreal	蒙特利尔	加拿大
Moulmein	毛淡棉	缅甸
Mukalla	木卡拉	也门
Mumbai	孟买	印度
Murmansk	摩尔曼斯克	俄罗斯
Muscat	马斯喀特	阿曼
Mutsamudu	穆察穆杜	科摩罗
Nagasaki	长崎	日本
Nagoya	名古屋	日本
Naha	那霸	日本
Nakhodka	纳霍德卡	俄罗斯
Nampo	南浦	朝鲜
Nantes	南特	法国
Napier	纳皮尔	新西兰
Naples(Napoli)	那不勒斯(那波利)	意大利
New Castle	纽卡斯尔	英国 (美国、加拿大、澳大利亚有同名港口)
New Orleans	新奥尔良	美国
New Plymouth	新普利默斯	新西兰
Newport	纽波特	英国(美国有同名港口)
New York	纽约	美国
Nicosia	尼科西亚	塞浦路斯
Norfolk	诺福克	美国
Oakland	奥克兰	美国
Odessa	敖德萨	乌克兰
Oran	奥兰	阿尔及利亚
Osaka	大阪	日本
Oslo	奥斯陆	挪威

Otaru	小樽	日本
Oulu	奥鲁	芬兰
Owendo	奥文多	加蓬
Padang	巴东	印度尼西亚
Palembang	巨港	印度尼西亚
Panama City	巴拿马城	巴拿马
Paramaribo	帕拉马里博	苏里南
Paranagua	巴拉那瓜	巴西
Penang	槟城	马来西亚
Perth	珀斯	澳大利亚(美国有同名港口)
Philadedlphia	费拉德尔菲亚(费城)	美国
Phnom Penh	金边	柬埔寨
Pietsarsaari	彼太萨立	芬兰
Piraeus	比雷埃夫斯	希腊
Pondicherry	本地治里	印度尼西亚
Pontianak	坤甸	印度尼西亚
Pori	波里	芬兰
Port Adelaide	阿德雷德港	澳大利亚
Port au Prince	太子港	海地
Port Elizabeth	伊丽莎白港	南非
Port Harcourt	哈科特港	尼日利亚
Port Kelang	巴生港	马来西亚
Port Kembla	肯布兰	澳大利亚
Porto Novo	波多诺伏	贝宁
Port Said	塞得港	埃及
Portsmouth	朴次茅斯	英国(美国有同名港口)
Port Stanley	斯坦利港	福克兰群岛
Port Sudan	苏丹港	苏丹
Priolo	碎利洛	意人利
Puerto Cabello	卡贝略港	委内瑞拉
Punta Arensa	彭塔阿雷纳斯	智利
Pusan(Busan)	釜山	韩国
Quebec	魁北克	加拿大
Raahe	腊黑	芬兰
Rabat	拉巴特	摩洛哥

RaNgoon	仰光	缅甸
Ravenna	拉文纳	意大利
Recife	累西腓	巴西
Reykjavik	雷克雅未克	冰岛
Rijeka	里耶卡	克罗地亚
Rio de Janeiro	里约热内卢	巴西
Rio Grande	里奥格兰德	巴西
Rostock	罗斯托克	德国
Rotterdam	鹿特丹	荷兰
Sabang	沙璜	印度尼西亚
Salerno	萨累诺	意大利
Salvador	萨尔瓦多	巴西
Sandakan	山打根	马来西亚
San Diego	圣迭戈	美国
San Francisco	旧金山	美国(巴西有同名港口)
Sall Jose	圣何塞	美国
San Juan	圣胡安	波多黎各 (秘鲁、阿根廷有同名港口)
San Juan del Sur	南圣胡安	尼加拉瓜
Sall Lorenzo	圣洛伦索	阿根廷
Santa Cruz del Sur	南圣克鲁斯	古巴
Santander	桑坦德	西班牙
Santos	圣多斯	巴西
Savannah	萨凡纳	美国
Seattle	西雅图	美国
Semarang	三宝垄	印度尼西亚
Sete	塞特	法国
Sharjah	沙加	阿联酋
Sibu	诗巫	马来西亚
Silloth	锡洛斯	英国
Singapore	新加坡	新加坡
Southampton	南安普敦	英国
Split	斯普利特	波黑共和国
Stavanger	斯塔万格	挪威
St. Georges	圣乔治	百慕大群岛
St. John	圣约翰	加拿大

St. Lawrence	圣劳伦斯	加拿大
Stockholm	斯德哥尔摩	瑞典
Stockton	斯托克顿	美国
St. Thomas	圣托马斯	维尔京群岛(美属)
Suez	苏伊士	埃及
Sur	苏尔	黎巴嫩
Surabaya	泗水	印度尼西亚
Suva	苏瓦	斐济
Swansea	斯旺西	英国
Sydney	悉尼	澳大利亚
Szczecin	什切青	波兰
Tabaco	塔巴科	菲律宾
Tacoma	塔科马	美国
Takoradi	塔科拉迪	加纳
Tallin	塔林	爱沙尼亚
Tamatave	塔马塔夫	马达加斯加
Tampico	坦皮科	墨西哥
Tandjungpriok	丹戎不碌	印度尼西亚
Tanga	坦噶	坦桑尼亚
Tangier	丹吉尔	摩洛哥
Tarawa	塔拉瓦	基里巴斯
Tarragona	塔腊戈纳	西班牙
Tawau	斗湖	马来西亚
Tel Aviv	特拉维夫	以色列
Tema	特马	加纳
Thessaloniki	塞色勒狄克	希腊
Tjirebon	井里汶	印度尼西亚
Tokyo	东京	日本
Tornio	托尔尼奥	芬兰
Toronto	多伦多	加拿大
Toulon	土伦	法国
Trieste	德里雅斯特	意大利
Trincomalee	亭可马里	斯里兰卡
Tumaco	图马科	哥伦比亚
Truku	图尔库	芬兰
Umm Said	乌姆赛义德	卡塔尔

Ust-Luga	乌斯特－鲁戈	俄罗斯
Valencia	巴伦西亚	西班牙
Valona	发罗拉	阿尔巴尼亚
Valparaiso	瓦尔帕莱索	智利
Vancouver	温哥华	加拿大(美国有同名港口)
Varna	瓦尔纳	保加利亚
Vasa	瓦沙	芬兰
Venice	威尼斯	意大利
Victoria	维多利亚	喀麦隆 (加拿大、巴西、几内亚、智利、马耳他、塞舌尔群岛有同名港口)
Vigo	维哥	西班牙
Visby	维斯比	瑞典
Vladivostok	海参崴	俄罗斯
Vostochny	东方港	俄罗斯
Wallhamn	瓦尔汉姆	瑞典
Wellington	惠灵顿	新西兰
Whitby	惠特比	英国
Willmington	威尔明顿	美国
Wismar	维斯马	德国
Wonsan	元山	朝鲜
Yalta	雅尔塔	俄罗斯
Yokohama	横滨	日本
Zeebrugge	泽布勒赫	比利时

6.2.2 世界主要国家的货币

1. 亚洲

国家或地区		货币单位名称	
英文	中文	英文	中文
Afghanistan	阿富汗	Afghani	阿富汗尼
Brunei	文莱	Dollar	文莱元
Burma	缅甸	Kyat	缅元
Cambodia	柬埔寨	Riel	瑞尔
Ceylon	锡兰	Rupee	锡兰卢比
Cyprus	塞浦路斯	Pornd	塞浦路斯镑
China	中国	Renminbi	人民币元
Hongkong	中国香港	H. K. Dollar	港元

India	印度	Rupee	印度卢比
Indonesia	印度尼西亚	Rupiah	印尼卢比
Iran	伊朗	Rial	伊朗里亚尔
Iraq	伊拉克	Dinar	伊拉克第纳尔
Israel	以色列	Pound	以色列镑
Japan	日本	Yen	日元
Jordan	约旦	Dinar	约旦第纳尔
Korea	韩国	Won	圆
Kuwait	科威特	Dinar	科威特第纳尔
Laos	老挝	Kip	基普
Lebanon	黎巴嫩	Pound	黎巴嫩磅
Macao	澳门	Pataca	澳门元
Malaysia	马来西亚	Dollar	马来西亚元
Nepal	尼泊尔	Rupee	尼泊尔尔卢比
Pakistan	巴基斯坦	Rupee	巴基斯坦卢比
Philippines	菲律宾	Peso	菲律宾比索
Saudi Arabia	沙特阿拉伯	Riyal	沙特里亚尔
Singapore	新加坡	Dollar	新加坡元
Syria	叙利亚	Pound	叙利亚镑
Thailand	泰国	Baht	泰铢
Vietnam	越南	Piastre	越南盾

2. 欧洲

国家或地区		货币单位名称	
英文	**中文**	**英文**	**中文**
Albania	阿尔巴尼亚	Lek	列克
Austria	奥地利	Shilling	奥地利先令
Belgium	比利时	Franc	比利时法郎
Bulgaria	保加利亚	Lev(a)	保加利亚列弗
Denmark	丹麦	Krone(r)	丹麦克郎
Finland	芬兰	Markka	芬兰马克
France	法国	Franc	法国法郎
Germany	德国	Mark	德国马克
Great Britain	英国	Pound	英镑
Greece	希腊	Drachma	希腊德拉克马
Hungary	匈牙利	Forint	匈牙利福林
Iceland	冰岛	Kronar	冰岛克郎

Ireland	爱尔兰	Pound	爱尔兰镑
Italy	意大利	Lira(lire)	意大利里拉
Luxembourg	卢森堡	Franc	卢林堡法郎
Malta	马耳他	Lira	马尔他里拉
Netherlands	荷兰	Guilder	荷兰盾
Norway	挪威	krone(r)	挪威克郎
Poland	波兰	Zloty	波兰兹罗提
Portugal	葡萄牙	Escudo	葡萄牙埃斯库多
Romania	罗马尼亚	Leu(lei)	罗马尼亚列伊
Spain	西班牙	Pesetas	西班牙比塞塔
Sweden	瑞典	Krona(Kronor)	瑞典克郎
Switzerland	瑞士	Swiss Franc	瑞士法郎
Turkey	土耳其	Lira	土耳其里拉
Russia	俄罗斯	Ruble	卢布
Yugoslavia	南斯拉夫	Dinar	南斯拉夫第纳尔

3. 美洲

国家或地区		货币单位名称	
英文	**中文**	**英文**	**中文**
Argentina	阿根廷	Peso	阿根廷比索
Bolivia	玻利维亚	Peso	玻利维亚比索
Brazil	巴西	Cruzeirro	巴西克鲁赛罗
Canada	加拿大	Dollar	加拿大元
Chile	智利	Peso	智利比索
Colombia	哥伦比亚	Peso	哥伦比亚比索
Cuba	古巴	Peso	古巴比索
Ecuador	厄瓜多尔	Sucre	苏克雷
Jamaica	牙买加	Dollar	牙买加元
Mexico	墨西哥	Peso	墨西哥比索
Nicaragua	尼加拉瓜	Cordoba	尼加拉瓜科多巴
Panama	巴拿马	Balboa	巴拿马巴波亚
Peru	秘鲁	Sol	秘鲁索尔
Trinidad &Tobago	特立尼达和多马哥	Dollar	特立尼达和多巴哥元
USA	美国	Dollar	美元
Uruguay	乌拉圭	Peso	乌拉圭新比索
Venezuela	委内瑞拉	Bolivar	委内瑞拉博利瓦

4. 非洲

国家或地区		货币单位名称	
英文	中文	英文	中文
Algeria	阿尔及利亚	Dinnar	阿尔及利亚第纳尔
Angola	安哥拉	Escudo	埃斯库多
Congo	刚果	CFA-Fr	中非金融合作法郎
Egypt	埃及	Pounds	埃及镑
Ethiopia	埃塞俄比亚	Ethiopia Birr	埃塞俄比亚比尔
Gabon	加蓬	CFA-Fr	中非金融共同体法郎
Kenya	肯尼亚	Shilling	肯尼亚先令
Liberia	利比里亚	Kollar	利比进而亚元
Libya	利比亚	Dinar	利比亚第纳尔
Madagascar	马达加斯加	Franc	马达加斯加法郎
Mali	马里	Franc	非洲金融共同体法郎
Mauritania	毛里塔尼亚	Ouguya	毛里塔尼亚乌吉亚
Mauritius	毛里求斯	Ruppe	毛里求斯卢比
Morocco	摩洛哥	Dirham	摩洛哥迪拉姆
Nigeria	尼日利亚	Naira	尼日利亚奈拉
Rwanda	卢旺达	Franc	卢旺达未能郎
Senegal	塞内加尔	CFA-Fr	非洲金融共同体法朗
Somalia	索马里	Comali-Shilling	索马里先令
South Africa	南非	rand	南非兰特
Sudan	苏丹	Pound	苏丹镑
Tanzania	坦桑尼亚	Shilling	坦桑尼亚先令
Tunisia	突尼斯	Dinar	突尼斯第纳尔
Uganda	乌干达	Shilling	乌干达先令
Zambia	赞比亚	Kwacha	赞比亚克瓦查

5. 大洋洲

国家或地区		货币单位名称	
英文	**中文**	**英文**	**中文**
Australia	澳大利亚	Dollar	澳大利亚元
Fiji	斐济	Dollar	斐济元
New Zealand	新西兰	Dollar	新西兰元

7 习题

7.1 基础知识考核

7.1.1 国际货物运输单证知识考核

一、单项选择

1.《国际货物托运书》作为填开航空货运单的依据,按规定应由(　　)填写,(　　)应在托运书上签字或盖章。

A. 代理人,托运人　B. 代理人,代理人　C. 托运人,代理人　D. 托运人,托运人

2. 一批货物估计于 2009 年 5 月 28 日可以备妥并装箱,托运人应至少在开船前提前(　　)天委托货运代理订舱,以便于 5 月 31 日上船。

A. 1 天　　B. 2 天　　C. 3 天　　D. 5 天

3. 香港客商向上海天红供应商采购货物,买卖双方约定贸易术语"FOB 香港",实际上,香港客商要求海运至美国纽约,从上海至纽约的运费由香港客商承担。海运托运单上对运费的表示应为(　　)。

A. Freight Prepaid　　B. Freight Collect

C. Freight Prepayable　　D. Freight Collectable

4. 按照有关规定,托运一票货而有不同包装种类,托运单中的件数和包装种类应填写合计总件数,包括合计件数和包装种类总称,该包装种类总称用 (　　)。

A. Cartons　　B. Pieces　　C. Packages　　D. Pallets

5. (　　)在海关放行后,被海关盖上"放行章",据此联,船公司才可以将货物装上船。

A. 第二联船代留底　　B. 第五联装货单

C. 第七联场站收据　　　　　　　　D. 第九联配舱回单

6. 提单签发日期为2009年4月3日，信用证有效期规定为2009年4月27日。请问最迟的交单议付有效期为(　　)。

A. 4月3日　　B. 4月14日　　C. 4月24日　　D. 4月27日

7. 出口商在货物装船取得提单后未能及时到银行议付，该提单将成为(　　)。

A. 顺签提单　　B. 待运提单　　C. 过期提单　　D. 预借提单

8. 一批货物于2009年4月10日开始装船，并于同月12日全部装上船，同日船舶开航。问：如果在同月11日应托运人要求，承运人签发的已装船提单通常称之为(　　)。

A. 倒签提单　　B. 顺签提单　　C. 预借提单　　D. 待运提单

9. 经过背书才能转让的提单是(　　)。

A. 转船提单　　B. 指示提单　　C. 记名提单　　D. 不记名提单

10. 各种运输单据中，能同时具有货物收据、运输合同和物权凭证作用的是(　　)。

A. 铁路运单　　B. 航空运单　　C. 海运提单　　D. 海运单

11. 证明海上货物运输合同和货物已经由承运人接收或装船，以及承运人保证据以交付货物的单证是(　　)。

A. 提单　　B. 大副收据　　C. 场站收据　　D. 海运单

12. 海运提单的抬头是指提单中的(　　)。

A. 发货人　　B. 收货人　　C. 通知人　　D. 标题

13. 根据《UCP600》，受益人提交提单到银行议付应在规定期限内，超过提单签发日期后21天交到银行的提单称为(　　)。

A. 过期提单　　B. 倒签提单　　C. 不清洁提单　　D. 转船提单

14. 航空货运单一般有3联正本，分别为正本1交(　　)人，正本2交(　　)人，正本3交(　　)人。

A. 托运人，收货人，开单人　　　　B. 托运人，开单人，收货人

C. 开单人，托运人，收货人　　　　D. 开单人，收货人，托运人

15. 提单上记载SLAC(Shipper's Load and Count)是保护(　　)的利益。

A. 托运人　　B. 船公司　　C. 收货人　　D. 船务代理

16. 在国际海上集装箱货物运输中，当货运代理人取得集装箱设备交接单，但在提取空箱前，设备交接单中通常不会记载哪一项内容(　　)。

A. 用箱人的名称　　　　B. 集装箱箱号

C. 提取空箱的地点　　　　D. 集装箱尺寸、类型

17. 在航空运输中，承运人之间交接货物、文件的凭证是(　　)。

A. 分运单　　B. 主运单　　C. 舱单　　D. 转运舱单

18. (　　)在海上货物运输实践中也被称为“下货纸”。

A. 提单　B. 装货单　C. 收货单　D. 提货单

19. 我国国际航空货运单，代理人持有(　　)。

A. 正本 3　B. 副本 6　C. 副本 9　D. 正本 1

20. 提单在签发人与发货人之间是 (　　)。

A. 初步证据　B. 运输合同　C. 最终证据　D. 运输合同证明

二、多项选择

1. 按照航空公司有关规定，(　　)在托运时，不得办理运费到付。

A. 无价样品　B. 货价超过 10 万美金货物

C. 报纸　D. 活动物

2. 出口货物托运人缮制《国际货物托运委托书》的依据是(　　)。

A. 外销出仓单　B. 信用证　C. 销售合同　D. 配舱回单

3. 按照有关规定，托运人与航空公司交接的主要单据有(　　)。

A. 盖有海关放行章的总运单　B. 有托运人盖章签名的分运单

C. 随机信袋　D. 正本托运单

4. 根据《UCP600》，在出口业务中，卖方可以凭以结汇的装运单据有(　　)。

A. 海运提单　B. 不可转让海运单

C. 租船提单　D. 空运单

5. 提单按收货人一栏内的不同记载，可以分为(　　)。

A. 记名提单　B. 指示提单　C. 不记名提单　D. 海运单

6. 提单背书一般分为(　　)。

A. 记名背书　B. 指示背书　C. 空白背书　D. 任意背书

7. 托运人在航空货物已起飞，但收货人尚未提货前，可以对货运单上除(　　)内容以外的其他各项向承运人提出更改。

A. 运价　B. 航空运费　C. 声明价值　D. 保险金额

8. 租船提单必须由(　　)签发或证实。

A. 船长　B. 船东　C. NVOCC　D. 船东代理人

9. 提单中的发货人(Shipper)一栏内通常可以记载(　　)。

A. 销售合同下的供应商　B. 代表供应商与承运人签订合同的人

C. 将货物交给承运人的人　D. 与托运人订立合同的人

10. 一张航空运单可以用于一个托运人在(　　)托运的由承运人运往同一目的站的同一收货人的一件或多件货物。

A. 同一时间　B. 同一地点　C. 不同一时间　D. 不同一地点

11. 承运人凭保函签发清洁提单所带来的风险有(　　)

A. 承运人不能以保函对抗善意第三人

B. 承运人可能丧失责任限制的权利

C. 船东保赔协会通常不负责给予赔偿

D. 向托运人追偿也比较困难

12. 对于待运提单，下列描述正确的是(　　)。

A. 提单没有明确的装船日期

B. 提单不注明船名

C. 提单没有签发日期

D. 在跟单信用证支付方式下，银行一般不接受

13. 海运提单的作用包括(　　)。

A. 它是海运单据的唯一表现形式

B. 它是承运人或其代理人出具的货物收据

C. 它是代表货物所有权的凭证

D. 它是承运人与托运人之间订立的运输契约的证明

14. 关于集装箱装箱单的表述，正确的是(　　)

A. 货运站缮制　　B. 一个集装箱一套装箱单

C. 处理货损索赔事故原始单证之一　　D. 只有拼箱货装箱时使用该单证

15. 在使用提单的正常情况下，收货人要取得提货的权利，必须(　　)

A. 将全套提单交回承运人　　B. 将任一份正本提单交回承运人

C. 提单不须正确背书　　D. 付清应支付的费用

三、判断题

1. 运输合同证明和托运委托合同证明是相同的两个合同证明，合同的当事人和文件特征都是相同的。(　　)

2. 在支付条款 FOB、CIF、CFR 的情况下，我方出口商都可以自行确定信得过的货运代理，办理出口货物托运手续。(　　)

3. 空运托运单与海运托运单一样，应按照合同或信用证来缮制。如果合同规定收货人为"To Order"，则空运托运单上的收货人应显示为"To Order"。(　　)

4. 托运单中的商品名称必须符合信用证或合同规定，并与实际货物名称一致，但是可以与商品规格型号或品牌不一致。(　　)

5. 如果我方取得的提单日期是 3 月 5 日，而保险单的日期是 3 月 8 日，不会影响我方安全迅速地收汇。(　　)

6. 航空主运单的发货人栏和收货人栏列明的是真正的托运人和收货人。(　　)

7. 空白抬头的提单是指在提单的收货人栏内没有指明任何收货人的提单。(　　)

8. 若杂货班轮在目的港的交货实际数量少于 B/L 记载数量，其短少损失应由承运人赔偿。(　　)

9. 倒签提单是指货物尚未装船，货主与船方勾结，由船方签发出来的提单。(　　)

10. 记名提单比不记名提单风险大，故很少使用。（ ）

11. 海运提单、海运单和航空运单都属于物权凭证，均可通过背书转让。（ ）

12. 承运人在发货人和收货人两份保函前提下签发倒签提单，不承担欺骗行为的责任。（ ）

13. 大副收据是货物装上船后，由承运人签署给托运人的作为证明船方已经收到该票货物并已装上船的重要凭证，托运人可以凭此大副收据向银行办理结汇。（ ）

14. 航空总运单上填报的运价，一般是国际航协公布运价，但是与实际托运人支付给承运人的运价不同，因此，空运总运单不是托运人与承运人结算运费的依据。（ ）

15. 由于货运单所填内容不准确、不完整，致使承运人或其他人遭受损失，托运人负有责任。（ ）

16. 通常所说的"装货单"又叫"关单"。（ ）

17. 向航空公司提相互索赔的应是分运单上填写的托运人或收货人。（ ）

18. 填制航空货运单必须用英文大写字母。（ ）

19. 对于在航空货运单上所填货物的项目和声明的正确性，承运人应负责任。（ ）

20. 海运提单的作用之一是提单是货运合同。（ ）

四、简答题

1. 某提单显示：

Shipper：ABC Co., Ltd.

Consignee：To Order

Notified Party：XYZ Co., Ltd.

请问：

(1)该提单属于哪一种类型的提单？

(2)该提单是否可以转让？如果可以转让，通过什么方式进行转让？

(3)该提单由谁首先背书？

(4)该提单是否一定要经过 XYZ Co., Ltd. 背书？

2. 某信用证上规定以下条款：

Applicant：Nissho iwai Corporation No. 4－5 Akaasaka 2－Chome Mi-Natou Tokyo, Japan Beneficiary：China National Mine Import and Export Corp. Beijing, P. R. China Pre-advice：Bank of China, Beijing Branch. Full sets of clean on board marine bill of lading made out to order of shipper and blank endorsed and marked freight prepaid and notify applicant.

请问：

(1)该提单的发货人、收货人、通知人如何填制？

(2)提单上运费的支付方式如何填报?

(3)该提单属于哪一种类?

3. 提货单(D/O)俗称“小提单”,是收货人在目的港凭以向承运人现场提取货物的凭证,提货单的作用与提单的作用相同吗?为什么?

4. 简述航空分运单与主运单的区别。

5. 简述海运集装箱单的主要作用。

五、案例分析

1. 红星外贸公司与国外一进口商订立销售合同,出售长毛绒玩具10 000打。合同规定,2009年5月30日前开出信用证,6月20前装船。2009年4月28日买方如期来证,有效期至2009年6月30日。由于卖方按期装船发生困难,故电请买方将装船期延至7月5日,买方回电表示同意,但未通知开证银行。7月3日货物装船后,卖方7月4日到银行议付时,遭到拒绝。

请问:(1)银行是否有权拒付货款?为什么?(2)作为卖方,应当如何处理此事?

2. 北京五金进出口公司向中东出口一批铁锁,合同规定8—9月份装船,但需要买方认可回样之后方能发运,7月份买方开来信用证上亦有同样的字样。该公司先后五次寄出回样,但均未获得对方认可,所以未能如期装船,到了10月份,国外进口商以我方延误船期为由,提出索赔。

请问:未能按期交货的责任归于进口商还是出口商?

3. 我国出口商与瑞士农产品公司签订出售农产品合同,共计3 500吨,价值9万英镑,装运期为当年12月至次年1月。因原订船出故障,改由另一艘外轮装货,使货物在2月11日才装完。我方请求外轮公司将提单的日期改为1月31日。货到港后,买方对装货日期提出异议,要求我方公司提供装船证明。我方坚持提单正常,无须提供证明,结果买方聘请律师上船,查船长的航行日志证明提单日期系伪造,买方凭律师拍摄的证明,向当地法院上诉,法院审理后发出通知:扣船。

请问:(1)我方出口商是否承担赔偿责任?(2)法院扣留船舶是否妥当?

4. 我国外贸公司与美国商人签订一份出口合同,美商按时开来了信用证,证中规定的装运条款为:1月装100公吨,2月装150公吨,3月装150公吨。我公司1月份按规定如数装运并顺利收到货款。考虑到货源分散,我方经与船公司协商,于2月10日在烟台和2月11日在青岛共装运150公吨在“昌河号”船上。当我公司持单据到银行要求付款时,遭到开证行的拒绝。

请问:开证行的拒付是否合理?

5. 中国某银行收到货已到达上海机场的通知,货交该行并由其最后交给客户德高公司,不过该行没有收到海外托收行有关这笔托收货物的任何指示或信息,德高公司代表通知银行声称,此货是其向法国莱特公司订购的,并提供形式发票作为这项约定的证明。

请问:银行该怎么办?

7.1.2 申报单证考核

一、单项选择

1. 出口企业委托货运代理办理各项托运手续，包括委托货运代理向海关申报，货代公司又委托报关行向海关申报，此时《出口货物报关单》应由(　　)填制。

A. 出口企业　B. 货运代理　C. 报关行　D. 以上 ABC 都可以

2、按照《海关法》规定，不需要办理报关手续的是(　　)。

A. 进出境的运输工具　B. 进出境的货物

C. 进出境的物品　D. 进出境的人员

3. 保税货物是指经海关批准未办理纳税手续进境，在境内储存、加工、装配后复运出境的货物。以下不属于保税货物特点的是(　　)。

A. 经海关批准　B. 是监督货物

C. 享受减免税优惠　D. 应复运出境

4. 根据《海关法》，以下关于报关员的规定不正确的是(　　)。

A. 报关员不是自由职业者

B. 报关员可以同时兼任两个或两个以上报关企业的报关工作

C. 报关员不得挂靠于某报关企业进行报关活动

D. 报关员不须随所在企业每年按期参加年审

5. 进出口货物的收、发货人或其代理人向海关申报，交验规定的单据和证件，请求办理海关放行手续的行为被称为是(　　)。

A. 报关　B. 放行　C. 通关　D. 结关

6. 以下不属于国家商检机构主要职能的项目是(　　)。

A. 法定商检　B. 公证鉴定　C. 通关检验　D. 委托检验检疫

7. 根据我国规定，一般情况下，出口企业填制《一般原产地证明书申请》向签证机构申请办理一般原产地证明书的最迟时间是(　　)。

A. 货物出运后 3 天　B. 货物出运前 3 天

C. 货物出运后 5 天　D. 货物出运前 5 天

8. 出口报关单上对于“200 美元”的运费单价填报正确的是(　　)。

A. 110/200/1　B. 303/200/3　C. 502/200/3　D. 502/200/3

9. 以下关于出口报关单上的出口口岸填写正确的为(　　)。

A. 填写海关名称及四位代码数字　B. 填写口岸名称及四位代码数字

C. 填写海关名称及六位代码数字　D. 填写口岸名称及六位代码数字

10. 海关接受申报时给予报关单位的编号称为(　　)

A. 预录入编号　B. 海关编号　C. 备案号　D. 项号

11. 根据《海关法》规定，进口货物的报关期限为自运输工具申报进境之日起(　　)天之内，进口货物的收货人或其代理人逾期申报的，由海关征收滞报金，滞报金的日征收金额为进口货物到岸价的(　　)。

A. 14，0.05%　　B. 14，0.5%　　C. 15，0.05%　　D. 15，0.5%

12. 进口货物滞报金期限的起算日期为运输工具申报进境之日起第（　　）日，邮运的滞报金期限的起算日期为收件人接到邮局通知之日起第（　　）日，转关运输滞报金期限的起算日期有两个：一是运输工具申报进境之日起第（　　）日，二是货物运抵指运地之日起第（　　）日，两个条件只要达到一个，即征收滞报金，两个条件均达到则要征收两次滞报金。

A. 15、15、14、14　　B. 15、14、15、14

C. 14、14、15、15　　D. 15、15、15、15

13. 如果专业报关企业受其委托人的要求，向海关报关时发生伪报或瞒报行为，由海关按照法律规定追究（　　）的经济责任。

A. 委托人　　B. 专业报关企业　　C. 报关员　　D. 以上 ABC 都是

14. 在海关作业新模式中，海关利用现代信息技术将分散式审单变为集中审单，由（　　）审单中心集中审单后，业务现场海关接单，并按指令查验放行。

A. 隶属海关　　B. 直属海关　　C. 海关总署　　D. 中国电子口岸

15. 一般递交给海关"报关录入凭单"上盖（　　）单位公章，递交给海关的"预录入报关单"盖有（　　）单位公章。

A. 进出口收发货人，报关企业　　B. 进出口收发货人，进出口收发货人

C. 报关企业，进出口收发货人　　D. 报关企业，报关企业

16. 联合国世界卫生组织向我国提供数台德国制造的医疗设备。德国受联合国委托，直接将该设备运送我国。请问进口报关单上的起运国填报（　　），原产地填报（　　）。

A. 联合国、德国　　B. 德国、联合国　　C. 联合国、联合国　　D. 德国、德国

17. 北京外商投资公司委托大连华工进出口公司与韩国某供货商签订了一份进口电动叉车，当该设备进口时，在进口货物报关单填报时，"经营单位"和"备注栏"内，应按规定分别填报为（　　）、（　　）。

A. 北京外商投资公司，大连华工进出口公司

B. 北京外商投资公司，北京外商投资公司

C. 大连华工进出口公司，大连华工进出口公司

D. 大连华工进出口公司，北京外商投资公司

18. 出口货物的发货人或其代理人，在办理了出口申报、配合查验、缴纳税费、海关放行后，持凭海关加盖（　　）的出口装货凭证，通知码头、机场等有关单位装运出口货物。

A. 监管章　　B. 放行章　　C. 单证章　　D. 验讫章

19. 从 2004 年 11 月 15 日起，货主提供的报关单必须用有海关编号的新版通用业务单证，其中出口报关单的颜色为（　　）。

A. 进料加工报关单粉红色、来料加工报关单浅蓝色、一般贸易报关单浅绿色

B. 进料加工报关单浅蓝色、来料加工报关单粉红色、一般贸易报关单浅绿色

C. 进料加工报关单粉红色、来料加工报关单浅绿色、一般贸易报关单浅蓝色

D. 进料加工报关单浅绿色、来料加工报关单粉红色、一般贸易报关单浅蓝色

20. 河南省星光进出口公司向日本出口 500 吨散装小麦。该批小麦分装在同一条船上的 3 个货舱内。报关单上的“件数”和“包装种类”的正确填报应是(　　)和(　　)。

A. 500,吨　　B. 1,船　　C. 3,船舱　　D. 1,散装

21.《一般原产地证书》中在商品名称栏目填完后,在下面一行加上(　　)表 示填写结束。

A. *******　　B. …………　　C. 。。。。。。　　D. ++++++

22. 原产地证书中原产地标准,按货物原料进口成分的实际情况分别按比例填制。按规定用一个英文大写字母表示,(　　)表示完全不进口成分,并冠以引号。

A.“F”　　B.“G”　　C.“P”　　D.“W”

23. 欧盟纺织品专用产地证,简称(　　)产地证。

A. DCO　　B. FORMA　　C. FORM59A　　D. EEC

24. 根据我国有关规定,出口企业最迟应于货物出运前(　　)天,向签证机构申请办理原产地证。

A. 一天　　B. 两天　　C. 三天　　D. 四天

25. 原产国的基本含义是出口产品的(　　)。

A. 起运国　　B. 制造国　　C. 出口国　　D. 消费国

26. 法定检验检疫的入境货物,海关凭检验检疫机构签发的(　　)验放。

A. 入境货物检验检疫证明　　B. 入境货物调离通知单

C. 入境货物通关单　　D. 品质证书

27. 对产地检验检疫,口岸报关出境的货物,由产地检验检疫机构出具(　　),口岸检验检疫机构,经验证或者核查货证合格后,换发(　　)。

A. 出境货物通关单,出境货物换证凭单

B. 出境货物换证凭单,出境货物通关单

C. 品质证书,出境货物通关单

D. 品质证书,出境货物换证凭单

28. 出境货物受理电子报检后,报检员应按受理报检要求,在机构(　　),递交报检单和随附单据。

A. 施检前　　B. 施检时　　C. 施检后　　D. 通关放行时

29. 出境动物产品最迟在出口报关或装运前(　　)报检;输入其他动物时,应在入境前(　　)报检。

A. 7 天,7 天　　B. 7 天,15 天　　C. 15 天,7 天　　D. 15 天,15 天

30. 出境带有锂电池的产品,如手机、笔记本电脑等产品,出境验放需要提供授权

机构出具的(　　)证书。

A. 货物运输条件签订书

B. 出境货物运输条件包装性能检验检疫结果单

C. 出境危险货物运输包装使用鉴定结果单

D. 包装危险货物技术说明书

31. 在对美国《纺织品出口许可证》中,按出口货物分类有相应的类别代码。如果同一份合同,同一批货物有两个或两个以上的类别号,可以(　　)。

A. 填一张申请书,但取得不同的许可证

B. 填一张申请书,合用一张许可证

C. 按每一个类别号填写申请书,取得每一个类别号的许可证

D. 以上 ABC 都可以

32. 我国《纺织品出口许可证》统一盖有国家(　　)许可证专用章,该章在美国海关有备案印记。

A. 国务院　　B. 海关总署　　C. 质检总局　　D. 商务部

33. 浙江省粮油进出口公司计划进口泰国大米 500 吨,该公司在报关时须向海关提供的官方单证是(　　)。

A. 进口配额证明　　B. 进口许可证

C. 国家计委证明　　D. 国家粮食主管部门证明

34. 买卖合同中的装运期是指(　　)

A. 交单期　　B. 装船期　　C. 开船期　　D. 结汇期

35. 对于卸货港的选择,一般行使选择权的人是(　　)

A. 船公司　　B. 货运代理人　　C. 买方　　D. 卖方

二、多项选择

1. 从海关对进出境货物监管的全过程来看,海关规定的报关顺序正确陈述是(　　)。

A. 保税货物:前期阶段备案,进出境阶段审单、查验、征税、放行,后续阶段结关

B. 一般货物:进出境阶段审单、查验、征税、放行

C. 特定减免税货物:前期阶段备案,进出境阶段审单、放行,后续阶段销案

D. 暂准进出口货物:前期阶段备案,进出境阶段审单、查验、征税、放行

2. 以下关于报关单正确填报的选项为(　　)。

A. 裸装货物在件数栏内填报为 1

B. 毛重栏的计量单位为千克,货物不足 1 千克的填报为 1

C. 净重栏的计量单位为千克,也可以填报计量单位为磅(折算为磅填报)

D. 数量和单位栏的计量单位按照成交数量和单位填报,不必按照海关计量单位填报

3. 根据海关对进出口报关单上的“运输方式”项目的分类规定,“其他运输方式”

是指(　　)。

A. 江海运输　　B. 管道运输　　C. 自行车运输　　D. 人力扛运

4. 以下关于报关单的陈述正确的是(　　)。

A. 不同贸易方式的货物应填制相应的报关单

B. 不同合同的出口货物不能填写在同一份报关单上

C. 一份产地证书可以对应多份报关单

D. 同一份报关单上的不同商品不得超过十项

5. 海关对(　　)货物有特定的监管要求。

A. 危险　　B. 保税　　C. 特定减免税　　D. 暂准进出境

6. 申请注册报关员所要提交的证件有(　　)。

A.《报关员资格证书》　　B.《企业的用工劳动合同》

C.《企业海关注册登记证书》　　D.《报关员注册申请表》

7. 一般货物在进出境时，必须提交给海关进(出)货物报关单和随附单据，(　　)需要显示在报关单的"随附单据"栏目中。

A. 进料加工登记手册　　B. 出境货物通关单

C. 商业发票　　D. 进口废物批准书

8. 以下(　　)情况经海关核准可予以办理退税手续。

A. 已征出口税的货物，因故未装运出口，申请退关，经海关查验属实

B. 因海关误征，纳税人多缴税款的部分

C. 进口货物纳税放行后，索赔退货，货物不再复进口的

D. 依国家政策准予特定减免税货物，因故在进出口时已予以征税，从交纳税款之日 3 个月内补交"减免税证明"的

9. 根据海关有关管理规定，目前可以向海关办理报关注册手续的企业有(　　)。

A. 专门从事报关服务的企业　　B. 有进出口经营权的企业

C. 经常接受境外捐赠的儿童福利机构　　D. 国际货运代理接受委托报关的企业

10. 请在下列商品数量的填报中选出符合海关规定的选项。(　　)

A. 可以把类似"一卷"、"一箱"、"一捆"等较笼统的数量和单位填报在一份报关单上

B. 可以把整机和零件的数量加在一起填报

C. 规范的数量和单位，应以海关统计商品目录上规范的数量和单位填报

D. 与海关规范的数量和单位不一致的实际成交的数量和单位也可以填在报关单上

11. 一般进口货物报关单有若干联，请指出报关单中的哪几联属于报关单的基本联。(　　)

A. 海关留存联　　B. 企业留存联　　C. 海关核销联　　D. 海关统计联

12. 下列说法哪些是正确的。(　　)

A. 一份报关单只允许填报一个运输工具名称

B. 一份报关单只允许填报一个提运单号

C. 一份报关单只允许填报一种贸易方式

D. 一份报关单只允许填报一个集装箱号

13. 在下列出口货物中,指出哪些是可以不需凭出口收汇核销单办理核销手续的。(　　)

A. 暂时出口货物　B. 展销出口货物　C. 租赁出口货物　D. 出口样品

14. 根据我国有关规定,一般情况下,出口企业最迟于货物出运前三天向签证机构申请办理原产地证书,并按签证机构提供的格式和填制要求,应提供已缮制的(　　)文件。

A.《一般原产地证明书申请单》　B.《中华人民共和国原产地证明书》

C. 出口商业发票　D. 装箱单

15. 普惠制产地证是发达国家给予发展中国家出口商品的一种普遍的优惠关税,具有有价证券的性质,所以是一份重要单证。2003 年,全球有 32 个给惠国,除了(　　)对我国不给此种待遇,其他 29 个国家给予中国产品以普惠制待遇。

A. 美国　B. 比利时　C. 匈牙利　D. 保加利亚

16. 我国出口商可以向以下三大机构(　　)或其下属机构申领原产地证明书。

A. 中华人民共和国海关

B. 中华人民共和国国家质量监督出入境检验检疫总局

C. 中国国际贸易促进委员会

D. 中华人民共和国商务部

17. 请从下列报关单证中,指出根据国家有关法律、法规规定实行进出境管理的特殊单证。(　　)

A. (进)出境货物通关单　B. (进)出口货物许可证

C. 出口货物的原产地证明书　D. 海关签发的减免税证明

18. 出入境检验检疫是国家质检总局及下属机构对出入境检验检疫货物、交通运输工具、人员及事项进行的(　　)全部活动。

A. 检验检疫　B. 居间公证　C. 管理认证　D. 鉴定证明

19. 国家质检总局 2002 年 5 月 1 日公布的第一批进口实施强制性产品认证的产品目录,其中包括(　　)等产品。

A. 插头、插座　B. 电扇、空调　C. 打印机、扫描仪　D. 灯具镇流器

20. 对于疑似检疫传染病的出入境人员,给予实施(　　)等措施,从而达到控制传染病源,切断传播途径,防止传染病传入或传出的目的。

A. 隔离　B. 扣留　C. 留验　D. 就地诊医

21. 报检人申办电子报检时,应提供以下资料(　　)。

A. 电子业务开户登记表　　　　　　B. 电子报检登记申请

C. 报检单位注册证明复印件　　　　D. 银行账号

22. 进出口许可制度基本内容包括(　　)。

A. 进出口经营权及经营范围的审批

B. 国家限制进出口商品的配额管理和许可证管理

C. 进出口商品的分类管理

D. 对外贸易国别政策的观测实施等

23. 在下列国家和地区中,与我国签订双边纺织品协议的是(　　)。

A. 美国　　B. 日本　　C. 欧盟　　D. 加拿大

24. 缮制《纺织品出口许可证》中数量时,应根据实际数量和相对应的计量单位,该计量单位可以采用(　　)。

A. 海关规定的第一法定计量单位　　B. 海关规定的第二法定计量单位

C. 成交计量单位　　　　　　　　D. A 和 B 或 A 和 C

25. 商业发票是货主在准备全套出口文件时,首先缮制的文件,在出口货物装运前的(　　)环节要使用商业发票。

A. 托运订舱　　B. 商品报检　　C. 出口报关　　D. 海关查验

26. 海关发票是根据某些进口国海关的规定,由出口商填制的一种特定格式的发票,它可供进口商凭以向海关办理进口报关、纳税等手续。它的作用有(　　)。

A. 进口国的海关用以估价完税或征收差别待遇关税

B. 海关发票上与其他单据的相同项目必须相互一致

C. 有的海关发票必须有一证明人签字,也应手签,证明人与单据签名者不能为同一人,也不能是其他货运单据上的签字人

D. 作为编制统计资料使用

27. 形式发票也称预开发票或估价发票,通常在未成交之前,为进口商向其本国当局申请进口许可证或请求核批外汇之用。下列说法正确的是(　　)。

A. 形式发票不是一种正式发票

B. 能用于托收和议付,正式成交后不要另外重新缮制商业发票

C. 形式发票与商业发票的关系密切,信用证在货物描述后面常有“按照某月某日之形式发票”等条款

D. 假如来证附有形式发票,则形式发票构成信用证的组成部分,制单时要按形式发票内容全部打上

28. 产地证明书是由出口国政府有关机构签发的一种证明货物原产地或制造的证明文件,通常多用于不需要提供(　　)的国家或地区。

A. 海关发票　　B. 领事发票　　C. 证实发票　　D. 联合发票

29. 出口许可证是指出口国政府有关当局签发批准商品出口的证明文件,其作用有(　　)。

A. 国家可调节商品的出口

B. 避免出口商品在国际市场上的盲目竞争

C. 海关查验放行的主要依据

D. 银行结汇的单据

30. 发票的种类主要有(　　)。

A. 商业发票　　B. 海关发票　　C. 领事发票　　D. 形式发票

三、判断题

1. 所有的进出口公司都可以直接向海关办理报关手续。(　　)

2. 出口货物报关单上,有专门用于填写海运"集装箱箱号"一栏,此栏内只需填入其中的一只集装箱号和总的集装箱数,其余箱号不需在报关单上填报。(　　)

3. 出口报关单上的出口口岸应填写口岸名称及四位代码数字。(　　)

4. 一份进出口货物报关单最多填报20项商品,超过20项商品,必须分单填报。(　　)

5. 宏大有限公司收购明兴工厂生产的服装对外出口,出口报关单上的发货单位应填宏大有限公司。(　　)

6. 对未列入《进出口商品检验种类表》的商品,不需要检验,不涉及商检机构。(　　)

7. 出境货物的报检程序是先检验检疫,后放行通关。而入境货物的报检程序是先放行通关,后检验检疫。因为只有先放行提取货物,才能将提到的货物作法定检验检疫。(　　)

8. 出口报关单上出口口岸应填写出口关境口岸名称。(　　)

9. 一份报关单可以填报多种贸易方式。(　　)

10. 办理进出口货物的海关申报手续,可以采用纸质报关单和电子数据报关单两种形式。但是由于电子数据报关形式相应的法律技术问题不十分明确。如电子签名、电子计算机的记录作为证据是否被法院所接受等问题还没有解决,因此,纸质报关单和电子数据报关单具有不同的法律效力。(　　)

11. 一份原产地证明书,可以用于一批出口货物所对应的两份或两份以上的报关单。(　　)

12. 国家对进口废物的管制是必须有国家环境保护总局签发的《进口废物批准证书》,这就表示因实施了这种管制,而可以减少或解除其他种管制。(　　)

13. 专业报关企业是经海关批准,在海关办理了注册登记的境内法人,因此可以从事进出口业务。(　　)

14. 一般情况下报关人在进出境货物向海关申报后,还必须配合海关查验、缴纳税费后才被海关放行,放行后就等于结关。(　　)

15. 海关在对进口货物查验时,如果收货人或其代理人没有按照海关规定到场,这时,海关不能在未经收货人或其代理人同意的情况下自行开箱查验货物或者提取

货样。(　　)

16. 报关单上"商品名称、规格型号"栏目，正确的填写应有规范的中文名称、规格型号、品牌以及英文原文名称，缺一不可。(　　)

17. 货物出口的口岸选择《关区代码表》中对应的口岸海关，填海关名称及四位代码数字，如果没有隶属的海关，后两位填报"00"。(　　)

18. 运费栏目用于成交价格中不包含运费的进口货物或成交价格中包含运费的出口货物。(　　)

19. 我国贸易商把进口布料剪裁缝制为服装再出口至日本，因为布料是进口的所以不能申请办理《普惠制产地证 FORMA》。(　　)

20. 货物经过加工后，增值部分占新产品总值的比例已经达到 20% 和 20% 以上的产品，海关认定是经过了实质性加工。(　　)

21. 欧盟纺织品专用产地证可以向"中国国际贸易促进委员会"申请。(　　)

22. 填报普惠制产地证中"进口商名称"栏目时，如果有中间商，也可以将中间商的名称填入此栏。(　　)

23. 从欧盟进口的货物，如果未使用木质包装材料，进口时提交输出国民间机构出具的《非木质包装声明书》。(　　)

24. 出境法定检验检疫货物，除了活动物由口岸机构检疫外，原则上应在产地检验检疫。(　　)

25. 对于列入国家质量检验检疫总局制定、调整并公布的《法检目录》的进口商品，必须经过出入境检验检疫机构进行检验。对于进口商品中不需要动检、植检的一般商品，如果急用，允许先入境，后补入境通关单。(　　)

26. 报检入境废物时，报检员持凭国家环保总局签发的《进口废物批准证书》，可以免除办理向口岸商检机构填报《入境货物报检单》的手续。(　　)

27. 在填制《中华人民共和国出口许可证》时，为了简便，通常单价一栏免填。(　　)

28.《出口许可证》中的商品名称有时候也可以用与其他单据无矛盾的统称。(　　)

29. 一般进出口许可证只要手续齐全，可以进行转让。(　　)

30. 总体来说，海关发票中的内容不必与商业发票或其他单据相一致。它的内容主要有商品的价值(Value)和商品的产地(Origin of Goods)。(　　)

31. 形式发票是一种正式发票，能用于托收和议付。(　　)

32. 领事发票和商业发票是平行的单据，领事发票是一份官方的单证，有些国家规定了领事发票的固定格式，这种格式可以从领事馆获得。(　　)

33. 出口收汇核销单出口退税专用联的货币总价可以填写结汇后的人民币金额。(　　)

34. 出口收汇核销单上的出口企业公章必须盖在中缝，海关的验讫章不必盖在中

缝。(　　)

35. 出口收汇核销单的存根处已盖有出口单位和单位代码的签章,所以正文联和出口退税专用联两部位的出口单位和单位代码可省略为只写出口单位名称。(　　)

四、填空题

1. 按照我国进出口商品检验检疫的相关法律规定,对列入(　　)的产品,企业应填写出境货物报检单并在规定时间内办理报检报验手续,方可出口。出口商得到托运确认后,应填制(　　)连同发票等相关单据向海关申报出口。

2. 出口货物的发货人或代理人,在办理了出口申报、配合查验、缴纳税费、海关放行后,持海关加盖(　　)的出口装货凭证,通知码头、机场等有关单位装运出口货物。在无纸通关方式中,也可持海关审单中心通过计算机发送的(　　)通知码头、机场、车站等单位装运出口货物。

3. 报关单上应填写的备案号有 12 位长度,第 1 位是(　　),第 2~5 位是(　　),第 6 为是(　　),第 7~12 位是(　　)。

4. 贸易方式如为加工贸易,报关单的收、发货单位一栏所填的单位名称应与《登记手册》中的(　　)相一致。

5. 出口报关单的成交方式一栏应根据实际成交价格,按海关规定的《成交方式代码表》选择填报。海关《成交方式代码表》包括(　　)、(　　)、(　　)、(　　)、(　　)和(　　)等六种成交方式。

6. 贸易方式如为来料加工,进料加工,出口报关单的备案号栏必须填上(　　)。

7. 贸易方式如为一般贸易,出口报关单的征免性质一栏应填(　　);征免一栏应填(　　)。

8. 电子报关的申报方式主要有三种,即(　　)、(　　)和(　　)。其中(　　)方式可使远程报关真正成为现实,是未来我国电子报关项目发展的方向。

9. 进出口货物报关单的填制必须真实,做到(　　)和(　　)。

10. 我国《海关法》规定,进口货物的收货人应当自运输工具申报进境之日起(　　)日内填写进口货物报关单向海关申报。逾期未报的,由海关征收滞报金。

五、简答题

1. 什么是报关?

2. 何为代理报关企业?何为专业报关企业?

3. 试述进出境活动中所使用的"通关"和"报关"的异同点,并举例说明。

4. 形式发票的作用。

5. 未用于出口报关的核销单破损或填错后,出口单位能自行销毁吗?

六、案例分析

1. 外资企业格瑞斯出口一批女式全羊毛职业套装,该批职业套装分别使用 85% 的进料加工料件和 15% 的国产原料加工而成。

请问:该企业在向海关办理出口申报手续时应填写哪种报关单?

2.南京昌华公司作为收货人从国外进口一批货物,空运货物在上海浦东国际机场卸货。昌华公司欲在南京申报进口。

请问:实际操作中该如何办理?

3.合资企业保罗公司拟从法国进口一批机器设备,该企业委托佳禾公司对外签订进口合同,并代办进口手续,佳禾公司与外商订货后,随即委托顺云公司具体办理货物运输,同时委托银基报关公司负责办理进口报关手续。

请问:报关单栏目的经营单位、申报单位以及收货单位分别应该怎样填写?说明理由。

4.2009年6月5日,我国丰南公司向美国雅思瑞公司寄去袜子订货单一份(书面要约),要求对方在6月20日前将接受回复送达丰南公司。该订货单于6月12日邮至雅思瑞公司。雅思瑞公司6月19日航空特快专递发出接受通知。丰南公司21日收到承诺通知后,认为该承诺已经逾期,便未理睬。事后,当雅思瑞公司要求丰南公司履行交货义务,丰南公司以雅思瑞公司的承诺因逾期而无效为由,否认与雅思瑞公司有合同关系,双方为此发生争议。

请问:丰南公司与雅思瑞公司之间是否存在合同关系?为什么?

7.1.3 专业英语考核

一、单项选择题

1. Under the trade term ( ), the seller is not responsible for Export License.

A. FCA　B. EXW　C. DAF　D. FOB

2. The ( ) is the person or company who has concluded a contract with the shipper for carriage of goods by sea.

A. Shipper　B. Forwarder agent

C. Consignee　D. Carrier

3. Under the trade term CIP, the ( ) bears all risks and any additional costs occurring after the cargos have been delivered.

A. Buyer　B. Seller　C. Consignee　D. Forwarder agent

4.《国际货物托运委托书》的英文是( )。

A. Outgoing Note　B. Shipper's letter of instruction

C. Proof of delivery　D. Mate's receipt

5.提单上装船日期批注符合《UCP600》规定的是( )。

A. Goods delivered to shipping company for shipment on May 28, 2009

B. Goods shall be shipped on board on May 28, 2009

C. Goods shipped on board on May 28, 2009

D. Goods shall be shipped on May 28, 2009

6.根据《UCP600》,收益人应向银行提交的空运单是( )。

A. Original for Consignee　　B. Original for Shipper

C. Original for Account　　D. Copy for consignor

7. 某信用证规定货物从中国港口运至日本港口，提交正本已装船提单，不允许分批，第一套提单显示：

Port of loading：Shanghai　Ocean Vessel：YM Chicago V. 14E

Port of Discharge：Tokyo　On Board Date：Aug 08th 2009

第二套提单显示：

Port of loading：Nanjing　Ocean Vessel：YM Chicago V. 14E

Port of Discharge：Tokyo　On Board Date：Aug. 09, 2009

如果受益人将两份提单一起交给银行，以下关于提单的正确理解应是(　　)。

A. 提单不符点，因为提交了两套提单，属于分批装运

B. 提单不符点，因为两套提单的装运港和装运日期不同，属于分批装运

C. 未分批装运，理由是两套提单的目的地相同

D. 未分批装运，理由是两套提单的装运船只、航次及最终目的地相同

8. The terms "beginning" of a month in the letter of credit shall be construed as (　　).

A. the 1st to the 10th　　B. the 11th to the 20th

C. the 5th to the 15th　　D. the 21st to the 30th

9. The all risks of cargo transportation insurance exclude risks of (　　).

A. earthquake　　B. general average

C. inherent vice of goods　　D. stranding

10. One shipment of the goods is finished, (　　) should present all the documents to the Negotiating Bank for payment under the terms of the credit.

A. the seller　　B. the buyer　　C. the shipper　　D. the consignee

11. According to *Customs Law*, a fee (　　) should be imposed by the customs, while there is the un-accurate declaration to customs about description of goods, quantity, price, trade term.

A. under RMB1 000　　B. under RMB10 000

C. under RMB 5 000　　D. under double of tax

12. (　　) cover sea shipment directly between port of loading and port of discharge.

A. Direct bills of lading　　B. Order bills of lading

C. Straight bills of lading　　D. Switch bills of lading

13. (　　) is subsequently exchanged for the marine bill of lading or sea way bill.

A. Shipper's letter of instruction　　B. Booking note

C. Mate's receipt　　D. Cargo manifest

14. As a consolidator, the forwarder will provide the service in his own name and issue

original ( ).

A. Marine bills of lading　　B. House bills of lading

C. Switch bills of lading　　D. Combined transport bills of lading

15. 汉译英:保付代理、货运代理、海关代理。( )

A. Factoring, Forwarder, Customs broker

B. Forwarder, Customs broker, Factoring

C. Forwarder, Factoring, Customs broker

D. Customs broker, Factoring, Forwarder

16. The code "RA" in air freight operation means ( ) fee.

A. Air freight rate　　B. Air waybill

C. Dangerous goods　　D. Storage origin

17. Istanbul is one of the port cities of ( ).

A. Cuba　　B. India　　C. Bangladesh　　D. Turkey

18. According to IATA rule, our China be located in aviation section ( ).

A. ARETC 1　　B. ARETC 2　　C. ARETC 3　　D. B&C

19. IATA 2006 annual meeting shall be hold in ( ).

A. SHA　　B. NYC　　C. TYO　　D. SYD

20. Country of origin means the country ( ).

A. buys the goods　　B. Where the cargos be shipped

C. Where the goods are produced　　D. sell the goods

二、多项选择题

1. In sales contract, key terms are displayed below ( ).

A. Terms of payment　　B. Delayed delivery and penalty

C. Terms of shipment　　D. Description of goods and quantity

2. According to *INCOTERMS* 2000, the trade terms ( ) means that the seller delivers the goods, cleared for export, to the carrier nominated by the buyer at the named place.

A. FCA　　B. FOB　　C. CIF　　D. CIP

3. The following services ( ) are performed by the forwarder agent on behalf of the exporter.

A. Booking space　　B. Loading the container

C. Unloading of goods　　D. Arranging local transport

4. Under ( ) trade terms, the seller contacts for insurance and pays the insurance premium.

A. CIF　　B. CFR　　C. CIP　　D. CPT

5. The ( ) are the most import documents in international transportation.

A. B/L　　B. SWB　　C. SLI　　D. AWB

6. The (　　) are the person or company who should sign all bill of lading.

A. Shipping company　　B. NVOCC　　C. Captain　　D. Freight forwarder

7. When the first original bill of lading being exchanged for Delivery Order to consignee, the (　　) bill of lading are invalid.

A. Second Original　　B. Third Original　　C. First Copy　　D. Second Copy

8. Multimodal transport has the advantages such as (　　).

A. providing faster transit of goods

B. reducing cost of exports

C. saving costs

D. reducing the burden of documentation and formalities

9. Normally the Air Waybill has three originals, namely for (　　).

A. Shipper　　B. Accounting　　C. forwarder agent　　D. Consignee

10. Normally the marine bill of lading has three functions, namely (　　).

A. evidence of the contract of carriage　　B. a receipt of goods

C. a document of title to the goods　　D. the contract of carriage

11. Exporters in China apply for Certificate of Origin to (　　).

A. AQSIQ　　B. CUSTOMS　　C. CCPIT　　D. MOFCOM

12. In foreign trade, unit price includes (　　).

A. Currency　　B. Units of calculation

C. Commercial value　　D. Trade term

13. Before permission is given to remove the goods out of customs control, the owner or agent is required to submit files such as (　　).

A. Customs declaration form　　B. Insurance policy

C. Letter of Credit　　D. Copy of shipping document

14. The features of container line service are (　　).

A. Fixation of routes　　B. Fixation of Rate

C. Regularity of service　　D. Fixation of base port

15. In international sales transaction, different methods of payment are adopted, depending mainly upon the relationship between the (　　).

A. Buyer　　B. Insurer　　C. Seller　　D. Insurant

16. In the contract of carriage of goods by road, the rights, duties and responsibilities of road carrier are discussed under either of (　　).

A. INCOTERMS 2000　　B. National Law　　C. UCP600　　D. CMR

17. According to UCP600, some items, such as (　　), are not allowed for amendment.

A. Last shipment date　　B. Expiry date

C. Description of goods　　D. Commodity

18. According to the Customs Law, import cargos must be declared to the Customs House within (　　) days, since the declared arrival date of the conveyance.

A. Ten　　B. Fourteen　　C. Fifteen　　D. B & C

19. According to the Customs Law, the objects, such as (　　), must be declared to the Customs house when entering or departing from the frontier.

A. Conveyance　　B. Cargos

C. Luggage and articles　　D. Passenger

20. The Air Waybill number is the identification of each consignment and comprises three parts (　　).

A. the main portion identifying the consignment

B. a three-digit prefix identifying the carrier

C. the main portion identifying the carrier

D. the last check digit for accounting and security purposes

三、判断题

1. Cargo's receipt is issued by the forwarder to the shipper. (　　)

2. When one of the original bill of lading was surrendered by the carrier, the others became invalid. (　　)

3. Both sea way bill and bill of lading are non-negotiable documents. (　　)

4. Consolidation can only benefit both exporters and shippers. (　　)

5. Usually, master air way bill shows normal general cargos rate. (　　)

6. General commodity rate is same as normal general cargos rate. (　　)

7. The bill of lading is the most important document for air cargos transportation. (　　)

8. Under a time charter party, the charter pays for capital cost, loading cost, fuel fee. (　　)

9. The abbreviation "ETD" stands for both "Estimated Time of Delivery" and "Estimated Time of Departure". (　　)

10. Draft is also called Bill of Exchange. (　　)

11. In the Sales Contract, usually there is a penalty clause to protect the buyer against loss from delayed delivery. (　　)

12. When we want to buy something from other countries, we should make an acceptance first. (　　)

13. Insurance contract is essentially a contract between the insurer and insured, same as shipper and carrier. (　　)

14. According to"Regulation of Import and Export Tariff of the People's Republic of China",the Import tax and duty are based on normal CIF price approved by the Customs. ( )

15. The bill of lading by itself is not a contract of carriage. ( )

7.1.4 国际航线和主要港口考核

一、单项选择题

1. 以下国际机场:Charles degaulle,Pudong International,Narita 的三字代码分别为( )。

A. NRT,PVG,CDG　B. CDG,PVG,NRT
C. CDG,NRT,PVG　D. NRT,CDG,PVG

2. 我国出口商托运一批货物通过海运去长滩(Long Beach,USA),应走下列( )航线。

A. 远东—北美西岸航线　B. 远东—北美东岸航线
C. 远东—欧洲航线　D. 远东—地中海航线

3. 世界最长的运河是( )。

A. 巴拿马运河　B. 基尔运河　C. 苏伊士运河　D. 圣劳伦斯运河

4. 世界上机群、人员、空运业务量、营运收入最高的航空划区是在( )区。

A. TC3　B. TC2　C. TCI 加勒比　D. TCI 南美

5. 在国际航协中公布的国际时间换算表中查得:比利时的世界准时为"+1",如果飞机离开比利时的当地时间为 14:00 pm. 则换算为世界标准时间是( )。

A. 13:00 p. m.　B. 14:00 p. m.　C. 15:00 p. m.　D. 16:00 p. m.

二、多项选择题

1. 下列城市属于 IATA 三个航空运输业务划区中 TC3 区的有( )。

A. Toronto,Canada　B. Amman,Jordan
C. Osaka,Japan　D. Sydney,Australia

2. 班轮运输最基本的特点有( )。

A. 固定航线　固定港口　B. 相对固定的运价
C. 固定使用提单　D. 固定船期

3. 以下哪些港口( )属于我国始发的地中海航线。

A. Genova　B. Istanbul　C. Barcelona　D. Hamburg

4. 以下哪些到达港口( )需要在货物离开始发港之前,预先向美国海关申报货物详情,即 AMS 申报。

A. Chicago　B. Miami　C. Mexico City　D. S Paul,BR

5. 巴基斯坦的任何港口,不接受( )国家和地区的船舶靠港。

A. 南非　B. 韩国　C. 中国台湾　D. 以色列

三、判断题

1. 根据《INCOTERMS 2000》,在 FAS 贸易术语下,如买方所派的船不能靠岸,则卖方只要将货物装上驳船即可。(   )

2. 美加航线上的国家贸易,采用 FOB 进口货物时,装运港口名称前,一定要加上"船"(vessel)字样。(   )

3. 计算飞行小时是指自始发地机场至目的地机场之间的运输时间,但不包括中转地。(   )

4. 集装箱代号 AK01234SQ,该集装箱为新加坡航空公司拥有的(   )

5. 在连港出口至香港的运单上,显示装运港"大连,中国"是正确的。(   )

7.2 单证知识考核

7.2.1 单据考核

一、提单的填制

1. 根据以下所给条件,正确填制海运提单。

深圳昌盛贸易公司出口一批货物到日本,货物品名为学生书包(School Bag),进口方是 TKAMLA CORPORATION 6 - 7, KAWARA MACH OSAKA, JAPAN,运输方式是直达海运,从深圳至大阪。

(1)合同号为:20090609

(2)货物明细单:

货号	数量	毛重(KGS)	净重(KGS)	尺码
AWT33	100CTNS,3 600PCS	28	26	40CM × 30CM × 50CM
AWT55	200CTNS,48 000PCS	29	27	40CM × 30CM × 40CM

(3)提单号:YF1699

(4)运输工具名称:YANGFAN

(5)装运日期:SEP. 8, 2009

(6)单价:每个 1.00 美元 CIF OSAKA

(7)支付方式:T/T

(8)凭托运人指示

(9)唛头: ABC
OSAKA
C/NO. 1 - 300

二、报关单填制

1. 大连宏发化工贸易公司(210291 ****)代理大连宏发化工有限公司(210225 ****)对外签约出口三氯硝基甲烷(无出口税,法定计量单位为千克)。经营单位持有毒化学品出口环境管理放行通知单(代码 X,证号 TE050616005)、出口农药登记证明(代码 S,证号 CH200511818)和出口许可证(05 - AA - 701226),于 2009 年 5 月 31 日向海关申报,次日货物出口。请根据所给信息,正确填制出口报关单。

补充材料 1

大连宏发化工贸易公司

INVOICE

INVOICE NO. :82 N3430213　　　　DALIAN,23 MAY 2009

TO:PAN-CNEM COMPOUNDS SINGAPORE LTD。　　CONTRACT NO. :XM2004 NA266

SHIPPED PER ____ FROM DALIAN TO SINGAPORE ON OR ABOUT

SHIPPING MARK		AMOUNT
SINGAPORE FOR TRANSSHIPMENT TO CHITTAGONG, BANGLADESH GROSS WEIGHT: 294KGS TARE WEIGHT: 24KGS SHIPMENT NO. :2	CHLOROPICRIN 99. 5% MIN. AT USD 459/DRUM FOB DALIAN QUANTITY:680 DRUMS TERM:D/A 60 DAYS FROM B/L DATE BCL REF NO. :02/3314 ACIDITY:70PPM MAX WATER:150PPM MAX. DENSITY:1. 654 - 1. 663 TOXOCITY:HIGH POISONOUS	USD312 120. 00
	LESS PREPAYMENT 10%	USD31 212. 00
	LESS DISCOUNT 5%	USD15 606. 00
	TOTAL TO BE INVOICED:	USD265 302. 00

DALIAN HONGFA TRADING CORPORATION

补充材料 2

大连宏发化工贸易公司

PACKING LIST

INVOICE NO. :82 N430213　　　　DALIAN,23 MAY 2009

COMMODITY CHLOROPICRIN 99. 5% MIN

NAME OF STEAMER CSCL YANTIAN 0042S　　　　NO. &DATE OF B/L ZIMUDA 92705/31. 05. 09

SHIPPING MARK

SINGAPORE　　　　183. 6 MT CHLOROPICRIN 99. 5% MIN.

FOR TRANSSHIPMENT TO	PACKING:270KGS NET IN GALVANIZED IRON DRUMS
CHITTAGONG,BANGLADESH	QUANTITY:680 DRUMS IN 170 PALLETS
GROSS WEIGHT:294KGS	NET WEIGHT:
TARE WEIGHT:24KGS	MEASUREMENT:
SHIPMENT NO.: 2	BCL P. O. NO.:02/3341
	DELIVERY UNDER 2 CONSECUTIVE SHIPMENTS

CONTAINER NO.	SEAL NO.	TYPE	TARE KGS
CLHU3122339		20'DRY	2275
CLHU3122597		20'DRY	2275
CLHU3122811		20'DRY	2275
CLHU3122827		20'DRY	2275
CLHU3122869		20'DRY	2275
CLHU3122940		20'DRY	2275
CLHU3122961		20'DRY	2275
CLHU3122977		20'DRY	2275
CLHU3122979		20'DRY	2275
CLHU3122612		40'DRY	4080

DALIAN HONGFA TRADING CORPORATION

2. 根据以下信息,填制一张出口货物报关单。

(1)THE SELLER:NANJING JINSHAN GAO TRADING GORP.,LTD.(南京金山高贸易有限公司,3201158972)5TH FLOOR,YUDU BUILDING,132 ZHONGSHAN ROAD NANJING,CHINA

(2)THE BUYER:JOHNSMITH COMPANY,VIGERSLEV ALLE,DK－2900 VALBY,COPENHAGEN,DENMARK

(3)PORT OF LOADING:NANJING,CHINA

PORT OF DISCHARGE:COPENHAGEN,DENMARK

CARRIER:DONGFANG,V703

(4)TERMS OF PAYMENT:D/P 30 DAYS AFTER SIGHT

(5)出口发票中所列商品的情况:

NO. S OF PACKAGES	DESCRIPTION	QTY/UNIT	UNIT PRICE	AMOUT
XINGFU BRAND BICYCLE(H. S. CODE:87120081)CIF COPENHAGEN				
600CTNS	YE803 26'	600SETS	USD66/SET	USD39 600.00
600CTNS	YE803 24'	600SETS	USD72/SET	USD43 200.00

(6)B/L NO.:HDJH-FLSB4052, INVOICE NO.:JH-FLSINV05

(7)NW:21600KGS,GW:24000KGS,1×40'CONTAINER NO.:TEXU9608490

(8)该公司外汇核销单编号:215157263,计量单位:辆/千克

(9)南京苏通报关公司于2009年5月21日向南京海关申报出口,提单日期为2009年5月22日

(10)该批商品出口许可证号码为:54780,S/C NO. :JH-FLSSCO5

(11)船公司核定的运费率为5%,保险公司收取保费400美元

(12)LATEST DATE OF SHIPMENT:MAY28,2007

(13)MARKS:FLS/9711/COPENHAGEN/CARTON 1-1200

(14)集装箱自重:4吨

3. 根据以下资料填制进口货物报关单。

北京威力电子进出口公司经北京市机电办批准(批文号码为京机批第00123号),与英国一家公司签订了购买一台500千瓦日本产直流发电机(合同号码为08-Y1-1002),成交价为CIF4 000美元,标记唛码为Y1-1002/BJ,于2008年2月2日装"大东丸"船由东京抵天津新港,提单号为WJ-1321,由一个木箱包装,包装重量1 200千克,电机自重1 100千克,经办理转关运输手续后该公司于2008年2月7日向北京海关办理进出口报关手续。

随附单证:发票、装箱单、提单、商检证。总运费:500美元。经营单位代码:1101910077。商品编码:8513300。

三、商业发票和装箱单的填制

根据实际业务情况,缮制商业发票和装箱单。深圳昌盛贸易公司出口一批货物到日本,货物品名为学生书包(School Bag),进口方是TKAMLA CORPORATION 6-7,KAWARA MACH OSAKA,JAPAN,运输方式是直达海运,从深圳至大阪。发票号码:20090401。发票日期:2009年4月20日。合同号码:2009100。信用证号码:775178;船名:CHENGGOGN。包装:100箱,360个/箱。单价每个10美元CIF大阪。尺寸:36018立方厘米。唛头:无唛头(N/M)。毛重:28KGS。净重:26KGS。支付方式:T/T。

四、原产地证明书的填制

根据以下条件缮制一份普惠制原产地证明书。

(1)出口商名称、地址:SHANGHAI LIGHT INDUSTRIAL PRODUCTS COMPANY LIMITED,168 DONGXU ROAD SHANGHAI CHINA

(2)进口商名称、地址: JAPAN IMPORT AND EXPORT CO. , LTD. , NUMBER 512 TOKYO,JAPAN

(3)运输方式和路线:海运由上海经香港到东京

(4)唛头:GOGNJU

TOKYO

C/NO. 1-200

(5)货物名称:GARMENTS(100% COTTON JERSEY BABY'S OVERALL)

服装(全棉平纹婴儿罩衫)

(6)包装:200 个纸箱包装

(7)原产地标准:中国自产商品

(8)发票号和日期:20090003,2009 年 3 月 17 日

(9)B/L 日期:2009 年 5 月 29 日

(10)出口商声明地点和日期:上海,2009 年 5 月 20 日

(11)签证机构签证地点和日期:上海,2009 年 5 月 20 日

五、出口收汇核销单的填制

请根据以下资料的内容缮制出口收汇核销单。

(1)出口单位:SHANGHAI TOY IMPORT & EXPORT CORPORATION

(2)单位编码:4789635122

(3)出口币种总价:NO. XT 21 000 PCS USD9. 00/PC

NO. HX 22 000 PCS USD8. 00/PC

NO. HY 23 000 PCS USD7. 00/PC

(4)收汇方式:L/C

(5)报关日期:2009. 2. 11

(6)货物名称:100% COTTON PRINTER T-SHIRT

(7)报关单编号:SH509876543

(8)核销单编号:652134587

7. 2. 2 综合训练

一、训练资料

1. 销售合同书

GUANDONG BAOSHI TOOLS MANUFACTURE CO. ,LTD.

ZHANQIAN ROAD,GUANGZHOU,CHINA

TEL: 020 - 22568741   P/I NO. :20090228

FAX:020 - 22682103   S/C NO. :20093321

DATE: MAR. 18,2009

SALES CONTRACT

TO: ABC CORP. OF LONDON

66/66ACOMMERCIAL STREET,LONDON

Dear Sirs,

We hereby confirm having sold to you the following goods on terms and conditions as specified belows:

SHIPPING MARK	DESCRIPTION OF GOODS	QTY (PCS)	UNIT PRICE (USD)	AMOUNT (USD)
N/M	TOOLS Double Open End Spanner		CPT SEMARANG	
8 × 10MM	60 000	0. 50	30 000. 00	

续表

SHIPPING MARK	DESCRIPTION OF GOODS	QTY (PCS)	UNIT PRICE (USD)	AMOUNT (USD)
10×12MM	80 000	0.40	32 000.00	
TOTAL		140 000		62 000.00

1) PRODUCT FINISHED TIME: MAR. 20, 2009
2) TERMS OF PAYMENT: 30% T/T IN ADVANCE, THE OTHERS 70% T/T BEFORE SHIPMENT.
3) AIPRORT OF DERPARTURE: PUDONG AIRPORT SHANGHAI, CHINA
4) AIRPORT OF DESTINATION: SEMARANG AIRPORE INDONESIA
5) LATEST DATE OF SHIPMENT: MAY 10, 2009

OUR BANK INFORMATION IS AS FOLLOWS:
BENEFICIARY: SHANGHAI TIANYE TOOLS MANUFACTURE CO., LTD.
BENEFICIARY ADDRESS: NO. 3188, GANXIANG TOWN,
JINSHAN DISTRCT, SHANGHAI, CHINA
BANK NAME: BANK OF CHINA SHANGHAI BRANCH JIN SHAN SUB BRANCH
ACCOUNT NO.: RMB80456861
BANK ADDRESS: NO. 98, WEILING ROAD, SHIHUA, JINSHAN DISTRICT SHANGHAI, CHINA

THE BUYER:	THE SELLER:
PT. HYCO LANGGENC	SHANGHAI TIANYE TOOLS MANUFCTURE CO., LTD
PIFER	*HUA ZHANG*

2. 补充资料

(1) INVOICENO: BS005

(2) PACKING　　G. W　　N. W　　MEAS

Double Open End Spanner

8×10MM (MTM)　2KGS/CTN　1.8KGS/CTN　0.02M3/CTN

Packed in 1 carton of 100 pcs each

10×12MM (MTM)　2.5KGS/CTN　2.2KGS/CTN　0.01M3/CTN

Packed in 1 carton of 100 pcs each

Packed in one 20′container NO. TEX312114

(3) H. S. CODE: 8 204.11

(4) CERTIFICATE NO.: 500511266

(5) FREIGHT: USD2 400.00

(6) AIR WAYBILL NO.: B050588661

(7) AIR WAYBILL DATE: MAY 01, 2009

(8) 报检单位登记号:1367768841

(9) 报检单位编号:T006688451

(10) 生产单位注册号:SH1866742

(11) 申请单位注册号:BS68114622

(12)发货人账号:045686

(13)外币账号:MY564321321

(14)海关编号:8328866457

(15)境内货源地:广州

(16)生产厂家:广东宝石工具制造有限公司(3105226441)

(17)代理报关公司:广东宝石报关公司(3122668874)
地址:广州站前路10号　电话:65756786
报关员:刘娜

(18)随付单据:出口货物通关单(5461786256)

二、训练要求

请根据所给资料正确填写商业发票、装箱单、原产地证书、出境货物报检单、国际货物托运书、空运单以及出口货物报关单。

附录一

单证样本

1-1 合同

销售确认书

SALES CONTRACT

卖方　　　　　　　　　　　　　　　编号 NO.：

SELLER：　　　　　　　　　　　　　日期 DATE：

地点 SIGNED IN：

买方

BUYER：

买卖双方同意以下条款达成交易：

This contract is made by and agreed between the BUYER and SELLER, in accordance with the tems and conditions stipulated below.

1. 商品号	2. 品名及规格	3. 数量	4. 单价及价格条款	5. 金额
Art No.	Commodity & Specification	Quantity	Unit Price & Trade Terms	Amount

允许　　溢短装，由卖方决定

With　　More or less of shipment allowed at the sellers'option

6. 总值

Total Value

7. 包装

Packing

8. 唛头

Shipping Marks

9. 装运期及运输方式

Time of Shipment & Means of Transportation

10. 装运港及目的地

Portof Loading & Destination

11. 保险

Insurance

12. 付款方式

Terms of Payment

13. 备注

Remarks

The Buyer　　　　The Seller

1-2 商业发票样本

苏州进出口(集团)公司

SUZHOU IMPORT & EXPORT (GROUP) CORPORATION

Commercial Invoice

Sold to Messrs YAKAYAMA CO.,LTD.NO.888 OSAKA JAPAN

NO. 2007A001

Date January24,2007

L/C No. L/C NO.ILC-018-0020828

S/C No. SZ07-01-01

From SHANGHAI CHINA Bound For OSAKS

Marks & Nos	Quartities and Description		Unit price	Amount
N/M	Chestnut	500 M/T	JPY275,118.00 per M/T	JPY137,559,000.00
N/M	Chestnut	300 M/T	JPY295,118.00 per M/T	JPY88,535,400.00
N/M	Chestnut	200 M/T	JPY255,118.00 per M/T	JPY51,023,600.00
	SUZHOU ORIGIN		FOB SHANGHAJ	
	N.W. 1,000.00 M/T		Total:	JPY277,118,000.00
	G.W. 1,025.00 M/T			
	AS PER CONTRACT NO.TMFC00-22-01			

Total Amount: Japanese Yen Two Hundren and Seventy seven Million One Hundred and Eighteen Thousand Only

ERIC SUN

Authorized Signature

1-3 装箱单样本

苏州进出口(集团)公司
SUZHOU IMPORT & EXPORT (GROUP) CORPORATION

Packing List

Sold to Messrs YAKAYAMA CO.,LTD.NO.888
OSAKA JAPAN

Invoice No. 2007A001
Date January24,2007
L/C NO. L/C NO.ILC-018-0020828
S/C NO. SZ07-01-01

Marks & Nos	Name of Commodity	Quantity	Weight in M/T N.W.	Weight in M/T G.W.	Measurement (m^3)
N/M	Chestnut	6250Bags	@0.08 500.00	@0.082 512.50	@0.1354 846.25
N/M	Chestnut	3750Bags	@0.08 300.00	@0.082 307.50	@0.1354 507.75
N/M	Chestnut	2500Bags	@0.08 200.00	@0.082 205.00	@0.1354 338.50
	SUZHOU ORIGIN				
Total:		12 500	1,000.00	1,025.00	1,692.50

Total Package: Total Twelve Thousand and Five Hundred Bags Only

1-4 国际海运货物托运书

Exel

中 外 运　英 运

EXEL-SINOTRANS FREIGHT FORWARDING CO., LTD.

金鹰国际货运代理有限公司

SHIPPER'S LETTER OF INSTRUCTION

海运货物托运书

Issuing Date 日期：　　SLI NO. 托运书号：

Shipper Ref. No. 托运人参考号	Exel Ref. No. 金鹰参考号
Origin Port 起运港	Destination Port 目的港

* Shipper 发货人：　　Shipper's ID 客户号 Shipper's Address 发货人地址： ATTN 联系人： Tel 电话：　　Fax 传真：	HOBL No. 运单号码：　　* B/L sets 提单份数： * Service Mode 服务模式 (Please use √ 请用√表明) ☐ PTP 港到港　☐ PTD 港到门　☐ DTD 门到门　☐ DTP 门到港
* Consignee 收货人： Consignee's Address 地址： ATTN 联系人： Tel 电话：　　Fax 传真：	* Documents for export customs declaration 出口报关文件 1. Invoice 发票： ☐ ___份 2. Packing List 装箱单： ☐ ___份 3. Export Licence (Quota) 出口证（配额）： ☐ ___份 4. Certificate of Origin 产地证： ☐ ___份 5. Handbook 手册： ☐ ___份 6. Contract between Shipper & Consignee 合同： ☐ ___份 7. Declaration of Foreign Exchange 外汇核销单： ☐ ___份 8. Others (Please specify) 其它（请列明）：________
* Notify Party 通知人： Notify Party's Address 通知人地址： Tel 电话：　　Fax 传真：	* Document attached for import clearance 进口清关用随船文件 1. Invoice 发票： ☐ ___份 2. Packing List 装箱单： ☐ ___份 3. Export Licence (Quota) 出口证（配额）： ☐ ___份 4. Certificate of Origin 产地证： ☐ ___份 6, Others (Please specify) 其他（请列明）：
* Pickup Address 提货地址： ATTN 联系人： Tel 电话：　　Fax 传真：	* Value for carriage 托运价值： * Value for insurance 保险价值： Please specify currency 请明确币种
* Document arrangement 文件安排 (Please use √ 请用√表明) ☐ Delivered with Cargo 随货入仓 ☐ Posted 邮寄文件 ☐ Special requirement 特别要求 ________	**Special Goods 特种货物：** ☐ Deepfreeze 冷藏箱　☐ D.G. 危险品 Big-size Goods (LxWxH) 大型货（长X宽X高）： Special Container 特种集装箱： Heavy Goods (in KG) 重件（以公斤单位）：
If transshipment allowed 可否转船 (Please use √ 请用√表明)　☐ Yes 是　☐ No 否	Quantity of Container 集装箱量： 20'DC x __　40'DC x __　40'HQ x __
If batch shipment allowed 可否分批 (Please use √ 请用√表明)　☐ Yes 是　☐ No 否	Loading Expiry Date 装船期限：

* Package Number 件数	* Description of goods in Chinese & English 货物中英文品名、数量	* Shipping Marks 唛头	* Weight & Dimension 重量、体积

Put "x" as appropriate

请用"X"号于适合方格内

* Service 付费方式	* Ocean Freight Charges 运费	* Local Handling Charges 杂费	* Insurance 保险	* Others 其它费用
Prepaid 预付				
Collect 到付				

* If third party billing please specify 如果第三方付费，请注明：

All enquiries regarding this consignment, please contact 如有任何疑问请联系： ATTN 联系人：________　Fax 传真：________	Foreign Currency Settlement Account 外币结算单位帐号

注：有"*"号栏为必填项

1-5 国际空运货物托运书

EXEL
中外运 英运
EXEL-SINOTRANS FREIGHT FORWARDING CO., LTD.
金鹰国际货运代理有限公司

SHIPPER'S LETTER OF INSTRUCTION
国际空运货物托运书

Issuing Date 日期: SLI NO. 托运书号:

Shipper Ref. No. 托运人参考号	Exel Ref. No. 金鹰参考号
Origin City 始发地城市	Destination City 目的地城市

* Shipper 发货人: Shipper's ID 客户号:
Shipper's Address 发货人地址:
ATTN 联系人:
Tel 电话: Fax 传真:

* Consignee 收货人:
Consignee's Address 收货人地址:
ATTN 联系人:
Tel 电话: Fax 传真:

* Pickup Address 提货地址:
ATTN 联系人:
Tel 电话: Fax 传真:

* Document arrangement 文件安排 (Please use √ 请用√表明)
☐ Delivered with Cargo 随货入仓
☐ Posted 邮寄文件
☐ Special requirement 特别要求 ______

HAWB No. 运单号码:

* Service Mode 服务模式 (Please use √ 请用√表明)
☐ ATA 机场到机场 ☐ ATD 机场到门 ☐ DTA 门到机场 ☐ DTA 机场到门

* Document for export customs declaration 出口报关文件
1. Invoice 发票: ☐ ___份
2. Packing List 装箱单: ☐ ___份
3. Export Licence (Quota) 出口证（配额）: ☐ ___份
4. Certificate of Origin 产地证: ☐ ___份
5. Handbook 手册: ☐ ___份
6. Contract between Shipper & Consignee 合同: ☐ ___份
7. Declaration of Foreign Exchange 外汇核销单: ☐ ___份
8. Others (Please specify) 其它（请列明）:

* Document attached for import clearance 进口清关用随机文件
1. Invoice 发票: ☐ ___份
2. Packing List 装箱单: ☐ ___份
3. Export Licence (Quota) 出口证（配额）: ☐ ___份
4. Certificate of Origin 产地证: ☐ ___份
6. Others (Please specify) 其他（请列明）:

* Value for carriage 托运价值:
* Value for insurance 保险价值:
Please specify currency 请明确币种

* Package Number 件数	* Description of goods in Chinese & English 货物品名、数量	* Shipping Marks 唛头	* Weight & Dimension 重量、体积

Put "x" as appropriate
请用 "x" 号于适合方格内

* Service 付费方式	* Air Freight Charges 运费	* Local Handling Charges 杂费	* Insurance 保险	* Others 其他费用
Prepaid 预付				
Collect 到付				

* If third party billing please specify 如果第三方付费，请注明:

All enquiries regarding this consignment, please contact 如有任何疑问请联系:
ATTN 联系人: ______ Fax 传真: ______
Tel 电话: ______ Email 邮箱: ______

* Special Instruction 特别要求
☐ Consolidation ☐ IATA ☐ Express ☐Others
If choose Others, please specify 如果选其他，请指明: ______

Shipper Declaration 托运人申明
This shipment is not dangerous goods 所托货物为非危险品

注：有"*"号栏为必填项

1-6 投保单

海 运 出 口 货 物 投 保 单

1)保险人：＿＿＿＿＿＿＿＿ 2)被保险人：＿＿＿＿＿＿＿＿

3)保单号次：＿＿＿＿＿＿＿＿ 4)保单日期：＿＿＿＿＿＿＿＿

5)标记	6)包装及数量	7)保险货物项目	8)保险金额

9)总保险金额：

10)运输工具：(船名) (航次) 11)装运港： 12)目的港：

13)承保险别： 14)保险代理：

15)赔付地点：＿＿＿＿＿＿＿＿ 17)投保人签字＿＿＿＿＿＿＿＿

16)应缴保费：＿＿＿＿＿＿(美元) 18)投保日期＿＿＿＿＿＿＿＿

1-7 保险单

中国人民保险公司

PICC The People's Insurance Company of China

总公司设于北京 一九四九年创立

Head Office Beijing Established in 1949

货物运输保险单

CARGO TRANSPORTATION INSURANCE POLICY

发票号(INVOICE NO.) 保单号次

合同号(CONTRACT NO.) POLICY NO.

信用证号(L/C NO.)

被保险人:

INSURED:

中国人民保险公司(以下简称本公司)根据被保险人的要求，由被保险人向本公司缴付约定的保险费，按照本保险单承保险别和背面所载条款与下列特款承保下述货物运输保险，特立本保险单。

THIS POLICY OF INSURANCE WITNESSES THAT THE PEOPLE'S INSURANCE COMPANY OF CHINA (HEREINAFTER CALLED "THE COMPANY") AT THE REQUEST OF THE INSURED AND IN CONSIDERATION OF THE AGREED PREMIUM PAID TO THE COMPANY BY THE INSURED, UNDERTAKES TO INSURE THE UNDERMENTIONED GOODS IN TRANSPORTATION SUBJECT TO THE CONDITIONS OF THIS OF THIS POLICY AS PER THE CLAUSES PRINTED OVERLEAF AND OTHER SPECIAL CLAUSES ATTACHED HEREON.

标 记 MARKS&NOS	包装及数量 QUANTITY	保险货物项目 DESCRIPTION OF GOODS	保险金额 AMOUNT INSURED

总保险金额

TOTAL AMOUNT INSURED: ____

保费: 启运日期 装载运输工具:

PERMIUM: AS ARRANGED DATE OF COMMENCEMENT: ____ PER CONVEYANCE: ____

自 经 至

FROM: VIA TO

承保险别:

CONDITIONS:

所保货物，如发生保险单项下可能引起索赔的损失或损坏，应立即通知本公司下述代理人查勘。如有索赔，应向本公司提交保单正本(本保险单共有____份正本)及有关文件。如一份正本已用于索赔，其余正本自动失效。

IN THE EVENT OF LOSS OR DAMAGE WITCH MAY RESULT IN A CLAIM UNDER THIS POLICY, IMMEDIATE NOTICE MUST BE GIVEN TO THE COMPANY'S AGENT AS MENTIONED HEREUNDER. CLAIMS, IF ANY, ONE OF THE ORIGINAL POLICY WHICH HAS BEEN ISSUED IN____ORIGINAL(S) TOGETHER WITH THE RELEVANT DOCUMENTS SHALL BE SURRENDERED TO THE COMPANY. IF ONE OF THE ORIGINAL POLICY HAS BEEN ACCOMPLISHED. THE OTHERS TO BE VOID.

中国人民保险公司

The People's Insurance Company of China

赔款偿付地点

CLAIM PAYABLE AT

出单日期

ISSUING DATE

____

Authorized Signature

1-8 一般产地证

ORIGINAL

1. Exporter (full name and address)	**Certificate No.**
2. Consignee (full name, address, country)	**CERTIFICATE OF ORIGIN** **OF** **THE PEOPLE'S REPUBLIC OF CHINA**
3. Means of transport and route	5. For certifying authority use only
4. Destination port	

6. Marks and Numbers of packages	7. Description of goods: number and kind of packages	8. H.S. Code	9. Quantity or weight	10. Number and date of invoices

11. Declaration by the exporter The undersigned hereby declares that the above details and statements are correct; that all the goods were produced in China and that they comply with the Rules of Origin of the People's Republic of China. Place and date. signature and stamp of certifying authority	**12. Certification** It is hereby certified that the declaration by the exporter is correct. 中国国际贸易促进委员会江苏分会 CHINA COUNCIL FOR TPE PROMOT'ON OF INTERNATIONAL TREDE (SHANGHAI) Place and date. signature and stamp of certifying authority

China Council for the Promotion of International trade is China Chamber of International Commerce.

1-9　普惠制产地证

ORIGINAL

1. Goods consigned from (Exporter's business name, address, country)	Reference No .
2. Goods consigned to (Consignee's name, address, country)	**GENERALIZED SYSTEM OF PREFERENCES CERTIFICATE OF ORIGIN (Combinced declaration and certificate) FORM A Issued in** THE PEOPLE'S REPUBLIC OF CHINA **(country)** See Notes overleaf
3. Means of transport and route (as far as known)	4. For official use

5. Item number	**6.** Marks and numbers of packages	**7.** Number and Kind of packages; description of goods	**8.** Origin criterion (see Notes overleaf)	**9.** Gross weight or other quantity	**10.** Number and date of invoices

11. Certification It is hereby certified, on the basis of control carried out, that the declaration by the exporter is correct.	**12. Declaration by the exporter** The undersigned hereby declares that the above details and statements are correct; that all the goods were produced in ______ (country) and that they comply with the origin requirements specified for those goods in the Generalized System of Preferences for goods exported to ______ (importing country)
Place and date. signature and stamp of certifying authority	Place and date. signature and stamp of certifying authority

1-10 出口许可证申请表

中华人民共和国出口许可证申请表

1.出口商： 代码： 领证人姓名： 电话：	3.出口许可证号：
2.发货人： 代码：	4.出口许可证有效截止日期： 年 月 日
5.贸易方式：	8.进口国（地区）：
6.合同号：	9.付款方式：
7.报关口岸：	10.运输方式：
11.商品名称：	商品编码：

12.规格、等级	13.单位	14.数量	15.单价（币别）	16.总值（币别）	17.总值折美元
18.总 计					

19.备 注 申请单位盖章 申领日期：	20.签证机构审批（初审）： 经办人： 终审：

填表说明：1、本表应用正楷逐项填写清楚，不得涂改、遗漏，否则无效

2、本表内容需打印多份许可证的，请在备注栏内注明。

1-11 出口许可证

中华人民共和国出口许可证

EXPORT LICENCE OF THE PEOPLE'S REPUBLIC OF CHINA NO.7791714

1. 出口商： Exporter 4403795407524 深圳市嘉之宏贸易有限公司	3. 出口许可证号： Export licence No. 08-41-401610
2. 发货人： Consignor 4403795407524 深圳市嘉之宏贸易有限公司	4. 出口许可证有效截止日期： Export licence expiry date 2008年12月31日
5. 贸易方式： Terms of trade 一般贸易	8. 进口国(地区)： Country/Region of purchase 韩国
6. 合同号： Contract No. HG08102	9. 付款方式： Payment 汇付
7. 报关口岸： Place of clearance 深圳海关	10. 运输方式 Mode of transport 海运,陆运
11. 商品名称： Denomination of goods 二氧化锆	商品编码： Code of goods 2825600090

12. 规格，等级 Specification	13. 单位 Unit	14. 数量 Quantity	15. 单价 USD Unit price	16. 总值 USD Amount	17. 总值折美元 Amount in USD
	公斤	*3,000.0	*1,6200	*4,860	$4,860
18. 总 计 Total	公斤	*3,000.0		*4,860	$4,860
19. 备 注 Supplementary details			20. 发证机关签章 Issuing authority's stamp & signature 21. 发证日期 Licence date 2008年10月20日		

第一联(正本)发货人办理海关手续 海关验收签注栏在背面

中华人民共和国商务部监制（2007）

1-12 进口许可证

中华人民共和国进口许可证

IMPORT LICENCE OF THE PEOPLE'S REPUBLIC OF CHINA NO.

1. 进口商： Importer	3. 进口许可证号： Import licence No.
2. 收货人： Consignee	4. 进口许可证有效截止日期： Import licence expiry date
5. 贸易方式： Terms of trade	8. 出口国(地区)： Country/Region of exportation
6. 外汇来源： Terms of foreign exchange	9. 原产地国(地区)： Country/Region of origin
7. 报关口岸： Place of clearance	10. 商品用途： Use of goods
11. 商品名称： Denomination of goods	商品编码： Code of goods

12. 规格，型号 Specification	13. 单位 Unit	14. 数量 Quantity	15. 单价（ ） Unit price	16. 总值（ ） Amount	17. 总值折美元 Amount in USD
18. 总　计 Total					

19. 备　注 Supplementary details	20. 发证机关签章 Issuing authority's stamp & signature
	21. 发证日期 Licence date

第一联(正本)提货人办理海关手续 海关验收签注栏在背面

中华人民共和国商务部监制（2004）

1-13 自动进口许可证

中华人民共和国自动进口许可证

AUTOMATIC IMPORT LICENCE OF THE PEOPLE'S REPUBLIC OF CHINA NO.20700885

1. 进口商： Importer 广西南宁市金业旧货物资有限责任公司	3. 自动进口许可证号： Automatic import licence No. 4500-2003-00968
2. 进口用户： Consignee 广西南宁市金业旧货物资有限责任公司	4. 自动进口许可证有效截止日期： Automatic import licence expiry date 2004年12月12日
5. 贸易方式： Terms of trade 一般贸易	8. 贸易国(地区)： Country/Region of trading 美国
6. 外汇来源： Terms of foreign exchange 银行购汇	9. 原产地国(地区)： Country/Region of origin 美国
7. 报关口岸： Place of clearance 防城海关	10. 商品用途： Use of goods 直接销售

11. 商品名称： Denomination of goods 电脑显示器	商品编码： Code of goods 84716012	设备状态： Status of equipment 旧

12. 规格，型号 Specification	13. 单位 Unit	14. 数量 Quantity	15. 单价（USD） Unit price	16. 总值（USD） Amount	17. 总值折美元 Amount in USD
康柏显示器TFT5600(E01007)	台	*500*	*20.00	*10000*	*10000*
HP显示器TFT5600(E01007)	台	*500*	*20.00	*10000*	*10000*
**					
18. 总 计 Total		*1000*		*20000*	*20000*

19. 备 注： Supplementary details	20. 发证机关签章： Issuing authority's stamp 21. 经办人签字： Signature 22. 发证日期： Licence date 2003年12月12日

对外贸易经济合作部监制（2003）

第三联（付本）公司留存

1-14 报检委托书

报 检 委 托 书

______出入境检验检疫局：

本委托人郑重声明，保证遵守出入境检验检疫法律、法规的规定。如有违法行为，自愿接受检验检疫机构的处罚并负法律责任。

本委托人委托受委托人向检验疫机构提交"报检申请单"和各种随附单据。具体委托情况如下：

本单位将于______年______月间进口/出口如下货物：

品名		HS 编码	
数(重)量		合同号	
信用证号		审批文号	
其他特殊要求			

特委托______________(单位/注册登记号)，代表本公司办理下列出入境检验检疫事宜：

□1. 办理代理报检手续；

□2. 代缴检验检疫费；

□3. 负责与检验检疫机构联系和验货；

□4. 领取检验检疫证单；

□5. 其他与保健有关的相关事宜。

委托人(公章)　　　　受委托人(公章)

年　月　日　　　　年　月　日

本委托书有效期至______年______月______日

1-15 出境货物报检单

中华人民共和国出入境检验检疫
出境货物报检单

报检单位(加盖公章):　　　　　　　　　　　　　　　　　　*编　　号 ____________

报检单位登记号:　　　　　　联系人:　　　　　电话:　　　　　报检日期:　　年　　月　　日

发货人	(中文)	
	(外文)	
收货人	(中文)	
	(外文)	

货物名称(中/外文)	H.S.编码	产地	数/重量	货物总值	包装种类及数量

运输工具名称号码		贸易方式		货物存放地点	
合同号		信用证号		用途	
发货日期		输往国家(地区)		许可证/审批号	
启运地		到达口岸		生产单位注册号	
集装箱规格、数量及号码					

合同、信用证订立的检验检疫条款或特殊要求	标 记 及 号 码	随附单据(划"✓"或补填)	
		□合同	□包装性能结果单
		□信用证	□许可/审批文件
		□发票	□
		□换证凭单	□
		□装箱单	□
		□厂检单	□

需要证单名称(划"✓"或补填)				*检验检疫费	
□品质证书	__正__副	□植物检疫证书	__正__副	总金额(人民币元)	
□重量证书	__正__副	□熏蒸/消毒证书	__正__副		
□数量证书	__正__副	□出境货物换证凭单	__正__副		
□兽医卫生证书	__正__副	□		计费人	
□健康证书	__正__副	□			
□卫生证书	__正__副	□		收费人	
□动物卫生证书	__正__副	□			

报检人郑重声明:	领 取 证 单	
1. 本人被授权报检。 2. 上列填写内容正确属实,货物无伪造或冒用他人的厂名、标志、认证标志,并承担货物质量责任。	日期	
签名:____________	签名	

注:有"*"号栏由出入境检验检疫机关填写　　　　　　　　　◆国家出入境检验检疫局制

[1-2 (2000.1.1)]

1-16 出境货物通关单

中华人民共和国出入境检验检疫
出境货物通关单

编号：

<table>
<tr><td colspan="4">1. 发货人</td><td rowspan="3"></td></tr>
<tr><td colspan="4">2. 收货人
现代药业</td></tr>
<tr><td colspan="2">3. 合同/信用证号</td><td colspan="2">4. 输往国家或地区</td></tr>
<tr><td colspan="2">6. 运输工具名称及号码</td><td colspan="2">7. 发货日期</td><td>8. 集装箱规格及数量</td></tr>
<tr><td>9. 货物名称及规格</td><td>10. H.S. 编码</td><td colspan="2">11. 申报总值</td><td>12. 数/重量、包装数量及种类</td></tr>
<tr><td colspan="5">13. 证明

签字：　　　　日期：　　年　　月　　日</td></tr>
<tr><td colspan="5">14. 备注</td></tr>
</table>

① 货物通关

1-17 入境货物报检单

中华人民共和国出入境检验检疫
入境货物报检单

报检单位（加盖公章）：天津港商业保税仓库有限公司　　　　*编　号＿＿＿＿＿＿

报检单位登记号：1200910015　联系人：张静　电话：25763466　报检日期：2007 年 04 月 16 日

收货人	（中文）天津华铁隆津泰储运有限公司	企业性质(划“√”)	□合资 □合作 □外资
	（外文）***		
发货人	（中文）***		
	（外文）E. I. DUPONT DE NEMOURS AND COMPANY		

货物名称(中/外文)	H.S.编码	原产国(地区)	数/重量	货物总值	包装种类及数量
聚酰胺-6,6切片	3908101100	加拿大	3000千克	1 美元	320其他
聚酰胺-6,6切片	3908101100	美国	5000千克	1 美元	其他
天然木制作的木托及板	00010121 P/Q	美国	8件		其他
海运20尺普通集装箱	00020121	美国	1个		其他

运输工具名称号码	船舶,CAPE MAY18W13			合 同 号	***
贸易方式	保税区仓储转口	贸易国别(地区)	美国	提单/运单号	HLCUORF070323912
到货日期	2007-04-16	启运国家(地区)	美国	许可证/审批号	***
卸毕日期	2007-04-16	启运口岸	长滩(美国)	入境口岸	天津口岸
索赔有效期至	***	经停口岸	***	目 的 地	天津港保税区
集装箱规格、数量及号码	20尺普通X1,TTNU2153814				
合同订立的特殊条款以及其他要求	***			货物存放地点	***
				用　　途	***

随附单据(划“√”或补填)		标 记 及 号 码	*外商投资财产(划“√”)	□是□否
□合同	□到货通知	ITEM 1-STC-389TJ ITEM 2-STC-404TJ	*检验检疫费	
□发票	□装箱单		总金额（人民币元）	
□提/运单	□质保书			
□兽医卫生证书	□理货清单		计费人	
□植物检疫证书	□磅码单			
□动物检疫证书	□验收报告		收费人	
□卫生证书	□			
□原产地证	□			
□许可/审批文件	□			

报检人郑重声明： 1.本人被授权报检。 2.上列填写内容正确属实。 签名：＿＿＿＿＿＿	领　取　证　单	
	日期	
	签名	

注：有“*”号栏由出入境检验检疫机关填写　　◆国家出入境检验检疫局制

[1-1（2000.1.1）]

1-18 入境货物通关单

中华人民共和国出入境检验检疫
入境货物通关单

编号：120600107009216

<table>
<tr><td colspan="3">1. 收货人
中国[redacted]装备(集团)总公司</td><td rowspan="3">5. 标记及号码
05-MTKY-15-008036
XINGANG，CHINA
MADE IN JAPAN
NO.1-140</td></tr>
<tr><td colspan="3">2. 发货人
***
***</td></tr>
<tr><td colspan="2">3. 合同/提(运)单号
CPM07-THD04-224JP/TXB-01</td><td>4. 输出国家或地区
日本</td></tr>
<tr><td colspan="2">6. 运输工具名称及号码
船舶 ***</td><td>7. 目的地
天津市</td><td>8. 集装箱规格及数量
***</td></tr>
<tr><td>9. 货物名称及规格
焊缝石油套管
***
(以下空白)</td><td>10. H.S. 编码
7305200000
***
(以下空白)</td><td>11. 申报总值
*317 053.5美元
***
(以下空白)</td><td>12. 数/重量、包装数量及种类
*255 905千克
散装
(以下空白)</td></tr>
<tr><td colspan="4">13. 证明
上述货物业已报检/申报，请海关予以放行。
签字：　　　　日期：2007 年 03 月 14 日</td></tr>
<tr><td colspan="4">14. 备注
******</td></tr>
</table>

B 6353415　　① 货物通关　　印刷流水号：B6353415　　[2-1-2 (2001.1.1)・1]

1-19 品质证书

中华人民共和国出入境检验检疫
ENTRY-EXIT INSPECTION AND QUARANTINE
OF THE PEOPLE'S REPUBLIC OF CHINA

副 本
COPY

共1 页第 1页 Page 1 of 1
编号 NO.: 120200206174608

品质证书
CERTIFICATE OF QUALITY

发货人 Consignor	XINJIANG [redacted] FOOD CO.,LTD	
收货人 Consignee	MITSUBISHI CORPORATION (LH-H)	
品名 Description of Goods	TOMATO PASTE	标记及号码 MARK & NO. KAGOME/4 NAGOYA NO.1-240
报检数量/重量 Quantity/Weight Declared	-240-DRUMS/N.W.-55821.90-KG	
包装种类及数量 Number and Type of Packages	DRUM/-240-DRUMS	
运输工具 Means of Conveyance	BY VESSEL	

检 验 结 果:
RESULTS OF INSPECTION:

This is to certify that we did, at the request of the consignor, attend at the warehouse of the above-mentioned goods on 26 OCT. 2006 to perform inspection, the details as follows:

CONDITION OF GOODS: This lot of goods was stored in warehouse, packed in DRUM, packing intact, mark conformed with the application, without contamination and piled up properly.

INSPECTION: According to the contract No. 2006.07-26 and relevant standards of China, the above-mentioned goods was inspected with results as follows:
COLOUR, TASTE & APPEARANCE OF CONTENTS ALL NORMAL.
BRIX: 28-30%
LYCOPENE: 55.4MG/100G
HOWARD MOULD COUNT: 22%
PH: 4.17
BOSTWICK: 6.0CM/30S
A/B: 2.33
HEAVY METALS IN THE PRODUCT PER KG:
TIN: UNDER 200 MG
COPPER: UNDER 10 MG
LEAD: UNDER 1 MG
ARSENIC: UNDER 0.5 MG

CONCLUSION: This lot of goods complied with the stipulations of the contract No. 2006.07-26

****

印章
Official Stamp

签证地点 Place of Issue TIANJIN　　签证日期 Date of Issue 26 CCT. 2006

授权签字人 Authorized Officer LIJINGYIN　　签 名 Signature ____________

我们已尽所知和最大能力实施上述检验，不能因我们签发本证书而免除卖方或其他方面根据合同和法律所承担的产品质量责任和其他责任。All inspections are carried out conscientiously to the best of our knowledge and ability. This certificnte does not in any respect abeolve the seller and other related parties from his contractual and legal obligations especially when product quality is concemed.

B 0478752　　[ce-1(2000.1.1)]

1-20 中华人民共和国海关出口货物报关单(空白)

中华人民共和国海关出口货物报关单

预录入编号： 海关编号：

出口口岸	备案号		出口日期	申报日期
经营单位	运输方式	运输工具名称		提运单号
发货单位	贸易方式	征免性质		结汇方式
许可证号	运抵国（地区）	指运港		境内货源地
批准文号	成交方式	运费	保费	杂费
合同协议号	件数	包装种类	毛重（公斤）	净重（公斤）
集装箱号	随附单据			生产厂家
标记唛码及备注				

项号	商品编号	商品名称、规格型号	数量及单位	最终目的国（地区）	单价	总价	币制	征免

税费征收情况

录入员 录入单位	兹声明以上申报无讹并承担法律责任	海关审单批注及放行日期（签章）
报关员		审单 审价
单位地址	申报单位（签章）	征税 统计
邮编 电话	填制日期	查验 放行

1-21 进口货物报关单

中华人民共和国进口货物报关单

预录入编号： 海关编号：

<table>
<tr><td>进口口岸</td><td colspan="2">备案号</td><td colspan="2">进口日期</td><td colspan="2">申报日期</td></tr>
<tr><td>经营单位</td><td colspan="2">运输方式</td><td colspan="2">运输工具名称</td><td colspan="2">提运单号</td></tr>
<tr><td>收货单位</td><td colspan="2">贸易方式</td><td colspan="2">征免性质</td><td colspan="2">征税比例</td></tr>
<tr><td>许可证号</td><td colspan="2">起运国(地区)</td><td colspan="2">装货港</td><td colspan="2">境内目的地</td></tr>
<tr><td>批准文号</td><td>成交方式</td><td colspan="2">运费</td><td colspan="2">保费</td><td>杂费</td></tr>
<tr><td>合同协议号</td><td>件数</td><td colspan="2">包装种类</td><td colspan="2">毛重(公斤)</td><td>净重(公斤)</td></tr>
<tr><td>集装箱号</td><td colspan="5">随附单据</td><td>用途</td></tr>
<tr><td colspan="7">标记唛头及备注</td></tr>
<tr><td colspan="7">项号 商品编号 商品名称 规格型号 数量及单位 原产国(地区)单价 总价 币制 征免</td></tr>
<tr><td colspan="7">税费征收情况</td></tr>
<tr><td colspan="4">录入员录入单位 兹声明以上申报无讹并承担法律责任
报关员 申报单位(签章)
单位地址
邮编 电话 填制日期</td><td colspan="3">海关审单批注及放行日期(签章)
审单 审价
征税 统计
查验 放行</td></tr>
</table>

1-22 出口收汇核销单

出口收汇核销单
存根
编号:069208170

出口单位:
单位代码:
出口币总总价:
收汇方式:
预计收款日期:
报关日期:
备注
此单报关有效期截止到

编号:069208170

出口单位:				
单位代码:				
银行签注栏	类 别	币种金额	日期	盖章
海关签注栏:				
外汇局签注栏: 年 月 日(盖章)				

编号:069208170

出口单位:		
单位代码:		
货物名称	数量	币种总价
海关单编号:		
外汇局签注栏: 年 月 日(盖章)		

出口收汇核销单
存根
编号:069208170

出口单位:
单位代码:
出口币总总价:
收汇方式:
预计收款日期:
报关日期:
备注
此单报关有效期截止到

编号:069208170

出口单位:				
单位代码:				
银行签注栏	类 别	币种金额	日期	盖章
海关签注栏:				
外汇局签注栏: 年 月 日(盖章)				

编号:069208170

出口单位:
单位代码:
货物名称
海关单编号:
外汇局签注栏: 年 月 日(盖章)

1-23 海运全式提单

1. Shipper Insert Name, Address and Phone

B/L No.

2. Consignee Insert Name, Address and Phone

中远集装箱运输有限公司
COSCO CONTAINER LINES

TLX: 33057 COSCO CN
FAX: +86(021) 6545 8984

ORIGINAL

3. Notify Party Insert Name, Address and Phone
(It is agreed that no responsibility shall attach to the Carrier or his agents for failure to notify)

Port-to-Port or Combined Transport
BILL OF LADING

RECEIVED in external apparent good order and condition except as other-Wise noted. The total number of packages or unites stuffed in the container, The description of the goods and the weights shown in this Bill of Lading are Furnished by the Merchants, and which the carrier has no reasonable means Of checking and is not a part of this Bill of Lading contract. The carrier has Issued the number of Bills of Lading stated below, all of this tenor and date, One of the original Bills of Lading must be surrendered and endorsed or sig-Ned against the delivery of the shipment and whereupon any other original Bills of Lading shall be void. The Merchants agree to be bound by the terms And conditions of this Bill of Lading as if each had personally signed this Bill of Lading.
SEE clause 4 on the back of this Bill of Lading (Terms continued on the back Hereof, please read carefully).
*Applicable Only When Document Used as a Combined Transport Bill of Lading.

4. Combined Transport * Pre - carriage by		5. Combined Transport* Place of Receipt	
6. Ocean Vessel Voy. No.		7. Port of Loading	
8. Port of Discharge		9. Combined Transport * Place of Delivery	

Marks & Nos. Container / Seal No.	No. of Containers or Packages	Description of Goods (If Dangerous Goods, See Clause 20)	Gross Weight Kgs	Measurement
		Description of Contents for Shipper's Use Only (Not part of This B/L Contract)		

10. Total Number of containers and/or packages (in words)
Subject to Clause 7 Limitation

11. Freight & Charges	Revenue Tons	Rate	Per	Prepaid	Collect

1-24 空运单

IATA

988 | ICN | 7880 0433 988 - 7880 0433

Shipper's Name and Address	Shipper's Account Number	Not Negotiable **Air Waybill** issued by
HANARO TECHNOLOGY NETWORK SYSTEM CO.,LTD 5TH FL., RODEM BLDG., 395-85, SEOKYO-DONG, MAPO-GU, SEOUL 121-840 KOREA TEL : +82-2-3144-0466,0460 FAX : +82-2-3144-0473/1022		ASIANA AIRLINES ASIANA TOWN,#47,OSAE-DONG,KANGSEO-KU, SEOUL, KOREA Copies 1,2 and 3 of this Air Waybill are originals and have the same validity.
Consignee's Name and Address	Consignee's Account Number	
SINOTRANS AIR TRANSPORTATION DEVELOPMENT CO.,LTD. EASTERN BRANCH 15/F ZHONGDA SQUARE,NO 989 DONGFANG RD. PUDONG NEW AREA SHANGHAI 200122 P.R. CHINA ATTN:SUNNY TEL : 86-21-5820-8056 FAX : 86-21-6876-5953		It is agreed that the goods described herein are accepted in apparent good order and condition (except as noted)for carriage SUBJECT TO THE CONDITIONS OF CONTRACT ON THE REVERSE HEREOF. ALL GOODS MAY BE CARRIED BY ANY OTHER MEANS INCLUDING ROAD OR ANY OTHER CARRIER UNLESS SPECIFIC CONTRARY INSTRUCTIONS ARE GIVEN HEREON BY THE SHIPPER AND SHIPPER AGREES THAT THE SHIPMENT MAY BE CARRIER VIA INTERMEDIATE STOPPING PLACES WHICH THE CARRIER DEEMS APPROPRIATE. THE SHIPPER'S ATTENTION IS DRAWN TO THE NOTICE CONCERNING CARRIERS' LIMITATION OF LIABILITY. Shipper may increase such limitation of liability by declaring a higher value for carriage and paying a supplemental charge if required.
Issuing Carrier's Agent Name and City		Accounting Information
HANARO TECHNOLOGY NETWORK SYSTEM CO.,LTD		HTNS SHANGHAI CO.,LTD. RM 912, B/D B HONGQIAO FLOURISH LOTUS PLAZA, NO.1050 WU ZHONG RD,SHANGHAI 201103, P.R.C. TEL : 86-21-6090-7691~3 FAX : 86-21-6126-3554
Agent's IATA Code 17-3 7041 0013	Account No.	
Airport of Departure(Addr. of First Carrier)and Requested Routing INCHEON AIRPORT, KOREA		Reference Number / Optional Shipping Information

to	By First Carrier / Routing and Destination	to	by	to	by	Currency	CHGS Code	WT/VAL PPD	WT/VAL COLL	Other PPD	Other COLL	Declared Value for Carriage	Declared Value for Customs
PVG	OZ					KRW		PP		PP		N.V.D	

Airport of Destination	Requested Flight/Date		Amount of Insurance	
PUDONG,CHINA	OZ991	MAR.11.2009	NIL	INSURANCE-If Carrier offers insurance, and such insurance is requested in accordance with the conditions thereof indicate amount to be insured in figures in box marked "Amount of Insurance".

Handling Information

SCI

No.of Pieces RCP	Gross Weight	kg lb	Rate Class	Commodity Item No.	Chargeable Weight	Rate / Charge	Total	Nature and Quantity of Goods (incl. Dimensions or Volume)
82	6,903.0	K	Q		8,779.0	2,930	25,722,470	CONSOLIDATION SHIPMENT AS PER ATTACHED MANIFEST "FREIGHT PREPAID"

29 x 47 x 12 / 1CT
32 x 18 x 26 / 2CT
34 x 35 x 36 / 5CT
35 x 36 x 35 / 5CT
35 x 39 x 23 / 11CT
39 x 37 x 38 / 1CT
40 x 39 x 40 / 1CT
41 x 38 x 40 / 1CT
44 x 37 x 17 / ~~7CT~~
47 x 29 x 25 / 1CT

Prepaid	Weight Charge	Collect	Other Charges
25,722,470			FUEL SURCHARGE : KRW 263,370
Valuation Charge			
Tax			
Total Other Charges Due Agent			Shipper certifies that the particulars on the face hereof are correct and that insofar as any part of the consignment contains dangerous goods, such part is properly described by name and is in proper condition for carriage by air according to the applicable Dangerous Goods Regulations.
Total Other Charges Due Carrier			AS AGENT FOR CARRIER ASIANA AIRLINES Signature of Shipper or his Agent
263,370			
Total Prepaid	Total Collect		
25,985,840			
Currency Conversion Rates	CC Charges in Dest. Currency		MAR.10.2009 (Executed on(Date)) ICN (at(Place)) SteveKwon (Signature of Issuing Carrier or its Agent)
For Carrier's Use only at Destination	Charges at Destination	Total Collect Charges	988 - 7880 0433

1-25 设备交接单

中海集装箱运输有限公司
CHINA SHIPPING CONTAINER LINES CO., LTD.

OUT 出场

集装箱发放/设备交接单
EQUIPMENT INTERCHANGE RECEIPT

NO.

用箱人/运箱人(CONTAINER USER/HAULIER)			提箱地点(PLACE OF DELIVERY)

发往地点(DELIVERED TO)	返回/收箱地点(PLACE OF RETURN)

船名/航次(VESSEL/VOYAGE No.)	集装箱号(CONTAINER NO.)	尺寸/类型(SIZE/TYPE)	营运人(CNTR. OPTR.)

提单号(B/L No.)	铅封号(SEAL No.)	免费期限(FREE TIME PERIOD)	运载工具牌号(TRUCK,WAGON,BARGE No.)

出场目的/状态(PPS OF GATE-OUT/STATUS)	进场目的/状态(PPS OF GATE-IN/STATUS)	出场日期(TIME-OUT)
		月 日 时

出场检查记录(INSPECTION AT THE TIME OF INTERCHANGE)

普通集装箱(GP CONTAINER)	冷藏集装箱(RF CONTAINER)	特种集装箱(SPECIAL CONTAINER)	发电机(GEN SET)
□ 正常 (SOUND) □ 异常 (DEFECTIVE)	□ 正常 (SOUND) □ 异常 (DEFECTIVE)	□ 正常 (SOUND) □ 异常 (DEFECTIVE)	□ 正常 (SOUND) □ 异常 (DEFECTIVE)

(1) 船务公司留底

损坏记录及代号(DAMAGE & CODE)

BR	D	M	DR	DL
破损 (BROKEN)	凹损 (DENT)	丢失 (MISSING)	污箱 (DIRTY)	危标 (DG LABEL)

左 侧(LEFT SIDE)

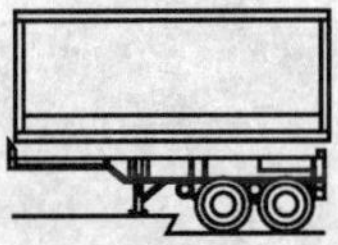

右 侧(RIGHT SIDE)

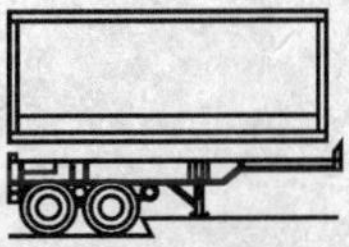

前 墙(FRONT)

集装箱内部(CONTAINER INSIDE)

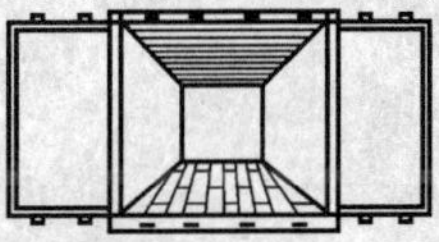

顶 部(TOP)

底 部(FLOOR BASE)

箱 门(REAR)

如有异状,请注明程度及尺寸(REMARK).

除列明者外,集装箱及集装箱设备交接时完好无损,铅封完整无误。
THE CONTAINER/ASSOCIATED EQUIPMENT INTERCHANGED IN SOUND CONDITION AND SEAL INTACT UNLESS OTHERWISE STATED.

用箱人/运箱人签署
(CONTAINER USER/HAULIER' S SIGNATURE)

码头/堆场值班员签署
(TERMINAL/DEPOT CLERK' S SIGNATURE)

1-26 集装箱装箱单

装 箱 单 CONTAINER LOAD PLAN	集装箱号 Containet No.	集装箱规格 Type of Container. 20 40
	铅封号 Seal No.	冷藏温度 °F °C Reefer-temp.Required

船名 航次 Ocean Vessel Voy.NO.	收货地点 Place of Receipt □场 □站 □门 CY CFS Door	装货港 Port of Loading	卸货港 Port of Discharging	交货地点 Place of Delivery □-场 □-站 □-门 CY CFS Door

箱主 Owner	提单号码 B/L No.	1. 发货人 2. 收货人 3. 通知人 Shipper Consignee Notify	标志和号码 Marks & Numbers	件数及包数种类 No. & Kind of Pkgs	货名 Description of Goods	重量(公斤) Weight(kg.)	尺码(立方米) Measurement (Cu.M.)
		底 Front 门 Door					
					总件数 Total Number of Packages 重量及尺码总计 Total Weight & Measurement		

危险品要注明危险品标志分类及闪点 In case of dangerous goods, please enter the label classification and flash poing of the goods.	重新铅封号 New Seal No.	开封原因 Reason for breaking seal	装箱日期 Date of Vanning: 装箱地点 at: (地点及国名Place & Counrty)		皮重 Tare Weight
	出口 Export	驾驶员签收 Received by Drayman	堆场签收 Received by CY	装箱人 Racked by: 发货人 货运站 (Shipper/CFS) (签署) Signed	总毛量 Gross Weight
	进口 Import	驾驶员签收 Received by Drayman	货运站签收 Received by CFS		发货人或货运站留存 1.SHI (1)一式十份此栏每份不同

1-27 空运进口流程图

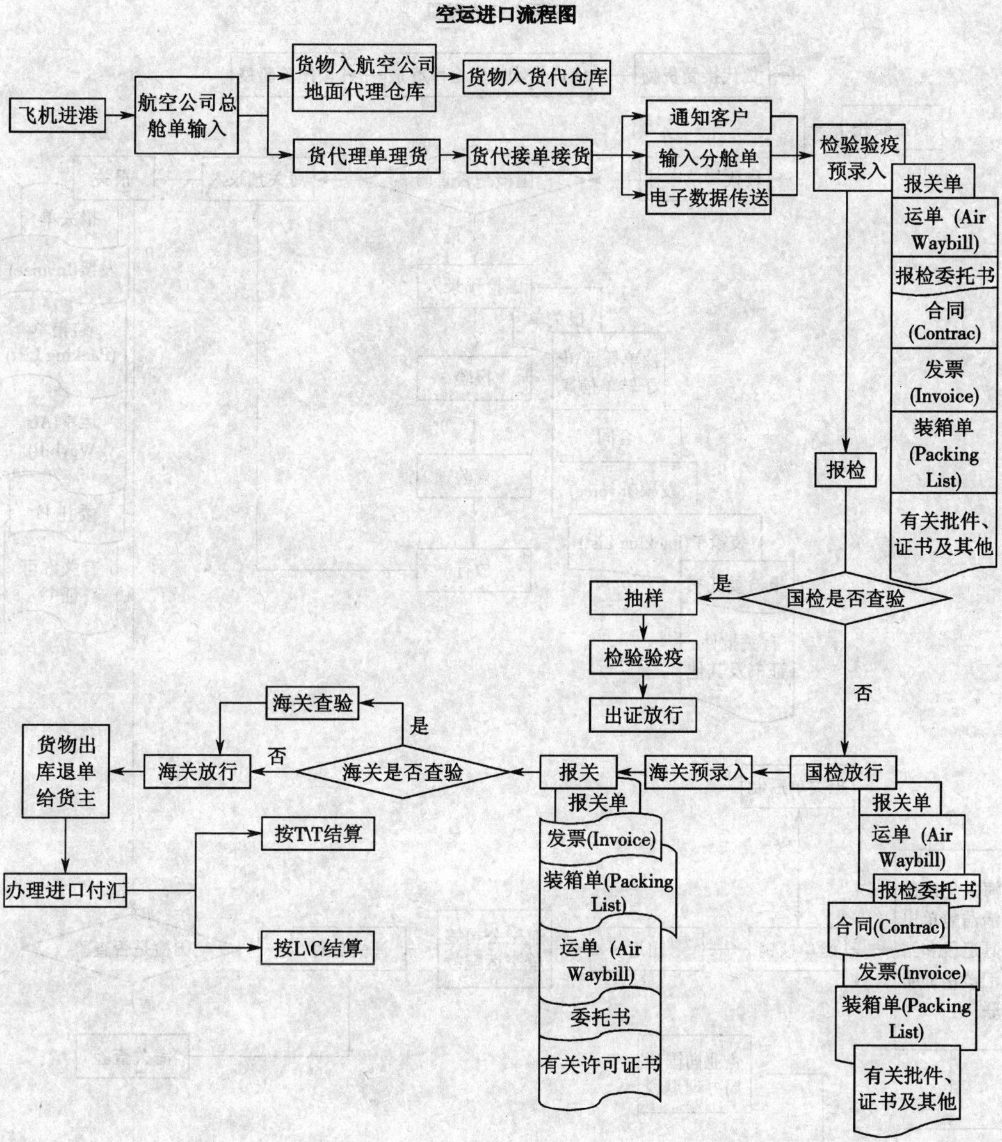
空运进口流程图
飞机进港
航空公司总舱单输入
货物入航空公司地面代理仓库
货物入货代仓库
货代理单理货
货代接单接货
通知客户
输入分舱单
电子数据传送
检验验疫预录入
报关单
运单（Air Waybill)
报检委托书
合同(Contrac)
发票(Invoice)
装箱单(Packing List)
有关批件、证书及其他
报检
国检是否查验
是
抽样
检验验疫
出证放行
否
国检放行
报关单
运单（Air Waybill)
报检委托书
合同(Contrac)
发票(Invoice)
装箱单(Packing List)
有关批件、证书及其他
海关预录入
报关
报关单
发票(Invoice)
装箱单(Packing List)
运单（Air Waybill)
委托书
有关许可证书
海关是否查验
是
海关查验
否
海关放行
货物出库退单给货主
办理进口付汇
按T\T结算
按L\C结算

1-28 空运出口流程图

空运出口流程图

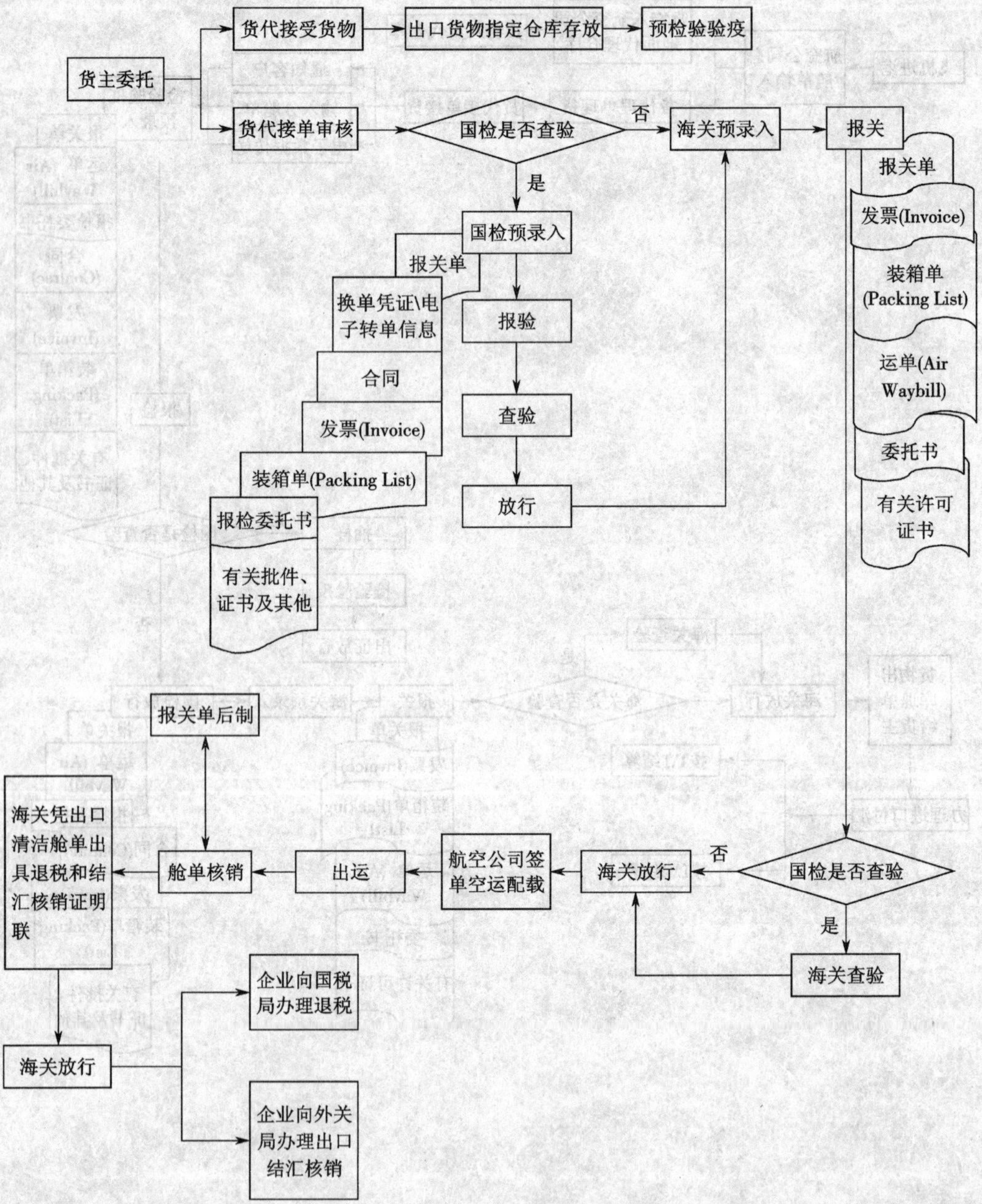

1-29　海运进口流程图

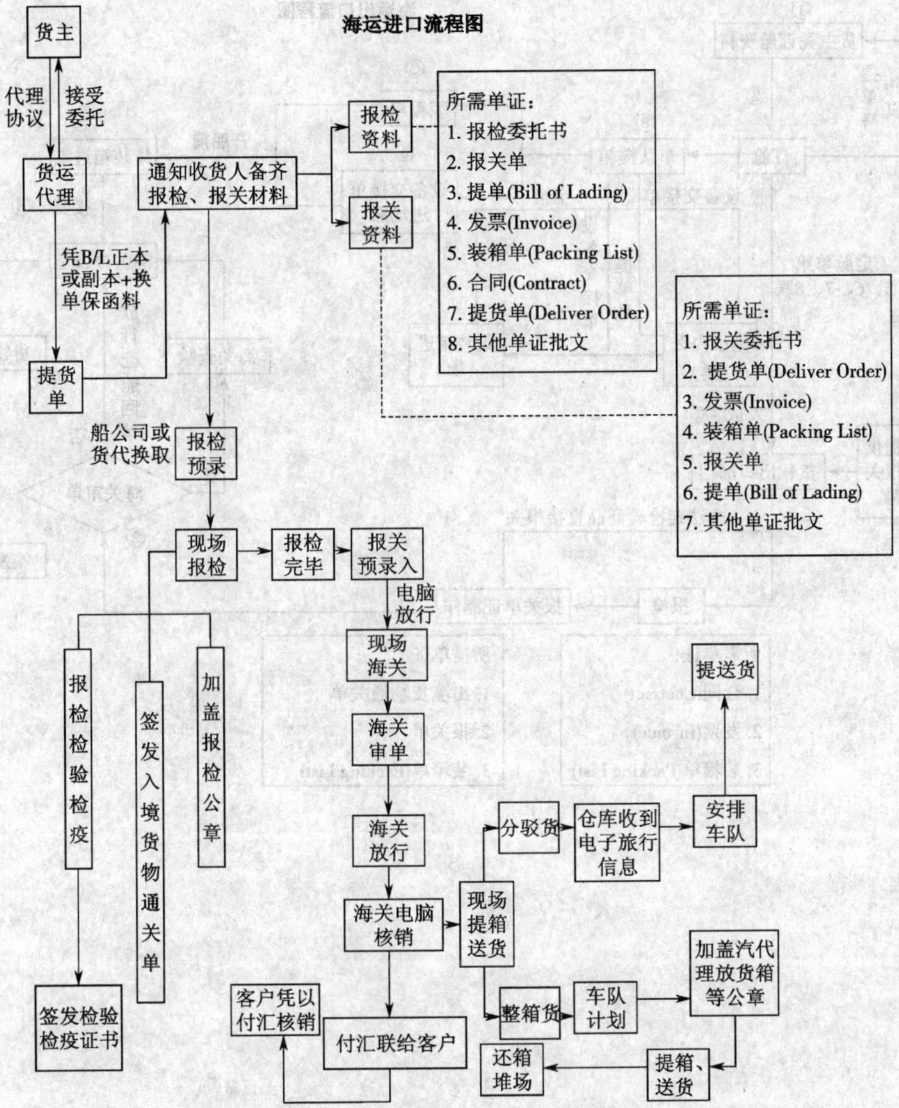
海运进口流程图
货主
代理
协议
接受
委托
货运
代理
通知收货人备齐
报检、报关材料
报检
资料
报关
资料
所需单证:
1. 报检委托书
2. 报关单
3. 提单(Bill of Lading)
4. 发票(Invoice)
5. 装箱单(Packing List)
6. 合同(Contract)
7. 提货单(Deliver Order)
8. 其他单证批文
凭B/L正本
或副本+换
单保函料
提货
单
所需单证:
1. 报关委托书
2. 提货单(Deliver Order)
3. 发票(Invoice)
4. 装箱单(Packing List)
5. 报关单
6. 提单(Bill of Lading)
7. 其他单证批文
船公司或
货代换取
报检
预录
现场
报检
报检
完毕
报关
预录入
电脑
放行
现场
海关
海关
审单
海关
放行
报检检验检疫
签发入境货物通关单
加盖报检公章
提送货
安排
车队
分驳货
仓库收到
电子旅行
信息
现场
提箱
送货
海关电脑
核销
加盖汽代
理放货箱
等公章
整箱货
车队
计划
签发检验
检疫证书
客户凭以
付汇核销
付汇联给客户
还箱
堆场
提箱、
送货

1-30 海运出口流程图

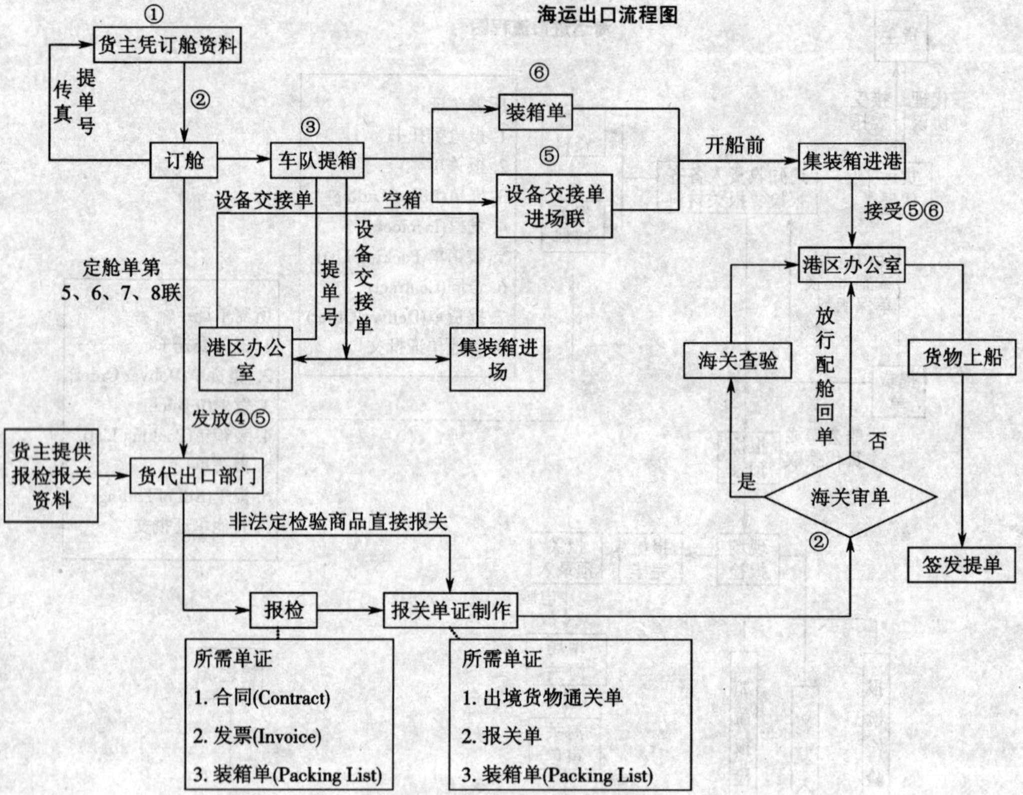
海运出口流程图
①
货主凭订舱资料
传真
提单号
②
订舱
③
车队提箱
⑥
装箱单
⑤
设备交接单进场联
开船前
集装箱进港
设备交接单
空箱
提单号
设备交接单
定舱单第5、6、7、8联
港区办公室
集装箱进场
接受⑤⑥
港区办公室
放行配舱回单
海关查验
货物上船
发放④⑤
货主提供报检报关资料
货代出口部门
是
否
海关审单
②
签发提单
非法定检验商品直接报关
报检
报关单证制作
所需单证
1. 合同(Contract)
2. 发票(Invoice)
3. 装箱单(Packing List)
所需单证
1. 出境货物通关单
2. 报关单
3. 装箱单(Packing List)

1-31 进出口流程图

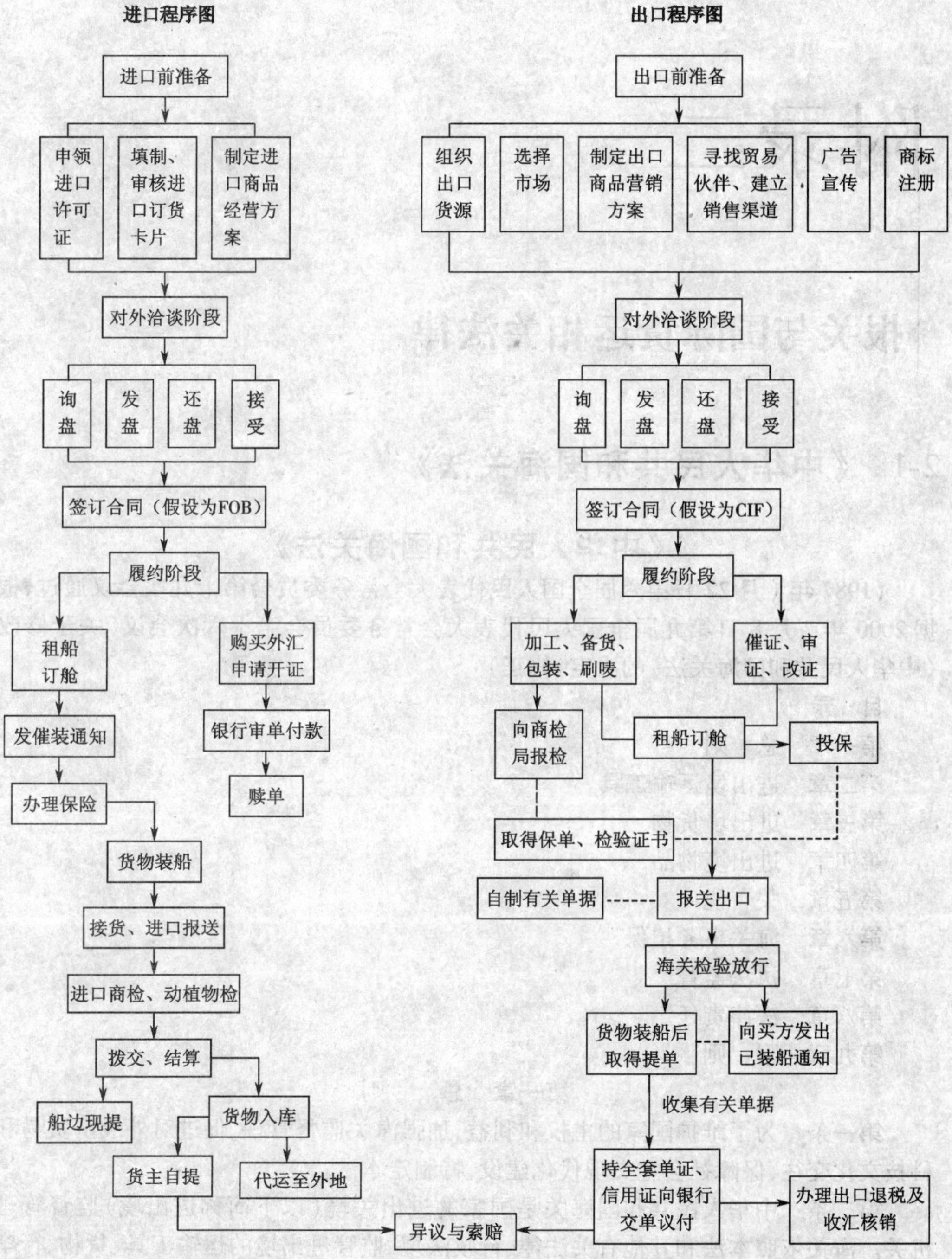
进口程序图
进口前准备
申领进口许可证
填制、审核进口订货卡片
制定进口商品经营方案
对外洽谈阶段
询盘
发盘
还盘
接受
签订合同（假设为FOB）
履约阶段
租船订舱
购买外汇申请开证
发催装通知
银行审单付款
办理保险
赎单
货物装船
接货、进口报送
进口商检、动植物检
拨交、结算
船边现提
货物入库
货主自提
代运至外地
异议与索赔
出口程序图
出口前准备
组织出口货源
选择市场
制定出口商品营销方案
寻找贸易伙伴、建立销售渠道
广告宣传
商标注册
对外洽谈阶段
询盘
发盘
还盘
接受
签订合同（假设为CIF）
履约阶段
加工、备货、包装、刷唛
催证、审证、改证
向商检局报检
租船订舱
投保
取得保单、检验证书
自制有关单据
报关出口
海关检验放行
货物装船后取得提单
向买方发出已装船通知
收集有关单据
持全套单证、信用证向银行交单议付
办理出口退税及收汇核销

附录二

报关与国际货运相关法律

2-1 《中华人民共和国海关法》

《中华人民共和国海关法》

（1987年1月22日第六届全国人民代表大会常务委员会第十九次会议通过，根据2000年7月8日第九届全国人民代表大会常务委员会第十六次会议《关于修改〈中华人民共和国海关法〉的决定》修正）

目　录

第一章　总　　则

第一条　为了维护国家的主权和利益，加强海关监督管理，促进对外经济贸易和科技文化交往，保障社会主义现代化建设，特制定本法。

第二条　中华人民共和国海关是国家的进出关境（以下简称进出境）监督管理机关。海关依照本法和其他有关法律、行政法规，监管进出境的运输工具、货物、行李物品、邮递物品和其他物品(以下简称进出境运输工具、货物、物品),征收关税和其他税、费,查缉走私,并编制海关统计和办理其他海关业务。

第三条 国务院设立海关总署,统一管理全国海关。

国家在对外开放的口岸和海关监管业务集中的地点设立海关。海关的隶属关系,不受行政区划的限制。

海关依法独立行使职权,向海关总署负责。

第四条 国家在海关总署设立专门侦查走私犯罪的公安机构,配备专职缉私警察,负责对其管辖的走私犯罪案件的侦查、拘留、执行逮捕、预审。

海关侦查走私犯罪公安机构履行侦查、拘留、执行逮捕、预审职责,应当按照《中华人民共和国刑事诉讼法》的规定办理。

海关侦查走私犯罪公安机构根据国家有关规定,可以设立分支机构。各分支机构办理其管辖的走私犯罪案件,应当依法向有管辖权的人民检察院移送起诉。

地方各级公安机关应当配合海关侦查走私犯罪公安机构依法履行职责。

第五条 国家实行联合缉私、统一处理、综合治理的缉私体制。海关负责组织、协调、管理查缉走私工作。有关规定由国务院另行制定。

各有关行政执法部门查获的走私案件,应当给予行政处罚的,移送海关依法处理;涉嫌犯罪的,应当移送海关侦查走私犯罪公安机构、地方公安机关依据案件管辖分工和法定程序办理。

第六条 海关可以行使下列权力:

(一)检查进出境运输工具,查验进出境货物、物品;对违反本法或者其他有关法律、行政法规的,可以扣留。

(二)查阅进出境人员的证件;查问违反本法或者其他有关法律、行政法规的嫌疑人,调查其违法行为。

(三)查阅、复制与进出境运输工具、货物、物品有关的合同、发票、账册、单据、记录、文件、业务函电、录音录像制品和其他资料;对其中与违反本法或者其他有关法律、行政法规的进出境运输工具、货物、物品有牵连的,可以扣留。

(四)在海关监管区和海关附近沿海沿边规定地区,检查有走私嫌疑的运输工具和有藏匿走私货物、物品嫌疑的场所,检查走私嫌疑人的身体;对有走私嫌疑的运输工具、货物、物品和走私犯罪嫌疑人,经直属海关关长或者其授权的隶属海关关长批准,可以扣留;对走私犯罪嫌疑人,扣留时间不超过二十四小时,在特殊情况下可以延长至四十八小时。

在海关监管区和海关附近沿海沿边规定地区以外,海关在调查走私案件时,对有走私嫌疑的运输工具和除公民住处以外的有藏匿走私货物、物品嫌疑的场所,经直属海关关长或者其授权的隶属海关关长批准,可以进行检查,有关当事人应当到场;当事人未到场的,在有见证人在场的情况下,可以径行检查;对其中有证据证明有走私嫌疑的运输工具、货物、物品,可以扣留。

海关附近沿海沿边规定地区的范围，由海关总署和国务院公安部门会同有关省级人民政府确定。

(五)在调查走私案件时，经直属海关关长或者其授权的隶属海关关长批准，可以查询案件涉嫌单位和涉嫌人员在金融机构、邮政企业的存款、汇款。

(六)进出境运输工具或者个人违抗海关监管逃逸的，海关可以连续追至海关监管区和海关附近沿海沿边规定地区以外，将其带回处理。

(七)海关为履行职责，可以配备武器。海关工作人员佩带和使用武器的规则，由海关总署会同国务院公安部门制定，报国务院批准。

(八)法律、行政法规规定由海关行使的其他权力。

第七条　各地方、各部门应当支持海关依法行使职权，不得非法干预海关的执法活动。

第八条　进出境运输工具、货物、物品，必须通过设立海关的地点进境或者出境。在特殊情况下，需要经过未设立海关的地点临时进境或者出境的，必须经国务院或者国务院授权的机关批准，并依照本法规定办理海关手续。

第九条　进出口货物，除另有规定的外，可以由进出口货物收发货人自行办理报关纳税手续，也可以由进出口货物收发货人委托海关准予注册登记的报关企业办理报关纳税手续。

进出境物品的所有人可以自行办理报关纳税手续，也可以委托他人办理报关纳税手续。

第十条　报关企业接受进出口货物收发货人的委托，以委托人的名义办理报关手续的，应当向海关提交由委托人签署的授权委托书，遵守本法对委托人的各项规定。

报关企业接受进出口货物收发货人的委托，以自己的名义办理报关手续的，应当承担与收发货人相同的法律责任。

委托人委托报关企业办理报关手续的，应当向报关企业提供所委托报关事项的真实情况；报关企业接受委托人的委托办理报关手续的，应当对委托人所提供情况的真实性进行合理审查。

第十一条　进出口货物收发货人、报关企业办理报关手续，必须依法经海关注册登记。报关人员必须依法取得报关从业资格。未依法经海关注册登记的企业和未依法取得报关从业资格的人员，不得从事报关业务。

报关企业和报关人员不得非法代理他人报关，或者超出其业务范围进行报关活动。

第十二条　海关依法执行职务，有关单位和个人应当如实回答询问，并予以配合，任何单位和个人不得阻挠。

海关执行职务受到暴力抗拒时，执行有关任务的公安机关和人民武装警察部队应当予以协助。

第十三条　海关建立对违反本法规定逃避海关监管行为的举报制度。

任何单位和个人均有权对违反本法规定逃避海关监管的行为进行举报。

海关对举报或者协助查获违反本法案件的有功单位和个人，应当给予精神的或者物质的奖励。

海关应当为举报人保密。

第二章　进出境运输工具

第十四条　进出境运输工具到达或者驶离设立海关的地点时，运输工具负责人应当向海关如实申报，交验单证，并接受海关监管和检查。

停留在设立海关的地点的进出境运输工具，未经海关同意，不得擅自驶离。

进出境运输工具从一个设立海关的地点驶往另一个设立海关的地点的，应当符合海关监管要求，办理海关手续，未办结海关手续的，不得改驶境外。

第十五条　进境运输工具在进境以后向海关申报以前，出境运输工具在办结海关手续以后出境以前，应当按照交通主管机关规定的路线行进；交通主管机关没有规定的，由海关指定。

第十六条　进出境船舶、火车、航空器到达和驶离时间、停留地点、停留期间更换地点以及装卸货物、物品时间，运输工具负责人或者有关交通运输部门应当事先通知海关。

第十七条　运输工具装卸进出境货物、物品或者上下进出境旅客，应当接受海关监管。

货物、物品装卸完毕，运输工具负责人应当向海关递交反映实际装卸情况的交接单据和记录。

上下进出境运输工具的人员携带物品的，应当向海关如实申报，并接受海关检查。

第十八条　海关检查进出境运输工具时，运输工具负责人应当到场，并根据海关的要求开启舱室、房间、车门；有走私嫌疑的，并应当开拆可能藏匿走私货物、物品的部位，搬移货物、物料。

海关根据工作需要，可以派员随运输工具执行职务，运输工具负责人应当提供方便。

第十九条　进境的境外运输工具和出境的境内运输工具，未向海关办理手续并缴纳关税，不得转让或者移作他用。

第二十条　进出境船舶和航空器兼营境内客、货运输，需经海关同意，并应当符合海关监管要求。

进出境运输工具改营境内运输，需向海关办理手续。

第二十一条　沿海运输船舶、渔船和从事海上作业的特种船舶，未经海关同意，不得载运或者换取、买卖、转让进出境货物、物品。

第二十二条　进出境船舶和航空器，由于不可抗力的原因，被迫在未设立海关的地点停泊、降落或者抛掷、起卸货物、物品，运输工具负责人应当立即报告附近海关。

第三章 进出境货物

第二十三条 进口货物自进境起到办结海关手续止，出口货物自向海关申报起到出境止，过境、转运和通运货物自进境起到出境止，应当接受海关监管。

第二十四条 进口货物的收货人、出口货物的发货人应当向海关如实申报，交验进出口许可证件和有关单证。国家限制进出口的货物，没有进出口许可证件的，不予放行，具体处理办法由国务院规定。

进口货物的收货人应当自运输工具申报进境之日起十四日内，出口货物的发货人除海关特准的外应当在货物运抵海关监管区后、装货的二十四小时以前，向海关申报。

进口货物的收货人超过前款规定期限向海关申报的，由海关征收滞报金。

第二十五条 办理进出口货物的海关申报手续，应当采用纸质报关单和电子数据报关单的形式。

第二十六条 海关接受申报后，报关单证及其内容不得修改或者撤销；确有正当理由的，经海关同意，方可修改或者撤销。

第二十七条 进口货物的收货人经海关同意，可以在申报前查看货物或者提取货样。需要依法检疫的货物，应当在检疫合格后提取货样。

第二十八条 进出口货物应当接受海关查验。海关查验货物时，进口货物的收货人、出口货物的发货人应当到场，并负责搬移货物，开拆和重封货物的包装。海关认为必要时，可以径行开验、复验或者提取货样。

经收发货人申请，海关总署批准，其进出口货物可以免验。

第二十九条 除海关特准的外，进出口货物在收发货人缴清税款或者提供担保后，由海关签印放行。

第三十条 进口货物的收货人自运输工具申报进境之日起超过三个月未向海关申报的，其进口货物由海关提取依法变卖处理，所得价款在扣除运输、装卸、储存等费用和税款后，尚有余款的，自货物依法变卖之日起一年内，经收货人申请，予以发还；其中属于国家对进口有限制性规定，应当提交许可证件而不能提供的，不予发还。逾期无人申请或者不予发还的，上缴国库。

确属误卸或者溢卸的进境货物，经海关审定，由原运输工具负责人或者货物的收发货人自该运输工具卸货之日起三个月内，办理退运或者进口手续；必要时，经海关批准，可以延期三个月。逾期未办手续的，由海关按前款规定处理。

前两款所列货物不宜长期保存的，海关可以根据实际情况提前处理。

收货人或者货物所有人声明放弃的进口货物，由海关提取依法变卖处理；所得价款在扣除运输、装卸、储存等费用后，上缴国库。

第三十一条 经海关批准暂时进口或者暂时出口的货物，应当在六个月内复运出境或者复运进境；在特殊情况下，经海关同意，可以延期。

第三十二条　经营保税货物的储存、加工、装配、展示、运输、寄售业务和经营免税商店，应当符合海关监管要求，经海关批准，并办理注册手续。

保税货物的转让、转移以及进出保税场所，应当向海关办理有关手续，接受海关监管和查验。

第三十三条　企业从事加工贸易，应当持有关批准文件和加工贸易合同向海关备案，加工贸易制成品单位耗料量由海关按照有关规定核定。

加工贸易制成品应当在规定的期限内复出口。其中使用的进口料件，属于国家规定准予保税的，应当向海关办理核销手续；属于先征收税款的，依法向海关办理退税手续。

加工贸易保税进口料件或者制成品因故转为内销的，海关凭准予内销的批准文件，对保税的进口料件依法征税；属于国家对进口有限制性规定的，还应当向海关提交进口许可证件。

第三十四条　经国务院批准在中华人民共和国境内设立的保税区等海关特殊监管区域，由海关按照国家有关规定实施监管。

第三十五条　进口货物应当由收货人在货物的进境地海关办理海关手续，出口货物应当由发货人在货物的出境地海关办理海关手续。

经收发货人申请，海关同意，进口货物的收货人可以在设有海关的指运地、出口货物的发货人可以在设有海关的启运地办理海关手续。上述货物的转关运输，应当符合海关监管要求；必要时，海关可以派员押运。

经电缆、管道或者其他特殊方式输送进出境的货物，经营单位应当定期向指定的海关申报和办理海关手续。

第三十六条　过境、转运和通运货物，运输工具负责人应当向进境地海关如实申报，并应当在规定期限内运输出境。

海关认为必要时，可以查验过境、转运和通运货物。

第三十七条　海关监管货物，未经海关许可，不得开拆、提取、交付、发运、调换、改装、抵押、质押、留置、转让、更换标记、移作他用或者进行其他处置。

海关加施的封志，任何人不得擅自开启或者损毁。

人民法院判决、裁定或者有关行政执法部门决定处理海关监管货物的，应当责令当事人办结海关手续。

第三十八条　经营海关监管货物仓储业务的企业，应当经海关注册，并按照海关规定，办理收存、交付手续。

在海关监管区外存放海关监管货物，应当经海关同意，并接受海关监管。

违反前两款规定或者在保管海关监管货物期间造成海关监管货物损毁或者灭失的，除不可抗力外，对海关监管货物负有保管义务的人应当承担相应的纳税义务和法律责任。

第三十九条　进出境集装箱的监管办法、打捞进出境货物和沉船的监管办法、边境小额贸易进出口货物的监管办法，以及本法未具体列明的其他进出境货物的监管办法，由海关总署或者由海关总署会同国务院有关部门另行制定。

第四十条　国家对进出境货物、物品有禁止性或者限制性规定的，海关依据法律、行政法规、国务院的规定或者国务院有关部门依据法律、行政法规的授权作出的规定实施监管。具体监管办法由海关总署制定。

第四十一条　进出口货物的原产地按照国家有关原产地规则的规定确定。

第四十二条　进出口货物的商品归类按照国家有关商品归类的规定确定。

海关可以要求进出口货物的收发货人提供确定商品归类所需的有关资料；必要时，海关可以组织化验、检验，并将海关认定的化验、检验结果作为商品归类的依据。

第四十三条　海关可以根据对外贸易经营者提出的书面申请，对拟作进口或者出口的货物预先作出商品归类等行政裁定。

进口或者出口相同货物，应当适用相同的商品归类行政裁定。

海关对所作出的商品归类等行政裁定，应当予以公布。

第四十四条　海关依照法律、行政法规的规定，对与进出境货物有关的知识产权实施保护。

需要向海关申报知识产权状况的，进出口货物收发货人及其代理人应当按照国家规定向海关如实申报有关知识产权状况，并提交合法使用有关知识产权的证明文件。

第四十五条　自进出口货物放行之日起三年内或者在保税货物、减免税进口货物的海关监管期限内及其后的三年内，海关可以对与进出口货物直接有关的企业、单位的会计账簿、会计凭证、报关单证以及其他有关资料和有关进出口货物实施稽查。具体办法由国务院规定。

第四章　进出境物品

第四十六条　个人携带进出境的行李物品、邮寄进出境的物品，应当以自用、合理数量为限，并接受海关监管。

第四十七条　进出境物品的所有人应当向海关如实申报，并接受海关查验。

海关加施的封志，任何人不得擅自开启或者损毁。

第四十八条　进出境邮袋的装卸、转运和过境，应当接受海关监管。邮政企业应当向海关递交邮件路单。

邮政企业应当将开拆及封发国际邮袋的时间事先通知海关，海关应当按时派员到场监管查验。

第四十九条　邮运进出境的物品，经海关查验放行后，有关经营单位方可投递或者交付。

第五十条　经海关登记准予暂时免税进境或者暂时免税出境的物品，应当由本人复带出境或者复带进境。

过境人员未经海关批准，不得将其所带物品留在境内。

第五十一条 进出境物品所有人声明放弃的物品、在海关规定期限内未办理海关手续或者无人认领的物品,以及无法投递又无法退回的进境邮递物品,由海关依照本法第三十条的规定处理。

第五十二条 享有外交特权和豁免的外国机构或者人员的公务用品或者自用物品进出境,依照有关法律、行政法规的规定办理。

第五章 关 税

第五十三条 准许进出口的货物、进出境物品,由海关依法征收关税。

第五十四条 进口货物的收货人、出口货物的发货人、进出境物品的所有人,是关税的纳税义务人。

第五十五条 进出口货物的完税价格,由海关以该货物的成交价格为基础审查确定。成交价格不能确定时,完税价格由海关依法估定。

进口货物的完税价格包括货物的货价、货物运抵中华人民共和国境内输入地点起卸前的运输及其相关费用、保险费;出口货物的完税价格包括货物的货价、货物运至中华人民共和国境内输出地点装载前的运输及其相关费用、保险费,但是其中包含的出口关税税额,应当予以扣除。

进出境物品的完税价格,由海关依法确定。

第五十六条 下列进出口货物、进出境物品,减征或者免征关税:

(一)无商业价值的广告品和货样;

(二)外国政府、国际组织无偿赠送的物资;

(三)在海关放行前遭受损坏或者损失的货物;

(四)规定数额以内的物品;

(五)法律规定减征、免征关税的其他货物、物品;

(六)中华人民共和国缔结或者参加的国际条约规定减征、免征关税的货物、物品。

第五十七条 特定地区、特定企业或者有特定用途的进出口货物,可以减征或者免征关税。特定减税或者免税的范围和办法由国务院规定。

依照前款规定减征或者免征关税进口的货物,只能用于特定地区、特定企业或者特定用途,未经海关核准并补缴关税,不得移作他用。

第五十八条 本法第五十六条、第五十七条第一款规定范围以外的临时减征或者免征关税,由国务院决定。

第五十九条 经海关批准暂时进口或者暂时出口的货物,以及特准进口的保税货物,在货物收发货人向海关缴纳相当于税款的保证金或者提供担保后,准予暂时免纳关税。

第六十条 进出口货物的纳税义务人,应当自海关填发税款缴款书之日起十五日内缴纳税款;逾期缴纳的,由海关征收滞纳金。纳税义务人、担保人超过三个月仍未缴纳的,经直属海关关长或者其授权的隶属海关关长批准,海关可以采取下列强制措施：

（一）书面通知其开户银行或者其他金融机构从其存款中扣缴税款；

（二）将应税货物依法变卖，以变卖所得抵缴税款；

（三）扣留并依法变卖其价值相当于应纳税款的货物或者其他财产，以变卖所得抵缴税款。

海关采取强制措施时，对前款所列纳税义务人、担保人未缴纳的滞纳金同时强制执行。

进出境物品的纳税义务人，应当在物品放行前缴纳税款。

第六十一条　进出口货物的纳税义务人在规定的纳税期限内有明显的转移、藏匿其应税货物以及其他财产迹象的，海关可以责令纳税义务人提供担保；纳税义务人不能提供纳税担保的，经直属海关关长或者其授权的隶属海关关长批准，海关可以采取下列税收保全措施：

（一）书面通知纳税义务人开户银行或者其他金融机构暂停支付纳税义务人相当于应纳税款的存款；

（二）扣留纳税义务人价值相当于应纳税款的货物或者其他财产。

纳税义务人在规定的纳税期限内缴纳税款的，海关必须立即解除税收保全措施；期限届满仍未缴纳税款的，经直属海关关长或者其授权的隶属海关关长批准，海关可以书面通知纳税义务人开户银行或者其他金融机构从其暂停支付的存款中扣缴税款，或者依法变卖所扣留的货物或者其他财产，以变卖所得抵缴税款。

采取税收保全措施不当，或者纳税义务人在规定期限内已缴纳税款，海关未立即解除税收保全措施，致使纳税义务人的合法权益受到损失的，海关应当依法承担赔偿责任。

第六十二条　进出口货物、进出境物品放行后，海关发现少征或者漏征税款，应当自缴纳税款或者货物、物品放行之日起一年内，向纳税义务人补征。因纳税义务人违反规定而造成的少征或者漏征，海关在三年以内可以追征。

第六十三条　海关多征的税款，海关发现后应当立即退还；纳税义务人自缴纳税款之日起一年内，可以要求海关退还。

第六十四条　纳税义务人同海关发生纳税争议时，应当缴纳税款，并可以依法申请行政复议；对复议决定仍不服的，可以依法向人民法院提起诉讼。

第六十五条　进口环节海关代征税的征收管理，适用关税征收管理的规定。

第六章　海关事务担保

第六十六条　在确定货物的商品归类、估价和提供有效报关单证或者办结其他海关手续前，收发货人要求放行货物的，海关应当在其提供与其依法应当履行的法律义务相适应的担保后放行。法律、行政法规规定可以免除担保的除外。

法律、行政法规对履行海关义务的担保另有规定的，从其规定。

国家对进出境货物、物品有限制性规定，应当提供许可证件而不能提供的，以及法律、行政法规规定不得担保的其他情形,海关不得办理担保放行。

第六十七条 具有履行海关事务担保能力的法人、其他组织或者公民,可以成为担保人。法律规定不得为担保人的除外。

第六十八条 担保人可以以下列财产、权利提供担保:

(一)人民币、可自由兑换货币;

(二)汇票、本票、支票、债券、存单;

(三)银行或者非银行金融机构的保函;

(四)海关依法认可的其他财产、权利。

第六十九条 担保人应当在担保期限内承担担保责任。担保人履行担保责任的,不免除被担保人应当办理有关海关手续的义务。

第七十条 海关事务担保管理办法,由国务院规定。

第七章 执法监督

第七十一条 海关履行职责,必须遵守法律,维护国家利益,依照法定职权和法定程序严格执法,接受监督。

第七十二条 海关工作人员必须秉公执法,廉洁自律,忠于职守,文明服务,不得有下列行为:

(一)包庇、纵容走私或者与他人串通进行走私;

(二)非法限制他人人身自由,非法检查他人身体、住所或者场所,非法检查、扣留进出境运输工具、货物、物品;

(三)利用职权为自己或者他人谋取私利;

(四)索取、收受贿赂;

(五)泄露国家秘密、商业秘密和海关工作秘密;

(六)滥用职权,故意刁难,拖延监管、查验;

(七)购买、私分、占用没收的走私货物、物品;

(八)参与或者变相参与营利性经营活动;

(九)违反法定程序或者超越权限执行职务;

(十)其他违法行为。

第七十三条 海关应当根据依法履行职责的需要,加强队伍建设,使海关工作人员具有良好的政治、业务素质。

海关专业人员应当具有法律和相关专业知识,符合海关规定的专业岗位任职要求。

海关招收工作人员应当按照国家规定,公开考试,严格考核,择优录用。

海关应当有计划地对其工作人员进行政治思想、法制、海关业务培训和考核。海关工作人员必须定期接受培训和考核,经考核不合格的,不得继续上岗执行职务。

第七十四条 海关总署应当实行海关关长定期交流制度。

海关关长定期向上一级海关述职,如实陈述其执行职务情况。海关总署应当定期对直属海关关长进行考核，直属海关应当定期对隶属海关关长进行考核。

第七十五条　海关及其工作人员的行政执法活动，依法接受监察机关的监督；缉私警察进行侦查活动，依法接受人民检察院的监督。

第七十六条　审计机关依法对海关的财政收支进行审计监督，对海关办理的与国家财政收支有关的事项，有权进行专项审计调查。

第七十七条　上级海关应当对下级海关的执法活动依法进行监督。上级海关认为下级海关作出的处理或者决定不适当的，可以依法予以变更或者撤销。

第七十八条　海关应当依照本法和其他有关法律、行政法规的规定，建立健全内部监督制度，对其工作人员执行法律、行政法规和遵守纪律的情况，进行监督检查。

第七十九条　海关内部负责审单、查验、放行、稽查和调查等主要岗位的职责权限应当明确，并相互分离、相互制约。

第八十条　任何单位和个人均有权对海关及其工作人员的违法、违纪行为进行控告、检举。收到控告、检举的机关有权处理的，应当依法按照职责分工及时查处。收到控告、检举的机关和负责查处的机关应当为控告人、检举人保密。

第八十一条　海关工作人员在调查处理违法案件时，遇有下列情形之一的，应当回避：

（一）是本案的当事人或者是当事人的近亲属；

（二）本人或者其近亲属与本案有利害关系；

（三）与本案当事人有其他关系，可能影响案件公正处理的。

第八章　法律责任

第八十二条　违反本法及有关法律、行政法规，逃避海关监管，偷逃应纳税款、逃避国家有关进出境的禁止性或者限制性管理，有下列情形之一的，是走私行为：

（一）运输、携带、邮寄国家禁止或者限制进出境货物、物品或者依法应当缴纳税款的货物、物品进出境的；

（二）未经海关许可并且未缴纳应纳税款、交验有关许可证件，擅自将保税货物、特定减免税货物以及其他海关监管货物、物品、进境的境外运输工具，在境内销售的；

（三）有逃避海关监管，构成走私的其他行为的。

有前款所列行为之一，尚不构成犯罪的，由海关没收走私货物、物品及违法所得，可以并处罚款；专门或者多次用于掩护走私的货物、物品，专门或者多次用于走私的运输工具，予以没收，藏匿走私货物、物品的特制设备，责令拆毁或者没收。

有第一款所列行为之一，构成犯罪的，依法追究刑事责任。

第八十三条　有下列行为之一的，按走私行为论处，依照本法第八十二条的规定处罚：

（一）直接向走私人非法收购走私进口的货物、物品的；

（二）在内海、领海、界河、界湖，船舶及所载人员运输、收购、贩卖国家禁止或者限制进出境的货物、物品，或者运输、收购、贩卖依法应当缴纳税款的货物，没有合法证明的。

第八十四条　伪造、变造、买卖海关单证，与走私人通谋为走私人提供贷款、资金、账号、发票、证明、海关单证，与走私人通谋为走私人提供运输、保管、邮寄或者其他方便，构成犯罪的，依法追究刑事责任；尚不构成犯罪的，由海关没收违法所得，并处罚款。

第八十五条　个人携带、邮寄超过合理数量的自用物品进出境，未依法向海关申报的，责令补缴关税，可以处以罚款。

第八十六条　违反本法规定有下列行为之一的，可以处以罚款，有违法所得的，没收违法所得：

（一）运输工具不经设立海关的地点进出境的；

（二）不将进出境运输工具到达的时间、停留的地点或者更换的地点通知海关的；

（三）进出口货物、物品或者过境、转运、通运货物向海关申报不实的；

（四）不按照规定接受海关对进出境运输工具、货物、物品进行检查、查验的；

（五）进出境运输工具未经海关同意，擅自装卸进出境货物、物品或者上下进出境旅客的；

（六）在设立海关的地点停留的进出境运输工具未经海关同意，擅自驶离的；

（七）进出境运输工具从一个设立海关的地点驶往另一个设立海关的地点，尚未办结海关手续又未经海关批准，中途擅自改驶境外或者境内未设立海关的地点的；

（八）进出境运输工具，未经海关同意，擅自兼营或者改营境内运输的；

（九）由于不可抗力的原因，进出境船舶和航空器被迫在未设立海关的地点停泊、降落或者在境内抛掷、起卸货物、物品，无正当理由，不向附近海关报告的；

（十）未经海关许可，擅自将海关监管货物开拆、提取、交付、发运、调换、改装、抵押、质押、留置、转让、更换标记、移作他用或者进行其他处置的；

（十一）擅自开启或者损毁海关封志的；

（十二）经营海关监管货物的运输、储存、加工等业务，有关货物灭失或者有关记录不真实，不能提供正当理由的；

（十三）有违反海关监管规定的其他行为的。

第八十七条　海关准予从事有关业务的企业，违反本法有关规定的，由海关责令改正，可以给予警告，暂停其从事有关业务，直至撤销注册。

第八十八条　未经海关注册登记和未取得报关从业资格从事报关业务的，由海关予以取缔，没收违法所得，可以并处罚款。

第八十九条　报关企业、报关人员非法代理他人报关或者超出其业务范围进行报关活动的，由海关责令改正，处以罚款，暂停其执业；情节严重的，撤销其报关注册登记、取消其报关从业资格。

第九十条　进出口货物收发货人、报关企业、报关人员向海关工作人员行贿的，由海关撤销其报关注册登记，取消其报关从业资格，并处以罚款；构成犯罪的，依法追究刑事责任，并不得重新注册登记为报关企业和取得报关从业资格证书。

第九十一条　违反本法规定进出口侵犯中华人民共和国法律、行政法规保护的知识产权的货物的，由海关依法没收侵权货物，并处以罚款；构成犯罪的，依法追究刑事责任。

第九十二条　海关依法扣留的货物、物品、运输工具，在人民法院判决或者海关处罚决定作出之前，不得处理。但是，危险品或者鲜活、易腐、易失效等不宜长期保存的货物、物品以及所有人申请先行变卖的货物、物品、运输工具，经直属海关关长或者其授权的隶属海关关长批准，可以先行依法变卖，变卖所得价款由海关保存，并通知其所有人。

人民法院判决没收或者海关决定没收的走私货物、物品、违法所得、走私运输工具、特制设备，由海关依法统一处理，所得价款和海关决定处以的罚款，全部上缴中央国库。

第九十三条　当事人逾期不履行海关的处罚决定又不申请复议或者向人民法院提起诉讼的，作出处罚决定的海关可以将其保证金抵缴或者将其被扣留的货物、物品、运输工具依法变价抵缴，也可以申请人民法院强制执行。

第九十四条　海关在查验进出境货物、物品时，损坏被查验的货物、物品的，应当赔偿实际损失。

第九十五条　海关违法扣留货物、物品、运输工具，致使当事人的合法权益受到损失的，应当依法承担赔偿责任。

第九十六条　海关工作人员有本法第七十二条所列行为之一的，依法给予行政处分；有违法所得的，依法没收违法所得；构成犯罪的，依法追究刑事责任。

第九十七条　海关的财政收支违反法律、行政法规规定的，由审计机关以及有关部门依照法律、行政法规的规定作出处理；对直接负责的主管人员和其他直接责任人员，依法给予行政处分；构成犯罪的，依法追究刑事责任。

第九十八条　未按照本法规定为控告人、检举人、举报人保密的，对直接负责的主管人员和其他直接责任人员，由所在单位或者有关单位依法给予行政处分。

第九十九条　海关工作人员在调查处理违法案件时，未按照本法规定进行回避的，对直接负责的主管人员和其他直接责任人员，依法给予行政处分。

第九章　附　　则

第一百条　本法下列用语的含义：

直属海关，是指直接由海关总署领导，负责管理一定区域范围内的海关业务的海关；隶属海关，是指由直属海关领导，负责办理具体海关业务的海关。

进出境运输工具，是指用以载运人员、货物、物品进出境的各种船舶、车辆、航空器和驮畜。

过境、转运和通运货物，是指由境外启运、通过中国境内继续运往境外的货物。

其中，通过境内陆路运输的，称过境货物；在境内设立海关的地点换装运输工具，而不通过境内陆路运输的，称转运货物；由船舶、航空器载运进境并由原装运输工具载运出境的，称通运货物。

海关监管货物，是指本法第二十三条所列的进出口货物，过境、转运、通运货物，特定减免税货物，以及暂时进出口货物、保税货物和其他尚未办结海关手续的进出境货物。

保税货物，是指经海关批准未办理纳税手续进境，在境内储存、加工、装配后复运出境的货物。

海关监管区，是指设立海关的港口、车站、机场、国界孔道、国际邮件互换局(交换站)和其他有海关监管业务的场所，以及虽未设立海关，但是经国务院批准的进出境地点。

第一百零一条　经济特区等特定地区同境内其他地区之间往来的运输工具、货物、物品的监管办法，由国务院另行规定。

第一百零二条　本法自1987年7月1日起施行。1951年4月18日中央人民政府公布的《中华人民共和国暂行海关法》同时废止。

2-2　《中华人民共和国货物进出口管理条例》

中华人民共和国国务院令　第332号

《中华人民共和国货物进出口管理条例》已经2001年10月31日国务院第46次常务会议通过，现予公布，自2002年1月1日起施行。

总理　朱镕基

二OO一年十二月十日

《中华人民共和国货物进出口管理条例》

第一章　总　　则

第一条　为了规范货物进出口管理，维护货物进出口秩序，促进对外贸易健康发展，根据《中华人民共和国对外贸易法》(以下简称对外贸易法)的有关规定，制定本条例。

第二条　从事将货物进口到中华人民共和国关境内或者将货物出口到中华人民共和国关境外的贸易活动，应当遵守本条例。

第三条　国家对货物进出口实行统一的管理制度。

第四条　国家准许货物的自由进出口，依法维护公平、有序的货物进出口贸易。

除法律、行政法规明确禁止或者限制进出口的外，任何单位和个人均不得对货物进出口设置、维持禁止或者限制措施。

第五条　中华人民共和国在货物进出口贸易方面根据所缔结或者参加的国际条

约、协定,给予其他缔约方、参加方最惠国待遇、国民待遇,或者根据互惠、对等原则给予对方最惠国待遇、国民待遇。

第六条 任何国家或者地区在货物进出口贸易方面对中华人民共和国采取歧视性的禁止、限制或者其他类似措施的,中华人民共和国可以根据实际情况对该国家或者地区采取相应的措施。

第七条 国务院对外经济贸易主管部门(以下简称国务院外经贸主管部门)依照对外贸易法和本条例的规定,主管全国货物进出口贸易工作。

国务院有关部门按照国务院规定的职责,依照本条例的规定负责货物进出口贸易管理的有关工作。

第二章 货物进口管理

第一节 禁止进口的货物

第八条 有对外贸易法第十七条规定情形之一的货物,禁止进口。其他法律、行政法规规定禁止进口的,依照其规定。

禁止进口的货物目录由国务院外经贸主管部门会同国务院有关部门制定、调整并公布。

第九条 属于禁止进口的货物,不得进口。

第二节 限制进口的货物

第十条 有对外贸易法第十六条第(一)、(四)、(五)、(六)、(七)项规定情形之一的货物,限制进口。其他法律、行政法规规定限制进口的,依照其规定。

限制进口的货物目录由国务院外经贸主管部门会同国务院有关部门制定、调整并公布。

限制进口的货物目录,应当至少在实施前21天公布;在紧急情况下,应当不迟于实施之日公布。

第十一条 国家规定有数量限制的限制进口货物,实行配额管理;其他限制进口货物,实行许可证管理。

实行关税配额管理的进口货物,依照本章第四节的规定执行。

第十二条 实行配额管理的限制进口货物,由国务院外经贸主管部门和国务院有关经济管理部门(以下统称进口配额管理部门)按照国务院规定的职责划分进行管理。

第十三条 对实行配额管理的限制进口货物,进口配额管理部门应当在每年7月31日前公布下一年度进口配额总量。

配额申请人应当在每年8月1日至8月31日向进口配额管理部门提出下一年度进口配额的申请。

进口配额管理部门应当在每年10月31日前将下一年度的配额分配给配额申请人。

进口配额管理部门可以根据需要对年度配额总量进行调整,并在实施前21天予以公布。

第十四条 配额可以按照对所有申请统一办理的方式分配。

第十五条 按照对所有申请统一办理的方式分配配额的,进口配额管理部门应当自规定的申请期限截止之日起 60 天内作出是否发放配额的决定。

第十六条 进口配额管理部门分配配额时,应当考虑下列因素:

(一)申请人的进口实绩;

(二)以往分配的配额是否得到充分使用;

(三)申请人的生产能力、经营规模、销售状况;

(四)新的进口经营者的申请情况;

(五)申请配额的数量情况;

(六)需要考虑的其他因素。

第十七条 进口经营者凭进口配额管理部门发放的配额证明,向海关办理报关验放手续。

国务院有关经济管理部门应当及时将年度配额总量、分配方案和配额证明实际发放的情况向国务院外经贸主管部门备案。

第十八条 配额持有者未使用完其持有的年度配额的,应当在当年 9 月 1 日前将未使用的配额交还进口配额管理部门;未按期交还并且在当年年底前未使用完的,进口配额管理部门可以在下一年度对其扣减相应的配额。

第十九条 实行许可证管理的限制进口货物,进口经营者应当向国务院外经贸主管部门或者国务院有关部门(以下统称进口许可证管理部门)提出申请。进口许可证管理部门应当自收到申请之日起 30 天内决定是否许可。

进口经营者凭进口许可证管理部门发放的进口许可证,向海关办理报关验放手续。

前款所称进口许可证,包括法律、行政法规规定的各种具有许可进口性质的证明、文件。

第二十条 进口配额管理部门和进口许可证管理部门应当根据本条例的规定制定具体管理办法,对申请人的资格、受理申请的部门、审查的原则和程序等事项作出明确规定并在实施前予以公布。

受理申请的部门一般为一个部门。

进口配额管理部门和进口许可证管理部门要求申请人提交的文件,应当限于为保证实施管理所必需的文件和资料,不得仅因细微的、非实质性的错讹拒绝接受申请。

第三节 自由进口的货物

第二十一条 进口属于自由进口的货物,不受限制。

第二十二条 基于监测货物进口情况的需要,国务院外经贸主管部门和国务院有关经济管理部门可以按照国务院规定的职责划分,对部分属于自由进口的货物实行自动进口许可管理。

实行自动进口许可管理的货物目录,应当至少在实施前21天公布。

第二十三条 进口属于自动进口许可管理的货物,均应当给予许可。

第二十四条 进口属于自动进口许可管理的货物,进口经营者应当在办理海关报关手续前,向国务院外经贸主管部门或者国务院有关经济管理部门提交自动进口许可申请。

国务院外经贸主管部门或者国务院有关经济管理部门应当在收到申请后,立即发放自动进口许可证明;在特殊情况下,最长不得超过10天。

进口经营者凭国务院外经贸主管部门或者国务院有关经济管理部门发放的自动进口许可证明,向海关办理报关验放手续。

第四节 关税配额管理的货物

第二十五条 实行关税配额管理的进口货物目录,由国务院外经贸主管部门会同国务院有关经济管理部门制定、调整并公布。

第二十六条 属于关税配额内进口的货物,按照配额内税率缴纳关税;属于关税配额外进口的货物,按照配额外税率缴纳关税。

第二十七条 进口配额管理部门应当在每年9月15日至10月14日公布下一年度的关税配额总量。

配额申请人应当在每年10月15日至10月30日向进口配额管理部门提出关税配额的申请。

第二十八条 关税配额可以按照对所有申请统一办理的方式分配。

第二十九条 按照对所有申请统一办理的方式分配关税配额的,进口配额管理部门应当在每年12月31日前作出是否发放配额的决定。

第三十条 进口经营者凭进口配额管理部门发放的关税配额证明,向海关办理关税配额内货物的报关验放手续。

国务院有关经济管理部门应当及时将年度关税配额总量、分配方案和关税配额证明实际发放的情况向国务院外经贸主管部门备案。

第三十一条 关税配额持有者未使用完其持有的年度配额的,应当在当年9月15日前将未使用的配额交还进口配额管理部门;未按期交还并且在当年年底前未使用完的,进口配额管理部门可以在下一年度对其扣减相应的配额。

第三十二条 进口配额管理部门应当根据本条例的规定制定有关关税配额的具体管理办法,对申请人的资格、受理申请的部门、审查的原则和程序等事项作出明确规定并在实施前予以公布。

受理申请的部门一般为一个部门。

进口配额管理部门要求关税配额申请人提交的文件,应当限于为保证实施关税配额管理所必需的文件和资料,不得仅因细微的、非实质性的错讹拒绝接受关税配额申请。

第三章 货物出口管理

第一节 禁止出口的货物

第三十三条 有对外贸易法第十七条规定情形之一的货物,禁止出口。其他法律、行政法规规定禁止出口的,依照其规定。

禁止出口的货物目录由国务院外经贸主管部门会同国务院有关部门制定、调整并公布。

第三十四条 属于禁止出口的货物,不得出口。

第二节 限制出口的货物

第三十五条 有对外贸易法第十六条第(一)、(二)、(三)、(七)项规定情形之一的货物,限制出口。其他法律、行政法规规定限制出口的,依照其规定。

限制出口的货物目录由国务院外经贸主管部门会同国务院有关部门制定、调整并公布。

限制出口的货物目录,应当至少在实施前21天公布;在紧急情况下,应当不迟于实施之日公布。

第三十六条 国家规定有数量限制的限制出口货物,实行配额管理;其他限制出口货物,实行许可证管理。

第三十七条 实行配额管理的限制出口货物,由国务院外经贸主管部门和国务院有关经济管理部门(以下统称出口配额管理部门)按照国务院规定的职责划分进行管理。

第三十八条 对实行配额管理的限制出口货物,出口配额管理部门应当在每年10月31日前公布下一年度出口配额总量。

配额申请人应当在每年11月1日至11月15日向出口配额管理部门提出下一年度出口配额的申请。

出口配额管理部门应当在每年12月15日前将下一年度的配额分配给配额申请人。

第三十九条 配额可以通过直接分配的方式分配,也可以通过招标等方式分配。

第四十条 出口配额管理部门应当自收到申请之日起30天内并不晚于当年12月15日作出是否发放配额的决定。

第四十一条 出口经营者凭出口配额管理部门发放的配额证明,向海关办理报关验放手续。

国务院有关经济管理部门应当及时将年度配额总量、分配方案和配额证明实际发放的情况向国务院外经贸主管部门备案。

第四十二条 配额持有者未使用完其持有的年度配额的,应当在当年10月31日前将未使用的配额交还出口配额管理部门;未按期交还并且在当年年底前未使用完的,出口配额管理部门可以在下一年度对其扣减相应的配额。

第四十三条 实行许可证管理的限制出口货物,出口经营者应当向国务院外经贸主管部门或者国务院有关部门(以下统称出口许可证管理部门)提出申请,出口许可证管理部门应当自收到申请之日起30天内决定是否许可。

出口经营者凭出口许可证管理部门发放的出口许可证,向海关办理报关验放手续。

前款所称出口许可证,包括法律、行政法规规定的各种具有许可出口性质的证明、文件。

第四十四条　出口配额管理部门和出口许可证管理部门应当根据本条例的规定制定具体管理办法,对申请人的资格、受理申请的部门、审查的原则和程序等事项作出明确规定并在实施前予以公布。

受理申请的部门一般为一个部门。

出口配额管理部门和出口许可证管理部门要求申请人提交的文件,应当限于为保证实施管理所必需的文件和资料,不得仅因细微的、非实质性的错讹拒绝接受申请。

第四章　国营贸易和指定经营

第四十五条　国家可以对部分货物的进出口实行国营贸易管理。

实行国营贸易管理的进出口货物目录由国务院外经贸主管部门会同国务院有关经济管理部门制定、调整并公布。

第四十六条　国务院外经贸主管部门和国务院有关经济管理部门按照国务院规定的职责划分确定国营贸易企业名录并予以公布。

第四十七条　实行国营贸易管理的货物,国家允许非国营贸易企业从事部分数量的进出口。

第四十八条　国营贸易企业应当每半年向国务院外经贸主管部门提供实行国营贸易管理的货物的购买价格、销售价格等有关信息。

第四十九条　国务院外经贸主管部门基于维护进出口经营秩序的需要,可以在一定期限内对部分货物实行指定经营管理。

实行指定经营管理的进出口货物目录由国务院外经贸主管部门制定、调整并公布。

第五十条　确定指定经营企业的具体标准和程序,由国务院外经贸主管部门制定并在实施前公布。

指定经营企业名录由国务院外经贸主管部门公布。

第五十一条　除本条例第四十七条规定的情形外,未列入国营贸易企业名录和指定经营企业名录的企业或者其他组织,不得从事实行国营贸易管理、指定经营管理的货物的进出口贸易。

第五十二条　国营贸易企业和指定经营企业应当根据正常的商业条件从事经营活动,不得以非商业因素选择供应商,不得以非商业因素拒绝其他企业或者组织的委托。

第五章 进出口监测和临时措施

第五十三条 国务院外经贸主管部门负责对货物进出口情况进行监测、评估,并定期向国务院报告货物进出口情况,提出建议。

第五十四条 国家为维护国际收支平衡,包括国际收支发生严重失衡或者受到严重失衡威胁时,或者为维持与实施经济发展计划相适应的外汇储备水平,可以对进口货物的价值或者数量采取临时限制措施。

第五十五条 国家为建立或者加快建立国内特定产业,在采取现有措施无法实现的情况下,可以采取限制或者禁止进口的临时措施。

第五十六条 国家为执行下列一项或者数项措施,必要时可以对任何形式的农产品水产品采取限制进口的临时措施:

(一)对相同产品或者直接竞争产品的国内生产或者销售采取限制措施;

(二)通过补贴消费的形式,消除国内过剩的相同产品或者直接竞争产品;

(三)对完全或者主要依靠该进口农产品水产品形成的动物产品采取限产措施。

第五十七条 有下列情形之一的,国务院外经贸主管部门可以对特定货物的出口采取限制或者禁止的临时措施:

(一)发生严重自然灾害等异常情况,需要限制或者禁止出口的;

(二)出口经营秩序严重混乱,需要限制出口的;

(三)依照对外贸易法第十六条、第十七条的规定,需要限制或者禁止出口的。

第五十八条 对进出口货物采取限制或者禁止的临时措施的,国务院外经贸主管部门应当在实施前予以公告。

第六章 对外贸易促进

第五十九条 国家采取出口信用保险、出口信贷、出口退税、设立外贸发展基金等措施,促进对外贸易发展。

第六十条 国家采取有效措施,促进企业的技术创新和技术进步,提高企业的国际竞争能力。

第六十一条 国家通过提供信息咨询服务,帮助企业开拓国际市场。

第六十二条 货物进出口经营者可以依法成立和参加进出口商会,实行行业自律和协调。

第六十三条 国家鼓励企业积极应对国外歧视性反倾销、反补贴、保障措施及其他限制措施,维护企业的正当贸易权利。

第七章 法律责任

第六十四条 进口或者出口属于禁止进出口的货物,或者未经批准、许可擅自进口或者出口属于限制进出口的货物的,依照刑法关于走私罪的规定,依法追究刑事责任;尚不够刑事处罚的,依照海关法的有关规定处罚;国务院外经贸主管部门并可以撤销其对外贸易经营许可。

第六十五条 擅自超出批准、许可的范围进口或者出口属于限制进出口的货物的，依照刑法关于走私罪或者非法经营罪的规定，依法追究刑事责任；尚不够刑事处罚的，依照海关法的有关规定处罚；国务院外经贸主管部门并可以暂停直至撤销其对外贸易经营许可。

第六十六条　伪造、变造或者买卖货物进出口配额证明、批准文件、许可证或者自动进口许可证明的，依照刑法关于非法经营罪或者伪造、变造、买卖国家机关公文、证件、印章罪的规定，依法追究刑事责任；尚不够刑事处罚的，依照海关法的有关规定处罚；国务院外经贸主管部门并可以撤销其对外贸易经营许可。

第六十七条　进出口经营者以欺骗或者其他不正当手段获取货物进出口配额、批准文件、许可证或者自动进口许可证明的，依法收缴其货物进出口配额、批准文件、许可证或者自动进口许可证明，国务院外经贸主管部门可以暂停直至撤销其对外贸易经营许可。

第六十八条　违反本条例第五十一条规定，擅自从事实行国营贸易管理或者指定经营管理的货物进出口贸易，扰乱市场秩序，情节严重的，依照刑法关于非法经营罪的规定，依法追究刑事责任；尚不够刑事处罚的，由工商行政管理机关依法给予行政处罚；国务院外经贸主管部门并可以暂停直至撤销其对外贸易经营许可。

第六十九条　国营贸易企业或者指定经营企业违反本条例第四十八条、第五十二条规定的，由国务院外经贸主管部门予以警告；情节严重的，可以暂停直至取消其国营贸易企业或者指定经营企业资格。

第七十条　货物进出口管理工作人员在履行货物进出口管理职责中，滥用职权、玩忽职守或者利用职务上的便利收受、索取他人财物的，依照刑法关于滥用职权罪、玩忽职守罪、受贿罪或者其他罪的规定，依法追究刑事责任；尚不够刑事处罚的，依法给予行政处分。

第八章　附　　则

第七十一条　对本条例规定的行政机关发放配额、关税配额、许可证或者自动许可证明的决定不服的，对确定国营贸易企业或者指定经营企业资格的决定不服的，或者对行政处罚的决定不服的，可以依法申请行政复议，也可以依法向人民法院提起诉讼。

第七十二条　本条例的规定不妨碍依据法律、行政法规对进出口货物采取的关税、检验检疫、安全、环保、知识产权保护等措施。

第七十三条　出口核用品、核两用品、监控化学品、军品等出口管制货物的，依照有关行政法规的规定办理。

第七十四条　对进口货物需要采取反倾销措施、反补贴措施、保障措施的，依照对外贸易法和有关法律、行政法规的规定执行。

第七十五条　法律、行政法规对保税区、出口加工区等特殊经济区的货物进出口管理另有规定的，依照其规定。

第七十六条　国务院外经贸主管部门负责有关货物进出口贸易的双边或者多边

磋商、谈判,并负责贸易争端解决的有关事宜。

第七十七条　本条例自2002年1月1日起施行。1984年1月10日国务院发布的《中华人民共和国进口货物许可制度暂行条例》,1992年12月21日国务院批准、1992年12月29日对外经济贸易部发布的《出口商品管理暂行办法》,1993年9月22日国务院批准、1993年10月7日国家经济贸易委员会、对外贸易经济合作部发布的《机电产品进口管理暂行办法》,1993年12月22日国务院批准、1993年12月29日国家计划委员会、对外贸易经济合作部发布的《一般商品进口配额管理暂行办法》,1994年6月13日国务院批准、1994年7月19日对外贸易经济合作部、国家计划委员会发布的《进口商品经营管理暂行办法》,同时废止。

2-3　《中华人民共和国进出口关税条例》

《中华人民共和国进出口关税条例》

(2003年10月29日国务院第26次常务会议通过
2003年11月23日国务院令第392号公布
自2004年1月1日起施行)

第一章　总　　则

第一条　为了贯彻对外开放政策,促进对外经济贸易和国民经济的发展,根据《中华人民共和国海关法》(以下简称《海关法》)的有关规定,制定本条例。

第二条　中华人民共和国准许进出口的货物、进境物品,除法律、行政法规另有规定外,海关依照本条例规定征收进出口关税。

第三条　国务院制定《中华人民共和国进出口税则》(以下简称《税则》)、《中华人民共和国进境物品进口税税率表》(以下简称《进境物品进口税税率表》),规定关税的税目、税则号列和税率,作为本条例的组成部分。

第四条　国务院设立关税税则委员会,负责《税则》和《进境物品进口税税率表》的税目、税则号列和税率的调整和解释,报国务院批准后执行;决定实行暂定税率的货物、税率和期限;决定关税配额税率;决定征收反倾销税、反补贴税、保障措施关税、报复性关税以及决定实施其他关税措施;决定特殊情况下税率的适用,以及履行国务院规定的其他职责。

第五条　进口货物的收货人、出口货物的发货人、进境物品的所有人,是关税的纳税义务人。

第六条　海关及其工作人员应当依照法定职权和法定程序履行关税征管职责,维护国家利益,保护纳税人合法权益,依法接受监督。

第七条　纳税义务人有权要求海关对其商业秘密予以保密,海关应当依法为纳税义务人保密。

第八条　海关对检举或者协助查获违反本条例行为的单位和个人,应当按照规定给予奖励,并负责保密。

第二章 进出口货物关税税率的设置和适用

第九条 进口关税设置最惠国税率、协定税率、特惠税率、普通税率、关税配额税率等税率。对进口货物在一定期限内可以实行暂定税率。

出口关税设置出口税率。对出口货物在一定期限内可以实行暂定税率。

第十条 原产于共同适用最惠国待遇条款的世界贸易组织成员的进口货物,原产于与中华人民共和国签订含有相互给予最惠国待遇条款的双边贸易协定的国家或者地区的进口货物,以及原产于中华人民共和国境内的进口货物,适用最惠国税率。

原产于与中华人民共和国签订含有关税优惠条款的区域性贸易协定的国家或者地区的进口货物,适用协定税率。

原产于与中华人民共和国签订含有特殊关税优惠条款的贸易协定的国家或者地区的进口货物,适用特惠税率。

原产于本条第一款、第二款和第三款所列以外国家或者地区的进口货物,以及原产地不明的进口货物,适用普通税率。

第十一条 适用最惠国税率的进口货物有暂定税率的,应当适用暂定税率;适用协定税率、特惠税率的进口货物有暂定税率的,应当从低适用税率;适用普通税率的进口货物,不适用暂定税率。

适用出口税率的出口货物有暂定税率的,应当适用暂定税率。

第十二条 按照国家规定实行关税配额管理的进口货物,关税配额内的,适用关税配额税率;关税配额外的,其税率的适用按照本条例第十条、第十一条的规定执行。

第十三条 按照有关法律、行政法规的规定对进口货物采取反倾销、反补贴、保障措施的,其税率的适用按照《中华人民共和国反倾销条例》、《中华人民共和国反补贴条例》和《中华人民共和国保障措施条例》的有关规定执行。

第十四条 任何国家或者地区违反与中华人民共和国签订或者共同参加的贸易协定及相关协定,对中华人民共和国在贸易方面采取禁止、限制、加征关税或者其他影响正常贸易的措施的,对原产于该国家或者地区的进口货物可以征收报复性关税,适用报复性关税税率。

征收报复性关税的货物、适用国别、税率、期限和征收办法,由国务院关税税则委员会决定并公布。

第十五条 进出口货物,应当适用海关接受该货物申报进口或者出口之日实施的税率。

进口货物到达前,经海关核准先行申报的,应当适用装载该货物的运输工具申报进境之日实施的税率。

转关运输货物税率的适用日期,由海关总署另行规定。

第十六条 有下列情形之一,需缴纳税款的,应当适用海关接受申报办理纳税手续之日实施的税率:

(一)保税货物经批准不复运出境的;

(二)减免税货物经批准转让或者移作他用的;

(三)暂准进境货物经批准不复运出境,以及暂准出境货物经批准不复运进境的;

(四)租赁进口货物,分期缴纳税款的。

第十七条　补征和退还进出口货物关税,应当按照本条例第十五条或者第十六条的规定确定适用的税率。

因纳税义务人违反规定需要追征税款的,应当适用该行为发生之日实施的税率;行为发生之日不能确定的,适用海关发现该行为之日实施的税率。

第三章　进出口货物完税价格的确定

第十八条　进口货物的完税价格由海关以符合本条第三款所列条件的成交价格以及该货物运抵中华人民共和国境内输入地点起卸前的运输及其相关费用、保险费为基础审查确定。

进口货物的成交价格,是指卖方向中华人民共和国境内销售该货物时买方为进口该货物向卖方实付、应付的,并按照本条例第十九条、第二十条规定调整后的价款总额,包括直接支付的价款和间接支付的价款。

进口货物的成交价格应当符合下列条件:

(一)对买方处置或者使用该货物不予限制,但法律、行政法规规定实施的限制、对货物转售地域的限制和对货物价格无实质性影响的限制除外;

(二)该货物的成交价格没有因搭售或者其他因素的影响而无法确定;

(三)卖方不得从买方直接或者间接获得因该货物进口后转售、处置或者使用而产生的任何收益,或者虽有收益但能够按照本条例第十九条、第二十条的规定进行调整;

(四)买卖双方没有特殊关系,或者虽有特殊关系但未对成交价格产生影响。

第十九条　进口货物的下列费用应当计入完税价格:

(一)由买方负担的购货佣金以外的佣金和经纪费;

(二)由买方负担的在审查确定完税价格时与该货物视为一体的容器的费用;

(三)由买方负担的包装材料费用和包装劳务费用;

(四)与该货物的生产和向中华人民共和国境内销售有关的,由买方以免费或者以低于成本的方式提供并可以按适当比例分摊的料件、工具、模具、消耗材料及类似货物的价款,以及在境外开发、设计等相关服务的费用;

(五)作为该货物向中华人民共和国境内销售的条件,买方必须支付的、与该货物有关的特许权使用费;

(六)卖方直接或者间接从买方获得的该货物进口后转售、处置或者使用的收益。

第二十条　进口时在货物的价款中列明的下列税收、费用,不计入该货物的完税价格：

（一）厂房、机械、设备等货物进口后进行建设、安装、装配、维修和技术服务的费用；

（二）进口货物运抵境内输入地点起卸后的运输及其相关费用、保险费；

（三）进口关税及国内税收。

第二十一条　进口货物的成交价格不符合本条例第十八条第三款规定条件的，或者成交价格不能确定的，海关经了解有关情况，并与纳税义务人进行价格磋商后，依次以下列价格估定该货物的完税价格：

（一）与该货物同时或者大约同时向中华人民共和国境内销售的相同货物的成交价格；

（二）与该货物同时或者大约同时向中华人民共和国境内销售的类似货物的成交价格；

（三）与该货物进口的同时或者大约同时，将该进口货物、相同或者类似进口货物在第一级销售环节销售给无特殊关系买方最大销售总量的单位价格，但应当扣除本条例第二十二条规定的项目；

（四）按照下列各项总和计算的价格：生产该货物所使用的料件成本和加工费用，向中华人民共和国境内销售同等级或者同种类货物通常的利润和一般费用，该货物运抵境内输入地点起卸前的运输及其相关费用、保险费；

（五）以合理方法估定的价格。

纳税义务人向海关提供有关资料后，可以提出申请，颠倒前款第（三）项和第（四）项的适用次序。

第二十二条　按照本条例第二十一条第一款第（三）项规定估定完税价格，应当扣除的项目是指：

（一）同等级或者同种类货物在中华人民共和国境内第一级销售环节销售时通常的利润和一般费用以及通常支付的佣金；

（二）进口货物运抵境内输入地点起卸后的运输及其相关费用、保险费；

（三）进口关税及国内税收。

第二十三条　以租赁方式进口的货物，以海关审查确定的该货物的租金作为完税价格。

纳税义务人要求一次性缴纳税款的，纳税义务人可以选择按照本条例第二十一条的规定估定完税价格，或者按照海关审查确定的租金总额作为完税价格。

第二十四条　运往境外加工的货物，出境时已向海关报明并在海关规定的期限内复运进境的，应当以境外加工费和料件费以及复运进境的运输及其相关费用和保险费审查确定完税价格。

第二十五条　运往境外修理的机械器具、运输工具或者其他货物，出境时已向海关报明并在海关规定的期限内复运进境的，应当以境外修理费和料件费审查确定完税价格。

第二十六条　出口货物的完税价格由海关以该货物的成交价格以及该货物运至中华人民共和国境内输出地点装载前的运输及其相关费用、保险费为基础审查确定。

出口货物的成交价格，是指该货物出口时卖方为出口该货物应当向买方直接收取和间接收取的价款总额。

出口关税不计入完税价格。

第二十七条　出口货物的成交价格不能确定的，海关经了解有关情况，并与纳税义务人进行价格磋商后，依次以下列价格估定该货物的完税价格：

（一）与该货物同时或者大约同时向同一国家或者地区出口的相同货物的成交价格；

（二）与该货物同时或者大约同时向同一国家或者地区出口的类似货物的成交价格；

（三）按照下列各项总和计算的价格：境内生产相同或者类似货物的料件成本、加工费用，通常的利润和一般费用，境内发生的运输及其相关费用、保险费；

（四）以合理方法估定的价格。

第二十八条　按照本条例规定计入或者不计入完税价格的成本、费用、税收，应当以客观、可量化的数据为依据。

第四章　进出口货物关税的征收

第二十九条　进口货物的纳税义务人应当自运输工具申报进境之日起14日内，出口货物的纳税义务人除海关特准的外，应当在货物运抵海关监管区后、装货的24小时以前，向货物的进出境地海关申报。进出口货物转关运输的，按照海关总署的规定执行。

进口货物到达前，纳税义务人经海关核准可以先行申报。具体办法由海关总署另行规定。

第三十条　纳税义务人应当依法如实向海关申报，并按照海关的规定提供有关确定完税价格、进行商品归类、确定原产地以及采取反倾销、反补贴或者保障措施等所需的资料；必要时，海关可以要求纳税义务人补充申报。

第三十一条　纳税义务人应当按照《税则》规定的目录条文和归类总规则、类注、章注、子目注释以及其他归类注释，对其申报的进出口货物进行商品归类，并归入相应的税则号列；海关应当依法审核确定该货物的商品归类。

第三十二条　海关可以要求纳税义务人提供确定商品归类所需的有关资料；必要时，海关可以组织化验、检验，并将海关认定的化验、检验结果作为商品归类的依据。

第三十三条　海关为审查申报价格的真实性和准确性，可以查阅、复制与进出口货物有关的合同、发票、账册、结付汇凭证、单据、业务函电、录音录像制品和其他反映买卖双方关系及交易活动的资料。

海关对纳税义务人申报的价格有怀疑并且所涉关税数额较大的，经直属海关关长或者其授权的隶属海关关长批准，凭海关总署统一格式的协助查询账户通知书及有关工作人员的工作证件，可以查询纳税义务人在银行或者其他金融机构开立的单位账户的资金往来情况，并向银行业监督管理机构通报有关情况。

第三十四条　海关对纳税义务人申报的价格有怀疑的，应当将怀疑的理由书面告知纳税义务人，要求其在规定的期限内书面作出说明、提供有关资料。

纳税义务人在规定的期限内未作说明、未提供有关资料的，或者海关仍有理由怀疑申报价格的真实性和准确性的，海关可以不接受纳税义务人申报的价格，并按照本条例第三章的规定估定完税价格。

第三十五条　海关审查确定进出口货物的完税价格后，纳税义务人可以以书面形式要求海关就如何确定其进出口货物的完税价格作出书面说明，海关应当向纳税义务人作出书面说明。

第三十六条　进出口货物关税，以从价计征、从量计征或者国家规定的其他方式征收。

从价计征的计算公式为：应纳税额＝完税价格×关税税率

从量计征的计算公式为：应纳税额＝货物数量×单位税额

第三十七条　纳税义务人应当自海关填发税款缴款书之日起15日内向指定银行缴纳税款。纳税义务人未按期缴纳税款的，从滞纳税款之日起，按日加收滞纳税款万分之五的滞纳金。

海关可以对纳税义务人欠缴税款的情况予以公告。

海关征收关税、滞纳金等，应当制发缴款凭证，缴款凭证格式由海关总署规定。

第三十八条　海关征收关税、滞纳金等，应当按人民币计征。

进出口货物的成交价格以及有关费用以外币计价的，以中国人民银行公布的基准汇率折合为人民币计算完税价格；以基准汇率币种以外的外币计价的，按照国家有关规定套算为人民币计算完税价格。适用汇率的日期由海关总署规定。

第三十九条　纳税义务人因不可抗力或者在国家税收政策调整的情形下，不能按期缴纳税款的，经海关总署批准，可以延期缴纳税款，但是最长不得超过6个月。

第四十条　进出口货物的纳税义务人在规定的纳税期限内有明显的转移、藏匿其应税货物以及其他财产迹象的，海关可以责令纳税义务人提供担保；纳税义务人不能提供担保的，海关可以按照《海关法》第六十一条的规定采取税收保全措施。

纳税义务人、担保人自缴纳税款期限届满之日起超过3个月仍未缴纳税款的，海关可以按照《海关法》第六十条的规定采取强制措施。

第四十一条　加工贸易的进口料件按照国家规定保税进口的，其制成品或者进口料件未在规定的期限内出口的，海关按照规定征收进口关税。

加工贸易的进口料件进境时按照国家规定征收进口关税的，其制成品或者进口料件在规定的期限内出口的，海关按照有关规定退还进境时已征收的关税税款。

第四十二条　经海关批准暂时进境或者暂时出境的下列货物，在进境或者出境时纳税义务人向海关缴纳相当于应纳税款的保证金或者提供其他担保的，可以暂不缴纳关税，并应当自进境或者出境之日起6个月内复运出境或者复运进境；经纳税义务人申请，海关可以根据海关总署的规定延长复运出境或者复运进境的期限：

（一）在展览会、交易会、会议及类似活动中展示或者使用的货物；

（二）文化、体育交流活动中使用的表演、比赛用品；

（三）进行新闻报道或者摄制电影、电视节目使用的仪器、设备及用品；

（四）开展科研、教学、医疗活动使用的仪器、设备及用品；

（五）在本款第（一）项至第（四）项所列活动中使用的交通工具及特种车辆；

（六）货样；

（七）供安装、调试、检测设备时使用的仪器、工具；

（八）盛装货物的容器；

（九）其他用于非商业目的的货物。

第一款所列暂准进境货物在规定的期限内未复运出境的，或者暂准出境货物在规定的期限内未复运进境的，海关应当依法征收关税。

第一款所列可以暂时免征关税范围以外的其他暂准进境货物，应当按照该货物的完税价格和其在境内滞留时间与折旧时间的比例计算征收进口关税。具体办法由海关总署规定。

第四十三条　因品质或者规格原因，出口货物自出口之日起1年内原状复运进境的，不征收进口关税。

因品质或者规格原因，进口货物自进口之日起1年内原状复运出境的，不征收出口关税。

第四十四条　因残损、短少、品质不良或者规格不符原因，由进出口货物的发货人、承运人或者保险公司免费补偿或者更换的相同货物，进出口时不征收关税。被免费更换的原进口货物不退运出境或者原出口货物不退运进境的，海关应当对原进出口货物重新按照规定征收关税。

第四十五条　下列进出口货物，免征关税：

（一）关税税额在人民币50元以下的一票货物；

（二）无商业价值的广告品和货样；

（三）外国政府、国际组织无偿赠送的物资；

（四）在海关放行前损失的货物；

（五）进出境运输工具装载的途中必需的燃料、物料和饮食用品。

在海关放行前遭受损坏的货物，可以根据海关认定的受损程度减征关税。

法律规定的其他免征或者减征关税的货物，海关根据规定予以免征或者减征。

第四十六条　特定地区、特定企业或者有特定用途的进出口货物减征或者免征关税，以及临时减征或者免征关税，按照国务院的有关规定执行。

第四十七条　进口货物减征或者免征进口环节海关代征税，按照有关法律、行政法规的规定执行。

第四十八条　纳税义务人进出口减免税货物的，除另有规定外，应当在进出口该货物之前，按照规定持有关文件向海关办理减免税审批手续。经海关审查符合规定的，予以减征或者免征关税。

第四十九条　需由海关监管使用的减免税进口货物，在监管年限内转让或者移作他用需要补税的，海关应当根据该货物进口时间折旧估价，补征进口关税。

特定减免税进口货物的监管年限由海关总署规定。

第五十条　有下列情形之一的，纳税义务人自缴纳税款之日起1年内，可以申请退还关税，并应当以书面形式向海关说明理由，提供原缴款凭证及相关资料：

（一）已征进口关税的货物，因品质或者规格原因，原状退货复运出境的；

（二）已征出口关税的货物，因品质或者规格原因，原状退货复运进境，并已重新缴纳因出口而退还的国内环节有关税收的；

（三）已征出口关税的货物，因故未装运出口，申报退关的。

海关应当自受理退税申请之日起30日内查实并通知纳税义务人办理退还手续。纳税义务人应当自收到通知之日起3个月内办理有关退税手续。

按照其他有关法律、行政法规规定应当退还关税的，海关应当按照有关法律、行政法规的规定退税。

第五十一条　进出口货物放行后，海关发现少征或者漏征税款的，应当自缴纳税款或者货物放行之日起1年内，向纳税义务人补征税款。但因纳税义务人违反规定造成少征或者漏征税款的，海关可以自缴纳税款或者货物放行之日起3年内追征税款，并从缴纳税款或者货物放行之日起按日加收少征或者漏征税款万分之五的滞纳金。

海关发现海关监管货物因纳税义务人违反规定造成少征或者漏征税款的，应当自纳税义务人应缴纳税款之日起3年内追征税款，并从应缴纳税款之日起按日加收少征或者漏征税款万分之五的滞纳金。

第五十二条　海关发现多征税款的，应当立即通知纳税义务人办理退还手续。

纳税义务人发现多缴税款的，自缴纳税款之日起1年内，可以以书面形式要求海关退还多缴的税款并加算银行同期活期存款利息；海关应当自受理退税申请之日起30日内查实并通知纳税义务人办理退还手续。

纳税义务人应当自收到通知之日起3个月内办理有关退税手续。

第五十三条　按照本条例第五十条、第五十二条的规定退还税款、利息涉及从国库中退库的，按照法律、行政法规有关国库管理的规定执行。

第五十四条　报关企业接受纳税义务人的委托，以纳税义务人的名义办理报关纳税手续，因报关企业违反规定而造成海关少征、漏征税款的，报关企业对少征或者漏征的税款、滞纳金与纳税义务人承担纳税的连带责任。

报关企业接受纳税义务人的委托，以报关企业的名义办理报关纳税手续的，报关企业与纳税义务人承担纳税的连带责任。

除不可抗力外，在保管海关监管货物期间，海关监管货物损毁或者灭失的，对海关监管货物负有保管义务的人应当承担相应的纳税责任。

第五十五条　欠税的纳税义务人，有合并、分立情形的，在合并、分立前，应当向海关报告，依法缴清税款。纳税义务人合并时未缴清税款的，由合并后的法人或者其他组织继续履行未履行的纳税义务；纳税义务人分立时未缴清税款的，分立后的法人或者其他组织对未履行的纳税义务承担连带责任。

纳税义务人在减免税货物、保税货物监管期间，有合并、分立或者其他资产重组情形的，应当向海关报告。按照规定需要缴税的，应当依法缴清税款；按照规定可以继续享受减免税、保税待遇的，应当到海关办理变更纳税义务人的手续。

纳税义务人欠税或者在减免税货物、保税货物监管期间，有撤销、解散、破产或者其他依法终止经营情形的，应当在清算前向海关报告。海关应当依法对纳税义务人的应缴税款予以清缴。

第五章　进境物品进口税的征收

第五十六条　进境物品的关税以及进口环节海关代征税合并为进口税，由海关依法征收。

第五十七条　海关总署规定数额以内的个人自用进境物品，免征进口税。

超过海关总署规定数额但仍在合理数量以内的个人自用进境物品，由进境物品的纳税义务人在进境物品放行前按照规定缴纳进口税。

超过合理、自用数量的进境物品应当按照进口货物依法办理相关手续。

国务院关税税则委员会规定按货物征税的进境物品，按照本条例第二章至第四章的规定征收关税。

第五十八条　进境物品的纳税义务人是指，携带物品进境的入境人员、进境邮递物品的收件人以及以其他方式进口物品的收件人。

第五十九条　进境物品的纳税义务人可以自行办理纳税手续，也可以委托他人办理纳税手续。接受委托的人应当遵守本章对纳税义务人的各项规定。

第六十条　进口税从价计征。

进口税的计算公式为：进口税税额 = 完税价格 × 进口税税率

第六十一条　海关应当按照《进境物品进口税税率表》及海关总署制定的《中华人民共和国进境物品归类表》、《中华人民共和国进境物品完税价格表》对进境物品进行归类、确定完税价格和确定适用税率。

第六十二条　进境物品，适用海关填发税款缴款书之日实施的税率和完税价格。

第六十三条　进口税的减征、免征、补征、追征、退还以及对暂准进境物品征收进口税参照本条例对货物征收进口关税的有关规定执行。

第六章 附 则

第六十四条 纳税义务人、担保人对海关确定纳税义务人、确定完税价格、商品归类、确定原产地、适用税率或者汇率、减征或者免征税款、补税、退税、征收滞纳金、确定计征方式以及确定纳税地点有异议的,应当缴纳税款,并可以依法向上一级海关申请复议。对复议决定不服的,可以依法向人民法院提起诉讼。

第六十五条 进口环节海关代征税的征收管理,适用关税征收管理的规定。

第六十六条 有违反本条例规定行为的,按照《海关法》、《中华人民共和国海关法行政处罚实施细则》和其他有关法律、行政法规的规定处罚。

第六十七条 本条例自2004年1月1日起施行。1992年3月18日国务院修订发布的《中华人民共和国进出口关税条例》同时废止。

2-4 《中华人民共和国海关行政处罚实施条例》

《中华人民共和国海关行政处罚实施条例》

(2004年9月1日国务院第62次常务会议通过
2004年9月19日国务院令第420号公布
自2004年11月1日起施行)

第一章 总则

第一条 为了规范海关行政处罚,保障海关依法行使职权,保护公民、法人或者其他组织的合法权益,根据《中华人民共和国海关法》(以下简称海关法)及其他有关法律的规定,制定本实施条例。

第二条 依法不追究刑事责任的走私行为和违反海关监管规定的行为,以及法律、行政法规规定由海关实施行政处罚的行为的处理,适用本实施条例。

第三条 海关行政处罚由发现违法行为的海关管辖,也可以由违法行为发生地海关管辖。

两个以上海关都有管辖权的案件,由最先发现违法行为的海关管辖。

管辖不明确的案件,由有关海关协商确定管辖,协商不成的,报请共同的上级海关指定管辖。

重大、复杂的案件,可以由海关总署指定管辖。

第四条 海关发现的依法应当由其他行政机关处理的违法行为,应当移送有关行政机关处理;违法行为涉嫌犯罪的,应当移送海关侦查走私犯罪公安机构、地方公安机关依法办理。

第五条 依照本实施条例处以警告、罚款等行政处罚,但不没收进出境货物、物品、运输工具的,不免除有关当事人依法缴纳税款、提交进出口许可证件、办理有关海关手续的义务。

第六条 抗拒、阻碍海关侦查走私犯罪公安机构依法执行职务的,由设在直属海关、隶属海关的海关侦查走私犯罪公安机构依照治安管理处罚的有关规定给予处罚。

抗拒、阻碍其他海关工作人员依法执行职务的，应当报告地方公安机关依法处理。

第二章 走私行为及其处罚

第七条 违反海关法及其他有关法律、行政法规，逃避海关监管，偷逃应纳税款、逃避国家有关进出境的禁止性或者限制性管理，有下列情形之一的，是走私行为：

（一）未经国务院或者国务院授权的机关批准，从未设立海关的地点运输、携带国家禁止或者限制进出境的货物、物品或者依法应当缴纳税款的货物、物品进出境的；

（二）经过设立海关的地点，以藏匿、伪装、瞒报、伪报或者其他方式逃避海关监管，运输、携带、邮寄国家禁止或者限制进出境的货物、物品或者依法应当缴纳税款的货物、物品进出境的；

（三）使用伪造、变造的手册、单证、印章、账册、电子数据或者以其他方式逃避海关监管，擅自将海关监管货物、物品、进境的境外运输工具，在境内销售的；

（四）使用伪造、变造的手册、单证、印章、账册、电子数据或者以伪报加工贸易制成品单位耗料量等方式，致使海关监管货物、物品脱离监管的；

（五）以藏匿、伪装、瞒报、伪报或者其他方式逃避海关监管，擅自将保税区、出口加工区等海关特殊监管区域内的海关监管货物、物品，运出区外的；

（六）有逃避海关监管，构成走私的其他行为的。

第八条 有下列行为之一的，按走私行为论处：

（一）明知是走私进口的货物、物品，直接向走私人非法收购的；

（二）在内海、领海、界河、界湖，船舶及所载人员运输、收购、贩卖国家禁止或者限制进出境的货物、物品，或者运输、收购、贩卖依法应当缴纳税款的货物，没有合法证明的。

第九条有本实施条例第七条、第八条所列行为之一的，依照下列规定处罚：

（一）走私国家禁止进出口的货物的，没收走私货物及违法所得，可以并处100万元以下罚款；走私国家禁止进出境的物品的，没收走私物品及违法所得，可以并处10万元以下罚款；

（二）应当提交许可证件而未提交但未偷逃税款，走私国家限制进出境的货物、物品的，没收走私货物、物品及违法所得，可以并处走私货物、物品等值以下罚款；

（三）偷逃应纳税款但未逃避许可证件管理，走私依法应当缴纳税款的货物、物品的，没收走私货物、物品及违法所得，可以并处偷逃应纳税款3倍以下罚款。

专门用于走私的运输工具或者用于掩护走私的货物、物品，2年内3次以上用于走私的运输工具或者用于掩护走私的货物、物品，应当予以没收。藏匿走私货物、物品的特制设备、夹层、暗格，应当予以没收或者责令拆毁。使用特制设备、夹层、暗格实施走私的，应当从重处罚。

第十条　与走私人通谋为走私人提供贷款、资金、账号、发票、证明、海关单证的，与走私人通谋为走私人提供走私货物、物品的提取、发运、运输、保管、邮寄或者其他方便的，以走私的共同当事人论处，没收违法所得，并依照本实施条例第九条的规定予以处罚。

第十一条　报关企业、报关人员和海关准予从事海关监管货物的运输、储存、加工、装配、寄售、展示等业务的企业，构成走私犯罪或者 1 年内有 2 次以上走私行为的，海关可以撤销其注册登记、取消其报关从业资格。

第三章　违反海关监管规定的行为及其处罚

第十二条　违反海关法及其他有关法律、行政法规和规章但不构成走私行为的，是违反海关监管规定的行为。

第十三条　违反国家进出口管理规定，进出口国家禁止进出口的货物的，责令退运，处 100 万元以下罚款。

第十四条　违反国家进出口管理规定，进出口国家限制进出口的货物，进出口货物的收发货人向海关申报时不能提交许可证件的，进出口货物不予放行，处货物价值 30% 以下罚款。

违反国家进出口管理规定，进出口属于自动进出口许可管理的货物，进出口货物的收发货人向海关申报时不能提交自动许可证明的，进出口货物不予放行。

第十五条　进出口货物的品名、税则号列、数量、规格、价格、贸易方式、原产地、启运地、运抵地、最终目的地或者其他应当申报的项目未申报或者申报不实的，分别依照下列规定予以处罚，有违法所得的，没收违法所得：

（一）影响海关统计准确性的，予以警告或者处 1 000 元以上 1 万元以下罚款；

（二）影响海关监管秩序的，予以警告或者处 1 000 元以上 3 万元以下罚款；

（三）影响国家许可证件管理的，处货物价值 5% 以上 30% 以下罚款；

（四）影响国家税款征收的，处漏缴税款 30% 以上 2 倍以下罚款；

（五）影响国家外汇、出口退税管理的，处申报价格 10% 以上 50% 以下罚款。

第十六条　进出口货物收发货人未按照规定向报关企业提供所委托报关事项的真实情况，致使发生本实施条例第十五条规定情形的，对委托人依照本实施条例第十五条的规定予以处罚。

第十七条　报关企业、报关人员对委托人所提供情况的真实性未进行合理审查，或者因工作疏忽致使发生本实施条例第十五条规定情形的，可以对报关企业处货物价值 10% 以下罚款，暂停其 6 个月以内从事报关业务或者执业；情节严重的，撤销其报关注册登记、取消其报关从业资格。

第十八条　有下列行为之一的，处货物价值 5% 以上 30% 以下罚款，有违法所得的，没收违法所得：

（一）未经海关许可，擅自将海关监管货物开拆、提取、交付、发运、调换、改装、抵押、质押、留置、转让、更换标记、移作他用或者进行其他处置的；

（二）未经海关许可，在海关监管区以外存放海关监管货物的；

（三）经营海关监管货物的运输、储存、加工、装配、寄售、展示等业务，有关货物灭失、数量短少或者记录不真实，不能提供正当理由的；

（四）经营保税货物的运输、储存、加工、装配、寄售、展示等业务，不依照规定办理收存、交付、结转、核销等手续，或者中止、延长、变更、转让有关合同不依照规定向海关办理手续的；

（五）未如实向海关申报加工贸易制成品单位耗料量的；

（六）未按照规定期限将过境、转运、通运货物运输出境，擅自留在境内的；

（七）未按照规定期限将暂时进出口货物复运出境或者复运进境，擅自留在境内或者境外的；

（八）有违反海关监管规定的其他行为，致使海关不能或者中断对进出口货物实施监管的。

前款规定所涉货物属于国家限制进出口需要提交许可证件，当事人在规定期限内不能提交许可证件的，另处货物价值30%以下罚款；漏缴税款的，可以另处漏缴税款1倍以下罚款。

第十九条　有下列行为之一的，予以警告，可以处物品价值20%以下罚款，有违法所得的，没收违法所得：

（一）未经海关许可，擅自将海关尚未放行的进出境物品开拆、交付、投递、转移或者进行其他处置的；

（二）个人运输、携带、邮寄超过合理数量的自用物品进出境未向海关申报的；

（三）个人运输、携带、邮寄超过规定数量但仍属自用的国家限制进出境物品进出境，未向海关申报但没有以藏匿、伪装等方式逃避海关监管的；

（四）个人运输、携带、邮寄物品进出境，申报不实的；

（五）经海关登记准予暂时免税进境或者暂时免税出境的物品，未按照规定复带出境或者复带进境的；

（六）未经海关批准，过境人员将其所带物品留在境内的。

第二十条　运输、携带、邮寄国家禁止进出境的物品进出境，未向海关申报但没有以藏匿、伪装等方式逃避海关监管的，予以没收，或者责令退回，或者在海关监管下予以销毁或者进行技术处理。

第二十一条　有下列行为之一的，予以警告，可以处10万元以下罚款，有违法所得的，没收违法所得：

（一）运输工具不经设立海关的地点进出境的；

（二）在海关监管区停留的进出境运输工具，未经海关同意擅自驶离的；

（三）进出境运输工具从一个设立海关的地点驶往另一个设立海关的地点，尚未办结海关手续又未经海关批准，中途改驶境外或者境内未设立海关的地点的；

（四）进出境运输工具到达或者驶离设立海关的地点，未按照规定向海关申报、交验有关单证或者交验的单证不真实的。

第二十二条　有下列行为之一的，予以警告，可以处 5 万元以下罚款，有违法所得的，没收违法所得：

（一）未经海关同意，进出境运输工具擅自装卸进出境货物、物品或者上下进出境旅客的；

（二）未经海关同意，进出境运输工具擅自兼营境内客货运输或者用于进出境运输以外的其他用途的；

（三）未按照规定办理海关手续，进出境运输工具擅自改营境内运输的；

（四）未按照规定期限向海关传输舱单等电子数据、传输的电子数据不准确或者未按照规定期限保存相关电子数据，影响海关监管的；

（五）进境运输工具在进境以后向海关申报以前，出境运输工具在办结海关手续以后出境以前，不按照交通主管部门或者海关指定的路线行进的；

（六）载运海关监管货物的船舶、汽车不按照海关指定的路线行进的；

（七）进出境船舶和航空器，由于不可抗力被迫在未设立海关的地点停泊、降落或者在境内抛掷、起卸货物、物品，无正当理由不向附近海关报告的；

（八）无特殊原因，未将进出境船舶、火车、航空器到达的时间、停留的地点或者更换的时间、地点事先通知海关的；

（九）不按照规定接受海关对进出境运输工具、货物、物品进行检查、查验的。

第二十三条　有下列行为之一的，予以警告，可以处 3 万元以下罚款：

（一）擅自开启或者损毁海关封志的；

（二）遗失海关制发的监管单证、手册等凭证，妨碍海关监管的；

（三）有违反海关监管规定的其他行为，致使海关不能或者中断对进出境运输工具、物品实施监管的。

第二十四条　伪造、变造、买卖海关单证的，处 5 万元以上 50 万元以下罚款，有违法所得的，没收违法所得；构成犯罪的，依法追究刑事责任。

第二十五条　进出口侵犯中华人民共和国法律、行政法规保护的知识产权的货物的，没收侵权货物，并处货物价值 30% 以下罚款；构成犯罪的，依法追究刑事责任。

需要向海关申报知识产权状况，进出口货物收发货人及其代理人未按照规定向海关如实申报有关知识产权状况，或者未提交合法使用有关知识产权的证明文件的，可以处 5 万元以下罚款。

第二十六条　报关企业、报关人员和海关准予从事海关监管货物的运输、储存、加工、装配、寄售、展示等业务的企业，有下列情形之一的，责令改正，给予警告，可以暂停其 6 个月以内从事有关业务或者执业：

（一）拖欠税款或者不履行纳税义务的；

（二）报关企业出让其名义供他人办理进出口货物报关纳税事宜的；

（三）损坏或者丢失海关监管货物，不能提供正当理由的；

（四）有需要暂停其从事有关业务或者执业的其他违法行为的。

第二十七条　报关企业、报关人员和海关准予从事海关监管货物的运输、储存、加工、装配、寄售、展示等业务的企业，有下列情形之一的，海关可以撤销其注册登记、取消其报关从业资格：

（一）1 年内 3 人次以上被海关暂停执业的；

（二）被海关暂停从事有关业务或者执业，恢复从事有关业务或者执业后 1 年内再次发生本实施条例第二十六条规定情形的；

（三）有需要撤销其注册登记或者取消其报关从业资格的其他违法行为的。

第二十八条　报关企业、报关人员非法代理他人报关或者超出海关准予的从业范围进行报关活动的，责令改正，处 5 万元以下罚款，暂停其 6 个月以内从事报关业务或者执业；情节严重的，撤销其报关注册登记、取消其报关从业资格。

第二十九条　进出口货物收发货人、报关企业、报关人员向海关工作人员行贿的，撤销其报关注册登记、取消其报关从业资格，并处 10 万元以下罚款；构成犯罪的，依法追究刑事责任，并不得重新注册登记为报关企业和取得报关从业资格。

第三十条　未经海关注册登记和未取得报关从业资格从事报关业务的，予以取缔，没收违法所得，可以并处 10 万元以下罚款。

第三十一条　提供虚假资料骗取海关注册登记、报关从业资格的，撤销其注册登记、取消其报关从业资格，并处 30 万元以下罚款。

第三十二条　法人或者其他组织有违反海关法的行为，除处罚该法人或者组织外，对其主管人员和直接责任人员予以警告，可以处 5 万元以下罚款，有违法所得的，没收违法所得。

第四章　对违反海关法行为的调查

第三十三条　海关发现公民、法人或者其他组织有依法应当由海关给予行政处罚的行为的，应当立案调查。

第三十四条　海关立案后，应当全面、客观、公正、及时地进行调查、收集证据。

海关调查、收集证据，应当按照法律、行政法规及其他有关规定的要求办理。

海关调查、收集证据时，海关工作人员不得少于 2 人，并应当向被调查人出示证件。

调查、收集的证据涉及国家秘密、商业秘密或者个人隐私的，海关应当保守秘密。

第三十五条　海关依法检查走私嫌疑人的身体，应当在隐蔽的场所或者非检查人员的视线之外，由 2 名以上与被检查人同性别的海关工作人员执行。

走私嫌疑人应当接受检查，不得阻挠。

第三十六条　海关依法检查运输工具和场所，查验货物、物品，应当制作检查、查验记录。

第三十七条　海关依法扣留走私犯罪嫌疑人，应当制发扣留走私犯罪嫌疑人决定书。对走私犯罪嫌疑人，扣留时间不超过 24 小时，在特殊情况下可以延长至 48 小时。

海关应当在法定扣留期限内对被扣留人进行审查。排除犯罪嫌疑或者法定扣留期限届满的,应当立即解除扣留,并制发解除扣留决定书。

第三十八条　下列货物、物品、运输工具及有关账册、单据等资料,海关可以依法扣留:

(一)有走私嫌疑的货物、物品、运输工具;

(二)违反海关法或者其他有关法律、行政法规的货物、物品、运输工具;

(三)与违反海关法或者其他有关法律、行政法规的货物、物品、运输工具有牵连的账册、单据等资料;

(四)法律、行政法规规定可以扣留的其他货物、物品、运输工具及有关账册、单据等资料。

第三十九条　有违法嫌疑的货物、物品、运输工具无法或者不便扣留的,当事人或者运输工具负责人应当向海关提供等值的担保,未提供等值担保的,海关可以扣留当事人等值的其他财产。

第四十条　海关扣留货物、物品、运输工具以及账册、单据等资料的期限不得超过1年。因案件调查需要,经直属海关关长或者其授权的隶属海关关长批准,可以延长,延长期限不得超过1年。但复议、诉讼期间不计算在内。

第四十一条　有下列情形之一的,海关应当及时解除扣留:

(一)排除违法嫌疑的;

(二)扣留期限、延长期限届满的;

(三)已经履行海关行政处罚决定的;

(四)法律、行政法规规定应当解除扣留的其他情形。

第四十二条　海关依法扣留货物、物品、运输工具、其他财产以及账册、单据等资料,应当制发海关扣留凭单,由海关工作人员、当事人或者其代理人、保管人、见证人签字或者盖章,并可以加施海关封志。加施海关封志的,当事人或者其代理人、保管人应当妥善保管。

海关解除对货物、物品、运输工具、其他财产以及账册、单据等资料的扣留,或者发还等值的担保,应当制发海关解除扣留通知书、海关解除担保通知书,并由海关工作人员、当事人或者其代理人、保管人、见证人签字或者盖章。

第四十二条　海关查问违法嫌疑人或者询问证人,应当个别进行,并告知其权利和作伪证应当承担的法律责任。违法嫌疑人、证人必须如实陈述、提供证据。

海关查问违法嫌疑人或者询问证人应当制作笔录,并当场交其辨认,没有异议的,立即签字确认;有异议的,予以更正后签字确认。

严禁刑讯逼供或者以威胁、引诱、欺骗等非法手段收集证据。

海关查问违法嫌疑人,可以到违法嫌疑人的所在单位或者住处进行,也可以要求其到海关或者海关指定的地点进行。

第四十四条　海关收集的物证、书证应当是原物、原件。收集原物、原件确有困难的，可以拍摄、复制，并可以指定或者委托有关单位或者个人对原物、原件予以妥善保管。

海关收集物证、书证，应当开列清单，注明收集的日期，由有关单位或者个人确认后签字或者盖章。

海关收集电子数据或者录音、录像等视听资料，应当收集原始载体。收集原始载体确有困难的，可以收集复制件，注明制作方法、制作时间、制作人等，并由有关单位或者个人确认后签字或者盖章。

第四十五条　根据案件调查需要，海关可以对有关货物、物品进行取样化验、鉴定。

海关提取样品时，当事人或者其代理人应当到场；当事人或者其代理人未到场的，海关应当邀请见证人到场。提取的样品，海关应当予以加封，并由海关工作人员及当事人或者其代理人、见证人确认后签字或者盖章。

化验、鉴定应当交由海关化验鉴定机构或者委托国家认可的其他机构进行。

化验人、鉴定人进行化验、鉴定后，应当出具化验报告、鉴定结论，并签字或者盖章。

第四十六条　根据海关法有关规定，海关可以查询案件涉嫌单位和涉嫌人员在金融机构、邮政企业的存款、汇款。

海关查询案件涉嫌单位和涉嫌人员在金融机构、邮政企业的存款、汇款，应当出示海关协助查询通知书。

第四十七条　海关依法扣留的货物、物品、运输工具，在人民法院判决或者海关行政处罚决定作出之前，不得处理。但是，危险品或者鲜活、易腐、易烂、易失效、易变质等不宜长期保存的货物、物品以及所有人申请先行变卖的货物、物品、运输工具，经直属海关关长或者其授权的隶属海关关长批准，可以先行依法变卖，变卖所得价款由海关保存，并通知其所有人。

第四十八条　当事人有权根据海关法的规定要求海关工作人员回避。

第五章　海关行政处罚的决定和执行

第四十九条　海关作出暂停从事有关业务、暂停报关执业、撤销海关注册登记、取消报关从业资格、对公民处1万元以上罚款、对法人或者其他组织处10万元以上罚款、没收有关货物、物品、走私运输工具等行政处罚决定之前，应当告知当事人有要求举行听证的权利；当事人要求听证的，海关应当组织听证。

海关行政处罚听证办法由海关总署制定。

第五十条　案件调查终结，海关关长应当对调查结果进行审查，根据不同情况，依法作出决定。

对情节复杂或者重大违法行为给予较重的行政处罚，应当由海关案件审理委员会集体讨论决定。

第五十一条　同一当事人实施了走私和违反海关监管规定的行为且二者之间有因果关系的，依照本实施条例对走私行为的规定从重处罚，对其违反海关监管规定的行为不再另行处罚。

同一当事人就同一批货物、物品分别实施了2个以上违反海关监管规定的行为且二者之间有因果关系的，依照本实施条例分别规定的处罚幅度，择其重者处罚。

第五十二条　对2个以上当事人共同实施的违法行为，应当区别情节及责任，分别给予处罚。

第五十三条　有下列情形之一的，应当从重处罚：

（一）因走私被判处刑罚或者被海关行政处罚后在2年内又实施走私行为的；

（二）因违反海关监管规定被海关行政处罚后在1年内又实施同一违反海关监管规定的行为的；

（三）有其他依法应当从重处罚的情形的。

第五十四条　海关对当事人违反海关法的行为依法给予行政处罚的，应当制作行政处罚决定书。

对同一当事人实施的2个以上违反海关法的行为，可以制发1份行政处罚决定书。

对2个以上当事人分别实施的违反海关法的行为，应当分别制发行政处罚决定书。

对2个以上当事人共同实施的违反海关法的行为，应当制发1份行政处罚决定书，区别情况对各当事人分别予以处罚，但需另案处理的除外。

第五十五条　行政处罚决定书应当依照有关法律规定送达当事人。

依法予以公告送达的，海关应当将行政处罚决定书的正本张贴在海关公告栏内，并在报纸上刊登公告。

第五十六条　海关作出没收货物、物品、走私运输工具的行政处罚决定，有关货物、物品、走私运输工具无法或者不便没收的，海关应当追缴上述货物、物品、走私运输工具的等值价款。

第五十七条　法人或者其他组织实施违反海关法的行为后，有合并、分立或者其他资产重组情形的，海关应当以原法人、组织作为当事人。

对原法人、组织处以罚款、没收违法所得或者依法追缴货物、物品、走私运输工具的等值价款的，应当以承受其权利义务的法人、组织作为被执行人。

第五十八条　罚款、违法所得和依法追缴的货物、物品、走私运输工具的等值价款，应当在海关行政处罚决定规定的期限内缴清。

当事人按期履行行政处罚决定、办结海关手续的，海关应当及时解除其担保。

第五十九条　受海关处罚的当事人或者其法定代表人、主要负责人应当在出境前缴清罚款、违法所得和依法追缴的货物、物品、走私运输工具的等值价款。在出境前未缴清上述款项的，应当向海关提供相当于上述款项的担保。未提供担保，当事人是自然人的,海关可以通知出境管理机关阻止其出境;当事人是法人或者其他组织的,海关可以通知出境管理机关阻止其法定代表人或者主要负责人出境。

第六十条 当事人逾期不履行行政处罚决定的,海关可以采取下列措施:

(一)到期不缴纳罚款的,每日按罚款数额的3%加处罚款;

(二)根据海关法规定,将扣留的货物、物品、运输工具变价抵缴,或者以当事人提供的担保抵缴;

(三)申请人民法院强制执行。

第六十一条 当事人确有经济困难,申请延期或者分期缴纳罚款的,经海关批准,可以暂缓或者分期缴纳罚款。

当事人申请延期或者分期缴纳罚款的,应当以书面形式提出,海关收到申请后,应当在10个工作日内作出决定,并通知申请人。海关同意当事人暂缓或者分期缴纳的,应当及时通知收缴罚款的机构。

第六十二条 有下列情形之一的,有关货物、物品、违法所得、运输工具、特制设备由海关予以收缴:

(一)依照《中华人民共和国行政处罚法》第二十五条、第二十六条规定不予行政处罚的当事人携带、邮寄国家禁止进出境的货物、物品进出境的;

(二)散发性邮寄国家禁止、限制进出境的物品进出境或者携带数量零星的国家禁止进出境的物品进出境,依法可以不予行政处罚的;

(三)依法应当没收的货物、物品、违法所得、走私运输工具、特制设备,在海关作出行政处罚决定前,作为当事人的自然人死亡或者作为当事人的法人、其他组织终止,且无权利义务承受人的;

(四)走私违法事实基本清楚,但当事人无法查清,自海关公告之日起满3个月的;

(五)有违反法律、行政法规,应当予以收缴的其他情形的。

海关收缴前款规定的货物、物品、违法所得、运输工具、特制设备,应当制发清单,由被收缴人或者其代理人、见证人签字或者盖章。被收缴人无法查清且无见证人的,应当予以公告。

第六十三条 人民法院判决没收的走私货物、物品、违法所得、走私运输工具、特制设备,或者海关决定没收、收缴的货物、物品、违法所得、走私运输工具、特制设备,由海关依法统一处理,所得价款和海关收缴的罚款,全部上缴中央国库。

第六章 附 则

第六十四条 本实施条例下列用语的含义是:

"设立海关的地点",指海关在港口、车站、机场、国界孔道、国际邮件互换局(交换站)等海关监管区设立的卡口,海关在保税区、出口加工区等海关特殊监管区域设立的卡口,以及海关在海上设立的中途监管站。

"许可证件",指依照国家有关规定,当事人应当事先申领,并由国家有关主管部门颁发的准予进口或者出口的证明、文件。

“合法证明”，指船舶及所载人员依照国家有关规定或者依照国际运输惯例所必须持有的证明其运输、携带、收购、贩卖所载货物、物品真实、合法、有效的商业单证、运输单证及其他有关证明、文件。

“物品”，指个人以运输、携带等方式进出境的行李物品、邮寄进出境的物品，包括货币、金银等。超出自用、合理数量的，视为货物。

“自用”，指旅客或者收件人本人自用、馈赠亲友而非为出售或者出租。

“合理数量”，指海关根据旅客或者收件人的情况、旅行目的和居留时间所确定的正常数量。

“货物价值”，指进出口货物的完税价格、关税、进口环节海关代征税之和。

“物品价值”，指进出境物品的完税价格、进口税之和。

“应纳税款”，指进出口货物、物品应当缴纳的进出口关税、进口环节海关代征税之和。

“专门用于走私的运输工具”，指专为走私而制造、改造、购买的运输工具。

“以上”、“以下”、“以内”、“届满”，均包括本数在内。

第六十五条　海关对外国人、无国籍人、外国企业或者其他组织给予行政处罚的，适用本实施条例。

第六十六条　国家禁止或者限制进出口的货物目录，由国务院对外贸易主管部门依照《中华人民共和国对外贸易法》的规定办理；国家禁止或者限制进出境的物品目录，由海关总署公布。

第六十七条　依照海关规章给予行政处罚的，应当遵守本实施条例规定的程序。

第六十八条　本实施条例自 2004 年 11 月 1 日起施行。1993 年 2 月 17 日国务院批准修订、1993 年 4 月 1 日海关总署发布的《中华人民共和国海关法行政处罚实施细则》同时废止。

2-5　海关总署令第 135 号(《中华人民共和国海关关于报关员资格考试及资格证书管理办法》)

《中华人民共和国海关关于报关员资格考试及资格证书管理办法》已于 2005 年 9 月 30 日经署务会审议通过，现予发布，自 2006 年 1 月 1 日起施行。2003 年 3 月 18 日发布的《中华人民共和国海关关于报关员资格考试的管理规定》同时废止。

署长　牟新生

二〇〇五年十一月三十日

《中华人民共和国海关关于报关员资格考试及资格证书管理办法》

第一条　为了规范报关员资格考试、资格申请及取得事项,根据《中华人民共和国海关法》和其他有关法律、行政法规的规定,制定本办法。

第二条　报关员资格考试实行全国统一考试制度。

考试合格者可以向海关申请取得报关员资格。

第三条　海关总署组织报关员资格全国统一考试(以下简称"考试"),确定考试原则,制定考试大纲、规则,统一命题;指导、监督各地海关具体实施考试,处理考试工作中的重大问题;组织阅卷,公布考试成绩;管理各海关审核报关员资格申请、颁发报关员资格证书事宜。

第四条　直属海关在海关总署指导下具体实施考试;受理、审查报关员资格申请,颁发报关员资格证书。

直属海关可以委托隶属海关受理、审核报关员资格申请,并办理颁发证书等事宜。直属海关应当将受委托的隶属海关和委托的内容予以公告。

海关对颁发报关员资格证书的条件、程序等应当依法进行公示。

第五条　报关员资格全国统一考试每年举行一次。特殊情况下,经海关总署决定,可以进行调整。

考试实行公平、公开、公正、诚信的原则,采取全国统一报名、统一命题、统一考试、统一评分标准、统一阅卷核分和统一合格标准的方式进行。

第六条　考试主要测试考生从事报关业务必备的基础知识和技能,考试内容包括报关专业知识、报关专业技能、报关相关知识以及与报关业务相关的法律、行政法规及海关总署规章。

海关总署在考试3个月前对外公告考试事宜。

第七条　报名参加考试的人员应当符合下列条件:

(一)具有中华人民共和国国籍;

(二)年满18周岁,具有完全民事行为能力;

(三)具有大专及以上学历。

第八条　有下列情形之一的,不得报名参加考试,已经办理报名手续的,报名无效:

(一)因故意犯罪,受到刑事处罚的;

(二)因在报关活动中发生走私或严重违反海关规定的行为,被海关依法取消报关从业资格的;

(三)因向海关工作人员行贿,被海关依法撤销报关注册登记、取消报关从业资格的;

(四)曾被宣布考试成绩无效,并被撤销报关员资格、吊销资格证书,不满3年的。

第九条　考试实行网上报名与现场确认相结合。考生应当在网上报名后,自行打印准考证主证,并按照公告规定及时到有关海关进行现场确认。

第十条　考生进行现场确认时,应当如实向海关交验下列证件:

(一)准考证主证;

(二)学历证书原件及复印件;

(三)本人有效身份证件(居民身份证、军官证、士兵证)原件及复印件。

香港、澳门特别行政区居民中的中国公民凭有效香港、澳门身份证可以报名参加考试。

台湾居民报名参加考试的,比照前款规定办理。

第十一条　经现场确认的考生,应当于考试前1个月内自行从网上打印准考证副证。

考生凭准考证主证、副证及身份证件参加考试。

第十二条　海关总署核定并公布全国统一合格分数线。

直属海关及受委托的隶属海关应当根据统一合格分数线,及时公布成绩合格、可以申请报关员资格的考生名单。

第十三条　考生对考试分数有异议的,可以申请对本人试卷卷面各题已得分数的计算、合计、登录是否有误进行核查。核查结果通知本人后,不进行再次核查。

第十四条　根据海关公布的名单可以申请报关员资格的考生,应当自名单公布之日起6个月内向原报名海关申请报关员资格。

第十五条　向海关申请报关员资格的,应当提交下列材料:

(一)《报关员资格证书申请表》(见附件1)

(二)准考证主证;

(三)学历证书;

(四)身份证件。

第十六条　申请人委托代理人代为提出报关员资格申请的,应当出具《授权委托书》(见附件2)。《授权委托书》应当由委托人签章并注明委托日期。

第十七条　海关对申请人授予报关员资格的申请进行受理、审查、作出决定,以及对报关员资格予以撤销、注销等活动,应当依据《中华人民共和国行政许可法》、《中华人民共和国海关行政处罚实施条例》、《中华人民共和国海关实施〈中华人民共和国行政许可法〉办法》等法律、行政法规、海关总署规章规定的程序进行。

第十八条　除当场作出决定的外,海关应当自受理申请之日起20个工作日内作出是否授予报关员资格的决定。

决定不授予报关员资格的,应当向申请人制发不授予报关员资格决定书。

第十九条　海关决定授予报关员资格的,应当自作出决定之日起10个工作日内颁发报关员资格证书。

颁发报关员资格证书的,可以不再制发准予行政许可决定书。

第二十条　报关员资格证书由海关总署统一制作,在全国范围内有效。

取得报关员资格证书者可以按规定向海关申请注册。

第二十一条　取得报关员资格证书后，因故损毁、遗失的，可以按照下列程序向原发证海关申请补发：

（一）申请人向原发证海关书面说明情况，并在省级报刊声明；

（二）海关自收到情况说明和报刊声明之日起30个工作日内予以补发。

第二十二条　考生以伪造文件、冒名代考或者其他欺骗行为参加考试，取得报关员资格的，海关经查实应当宣布成绩无效，并撤销其报关员资格。

第二十三条　海关工作人员有泄漏考题、纵容作弊、篡改考分等行为的，应当给予行政处分，构成犯罪的，依法追究刑事责任。

第二十四条　本办法由海关总署负责解释。

第二十五条　本办法自2006年1月1日起施行，

2003年3月18日发布的《中华人民共和国海关关于报关员资格考试的管理规定》同时废止。

本办法施行前通过2005年度报关员资格考试成绩合格的考生，可以按照本办法规定的程序向原报考海关申请取得报关员资格证书。

2-6　《中华人民共和国海商法》（节选）

《中华人民共和国海商法》

【颁布单位】全国人民代表大会常务委员会

【颁布日期】1992年11月7日

【实施日期】1993年7月1日

（1992年11月7日第七届全国人民代表大会常务委员会第二十八次会议通过）

【章名】目　录

【章名】第四章　海上货物运输合同

【节名】第一节　一般规定

第四十一条　海上货物运输合同，是指承运人收取运费，负责将托运人托运的货物经海路由一港运至另一港的合同。

第四十二条　本章下列用语的含义：

（一）"承运人"，是指本人或者委托他人以本人名义与托运人订立海上货物运输合同的人。

（二）"实际承运人"，是指接受承运人委托，从事货物运输或者部分运输的人，包括接受转委托从事此项运输的其他人。

（三）"托运人"，是指：1. 本人或者委托他人以本人名义或者委托他人为本人与承运人订立海上货物运输合同的人；2. 本人或者委托他人以本人名义或者委托他人为本人将货物交给与海上货物运输合同有关的承运人的人。

(四)“收货人”,是指有权提取货物的人。

(五)“货物”,包括活动物和由托运人提供的用于集装货物的集装箱、货盘或者类似的装运器具。

第四十三条　承运人或者托运人可以要求书面确认海上货物运输合同的成立。但是,航次租船合同应当书面订立。电报、电传和传真具有书面效力。

第四十四条　海上货物运输合同和作为合同凭证的提单或者其他运输单证中的条款,违反本章规定的,无效。此类条款的无效,不影响该合同和提单或者他运输单证中其他条款的效力。将货物的保险利益转让给承运人的条款或者类似条款,无效。

第四十五条　本法第四十四条的规定不影响承运人在本章规定的承运人责任和义务之外,增加其责任和义务。

【节名】第二节　承运人的责任

第四十六条　承运人对集装箱装运的货物的责任期间,是指从装货港接收货物时起至卸货港交付货物时止,货物处于承运人掌管之下的全部期间。承运人非集装箱装运的货物的责任期间,是指从货物装上船时起至卸下船时止,货物处于承运人掌管之下的全部期间。在承运人的责任期间,货物发生灭失或者损坏,除本节另有规定外,承运人应当负赔偿责任。前款规定,不影响承运人就非集装箱装运的货物,在装船前和卸船后所承担的责任,达成任何协议。

第四十七条　承运人在船舶开航前和开航当时,应当谨慎处理,使船舶处于适航状态,妥善配备船员、装备船舶和配备供应品,并使货舱、冷藏舱、冷气和其他载货处所适于并能安全收受、载运和保管货物。

第四十八条　承运人应当妥善地、谨慎地装载、搬移、积载、运输、保管、照料和卸载所运货物。

第四十九条　承运人应当按照约定的或者习惯的或者地理上的航线将货物运往卸货港。船舶在海上为救助或者企图救助人命或者财产而发生的绕航或者其他合理绕航,不属于违反前款规定的行为。

第五十条　货物未能在明确约定的时间内,在约定的卸货港交付的,为迟延交付。除依照本章规定承运人不负赔偿责任的情形外,由于承运人的过失,致使货物因迟延交付而灭失或者损坏的,承运人应当负赔偿责任。除依照本章规定承运人不负赔偿责任的情形外,由于承运人的过失,致使货物因迟延交付而遭受经济损失的,即使货物没有灭失或者损坏,承运人仍然应当负赔偿责任。承运人未能在本条第一款规定的时间届满六十日内交付货物,有权对货物灭失提出赔偿请求的人可以认为货物已经灭失。

第五十一条　在责任期间货物发生的灭失或者损坏是由于下列原因之一造成的,承运人不负赔偿责任:(一)船长、船员、引航员或者承运人的其他受雇人在驾驶船舶或者管理船舶中的过失;(二)火灾,但是由于承运人本人的过失所造成的除外;

(三)天灾,海上或者其他可航水域的危险或者意外事故;(四)战争或者武装冲突;(五)政府或者主管部门的行为、检疫限制或者司法扣押;(六)罢工、停工或者劳动受到限制;(七)在海上救助或者企图救助人命或者财产;(八)托运人、货物所有人或者他们的代理人的行为;(九)货物的自然特性或者固有缺陷;(十)货物包装不良或者标志欠缺、不清;(十一)经谨慎处理仍未发现的船舶潜在缺陷;(十二)非由于承运人或者承运人的受雇人、代理人的过失造成的其他原因。承运人依照前款规定免除赔偿责任的,除第(二)项规定的原因外,应当负举证责任。

第五十二条 因运输活动物的固有的特殊风险造成活动物灭失或者损害的,承运人不负赔偿责任。但是,承运人应当证明业已履行托运人关于运输活动物特别要求,并证明根据实际情况,灭失或者损害是由于此种固有的特殊风险造成的。

第五十三条 承运人在舱面上装载货物,应当同托运人达成协议,或者符合航运惯例,或者符合有关法律、行政法规的规定。承运人依照前款规定将货物装载在舱面上,对由于此种装载的特殊风险造成的货物灭失或者损坏,不负赔偿责任。承运人违反本条第一款规定将货物装载在舱面上,致使货物遭受灭失或者损坏的,应当负赔偿责任。

第五十四条 货物的灭失、损坏或者迟延交付是由于承运人或者承运人的受雇人、代理人的不能免除赔偿责任的原因和其他原因共同造成的,承运人仅在不能免除赔偿责任的范围内负赔偿责任;但是,承运人对其他原因造成的灭失、损坏或者迟延交付应当负举证责任。

第五十五条 货物灭失的赔偿额,按照货物的实际价值计算;货物损坏的赔偿额,按照货物受损前后实际价值的差额或者货物的修复费用计算。货物的实际价值,按照货物装船时的价值加保险费加运费计算。前款规定的货物实际价值,赔偿时应当减去因货物灭失或者损坏而少付或者免付的有关费用。

第五十六条 承运人对货物的灭失或者损坏的赔偿限额,按照货物件数或者其他货运单位数计算,每件或者每个其他货运单位为666.67计算单位,或按照货物毛重计算,每公斤为2计算单位,以二者中赔偿限额较高的为准。但是,托运人在货物装运前已经申报其性质和价值,并在提单中载明的,或者承运人与托运人已经另行约定高于本条规定的赔偿限额的除外。货物用集装箱、货盘或者类似装运器具集装的,提单中载明装在此类装运器具中的货物件数或者其他货运单位数,视为前款所指的货物件数或者其他货运单位数;未载明的,每一装运器具视为一件或者一个单位。装运器具不属于承运人所有或者非由承运人提供的,装运器具本身应当视为一件或者一个单位。

第五十七条 承运人对货物因迟延交付造成经济损失的赔偿限额,为所迟延交付的货物的运费数额。货物的灭失或者损坏和迟延交付同时发生的,承运人赔偿责任限额适用本法第五十六条第一款规定的限额。

第五十八条 就海上货物运输合同所涉及的货物灭失、损坏或者迟延交付对承运人提起的任何诉讼,不论海事请求人是否合同的一方,也不论是根据合同者是根据侵权行为提起的,均适用本章关于承运人的抗辩理由和限制赔偿责任的规定。前款诉讼是对承运人的受雇人或者代理人提起的,经承运人的受雇人或者代理人证明,其行为是在受雇或者受委托的范围之内的,适用前款规定。

第五十九条　经证明,货物的灭失、损坏或者迟延交付是由于承运人的故意或者明知可能造成损失而轻率地作为或者不作为造成的,承运人不得援用本法五十六条或者第五十七条限制赔偿责任的规定。经证明,货物的灭失、损坏或者迟延交付是由于承运人的受雇人、代理人的故意或者明知可能造成损失而轻率地作为或者不作为造成的,承运人的受雇人或者代理人不得援用本法第五十六条或者第五十七条限制赔偿责任的规定。

第六十条　承运人将货物运输或者部分运输委托给实际承运人履行的,承运人仍然应当依照本章规定对全部运输负责。对实际承运人承担的运输,承运人当对实际承运人的行为或者实际承运人的受雇人、代理人在受雇或者受委托的范围内的行为负责。虽有前款规定,在海上运输合同中明确约定合同所包括的特定的部分运输由承运人以外的指定的实际承运人履行的,合同可以同时约定,货物在指定的实际承运人掌管期间发生的灭失、损坏或者迟延交付,承运人不负赔偿责任。

第六十一条　本章对承运人责任的规定,适用于实际承运人。对实际承运人的受雇人、代理人提起诉讼的,适用本法第五十八条第二款和第五十九条第二的规定。

第六十二条　承运人承担本章未规定的义务或者放弃本章赋予的权利的任何特别协议,经实际承运人书面明确同意的,对实际承运人发生效力;实际承运是否同意,不影响此项特别协议对承运人的效力。

第六十三条　承运人与实际承运人都负有赔偿责任的,应当在此项责任范围内负连带责任。

第六十四条　就货物的灭失或者损坏分别向承运人、实际承运人以及他们的受雇人、代理人提出赔偿请求的,赔偿总额不超过本法第五十六条规定的限额

第六十五条　本法第六十条至第六十四条的规定,不影响承运人和实际承运人之间相互追偿。

【节名】第三节　托运人的责任

第六十六条　托运人托运货物,应当妥善包装,并向承运人保证,货物装船时所提供的货物的品名、标志、包数或者件数、重量或者体积的正确性;由于包装不良或者上述资料不正确,对承运人造成损失的,托运人应当负赔偿责任。承运人依照前款规定享有的受偿权利,不影响其根据货物运输合同对托运人以外的人所承担的责任。

第六十七条　托运人应当及时向港口、海关、检疫、检验和其他主管机关办理货物运输所需要的各项手续,并将已办理各项手续的单证送交承运人;因办各项手续的有关单证送交不及时、不完备或者不正确,使承运人的利益受到损害的,托运人应当负赔偿责任。

第六十八条　托运人托运危险货物，应当依照有关海上危险货物运输的规定，妥善包装，作出危险品标志和标签，并将其正式名称和性质以及应当采取的防危害措施书面通知承运人；托运人未通知或者通知有误的，承运人可以在任何时间、任何地点根据情况需要将货物卸下、销毁或者使之不能为害，而不负赔偿责任。托运人对承运人因运输此类货物所受到的损害，应当负赔偿责任。承运人知道危险货物的性质并已同意装运的，仍然可以在该项货物对于船舶、人员或者其他货物构成实际危险时，将货物卸下、销毁或者使之不能为害，而不负赔偿责任。但是，本款规定不影响共同海损的分摊。

第六十九条　托运人应当按照约定向承运人支付运费。托运人与承运人可以约定运费由收货人支付；但是，此项约定应当在运输单证中载明。

第七十条　托运人对承运人、实际承运人所遭受的损失或者船舶所遭受的损坏，不负赔偿责任；但是，此种损失或者损坏是由于托运人或者托运人的受雇、代理人的过失造成的除外。托运人的受雇人、代理人对承运人、实际承运人所遭受的损失或者船舶所遭受的损坏，不负赔偿责任；但是，这种损失或者损坏是由于托运人的受雇人、代理人的过失造成的除外。

【节名】第四节　运输单证

第七十一条　提单，是指用以证明海上货物运输合同和货物已经由承运人接收或者装船，以及承运人保证据以交付货物的单证。提单中载明的向记名人交货物，或者按照指示人的指示交付货物，或者向提单持有人交付货物的条款，构成承运人据以交付货物的保证。

第七十二条　货物由承运人接收或者装船后，应托运人的要求，承运人应当签发提单。提单可以由承运人授权的人签发。提单由载货船舶的船长签发的，视为代表承运人签发。

第七十三条　提单内容，包括下列各项：(一)货物的品名、标志、包数或者件数、重量或者体积，以及运输危险货物时对危险性质的说明；(二)承运人的名称和主营业所；(三)船舶名称；(四)托运人的名称；(五)收货人的名称；(六)装货港和在装货港接收货物的日期；(七)卸货港；(八)多式联运提单增列接收货物地点和交付货物地点；(九)提单的签发日期、地点和份数；(十)运费的支付；(十一)承运人或者其代表的签字。提单缺少前款规定的一项或者几项的，不影响提单的性质；但是，提单应当符合本法第七十一条的规定。

第七十四条　货物装船前，承运人已经应托运人的要求签发收货待运提单或者其他单证的，货物装船完毕，托运人可以将收货待运提单或者其他单证退还承运人，以换取已装船提单；承运人也可以在收货待运提单上加注承运船舶的船名和装船日期，加注后的收货待运提单视为已装船提单。

第七十五条　承运人或者代其签发提单的人，知道或者有合理的根据怀疑提单记载的货物的品名、标志、包数或者件数、重量或者体积与实际接收的货物符，在签发已装船提单的情况下怀疑与已装船的货物不符,或者没有适当的方法核对提单记载的,可以在提单上批注,说明不符之处、怀疑的根据或者说明无法核对。

第七十六条 承运人或者代其签发提单的人未在提单上批注货物表面状况的,视为货物的表面状况良好。

第七十七条 除依照本法第七十五条的规定作出保留外,承运人或者代其签发提单的人签发的提单,是承运人已经按照提单所载状况收到货物或者货物已装船的初步证据;承运人向善意受让提单的包括收货人在内的第三人提出的与提单所载状况不同的证据,不予承认。

第七十八条 承运人同收货人、提单持有人之间的权利、义务关系,依据提单的规定确定。收货人、提单持有人不承担在装货港发生的滞期费、亏舱费和其他与装货有关的费用,但是提单中明确载明上述费用由收货人、提单持有人承担的除外。

第七十九条 提单的转让,依照下列规定执行:(一)记名提单:不得转让;(二)指示提单:经过记名背书或者空白背书转让;(三)不记名提单:无需背书,即可转让。

第八十条 承运人签发提单以外的单证用以证明收到待运货物的,此项单证即为订立海上货物运输合同和承运人接收该单证中所列货物的初步证据。承运人签发的此类单证不得转让。

【节名】第五节 货物交付

第八十一条 承运人向收货人交付货物时,收货人未将货物灭失或者损坏的情况书面通知承运人的,此项交付视为承运人已经按照运输单证的记载交付以货物状况良好的初步证据。货物灭失或者损坏的情况非显而易见的,在货物交付的次日起连续七日内,集装箱货物交付的次日起连续十五日内,收货人未提交书面通知的,适用前款规定。货物交付时,收货人已经会同承运人对货物进行联合检查或者检验的,无需就所查明的灭失或者损坏的情况提交书面通知。

第八十二条 承运人自向收货人交付货物的次日起连续六十日内,未收到收货人就货物因迟延交付造成经济损失而提交的书面通知的,不负赔偿责任。

第八十三条 收货人在目的港提取货物前或者承运人在目的港交付货物前,可以要求检验机构对货物状况进行检验;要求检验的一方应当支付检验费用,是有权向造成货物损失的责任方追偿。

第八十四条 承运人和收货人对本法第八十一条和第八十三条规定的检验,应当相互提供合理的便利条件。

第八十五条 货物由实际承运人交付的,收货人依照本法第八十一条的规定向实际承运人提交的书面通知,与向承运人提交书面通知具有同等效力;向承人提交的书面通知,与向实际承运人提交书面通知具有同等效力。

第八十六条 在卸货港无人提取货物或者收货人迟延、拒绝提取货物的,船长可以将货物卸在仓库或者其他适当场所,由此产生的费用和风险由收货人承担。

第八十七条 应当向承运人支付的运费、共同海损分摊、滞期费和承运人为货物垫付的必要费用以及应当向承运人支付的其他费用没有付清，又没有提供适当担保的，承运人可以在合理的限度内留置其货物。

第八十八条　承运人根据本法第八十七条规定留置的货物，自船舶抵达卸货港的次日起满六十日无人提取的，承运人可以申请法院裁定拍卖；货物易腐烂质或者货物的保管费用可能超过其价值的，可以申请提前拍卖。拍卖所得价款，用于清偿保管、拍卖货物的费用和运费以及应当向承运人支付的其他有关费用；不足的金额，承运人有权向托运人追偿；剩余的金额，退还托运人；无法退还、自拍卖之日起满一年又无人领取的，上缴国库。

【节名】第六节　合同的解除

第八十九条　船舶在装货港开航前，托运人可以要求解除合同。但是，除合同另有约定外，托运人应当向承运人支付约定运费的一半；货物已经装船的，应当负担装货、卸货和其他与此有关的费用。

第九十条　船舶在装货港开航前，因不可抗力或者其他不能归责于承运人和托运人的原因致使合同不能履行的，双方均可以解除合同，并互相不负赔偿责。除合同另有约定外，运费已经支付的，承运人应当将运费退还给托运人；货物已经装船的，托运人应当承担装卸费用；已经签发提单的，托运人应当将提单退还承运人。

第九十一条　因不可抗力或者其他不能归责于承运人和托运人的原因致使船舶不能在合同约定的目的港卸货的，除合同另有约定外，船长有权将货物在目港邻近的安全港口或者地点卸载，视为已经履行合同。船长决定将货物卸载的，应当及时通知托运人或者收货人，并考虑托运人或者收货人的利益。

【节名】第七节　航次租船合同的特别规定

第九十二条　航次租船合同，是指船舶出租人向承租人提供船舶或者船舶的部分舱位，装运约定的货物，从一港运至另一港，由承租人支付约定运费的合。

第九十三条　航次租船合同的内容，主要包括出租人和承租人的名称、船名、船籍、载货重量、容积、货名、装货港和目的港、受载期限、装卸期限、运费、滞期费、速遣费以及其他有关事项。

第九十四条　本法第四十七条和第四十九条的规定，适用于航次租船合同的出租人。本章其他有关合同当事人之间的权利、义务的规定，仅在航次租船合同没有约定或者没有不同约定时，适用于航次租船合同的出租人和承租人。

第九丨五条　对按照航次租船合同运输的货物签发的提单，提单持有人不是承租人的，承运人与该提单持有人之间的权利、义务关系适用提单的约定。但，提单中载明适用航次租船合同条款的，适用该航次租船合同的条款。

第九十六条　出租人应当提供约定的船舶；经承租人同意，可以更换船舶。但是，提供的船舶或者更换的船舶不符合合同约定的，承租人有权拒绝或者解合同。因出租人过失未提供约定的船舶致使承租人遭受损失的，出租人应当负赔偿责任。

第九十七条　出租人在约定的受载期限内未能提供船舶的，承租人有权解除合同。但是，出租人将船舶延误情况和船舶预期抵达装货港的日期通知承租人，承租人应当自收到通知时起四十八小时内，将是否解除合同的决定通知出租人。因出租人过失延误提供船舶致使承租人遭受损失的，出租人应当负赔偿责任。

第九十八条　航次租船合同的装货、卸货期限及其计算办法，超过装货、卸货期限后的滞期费和提前完成装货、卸货的速遣费，由双方约定。

第九十九条　承租人可以将其租用的船舶转租；转租后，原合同约定的权利和义务不受影响。

第一百条　承租人应当提供约定的货物；经出租人同意，可以更换货物。但是，更换的货物对出租人不利的，出租人有权拒绝或者解除合同。因未提供约定的货物致使出租人遭受损失的，承租人应当负赔偿责任。

第一百零一条　出租人应当在合同约定的卸货港卸货。合同订有承租人选择卸货港条款的，在承租人未按照合同约定及时通知确定的卸货港时，船长可以约定的选卸港中自行选定一港卸货。承租人未按照合同约定及时通知确定的卸货港，致使出租人遭受损失的，应当负赔偿责任。出租人未按照合同约定，擅自选定港口卸货致使承租人遭受损失的，应当负赔偿责任。

【节名】第八节　多式联运合同的特别规定

第一百零二条　本法所称多式联运合同，是指多式联运经营人以两种以上的不同运输方式，其中一种是海上运输方式，负责将货物从接收地运至目的地交收货人，并收取全程运费的合同。前款所称多式联运经营人，是指本人或者委托他人以本人名义与托运人订立多式联运合同的人。

第一百零三条　多式联运经营人对多式联运货物的责任期间，自接收货物时起至交付货物时止。

第一百零四条　多式联运经营人负责履行或者组织履行多式联运合同，并对全程运输负责。多式联运经营人与参加多式联运的各区段承运人，可以就多式联运合同的各区段运输，另以合同约定相互之间的责任。但是，此项合同不得影响多式联运经营人对全程运输所承担的责任。

第一百零五条　货物的灭失或者损坏发生于多式联运的某一运输区段的，多式联运经营人的赔偿责任和责任限额，适用调整该区段运输方式的有关法律规定。

第一百零六条　货物的灭失或者损坏发生的运输区段不能确定的，多式联运经营人应当依照本章关于承运人赔偿责任和责任限额的规定负赔偿责任。

【章名】第五章　海上旅客运输合同

第一百零七条　海上旅客运输合同，是指承运人以适合运送旅客的船舶经海路将旅客及其行李从一港运送至另一港，由旅客支付票款的合同。

第一百零八条　本章下列用语的含义：(一)“承运人”，是指本人或者委托他人以本人名义与旅客订立海上旅客运输合同的人。(二)“实际承运人”，是指接受承运人委托，从事旅客运送或者部分运送的人，包括接受转委托从事此项运送的其他人。

（三）“旅客”，是指根据海上旅客运输合同运送的人；经承运人同意，根据海上货物运输合同，随船护送货物的人，视为旅客。（四）“行李”，是指根据海上旅客运输合同由承运人载运的任何物品和车辆，但是活动物除外。（五）“自带行李”，是指旅客自行携带、保管或者放置在客舱中的行李。

第一百零九条 本章关于承运人责任的规定，适用于实际承运人。本章关于承运人的受雇人、代理人责任的规定，适用于实际承运人的受雇人、代理人。

第一百一十条 旅客客票是海上旅客运输合同成立的凭证。

第一百一十一条 海上旅客运输的运送期间，自旅客登船时起至旅客离船时止。客票票价含接送费用的，运送期间并包括承运人经水路将旅客从岸上接到船上和从船上送到岸上的时间，但是不包括旅客在港站内、码头上或者在港口其他设施内的时间。旅客的自带行李，运送期间同前款规定。旅客自带行李以外的其他行李，运送期间自旅客将行李交付承运人或者承运人的受雇人、代理人时起至承运人或者承运人的受雇人、代理人交还旅客时止。

第一百一十二条 旅客无票乘船、越级乘船或者超程乘船，应当按照规定补足票款，承运人可以按照规定加收票款；拒不交付的，船长有权在适当地点令其离船，承运人有权向其追偿。

第一百一十三条 旅客不得随身携带或者在行李中夹带违禁品或者易燃、易爆、有毒、有腐蚀性、有放射性以及有可能危及船上人身和财产安全的其他危品。承运人可以在任何时间、任何地点将旅客违反前款规定随身携带或者在行李中夹带的违禁品、危险品卸下、销毁或者使之不能为害，或者送交有关部门，而不负赔偿责任。旅客违反本条第一款规定，造成损害的，应当负赔偿责任。

第一百一十四条 在本法第一百一十一条规定的旅客及其行李的运送期间，因承运人或者承运人的受雇人、代理人在受雇或者受委托的范围内的过失引起事故，造成旅客人身伤亡或者行李灭失、损坏的，承运人应当负赔偿责任。请求人对承运人或者承运人的受雇人、代理人的过失，应当负举证责任；但是，本条第三款和第四款规定的情形除外。旅客的人身伤亡或者自带行李的灭失、损坏，是由于船舶的沉没、碰撞、搁浅、爆炸、火灾所引起或者是由于船舶的缺陷所引起的，承运人或者承运人的受雇人、代理人除非提出反证，应当视为其有过失。旅客自带行李以外的其他行李的灭失或者损坏，不论由于何种事故所引起，承运人或者承运人的受雇人、代理人除非提出反证，应当视为其有过失。

第一百一十五条 经承运人证明，旅客的人身伤亡或者行李的灭失、损坏，是由于旅客本人的过失或者旅客和承运人的共同过失造成的，可以免除或者相减轻承运人的赔偿责任。经承运人证明，旅客的人身伤亡或者行李的灭失、损坏，是由于旅客本人的故意造成的，或者旅客的人身伤亡是由于旅客本人健康状况造成的，承运人不负赔偿责任。

第一百一十六条 承运人对旅客的货币、金银、珠宝、有价证券或者其他贵重物品所发生的灭失、损坏，不负赔偿责任。旅客与承运人约定将前款规定的物品交由承运人保管的，承运人应当依照本法第一百一十七条的规定负赔偿责任；双方以书面约定的赔偿限额高于本法第一百一十七条的规定的，承运人应当按照约定的数额负赔偿责任。

第一百一十七条　除本条第四款规定的情形外，承运人在每次海上旅客运输中的赔偿责任限额，依照下列规定执行：（一）旅客人身伤亡的，每名旅客不超过46 666计算单位；（二）旅客自带行李灭失或者损坏的，每名旅客不超过833计算单位；（三）旅客车辆包括该车辆所载行李灭失或者损坏的，每一车辆不超过3 333计算单位；（四）本款第（二）、（三）项以外的旅客其他行李灭失或者损坏的，每名旅客不超过1 200计算单位。承运人和旅客可以约定，承运人对旅客车辆和旅客车辆以外的其他行李损失的免赔额。但是，对每一车辆损失的免赔额不得超过117计算单位，对每名旅客的车辆以外的其他行李损失的免赔额不得超过13计算单位。在计算每一车辆或者每名旅客的车辆以外的其他行李的损失赔偿数额时，应当扣除约定的承运人免赔额。承运人和旅客可以书面约定高于本条第一款规定的赔偿责任限额。中华人民共和国港口之间的海上旅客运输，承运人的赔偿责任限额，由国务院交通主管部门制定，报国务院批准后施行。

第一百一十八条　经证明，旅客的人身伤亡或者行李的灭失、损坏，是由于承运人的故意或者明知可能造成损害而轻率地作为或者不作为造成的，承运人得援用本法第一百一十六条和第一百一十七条限制赔偿责任的规定。经证明，旅客的人身伤亡或者行李的灭失、损坏，是由于承运人的受雇人、代理人的故意或者明知可能造成损害而轻率地作为或者不作为造成的，承运人的受雇人、代理人不得援用本法第一百一十六条和第一百一十七条限制赔偿责任的规定。

第一百一十九条　行李发生明显损坏的，旅客应当依照下列规定向承运人或者承运人的受雇人、代理人提交书面通知：（一）自带行李，应当在旅客离船前或者离船时提交；（二）其他行李，应当在行李交还前或者交还时提交。行李的损坏不明显，旅客在离船时或者行李交还时难以发现的，以及行李发生灭失的，旅客应当在离船或者行李交还或者应当交还之日起十五日内，向承运人或者承运人的受雇人、代理人提交书面通知。旅客未依照本条第一、二款规定及时提交书面通知的，除非提出反证，视为已经完整无损地收到行李。行李交还时，旅客已经会同承运人对行李进行联合检查或者检验的，无需提交书面通知。

第一百二十条　向承运人的受雇人、代理人提出的赔偿请求，受雇人或者代理人证明其行为是在受雇或者受委托的范围内的，有权援用本法第一百一十五、第一百一十六条和第一百一十七条的抗辩理由和赔偿责任限制的规定。

第一百二十一条　承运人将旅客运送或者部分运送委托给实际承运人履行的，仍然应当依照本章规定，对全程运送负责。实际承运人履行运送的，承运人应当对实际承运人的行为或者实际承运人的受雇人、代理人在受雇或者受委托的范围内的行为负责。

第一百二十二条　承运人承担本章未规定的义务或者放弃本章赋予的权利的任何特别协议，经实际承运人书面明确同意的，对实际承运人发生效力；实际承运人是否同意，不影响此项特别协议对承运人的效力。

第一百二十三条　承运人与实际承运人均负有赔偿责任的，应当在此项责任限度内负连带责任。

第一百二十四条　就旅客的人身伤亡或者行李的灭失、损坏，分别向承运人、实际承运人以及他们的受雇人、代理人提出赔偿请求的，赔偿总额不得超过本法第一百一十七条规定的限额。

第一百二十五条　本法第一百二十一条至第一百二十四条的规定，不影响承运人和实际承运人之间相互追偿。

第一百二十六条　海上旅客运输合同中含有下列内容之一的条款无效：(一)免除承运人对旅客应当承担的法定责任；(二)降低本章规定的承运人责任限额；(三)对本章规定的举证责任作出相反的约定；(四)限制旅客提出赔偿请求的权利。前款规定的合同条款的无效，不影响合同其他条款的效力。

【章名】第十五章　附则

第二百七十七条　本法所称计算单位，是指国际货币基金组织规定的特别提款权；其人民币数额为法院判决之日、仲裁机构裁决之日或者当事人协议之日按照国家外汇主管机关规定的国际货币基金组织的特别提款权对人民币的换算办法计算得出的人民币数额。

第二百七十八条　本法自1993年7月1日起施行。

2-7 《统一提单的若干法律规则的国际公约》(《海牙规则》)

《统一提单的若干法律规则的国际公约》(《海牙规则》)

(1924年8月25日签订于布鲁塞尔)

第一条　本公约所用下列名词，涵义如下。

1.“承运人”包括与托运人订有运输合同的船舶所有人或租船人。

2.“运输合同”仅适用于以提单或任何类似的物权证件进行有关海上货物运输的运输合同；在租船合同下或根据租船合同所签发的提单或任何物权证件，在它们成为制约承运人与凭证持有人之间的关系准则时，也包括在内。

3.“货物”包括货物、制品、商品和任何种类的产品，但活牲畜以及在运输合同上载明装载于舱面上并且已经这样装运的货物除外。

4.“船舶”是指用于海上货物运输的任何船舶。

5.“货物运输”是指自货物装上船时起，至卸下船时止的一段期间。

第二条 除遵照第六条规定外，每个海上货物运输合同的承运人，对有关货物的装载、搬运、配载、运送、保管、照料和卸载，都应按照下列规定承担责任和义务，并享受权利和豁免。

第三条 1. 承运人必须在开航前和开航时恪尽职责：

(1)使船舶适于航行；

(2)适当地配备船员，装备船舶和供应船舶；

(3)使货舱、冷藏舱和该船其它载货处所能适宜和安全地接受、运送和保管货物。

2. 除遵照第四条规定外，承运人适当和谨慎地装载、搬运、配载、运送、保管、照料和卸载所运货物。

3. 承运人或船长或承运人的代理人在收受货物归其管照后，经托运人的请求，应向托运人签发提单，其上载明下列各项：

(1)与开始装货前由托运人书面提供者相同的、为辨认货物所需的主要唛头，如果这项唛头是以印戳或者其它方式标示在不带包装的货物上，或在其中装有货物的箱子或包装物上，该项唛头应在航程终了时仍能保持清晰可认。

(2)托运人用书面提供的包装件数，或数量，或重量。

(3)货物的表面状况。

但是，承运人、船长或承运的代理人，不一定必须将任何货物的唛头、号码、数量或重量表示或标示在提单上，如果他有合理根据怀疑提单不能正确代表实际收到的货物，或无适当方法进行核对的话。

4. 依照第3款(1)、(2)、(3)项所载内容的这样一张提单，应作为承运人受到该提单中所载货物的初步依据。

5. 托运人应被视为已在装船时向承运人保证，由他提供的唛头、号码、数量和重量均正确无误；并应赔偿给承运人由于这些项目不正确所引起或导致的一切灭失、损坏和费用。承运人的这种赔偿权利，并不减轻其根据运输合同对托运人以外的任何人所承担的责任和义务。

6. 在将货物移交给根据运输合同有权收货的人之前或当时，除非在卸货港将货物的灭失和损害的一般情况，已用书面通知承运人或其代理人，则这种移交应作为承运人已按照提单规定交付货物的初步证据。

如果灭失或损坏不明显，则这种通知应于交付货物之日起的3天内提交。

如果货物状况在收受时已经进行联合检验或检查，就无须再提交书面通知。

除非从货物交付之日或应交付之日起一年内提出诉讼，承运人和船舶在任何情况下都免除对灭失或损害所负的一切责任。

遇到任何实际的或推定的灭失或损害，承运人与收货人必须为检验和清点货物相互给予一切合理便利。

7. 货物装船后，如果托运人要求，签发"已装船"提单，承运人、船长或承运人的代理人签发给托运人的提单,应为“已装船”提单,如果托运人实现已取得这种货物的物权单据,应交还这种单据,换取“已装船”提单,但是,也可以根据承运人的决定,在装货港由承运人、船长或其代理人在上述物权单据上注明装货船名和装船日期。经过这样注明的上述单据,如果载有第三条第3款所指项目,即应成为本条所指的“已装船”提单。

8. 运输合同中的任何条款、约定或协议,凡是解除承运人或船舶由于疏忽、过失或未履行本条规定的责任和义务,因而引起货物或关于货物的灭失或损害的责任的,或以不同于本公约的规定减轻这种责任的,则一律无效。有利于承运人的保险利益或类似的条款,应视为属于免除承运人责任的条款。

第四条 1. 不论承运人或船舶,对于因不适航所引起的灭失或损坏,都不负责任,除非造成的原因是由于承运人未按第三条第1款的规定,恪尽职责;使船舶适航;保证适当地配备船员、装备和供应该船,以及使货舱、冷藏舱和该船的其它装货处所能适应并安全的接受、运送和保管货物。凡由于船舶不适航所引起的灭失和损害,对于已恪尽职责的举证责任,应由根据本条规定要求免责的承运人或其它人承担。

2. 不论承运人或船舶,对由于下列原因所引起或造成的灭失或损坏,都不负责。

a)船长、船员、引水员或承运人的雇佣人员,在航行或管理船舶中的行为、疏忽或不履行义务;

b)火灾,但由于承运人的实际过失或私谋所引起的除外;

c)海上或其它通航水域的灾难、危险和意外事故;

d)天灾;

e)战争行为;

f)敌行为;

g)君主、当权者或人民的扣留或管制,或依法扣押;

h)检疫限制;

i)托运人或货主、其代理人或代表的行为或不行为;

j)不论由于任何原因所引起的局部或全面罢工、关厂停工或限制工作;

k)暴动或骚乱;

l)救助或企图救助海上任命或财产;

m)由于货物的固有缺点、性质或缺陷引起的体积或重量亏损,或任何其它灭失或损坏;

n)包装不善;

o)唛头不清或不当;

p)虽恪尽职责亦不能发现的潜在缺点;

q)非由于承运人的实际过失或私谋,或者承运人的代理人,或雇佣人员的过失或疏忽所引起的其它任何原因;但是要求引用这条免责利益的人应负责人举证,证明有关的灭失或损坏既非由于承运人的实际过失或私谋,亦非承运人的代理人或雇佣人员的过失或疏忽所造成。

3. 对于任何非因托运人、托运人的代理人或其雇佣人员的行为、过失或疏忽所引起的使承运人或船舶所遭受的灭失或损坏。托运人不负责任。

4. 为救助或企图救助海上人命或财产而发生的绕航,或任何合理绕航,都不能作为破坏或违反本公约或运输合同的行为;承运人对由此引起的任何灭失或损害,都不负责。

5. 承运人或是船舶,在任何情况下对货物或与货物有关的灭失或损害,每件或每计费单位超过100英镑或与其等值的其它货币的部分,都不负责;但托运人于装货前已就该项货物的性质和价值提出声明,并已在提单中注明的,不在此限。

该项声明如经载入提单,即作为初步证据,但它对承运人并不具有约束力或最终效力。

经承运人、船长或承运人的代理人与托运人双方协议,可规定不同于本款规定的另一最高限额,但该最高限额不得低于上述数据。

如托运人在提单中,故意谎报货物性质或价值,则在任何情况下,承运人或是船舶,对货物或与货物有关的灭失或损害,都不负责。

6. 承运人、船长或承运人的代理人对于事先不知其性质而装载的具有易燃、爆炸或危险性的货物,可在卸货前的任何时候将其卸在任何地点,或将其销毁,或使之无害,而不予赔偿;该项货物的托运人,应对由于装载该项货物而直接或间接引起的一切损害或费用负责。如果承运人知道该项货物的性质,并已同意装载,则在该项货物对船舶或货载发生危险时,亦得同样将该项货物卸在任何地点,或将其销毁,或使之无害,而不负赔偿责任,但如发生共同海损则不在此限。

第五条 承运人可以自由地全部或部分放弃本公约中所规定的他的权利或豁免,或增加他所应承担的任何一项责任和义务。但是这种放弃或增加,须在签发给托运人的提单上注明。

本公约的规定,不适用于租船合同,但如果提单是根据租船合同签发的,则上述提单应符合本公约的规定。本公约中的任何规定,都不得妨碍在提单中加注有关共同海损的任何合法条款。

第六条 虽有前述各条规定,只要不违反公共秩序,承运人、船长或承运人的代理人得与托运人就承运人对任何特定货物应负的责任和应尽的义务,及其所享受的权利与豁免,或船舶适航的责任等,以任何条件,自由地订立任何协议。或就承运人的雇佣人员或代理人在海运货物的装载、搬运、配载、运送、保管、照料和卸载方面应注意及谨慎的事项,自由订立任何协议。但在这种情况下,必须是未曾签发或将不签发提单,而且应将上述协议的条款载入不得转让并注明这种字样的收据内。

这样订立的任何协议,都具有完全的法律效力。

但本条规定不适用于依照普通贸易程序成交的一般商业货运,而仅在拟装运的财物的性质和状况,或据以进行运输的环境、条款和条件,有订立特别协议的合理需要时，才能适用。

第七条　本公约中的任何规定，都不妨碍承运人或托运人就承运人或船舶对海运船舶所载货物于装船以前或卸船以后所受灭失或损害，或与货物的保管、照料和搬运有关的灭失或损害所应承担的责任与义务，订立任何协议、规定、条件、保留或免除条款。

第八条　本公约各条规定，都不影响有关海运船舶所有人责任限制的任何现行法令所规定的承运人的权利的义务。

第九条　本公约所提到的货币单位为金价。

凡缔约国中不以英镑作为货币单位的，得保留其见将本公约所指的英镑数额以四舍五入的方式折合为本国货币的权利。

各国法律可以作为债务人保留按船舶抵达卸货港之日通行的兑换率，以本国货币偿清其有关货物的债务的权利。

第十条　本公约的各项规定，适用于在任何缔约国所签发的一切提单。

第十一条　自本公约签字之日起不超过两年的期限内，比利时政府因关于已声明拟批准本公约的缔约国保持联系，以便决定是否使本公约生效。批准书应于各缔约国协商确定的日期交存于布鲁塞尔。首次交存的批准书应载入由参加国代表及比利时外交部长签署的协议书内。

以后交存的批准书，应以书面通知送交比利时政府，并随附批准文件。

比利时政府，应立即将有关记载首次交存批准书的协议书和上段所指的通知，随附批准书等的核证无误的副本，通过外交途径送交已签署本公约或已加入本公约的国家。在上段所指情况下，比利时政府应于收到通知的同时，知照各国。

第十二条　凡未签署本公约的国家，不论是否已出席在布鲁塞尔召开的国际会议，都可以加入本公约。

拟加入本公约的国家，应将其意图用书面通知比利时政府，并送交其加入的文件，该项文件应存放在比利时政府的档案库。

比利时政府应立即将加入本公约通知书的核证无误的副本，分送已签署本公约的国家，并注明它收到上述通知的日期。

第十三条　缔约国在签署、批准或加入本公约时，可以声明其接受本公约并不包括其任何或全部自治领、殖民地、海外属地、保护国或在其主权或权利管辖下的地域；并且可以在此后代表这些声明中未包括的任何自治领、殖民地、海外属地、保护国或地域将其分别加入本公约。各缔约国还可以根据本公约的规定，代表其任何自治领或殖民地、海外属地、保护国或其主权或权利管辖下的地域将分别声明退出本公约。

第十四条　本公约在首批交存批准书的各国之间，于协议书记载此项交存之日起 1 年后开始生效，此后批准或加入本公约的各国或根据第十三条规定使公约生效的各国，于比利时政府收到第十一条第 2 段及第十二条第 2 段所指的通知 6 个月后生效。

第十五条　如有缔约国欲退出本公约，应用书面通知比利时政府，比利时政府应立即将核证无误的通知副本分送其他国家，并注明其收到上述通知的日期。

这种退出只对提出通知的国家生效，生效日期从上述通知送交比利时政府之日起1年以后开始。

第十六条　任何一个缔约国都有权就考虑修改本公约事项，请求召开新的会议。

欲行使此项权利的国家，应通过比利时政府将其意图通知其他国家，由比利时政府安排召开会议事宜。

2-8　《联合国1978年海上货物运输条约》(《汉堡规则》)

《联合国1978年海上货物运输条约》(《汉堡规则》)

序言

本公约各缔约国，认识到通过协议确定关于海上货物运输若干规则的需要，决定为此目的缔结一个公约，协议如下。

第一部分　总则

第一条　定义

在本公约内：

1.“承运人”是指其本人或以其名义与托运人订立海上货物运输合同的任何人。

2.“实际承运人”是指受承运人委托执行货物运输或部分运输的任何人，包括受委托执行这项运输的其他任何人。

3.“托运人”是指其本人或以其名义或其代表与承运人订立海上货物运输合同的任何人，或指以其本人或以其名义或其代表，实际将货物交付给海上货物运输合同有关的承运人的任何人。

4.“收货人”是指有权提取货物的人。

5.“货物”包括活牲畜，凡货物拼装在集装箱、托盘或类似的装运器具内，或者货物带有包装，而这种装运器具或包装是由托运人提供的，则“货物”应包括装运器具或包装。

6.“海上运输合同”是指承运人收取运费，承担由海上将货物从一港运至另一港的任何合同；但是，一个既包括海上运输，同时又包括某些其他方式运输的合同，则仅就它有关海上运输的范围，才视为本公约所指的海上运输合同。

7.“提单”是指一种用以证明海上运输合同和货物已由承运人接管或装船，以及承运人保证凭以交付货物的单据。单据中列有货物应交付由指名人所指定的人，或凭指定，或交付提单持有人的规定，即构成此项保证。

8.“书面“，除其他方式外，包括电报和电传。

第二条　适用范围

1. 本公约的各项规定都适用于两个不同国家之间的所有海上运输合同,如果:

(1)海上运输合同所规定的装货港位于一个缔约国内,或

(2)海上运输合同所规定的卸货港位于一个缔约国内,或

(3)海上运输合同所规定的备选卸货港之一为实际卸货港并且该港位于一个缔约国内,或

(4)提单或证明海上运输合同的其他单据是在一个缔约国内签发的,或

(5)提单或证明海上运输合同的其他单据中有规定,本公约的各项规定或实施本公约的任何国家的立法,对该合同有约束。

2. 本公约的各项规定,对船舶、承运人、实际承运人、托运人、收货人或任何其他有关人,不论其国籍如何,一律适用。

3. 本公约的各项规定不适用于租船合同。但是,如果提单是依据租船合同签发的,并制约承运人和不是租船人的提单持有人之间的关系,则本公约的各项规定适用于该提单。

4. 如果合同规定,货物将在一个商定的期间内分批运输,本公约的各项规定便适用于每批运输。但是,如果运输是按照租船合同进行的,则适用本条款第 3 款的规定。

第三条　对本公约的解释

在解释和应用本公约的各项规定时,应注意本公约的国际性和促进统一的需要。

第二部分　承认人的责任

第四条　责任期间

1. 按照本公约,承运人对货物的责任期间,包括货物在装货港、运输途中和卸货港,在承运人掌管之下的全部期间。

2. 就本条第 1 款而言,下述期间,应视为货物是在承运人掌管之下:

(1)自承运人按下列方式接管货物时起:

a. 从托运人或代其行事的人,或

b. 根据装货港适用的法律或规章,从货物必须交其装运的当局或其他第三方;

(2)直至承运人按下列方式交付货物为止:

a. 将货物交付收货人;或

b. 如果收货人不从承运人处收受货物时,则依照合同或卸货港适用的法律或特定的贸易习惯,将货物置于收货人支配之下;或

c. 根据在卸货港适用的法律或规章,将货物交给必须交付的当局或其他第三方。

3. 在本条第 1 和第 2 款内提到的承运人或收货人,除指承运人和收货人外,还分别指承运人或收货人的雇佣人员或代理人。

第五条　责任基础

1. 除非承运人证明,他本人及其雇佣人员或代理人已为避免事故的发生及其后

果采取了一切所能合理要求的措施，否则承运人应对货物的灭失、损害或延迟交货所造成的损失负赔偿责任，如果引起该项灭失、损害或延迟交货的事故，如果第四条所述是在承运人掌握期间所发生的话。

2. 如果货物未能在明确议定的交货时间期满后连续60天内，未能根据第四条的要求交付货物，对货物的灭失有权提出索赔的人，则可以认为货物已经灭失。

3. 如果货物在本条第2款规定的交货时间期满后连续六十天内未能按第四条的要求交付，有权对货物的灭失提出索赔的人可以视为货物已经灭失。

4. (1)承运人对下列各项负赔偿责任：

a. 火灾引起的货物的灭失、损害或延迟交付，如果索赔人证明火灾是由承运人、其雇佣人员或代理人的过失或疏忽引起的；

b. 经索赔人证明，由于承运人、其雇佣人员或代理人在可以合理得要求他采取的扑灭火灾和避免或减轻其后果的一切措施中的过失或疏忽所造成的货物的灭失、损害或延迟交付。

(2)当船上的火灾影响到货物时，如果索赔人或承运人要求，必须按照海运惯例，对火灾的起因和情况进行调查，并根据要求向承运人和索赔人提供一份调查人的报告。

5. 关于活牲畜，承运人对由于此类运输的任何固有的贸易风险所造成的灭失、损害或延迟交付不负赔偿责任。如果承运人证明，他是按照托运人对有关该项牲畜所作的任何专门指示行事，并且证明根据实际情况，灭失、损害或延迟交付可以归之于这种风险时，则应推定灭失、损害或延迟交付就是这样引起的，除非能证明该项灭失、损害或延迟交付的全部或部分是由承运人、其雇佣人员或代理人的过失或疏忽所造成。

6. 除为分摊共同海损外，承运人对因在海上采取救助人命的措施就或救助财产的合理措施而造成的灭失、损坏或延迟交付，不负赔偿责任。

7. 如果货物的灭失、损坏或延迟交付是由承运人、其雇佣人员或代理人的过失或疏忽连同其他原因所引起的，承运人仅在归于他们的过失或疏忽所引起的灭失、损害或延迟交付的范围内负赔偿责任，但承运人必须证明不属于此种过失或疏忽所造成的灭失、损害或延迟交付数额。

第六条　责任限额

1. (1)承运人按照第五条规定对货物灭失或损害造成的损失所负的赔偿责任，以灭失或损害的货物每件或其他每一货运单位相当于835记账单位或毛重每公斤2.5记账单位的数额为限，以两者中较高的数额为准。

(2)按照第五条规定，承运人对延迟交付的赔偿责任，以相当于该延迟交付货物应支付运费的2.5倍的数额为限，但不得超过海上货物运输合同规定的应付运费总额。

(3)据本款(1)和(2)项，承运人的总赔偿责任，在任何情况下，都不得超过根据本款(1)项对货物全部灭失引起的赔偿责任所规定的限额。

2. 为计算出本条第1款(1)项规定的那一个较高数额,应遵照下列规则:

(1)使用集装箱、托盘或类似装运器具拼装货物时,如果签发了提单,则在提单中列明的,或在证明海上运输合同的任何其他单据中列明的装在这种装运器具内的件数或其他货运单位数,即视为货物的件数或货运单位数。除属于上述情况外,装在这种装运器具内的货物,视为一个货运单位。

(2)当运输器具本身遭到灭失或损坏时,该运输器具如不属于承运人所有或提供,即视为一个单独的货运单位。

3. 记账单位是指第26条中所述的记账单位。

4. 承运人和托运人可以通过协议订定超过第1款规定的赔偿责任限额。

第七条 对非合同索赔的适用

1. 本公约规定的各项答辩权和责任限度,适用于海上运输合同所涉及的货物的灭失或损害以及延迟交付对承运人提起的任何诉讼,不论这种诉讼是根据合同、侵权行为或其他。

2. 如果这种诉讼是对承运人的雇佣人员或代理人提出的,而该雇佣人员或代理人能证明他是在受雇职务范围内行事的,则有权利用承运人根据本公约援引答辩和责任限额的权利。

3. 除第八条规定的情况外,从承运人和本条第2款所持的任何人取得的赔偿金额的总数,不得超过本公约所规定的责任限度。

第八条 责任限额权利的丧失

1. 如经证明灭失、损害或延迟交付是由承运人蓄意造成的这种灭失、损坏或延迟交付而作出的行为或不行为,或承运人明知可能会产生这种灭失、损害或延迟交付,但仍不顾后果而作出的行为或不行为,则承运人无权享受第六条所规定的责任限额的利益。

2. 尽管有第七条第2款的规定,如经证明货物的灭失、损害或延迟交付是由该雇佣人员或代理人蓄意造成这种灭失、损害或延迟交付而作出的行为或不行为,或由该雇佣人员或代理人明知可能造成这种灭失、损害或延迟交付,但仍不顾后果而作出的行为或不行为,则该承运人的雇佣人员或代理人无权享受第六条所规定的责任限度的利益。

第九条 舱面货

1. 承运人只有按照同托运人的协议或符合特定的贸易习惯,或按法规或规章的要求,才有权在舱面上载运货物。

2. 如果承运人和托运人议定,货物应该或可以在舱面上载运,承运人必须在提单或其他用以证明海上运输合同的单据上载列相应说明。如无此项说明,承运人有责任举证,证明双方已就在舱面上载货达成协议。但承运人无权援引这种协议来对抗处于善意取得提单的、包括收货人在内得第三方。

3. 如违反本条第 1 款的规定能够将货物载运在舱面上，或承运人不能按照本条第 2 款援引在舱面上载运的协议，虽有第五条第 1 款的规定，承运人仍须对仅由于在舱面上载运而造成的货物的灭失和损害以及延迟交付负赔偿责任，而其责任限度，视情况分别按照本公约第六条或第八条的规定确定。

4. 违反将货物装载在舱内的明文协议而将货物装载在舱面，应视为第八条含义内的承运人的一种行为或不行为。

第十条　承运人和实际承运人的赔偿责任

1. 如果将运输或部分运输委托给实际承运人执行时，不管根据海上运输合同是否有权这样做，承运人仍须按照本公约的规定对全部运输负责。关于实际承运人所履行的运输，承运人应对实际承运人及其雇佣人员和代理人在他们的受雇范围内行事的行为或不行为负责。

2. 本公约对承运人责任的所有规定，也适用于实际承运人对其所履行的运输的责任。如果对实际承运人员或代理人提起诉讼，应适用于第七条第 2 款、第 3 款和第八条第 2 款的规定。

3. 承运人据以承担本公约所未规定的义务或放弃本公约所赋予的权利的任何特别协议，只有在实际承运人以书面明确表示同意时，才能对他发生影响。不管实际承运人是否同意，承运人仍受这种特别协议所导致的义务或弃权的约束。

4. 如果承运人和实际承运人都有责任，则在这责任范围内，他们负有连带责任。

5. 从承运人、实际承运人和他们的实际雇佣人员和代理人取得的赔偿金额总数，不得超过本公约所规定的责任限度。

6. 本条规定不妨碍承运人和实际承运人之间的任何追索权利。

第十一条　联运

1. 尽管有第十条第 1 款的规定，如海上运输合同明确规定，该合同包括的某一特定部分的运输，由承运人以外的某一指定的人履行，该合同可以同时规定，承运人对这一部分运输期间货物在实际承运人掌管时，因发生事故而造成的灭失、损害或延迟交付不负责任。但是，如果不能按照第二十一条第 1 或第 2 款规定，在有管辖权的法院对实际承运人提起法律诉讼，则任何限制或豁免这种赔偿责任的规定均属无效。承运人应负举证责任，证明任何灭失、损害或延迟交付是由以上这种事故造成的。

2. 实际承运人须按照第十条第 2 款的规定，对货物在他掌管期间因发生事故而造成的灭失、损害或延迟交付负责。

第三部分　托运人的责任

第十二条　一般规则

托运人对承运人或实际承运人所遭受的损失或船舶所遭受的损害，不负赔偿责任，除非这种损失或损害是由托运人、其雇佣人员或代理人的过失或疏忽所造成。托运人的任何雇佣人员或代理人对这种损失或损害也不负责任，除非这种损失或损害是由他自己的过失或疏忽所造成。

第十三条 关于危险货物的特殊规则

1. 托运人必须以适当的方式在危险货物上加上危险标志或标签。

2. 当托运人将危险货物交给承运人或实际承运人时,托运人必须告知他货物的危险特性,必要时并告知应采取的预防措施。如果托运人没有这样做,而且该承运人或实际承运人又未能从其他方面得知货物的危险特性,则:

(1)托运人对承运人和任何实际承运人因载运这种货物而造成的损失负赔偿责,并且

(2)根据情况需要,可以随时将货物卸下,销毁或使之无害而不予赔偿。

3. 任何人如在运输期间,明知货物的危险特性而加以接管,则不得援引本条第2款的规定。

4. 如果本条第2款(2)项的规定不适用或不能援引,而危险货物对生命或财产造成实际危险时,可视情况需要,将货卸下、销毁或使之无害,而不予赔偿,但共同海损分摊的义务或按照第五条规定承运人应负的赔偿责任除外。

第四部分 运输单据

第十四条 提单的签发

1. 当承运人或实际承运人接管货物时,经托运人要求,承运人必须给托运人签发提单。

2. 提单可以由承运人授权的人签字。提单由载运货物船舶的船长签字,应视为代表承运人签字。

3. 提单上的签字可以是手写,印摹、打印、盖章、符号或不违反提单签发所在国的法律而使用任何其他机械或电子的方法。

第十五条 提单的内容

1. 提单除其他事项外必须包括下列项目:

(1)货物的一般性质,识别货物所需要的主要唛头,如属危险货物时,特别指明其危险特性的说明,包数或件数及货物的重量或以其他方式表示的数量,以及所有这些由托运人提供的资料;

(2)货物的外表状况;

(3)承运人的名称和主要营业所;

(4)托运人的名称;

(5)如托运人指定收货人时,收货人的名称;

(6)海上运输合同规定的装货港及承运人在装货港接管货物的日期;

(7)海上运输合同规定的卸货港;

(8)提单正本超过一份时,提单正本的份数;

(9)提单的签发地点;

(10)承运人或其代表的签字;

(11)收货人应付运费金额或由收货人支付运费的其他说明;

(12)第二十三条第3款所提到的声明;

(13)如属舱面货,货物应该或可以装载舱面上运输的声明;

(14)如双方有明确协议,列明货物在卸货港交付的日期或期限;

(15)按照第六条第4款议定的对赔偿责任限额的任何增加。

2. 货物装船后,如果托运人作此要求,承运人必须为托运人签发"已装船"提单。""已装船"提单除载明本条款第1款所规定的项目外,还必须说明货物已装上一艘或数艘指名的船舶,以及一个或数个装货日期。如果承运人先前已向托运人签发过关于该批货物的任何部分的提单或其他物权单据,经承运人要求,托运人必须交回这种单据以换取"已装船"提单。承运人为了满足托运人的"已装船"提单的要求,可以修改任何先前签发的单据,但经修改后的单据应包括"已装船"提单所需载有的全部情况。

3. 提单漏列本条所规定的一项或多项,不影响该单据作为提单的法律性质,但该单据必须符合第一条第7款规定的要求。

第十六条　提单:保留和证据效力

1. 如果承运人或代其签发提单的其他人,确知或有合理的根据怀疑,提单所载有关货物的一般性质、主要唛头、包装或件数、重量或数量等项目没有准确地表示实际接管的货物,或在签发"已装船"提单的情况下,没有准确地表示已实际装船的货物,或者无适当的方法来核对这些项目,则承运人或上述其他人必须在提单上作出保留,注明不符之处、怀疑根据或者无适当核对方法。

2. 如果承运人或代他签发提单的其他人未能在提单上批注货物的外表状况,则应视为已在提单上注明货物的外表状况良好。

3. 除按本条第1款规定就有关项目及其范围作出许可的保留外:

(1)提单是承运人接管提单所述的货物,如签发"已装船"提单,则为提单所述的货物已装船的初步证据。

(2)如果提单已转让给善意信赖提单上所载货物说明而按此行事的、包括收货人在内的第三方,则承运人提出的与此相反的证据不予接受。

4. 如果提单未按照第十五条第1款(11)项的规定载明运费,或已其他方式说明运费由收货人支付,或未载明在装货港发生的滞期费由收货人支付,该提单则为运费或滞期费不是由收货人支付的初步证据。如果提单已转让给善意信赖提单上无任何此种说明而照此行事的第三方,包括收货人,则承运人提出的与此相反的证据不予接受。

第十七条　托运人的保证

1. 托运人应视为已向承运人保证,由他提供列入提单的有关货物的品类、标志、件数、重量和数量等项目正确无误。托运人必须赔偿承运人因为这些项目不正确而导致的损失。托运人即使已将提单转让,仍须负赔偿责任。承运人取得的这种赔偿权利,绝不会减轻他按照海上运输合同对托运人以外的任何人所负的赔偿责任。

2. 根据任何保函或协议,由托运人提出保证赔偿承运人或其代表未将托运人提供列入提单的项目或货物的外表状况批注保留而签发提单所引起的损失,则上述保函或协议对受让提单的任何第三者,包括收货人,均属无效。

3. 这种保函或协议对托运人有效,除非托运人或其代表不批注本条第 2 款所指的保留是有意诈骗信赖提单上对货物的描述而行事的包括收货人在内的第三方,在后面这种情况下,如未批注的保留与由托运人提供列入提单的项目有关,承运人就无权按照本条第 1 款规定,要求托运人给予赔偿。

4. 如属本条第 3 款所指的有意诈骗,承运人不得享有本公约所规定的责任限度的利益,并且对由于信赖提单上所载货物的说明而行事的第三方,包括收货人所遭受的损失负赔偿责任。

第十八条　提单以外的单据

如果承运人签发提单以外的单据以证明收到待运的货物,该单据就是订立海上运输合同和承运人接管该单据中所述货物的初步证据。

第五部分　索赔和诉讼

第十九条　灭失、损害或延迟交付的通知

1. 除非收货人在不迟于货物移交给他之日后第一个工作日内将灭失或损害书面通知送交承运人,叙明灭失或损害的一般性质,否则此种移交应作为承运人交付运输单据所述货物的初步证据,或如未签发这种单据,则应作为完好无损地交付货物的初步证据。

2. 遇有不明显的灭失或损害,在货物交付收货人之日后连续 15 天内未送交书面通知,则应相应地适用于本条第 1 款的规定。

3. 如货物的状况在交付收货人时,已经由当事各方联合调查或检验,即无需就调查或检验中所查明的灭失或损害送交书面通知。

4. 遇有任何实际的或推定的灭失或损失,承运人和收获人必须为检验和清点货物相互提供一切合理的便利。

5. 除非在货物交给收货人之日后 60 个连续日内已书面通知承运人,对延迟交付造成的损失不予赔偿。

6. 如果货物已由实际承运人交付,根据本条送给他的任何通知具有如同送交承运人的同等效力,同样,送交承运人的任何通知具有如同送交实际承运人的同等效力。

7. 除非承运人或实际承运人在不迟于灭失或损害事故发生后或依照第四条第 2 款在货物交付后 90 个连续日内,以较后发生日期为准,将灭失或损害书面通知即作为承运人或实际承运人没有因为托运人或其雇佣人员或代理人的过失或疏忽而造成灭失或损害的初步证据。

8. 就本条而言，通知送交给代表承运人或实际承运人行事的人，包括船长或主管船舶的负责船员，或送交代表托运人行事的人，即应分别视为已经送交承运人，实际承运人或托运人。

第二十条　诉讼时效

1. 按照本公约有关运输货物的任何诉讼，如果在两年内没有提出司法仲裁程序，即失去时效。

2. 时效期限自承运人交付货物或部分货物之日开始，如未交付货物，则自货物应该交付的最后一日开始。

3. 时效期限开始之日不计算在期限内。

4. 被要求赔偿的人，可以在时效期限的任何时间，向索赔人提出书面声明，延长时效期限。还可以再一次或多次声明再度延长该期限。

5. 如果诉讼是在起诉地所在国国家法律许可的时间内提出，负有赔偿责任的人即使在以上各款规定的时效期满后，仍可以提出追赔的诉讼。但是，所许可的时间不得少于从提出这种赔偿诉讼的人已解决了对他的索赔或从向他本人送达起诉传票之日起 90 天。

第二十一条　管辖权

1. 在有关按本公约规定的货物运输的司法程序中，原告可以选择在这样的法院提出诉讼。该法院按照所在国法律有权管辖，并且下列地点之一位于该法院管辖范围：

(1)被告的主要营业所，或如无主要营业所时，其惯常住所；或

(2)合同订立地，但该项合同须是通过被告在该地的营业所分支机构或代理机构订立的；或

(3)装货港或卸货港；或

(4)海上运输合同中为此目的而指定的任何其他地点。

2. (1)尽管有本条上述各项规定，如果载货船舶或属于该同一船舶所有人的任何船舶，在一个缔约国的任何一个港口或地点，按照该国适用的法律规则和国际法规则被扣留，诉讼就可在该港口或该地点的法院提起。但是，在这种情况下，一经被告请求，原告必须将诉讼移交到由原告选择的本条第 1 款所指的管辖法院之一，以对赔偿作出裁决。但在诉讼转移之前，被告必须提供足够的保证金，以确保偿付在诉讼中可能以后判给原告的金额。

(2)一切有关保证金是否足够的问题，应由扣留港口或地点的法院裁定。

3. 按照本公约货物运输的法律诉讼，不得在本条第 1 款或第 2 款所没有规定的地点提起。本款的规定不妨碍缔约国采取临时性或保护性措施的管辖权。

4. (1)如已按本条第 1 或第 2 款规定，在有管辖权的法院提起诉讼，或已由这样的法院作出判决，相同当事方之间不得基于相同理由，提起新的诉讼，除非受理第一

次诉讼的法院的判决在提起新诉讼地的国家不能执行；

(2)就本条而言，为执行判决而采取措施，不应视为提起新的诉讼；

(3)就本条而言，按照本条第2款(1)项将诉讼转移到同一个国家的另一法院，或转移到另一个国家的法院，不应视为提起新的诉讼；

5. 尽管有以上各款的规定，在按照海上运输合同提出索赔之后，当时各方达成的指定索赔人可以提起诉讼的地点的协议应属有效。

第二十二条　仲裁

1. 遵照本条各项规定，当事各方可以用书面协议规定，按照本公约有关运输货物可能发生的任何争端应当提交仲裁。

2. 如租船合同载有该合同引起的争端应提交仲裁的条款，而依据租船合同签发的提单并未特别说明此条款对提单持有人具有约束力，则承运人不得对出于善意取得提单的提单持有人援引该条款。

3. 原告可以选择在下列地点之一，提出仲裁程序：

(1)一国的某一地点，该国领土内有：

a. 被告的主要营业所，或无主要营业所时，其惯常住所；或

b. 合同订立地，但该合同须是通过被告在该地的营业所、分支机构或代理机构订立的；或

c. 装货港或卸货港；或

(2)仲裁条款或协议中为此目的而指定的任何地点。

4. 仲裁员或仲裁庭应当应用本公约的各项规则。

5. 本条第3和第4款规定应视为每一仲裁条款或协议的一部分，仲裁条款或协议中与此两项不符的任何规定，均属无效。

6. 本条各款不影响按照海上运输合同提出索赔之后，当时各方所订立的有关仲裁协议的效力。

第六部分　补充规定

第二十三条　合同条款

1. 海上运输合同、提单或证明海上运输合同的任何其他单据中的任何条款，在其直接或间接违背本公约规定的范围内，均属无效。这种条款的无效不影响以其作为部分内容的该合同或单据的其他部分规定的效力。将货物的保险利益转让给承运人的条款，或任何类似条款，均属无效。

2. 尽管有本条第1款的规定，承运人仍可增加本公约对其规定的责任和义务。

3. 在签发提单或证明海上运输合同的任何其他单据时，其中必须载有一项声明，说明该项运输遵守本公约的各项规定，任何背离本公约而有害于托运人或收货人的条款，均属无效。

4. 有关货物的索赔人，由于本条款使某项合同条款成为无效或漏载本条第3款

所指声明而遭受损失时，则承运人仍须按照本公约的规定，就货物的任何灭失或损害以及延迟交付向索赔人支付必需的赔偿金。此外，承运人必须赔偿认为人为行使其权利而产生的费用，但在援引上述规定的诉讼发生的费用，须按照起诉所在地国家的法律办理。

第二十四条　共同海损

1. 本公约各条规定，不妨碍海上运输合同或国家法律中关于共同海损理算的规定的应用。

2. 除第二十条外，本公约关于承运人对货物的灭失或损坏的赔偿责任的规定，也决定收货人是否可以拒绝共同海损分摊和承运人对收货人以交付的任何此种分摊额或以支付的任何救助费的赔偿责任。

第二十五条　其他公约

1. 本公约并不改变有关海运船舶所有人责任限制的国际公约，或国家法律中所规定的承运人、实际承运人和他们的雇佣人员和代理人的权利的义务。

2. 本公约的第二十一条和第二十二条的规定，不妨碍在本公约缔结之日已生效的有关该两条所涉及事项的任何其他多边公约的强制性规定的适用，但这须以争议完全是发生在主要营业所位于这种公约的成员国的当事人之间为限。然而，本款规定并不影响本公约第二十二条第4款的适用。

3. 由于核事故所造成的损害，不发生本公约所规定的赔偿责任，如果核装置操作人根据下列规定对该损害负赔偿责任：

（1）根据经1964年1月28日补充协议书修订的1960年7月29日“关于在核能领域中第三方赔偿责任的巴黎公约”或者根据1963年5月21日“关于核损害的民事赔偿责任的维也纳公约”或

（2）根据规定这种损害赔偿责任的国内法，但此种法律须在各方面都同“巴黎公约或维也纳公约”有利于可能遭受损害的人。

4. 承运人如按照有关海上运送旅客及其行李的国际公约或国内法律，对行李的任何灭失、损害或延迟交付负赔偿责任，则不发生根据本公约规定对行李的赔偿责任。

5. 本公约各项规定不妨碍缔约国适用于本公约缔结之日已经生效的热闹和其他国际公约，而该公约是强制性地适用于其主要运输方式不是海上运输的货物运输合同。本规定也适用于此种公约以后的任何修订或修改。

第二十六条　记账单位

1. 本公约第六条所指的记账单位，是国际货币基金组织所规定的特别提款权。第六条所述的数额应按照该国货币在判决日或当事人各方议定之日的价值换算为该国货币，凡属国际货币基金组织成员的本公约缔约国，其以特别提款权表示的本国货币价值，应按国际货币基金组织在上述日期在其进行营业和交易中应用的现行定值办法计算。非国际货币基金组织成员的本公约缔约国，其以特别提款权表示的本国货币价值,应按该国确定的办法计算。

2. 但是,非国际货币基金组织成员国而且其法律又不允许应用本条第1款规定的国家,可以在签字时,或在批准、接受、认可或加入时,或在气候的任何时候,声明本公约规定的责任限额在该国领土内适用的,应确定为:

按每件或其他运货单位12 500货币单位,或按该货物毛重每公斤37.5货币单位。

3. 本条第2款所指的货币单位,相当于纯度为千分之九百的黄金六十五点五毫克。第2款所指的数额如要换算成国家货币,应按该国法律规定办理。

4. 本条第一款最后一句所提及的计算方式,及本条第3款所提及的换算方法,其指定应尽可能使以缔约国货币表示的数额与在第六条内以记账单位表示的数额的实际价值相同。缔约国应将依照本条第1款确定的计算方法或本条第3款所述的换算结果,在签字时或交存其批准书、承诺书、认可书或加入书时通知公约保管人。

第七部分　最后条款

第二十七条　保管人

兹指定联合国秘书长为本公约保管人。

第二十八条　签字、批准、承诺、认可、加入

1. 本公约于1979年4月30日以前在联合国总部对所有国家开放,以供签字。

2. 本公约须经签字国批准、承诺或认可。

3. 1979年4月30日以后,本公约对所有不是签字国的国家开放,以便加入。

4. 批准书、承诺书、认可书或加入书应交联合国秘书长保管。

第二十九条　保留

对本公约不得做任何保留

第三十条　生效

1. 本公约自第20份批准书、承诺书、认可书或加入书交存之日起满一年后的次月第一日生效。

2. 对于在第20份批准书、承诺书、认可书或加入书交存之日后成为本公约缔约国的每一个国家,本公约自该国交存相应文件之日起满一年后的次月第一日生效。

3. 每一缔约国应将本公约的各项规定适用于在本公约对该国生效之日或其后签订的海上运输合同。

第三十一条　退出其他公约

1. 在成为本公约缔约国时,凡是1924年8月25日在布鲁塞尔签订的关于“统一提单的若干法律规则的国际公约”(1924年公约)的参加国,必须通知作为1924年公约保管人的比利时政府退出该公约,并声明该项退出通知自本公约对该国生效之日起生效。

2. 按照第三十条第1款规定本公约生效时,本公约的保管人必须将生效日期和

本公约对之生效的缔约国国名通知1924年公约的保管人——比利时政府。

3. 本条第1款和第2款相应地适用于1968年2月23日签订的修改1924年8月25日在布鲁塞尔签订的关于“统一提单的若干法律规则的国际公约的议定书”参加国。

4. 尽管有本公约第二条规定，就本条第1款而言，如果缔约国认为需要，可以推迟退出1924年公约和经过1968年议定书修改的1924年公约，推迟的最长时限为自本公约生效之日起5年。在这种情况下，它应把自己的意图通知比利时政府。在此过度期间，该缔约国必须对其他缔约国应用本公约，而不应用任何其他公约。

第三十二条　修订和修改

1. 经不少与1/3的本公约缔约国的要求，保管人应召开缔约国会议，以修订或修改本公约。

2. 在本公约修订案生效后交存的任何批准书、承诺书、认可书或加入书，应视为适用于经修改后的本公约。

第三十三条 对限制数额和记账单位或货币单位的修订

1. 尽管有第三十二条的规定，保管人应按照本条第2款规定，召开专为修改第六条和第二十六条第2款所定的数额或者用其他单位代替第二十六条第1款和第3款所定的两个单位或其中的一个单位为目的的会议。数额只有在其实际价值发生重大变化时，才得加以修改。

2. 经不少于1/4缔约国要求，保管人即应召开修订会议。

3. 会议的任何决定必须由与会国2/3的多数作出。修订案由保管人送请所有缔约国接受并通报所有该公约的签字国。

4. 所通过的任何修订案在获得2/3缔约国承诺之日起满一年后的次月第一日生效。承诺修订案时，应将表示承诺的正式文件交存保管人。

5. 修订案生效后，承诺修订案的缔约国，在同在修订案通过后6个月内没有通知保管人不受该修订案约束的缔约国的关系上，有权适用经修订后的本公约。

6. 在本公约修订案生效后，交存任何批准书、承诺书、认可书或加入书，应视为适用经修订后的本公约。

第三十四条　退出

7. 缔约国可以在任何时候书面通知保管人退出本公约。

8. 退出本公约自保管人收到通知书之日起满一年后的次月第1日生效。如在通知中规定了较长的期间，则退出本公约自保管人收到通知后在该较长期间届满时生效。

1978年3月31日订于汉堡，正本一份。阿拉伯文、中文、英文、法文、俄文和西班牙文本具有同等效力。

2-9 《中华人民共和国民用航空法》(节选)

《中华人民共和国民用航空法》

(1995年10月30日第八届全国人民代表大会常务委员会第十六次会议通过，1995年10月30日中华人民共和国主席令第五十六号公布)

目录

第十六章　附则

第九章　公共航空运输

第一节　一般规定

第一百零六条　本章适用于公共航空运输企业使用民用航空器经营的旅客、行李或者货物的运输，包括公共航空运输企业使用民用航空器办理的免费运输。

本章不适用于使用民用航空器办理的邮件运输。

对多式联运方式的运输，本章规定适用于其中的航空运输部分。

第一百零七条　本法所称国内航空运输，是指根据当事人订立的航空运输合同，运输的出发地点、约定的经停地点和目的地点均在中华人民共和国境内的运输。

本法所称国际航空运输，是指根据当事人订立的航空运输合同，无论运输有无间断或者有无转运，运输的出发地点、目的地点或者约定的经停地点之一不在中华人民共和国境内的运输。

第一百零八条　航空运输合同各方认为几个连续的航空运输承运人办理的运输是一项单一业务活动的，无论其形式是以一个合同订立或者数个合同订立，应当视为一项不可分割的运输。

第二节　运输凭证

第一百零九条　承运人运送旅客，应当出具客票。旅客乘坐民用航空器，应当交验有效客票。

第一百一十条　客票应当包括的内容由国务院民用航空主管部门规定，至少应当包括以下内容：

(一)出发地点和目的地点；

(二)出发地点和目的地点均在中华人民共和国境内，而在境外有一个或者数个约定的经停地点的，至少注明一个经停地点；

(三)旅客航程的最终目的地点、出发地点或者约定的经停地点之一不在中华人民共和国境内，依照所适用的国际航空运输公约的规定，应当在客票上声明此项运输适用该公约的，客票上应当载有该项声明。

第一百一十一条　客票是航空旅客运输合同订立和运输合同条件的初步证据。

旅客未能出示客票、客票不符合规定或者客票遗失，不影响运输合同的存在或者有效。

在国内航空运输中，承运人同意旅客不经其出票而乘坐民用航空器的，承运人无权援用本法第一百二十八条有关赔偿责任限制的规定。

在国际航空运输中，承运人同意旅客不经其出票而乘坐民用航空器的，或者客票上未依照本法第一百一十条第(三)项的规定声明的，承运人无权援用本法第一百二十九条有关赔偿责任限制的规定。

第一百一十二条　承运人载运托运行李时，行李票可以包含在客票之内或者与客票相结合。除本法第一百一十条的规定外，行李票还应当包括下列内容：

(一)托运行李的件数和重量;

(二)需要声明托运行李在目的地点交付时的利益的,注明声明金额。

行李票是行李托运和运输合同条件的初步证据。

旅客未能出示行李票、行李票不符合规定或者行李票遗失,不影响运输合同的存在或者有效。

在国内航空运输中,承运人载运托运行李而不出具行李票的,承运人无权援用本法第一百二十八条有关赔偿责任限制的规定。

在国际航空运输中,承运人载运托运行李而不出具行李票的,或者行李票上未依照本法第一百一十条第(三)项的规定声明的,承运人无权援用本法第一百二十九条有关赔偿责任限制的规定。

第一百一十三条　承运人有权要求托运人填写航空货运单,托运人有权要求承运人接受该航空货运单。托运人未能出示航空货运单、航空货运单不符合规定或者航空货运单遗失,不影响运输合同的存在或者有效。

第一百一十四条　托运人应当填写航空货运单正本一式三份,连同货物交给承运人。

航空货运单第一份注明"交承运人",由托运人签字、盖章;第二份注明"交收货人",由托运人和承运人签字、盖章;第三份由承运人在接受货物后签字、盖章,交给托运人。

承运人根据托运人的请求填写航空货运单的,在没有相反证据的情况下,应当视为代托运人填写。

第一百一十五条　航空货运单应当包括的内容由国务院民用航空主管部门规定,至少应当包括以下内容:

(一)出发地点和目的地点;

(二)出发地点和目的地点均在中华人民共和国境内,而在境外有一个或者数个约定的经停地点的,至少注明一个经停地点;

(三)货物运输的最终目的地点、出发地点或者约定的经停地点之一不在中华人民共和国境内,依照所适用的国际航空运输公约的规定,应当在货运单上声明此项运输适用该公约的,货运单上应当载有该项声明。

第一百一十六条　在国内航空运输中,承运人同意未经填具航空货运单而载运货物的,承运人无权援用本法第一百二十八条有关赔偿责任限制的规定。

在国际航空运输中,承运人同意未经填具航空货运单而载运货物的,或者航空货运单上未依照本法第一百一十五条第(三)项的规定声明的,承运人无权援用本法第一百二十九条有关赔偿责任限制的规定。

第一百一十七条　托运人应当对航空货运单上所填关于货物的说明和声明的正确性负责。

因航空货运单上所填的说明和声明不符合规定、不正确或者不完全,给承运人或者承运人对之负责的其他人造成损失的，托运人应当承担赔偿责任。

第一百一十八条 航空货运单是航空货物运输合同订立和运输条件以及承运人接受货物的初步证据。

航空货运单上关于货物的重量、尺寸、包装和包装件数的说明具有初步证据的效力。除经过承运人和托运人当面查对并在航空货运单上注明经过查对或者书写关于货物的外表情况的说明外，航空货运单上关于货物的数量、体积和情况的说明不能构成不利于承运人的证据。

第一百一十九条 托运人在履行航空货物运输合同规定的义务的条件下，有权在出发地机场或者目的地机场将货物提回，或者在途中经停时中止运输，或者在目的地点或者途中要求将货物交给非航空货运单上指定的收货人，或者要求将货物运回出发地机场；但是，托运人不得因行使此种权利而使承运人或者其他托运人遭受损失，并应当偿付由此产生的费用。

托运人的指示不能执行的，承运人应当立即通知托运人。

承运人按照托运人的指示处理货物，没有要求托运人出示其所收执的航空货运单，给该航空货运单的合法持有人造成损失的，承运人应当承担责任，但是不妨碍承运人向托运人追偿。

收货人的权利依照本法第一百二十条规定开始时，托运人的权利即告终止；但是，收货人拒绝接受航空货运单或者货物，或者承运人无法同收货人联系的，托运人恢复其对货物的处置权。

第一百二十条 除本法第一百一十九条所列情形外，收货人于货物到达目的地点，并在缴付应付款项和履行航空货运单上所列运输条件后，有权要求承运人移交航空货运单并交付货物。

除另有约定外，承运人应当在货物到达后立即通知收货人。

承运人承认货物已经遗失，或者货物在应当到达之日起七日后仍未到达的，收货人有权向承运人行使航空货物运输合同所赋予的权利。

第一百二十一条 托运人和收货人在履行航空货物运输合同规定的义务的条件下，无论为本人或者他人的利益，可以以本人的名义分别行使本法第一百一十九条和第一百二十条所赋予的权利。

第一百二十二条 本法第一百一十九条、第一百二十条和第一百二十一条的规定，不影响托运人同收货人之间的相互关系，也不影响从托运人或者收货人获得权利的第三人之间的关系。

任何与本法第一百一十九条、第一百二十条和第一百二十一条规定不同的合同条款，应当在航空货运单上载明。

第一百二十三条 托运人应当提供必需的资料和文件，以便在货物交付收货人前完成法律、行政法规规定的有关手续；因没有此种资料、文件，或者此种资料、文件不充足或者不符合规定造成的损失，除由于承运人或者其受雇人、代理人的过错造成的外，托运人应当对承运人承担责任。

除法律、行政法规另有规定外，承运人没有对前款规定的资料或者文件进行检查的义务。

第三节 承运人的责任

第一百二十四条 因发生在民用航空器上或者在旅客上、下民用航空器过程中的事件，造成旅客人身伤亡的，承运人应当承担责任；但是，旅客的人身伤亡完全是由于旅客本人的健康状况造成的，承运人不承担责任。

第一百二十五条 因发生在民用航空器上或者在旅客上、下民用航空器过程中的事件，造成旅客随身携带物品毁灭、遗失或者损坏的，承运人应当承担责任。因发生在航空运输期间的事件，造成旅客的托运行李毁灭、遗失或者损坏的，承运人应当承担责任。

旅客随身携带物品或者托运行李的毁灭、遗失或者损坏完全是由于行李本身的自然属性、质量或者缺陷造成的，承运人不承担责任。

本章所称行李，包括托运行李和旅客随身携带的物品。

因发生在航空运输期间的事件，造成货物毁灭、遗失或者损坏的，承运人应当承担责任；但是，承运人证明货物的毁灭、遗失或者损坏完全是由于下列原因之一造成的，不承担责任：

（一）货物本身的自然属性、质量或者缺陷；

（二）承运人或者其受雇人、代理人以外的人包装货物的，货物包装不良；

（三）战争或者武装冲突；

（四）政府有关部门实施的与货物入境、出境或者过境有关的行为。

本条所称航空运输期间，是指在机场内、民用航空器上或者机场外降落的任何地点，托运行李、货物处于承运人掌管之下的全部期间。

航空运输期间，不包括机场外的任何陆路运输、海上运输、内河运输过程；但是，此种陆路运输、海上运输、内河运输是为了履行航空运输合同而装载、交付或者转运，在没有相反证据的情况下，所发生的损失视为在航空运输期间发生的损失。

第一百二十六条 旅客、行李或者货物在航空运输中因延误造成的损失，承运人应当承担责任；但是，承运人证明本人或者其受雇人、代理人为了避免损失的发生，已经采取一切必要措施或者不可能采取此种措施的，不承担责任。

第一百二十七条 在旅客、行李运输中，经承运人证明，损失是由索赔人的过错造成或者促成的，应当根据造成或者促成此种损失的过错的程度，相应免除或者减轻承运人的责任。旅客以外的其他人就旅客死亡或者受伤提出赔偿请求时，经承运人证明，死亡或者受伤是旅客本人的过错造成或者促成的，同样应当根据造成或者促成此种损失的过错的程度，相应免除或者减轻承运人的责任。

在货物运输中，经承运人证明，损失是由索赔人或者代行权利人的过错造成或者促成的，应当根据造成或者促成此种损失的过错的程度，相应免除或者减轻承运人的责任。

第一百二十八条 国内航空运输承运人的赔偿责任限额由国务院民用航空主管部门制定，报国务院批难后公布执行。

旅客或者托运人在交运托运行李或者货物时，特别声明在目的地点交付时的利益，并在必要时支付附加费的，除承运人证明旅客或者托运人声明的金额高于托运行李或者货物在目的地点交付时的实际利益外，承运人应当在声明金额范围内承担责任；本法第一百二十九条的其他规定，除赔偿责任限额外，适用于国内航空运输。

第一百二十九条 国际航空运输承运人的赔偿责任限额按照下列规定执行：

（一）对每名旅客的赔偿责任限额为 16 600 计算单位；但是，旅客可以同承运人书面约定高于本项规定的赔偿责任限额。

（二）对托运行李或者货物的赔偿责任限额，每公斤为 17 计算单位。旅客或者托运人在交运托运行李或者货物时，特别声明在目的地点交付时的利益，并在必要时支付附加费的，除承运人证明旅客或者托运人声明的金额高于托运行李或者货物在目的地点交付时的实际利益外，承运人应当在声明金额范围内承担责任。

托运行李或者货物的一部分或者托运行李、货物中的任何物件毁灭、遗失、损坏或者延误的，用以确定承运人赔偿责任限额的重量，仅为该一包件或者数包件的总重量；但是，因托运行李或者货物的一部分或者托运行李、货物中的任何物件的毁灭、遗失、损坏或者延误，影响同一份行李票或者同一份航空货运单所列其他包件的价值的，确定承运人的赔偿责任限额时，此种包件的总重量也应当考虑在内。

（三）对每名旅客随身携带的物品的赔偿责任限额为 332 计算单位。

第一百三十条 任何旨在免除本法规定的承运人责任或者降低本法规定的赔偿责任限额的条款，均属无效；但是，此种条款的无效，不影响整个航空运输合同的效力。

第一百三十一条 有关航空运输中发生的损失的诉讼，不论其根据如何，只能依照本法规定的条件和赔偿责任限额提出，但是不妨碍谁有权提起诉讼以及他们各自的权利。

第一百三十二条 经证明，航空运输中的损失是由于承运人或者其受雇人、代理人的故意或者明知可能造成损失而轻率地作为或者不作为造成的，承运人无权援用本法第一百二十八条、第一百二十九条有关赔偿责任限制的规定；证明承运人的受雇人、代理人有此种作为或者不作为的，还应当证明该受雇人、代理人是在受雇、代理范围内行事。

第一百三十三条 就航空运输中的损失向承运人的受雇人、代理人提起诉讼时，该受雇人、代理人证明他是在受雇、代理范围内行事的，有权援用本法第一百二十八条、第一百二十九条有关赔偿责任限制的规定。

在前款规定情形下，承运人及其受雇人、代理人的赔偿总额不得超过法定的赔偿责任限额。

经证明,航空运输中的损失是由于承运人的受雇人、代理人的故意或者明知可能造成损失而轻率地作为或者不作为造成的,不适用本条第一款和第二款的规定。

第一百三十四条　旅客或者收货人收受托运行李或者货物而未提出异议,为托运行李或者货物已经完好交付并与运输凭证相符的初步证据。

托运行李或者货物发生损失的,旅客或者收货人应当在发现损失后向承运人提出异议。托运行李发生损失的,至迟应当自收到托运行李之日起 7 日内提出;货物发生损失的,至迟应当自收到货物之日起 14 日内提出。托运行李或者货物发生延误的,至迟应当自托运行李或者货物交付旅客或者收货人处置之日起 21 日内提出。

任何异议均应当在前款规定的期间内写在运输凭证上或者另以书面提出。

除承运人有欺诈行为外,旅客或者收货人未在本条第二款规定的期间内提出异议的,不能向承运人提出索赔诉讼。

第一百三十五条　航空运输的诉讼时效期间为二年,自民用航空器到达目的地点、应当到达目的地点或者运输终止之日起计算。

第一百三十六条　由几个航空承运人办理的连续运输,接受旅客、行李或者货物的每一个承运人应当受本法规定的约束,并就其根据合同办理的运输区段作为运输合同的订约一方。

对前款规定的连续运输,除合同明文约定第一承运人应当对全程运输承担责任外,旅客或者其继承人只能对发生事故或者延误的运输区段的承运人提起诉讼。

托运行李或者货物的毁灭、遗失、损坏或者延误,旅客或者托运人有权对第一承运人提起诉讼,旅客或者收货人有权对最后承运人提起诉讼,旅客、托运人和收货人均可以对发生毁灭、遗失、损坏或者延误的运输区段的承运人提起诉讼。上述承运人应当对旅客、托运人或者收货人承担连带责任。

第四节 实际承运人履行航空运输的特别规定

第一百三十七条　本节所称缔约承运人,是指以本人名义与旅客或者托运人,或者与旅客或者托运人的代理人,订立本章调整的航空运输合同的人。

本节所称实际承运人,是指根据缔约承运人的授权,履行前款全部或者部分运输的人,不是指本章规定的连续承运人;在没有相反证明时,此种授权被认为是存在的。

第一百三十八条　除本节另有规定外,缔约承运人和实际承运人都应当受本章规定的约束。缔约承运人应当对合同约定的全部运输负责。实际承运人应当对其履行的运输负责。

第一百三十九条　实际承运人的作为和不作为,实际承运人的受雇人、代理人在受雇、代理范围内的作为和不作为,关系到实际承运人履行的运输的,应当视为缔约承运人的作为和不作为。

缔约承运人的作为和不作为,缔约承运人的受雇人、代理人在受雇、代理范围内的作为和不作为,关系到实际承运人履行的运输的,应当视为实际承运人的作为和不作为;但是,实际承运人承担的责任不因此种作为或者不作为而超过法定的赔偿责任限额。

任何有关缔约承运人承担本章未规定的义务或者放弃本章赋予的权利的特别协议,或者任何有关依照本法第一百二十八条、第一百二十九条规定所作的在目的地点交付时利益的特别声明,除经实际承运人同意外,均不得影响实际承运人。

第一百四十条　依照本章规定提出的索赔或者发出的指示,无论是向缔约承运人还是向实际承运人提出或者发出的,具有同等效力;但是,本法第一百一十九条规定的指示,只在向缔约承运人发出时,方有效。

第一百四十一条　实际承运人的受雇人、代理人或者缔约承运人的受雇人、代理人,证明他是在受雇、代理范围内行事的,就实际承运人履行的运输而言,有权援用本法第一百二十八条、第一百二十九条有关赔偿责任限制的规定,但是依照本法规定不得援用赔偿责任限制规定的除外。

第一百四十二条　对于实际承运人履行的运输,实际承运人、缔约承运人以及他们的在受雇、代理范围内行事的受雇人、代理人的赔偿总额不得超过依照本法得以从缔约承运人或者实际承运人获得赔偿的最高数额;但是,其中任何人都不承担超过对他适用的赔偿责任限额。

第一百四十三条　对实际承运人履行的运输提起的诉讼,可以分别对实际承运人或者缔约承运人提起,也可以同时对实际承运人和缔约承运人提起;被提起诉讼的承运人有权要求另一承运人参加应诉。

第一百四十四条　除本法第一百四十三条规定外,本节规定不影响实际承运人和缔约承运人之间的权利、义务。

第十六章 附 则

第二百一十三条　本法所称计算单位,是指国际货币基金组织规定的特别提款权;其人民币数额为法院判决之日、仲裁机构裁决之日或者当事人协议之日,按照国家外汇主管机关规定的国际货币基金组织的特别提款权对人民币的换算办法计算得出的人民币数额。

第二百一十四条　本法自1996年3月1日起施行。

附录三

第 7 章习题参考答案

7.1 基础知识考核

7.1.1 国际货物运输单证知识考核

一、单项选择

1－5 DDACB 6－10 CCCBC 11－15 ABADB 16－20 BDBCA

二、多项选择

1. ACD 2. ABC 3. AC 4. ABCD 5. ABC 6. ABC 7. CD 8. ABD 9. ABC 10. BC 11. ABCD 12. ABD 13. BCD 14. BC 15. BCD

三、判断题

1－5 FFFFF 6－10 FFTFF 11－15 FFFFT 16－20 TFTFF

四、简答题

1.(1)该提单属于托运人指示提单。(2)该提单可以转让。通过背书方式进行转让。(3)该提单由托运人 ABC Co. ,Ltd. 首先进行背书。(4)该提单不一定要经过 XYZ Co. Ltd. 背书。

2.(1)提单发货人 Shipper:CHINA NATIONAL MINE IMPORT AND EXPORT CORP. ,BEIJING,P. R. CHINA

提单收货人 Consignee:TO ORDER OF SHIPPER

提单通知人 Notify Party:NISSHO IWAI CORPORATION NO. ,4－5 AKAASAKA 2-CHOME MI-NATO-KU TOKYO,JAPAN

(2)提单上的运费支付方式为:FREIGHT PREPAID 运费预付。

(3)该提单属于已装船提单、清洁提单、指示提单。

3. 提货单的作用与提单完全不同。

提货单是收货人持提单向承运人换取的凭以向现场提取货物,仅仅为办理各项清关、提货手续而使用的一种凭证。与提单的作用完全不同。提单是海上货物运输合同的证明,是货物已由承运人接管并装船的货物收据,是承运人保证凭以交付货物的物权凭证。

4. 集中托运商收取货物后要填开两种运单。

分运单(HAWB)——与发货人(托运人)交接货物的凭证。

主运单(MAWB)——与承运人交接货物的凭证,同时又是承运人运输货物的正式文件。

5. 作为发货人、集装箱货运站与集装箱码头堆场之间货物的交接单证;

作为向船方通知集装箱内所装货物的明细表;

单据上所记载的货物与集装箱的总重量是计算船舶吃水差、稳性的基本数据;

在卸货地点办理集装箱保税运输的单证之一;

当发生货损时,是处理货损事故的原始单据之一;

卸货港集装箱货运站安排拆箱、理货的单据之一。

五、案例分析

1. (1)银行有权拒绝议付。(2)作为卖方,应当在买方同意延期交货的同时,提醒买方修改信用证,并按照修改后的信用证交货。

2. 未能如期装运的责任在进口商。

3. (1)我方承担赔偿的责任。(2)法院扣留船舶是正常的法律程序。

4. 开证行拒付是不合理的。

5. 银行不能以形式发票为依据。

7.1.2　报关单证考核

一、单项选择

1-5　CDCBA　6-10　CBCAB　11-15　ADBBA　16-20　DABCD　21-25　ACDCB　26-30　CBBBA　31-35　CDBBC

二、多项选择

1. AB　2. AB　3. BCD　4. AB　5. BCD　6. ABCD　7. BD　8. ABCD　9. ABD　10. CD　11. ABD　12. ABC　13. AD　14. ABC　15. ACD　16. BCD　17. AB　18. ABCD　19. ABCD　20. ACD　21. ABC　22. ABCD　23. ACD　24. ABD　25. ABC　26. AD　27. ACD　28. AB　29. ABD　30. ABCD

三、判断题

1-5　FFFTF　6-10　FTFFF　11-15　FFFFF　16-20　FTTFF　21-25　TTFTF　26-30　FTTFF　31-35　FTTFF

四、填空题

1.《出入境检验检疫机构实施检验检疫的进出境商品目录》

2. "放行章",出口查验/放行通知书

3. 标记代码,关区代码,年份,序列号

4. 货主单位

5. CIF,CFR,FOB,CIF,市场价,垫仓

6. 手册号

7. 一般征税,照章纳税

8. 终端申报方式,EDI 申报方式,网上申报方式,网上申请

9. 单证相符,单货相符

10. 14

五、简答题

1. 代理报关企业是接受承揽、承运范围内的进出口货物收货人的委托,以进出口货物收发货人的名义或自己的名义,向海关办理承揽运输货物报关纳税等海关事务的国际货物运输公司、国际船舶代理企业。国际货物承运人、国际货运代理、承运人代理和经营国际快件、国际邮政企业等都属于代理报关企业。

专业报关企业是经海关总署批准、专门从事接受进出口收发货人的委托、向海关办理进出口货物报关纳税等海关事务、具有境内法人地位并独立核算的经济实体,这类企业通常在名称中冠以"××报关行"或"××公司"等字样,一般在海关各口岸如海运港口、机场空港附近地区注册并设立办公场所。

2. 报关是指向进出口货物的收发货人、进出境运输工具的负责人、进出境物品的所有人或其代理人向海关办理货物、物品或运输工具进出境手续及相关海关事务的全过程。

3. 通关与报关的相同之处在于两者都是针对运输工具、货物和物品进出境而言。不同之处在于程序。报关是从海关管理相对人的角度,仅指向海关办理进出境及相关手续,而通关不仅包括海关管理相对人向海关办理进出境有关手续,还包括海关对进出境运输工具、货物、物品依法进行监督管理,核准其进出境的管理全过程。比如,来料加工贸易方式下的料件进口,在报关人向海关申报货物进口并予以放行入境后,完成了进口货物的报关,但尚未完成进口货物的通关,入境后的料件货物仍在海关的监督管理范围之中。只有在加工贸易合同履行完成毕,产品复出运后,按照海关规定在期限和程序,向主管海关申请核销要求结案,核销了来料加工登记手册后,海关经审查,予以办理解除监督的结关手续,这时候才完成了进口货物的通关。

4. (1)作为数量化的报价。

(2)作为销售确认。

(3)让买方凭以申请输入许可、外汇许可和开立信用证。

5. 不能。未用于出口报关的核销单破损或填错后,出口单位应将核销单退回外汇局办理注销。

六、案例分析

1. 外商投资企业出口本企业生产的产口时,企业或其代理人应填写外商投资企业专用的出口货物报关单(浅蓝色报关单)向出境地海关办理申报出口手续。

2. 首先,昌华公司须分别经南京海关和上海海关的同意,允许该批进口货物转关

到南京海关。然后,由上海海关接受"南京海关关封",暂时放行进口货物离开上海海关监管的地点,并由"上海海关关封"随同"铅封运输工具"载运进口货物至南京海关监管地,由南京海关接受审核并拆开关封和铅封、查验、征税、正式放行,同时将回执交给上海海关。

3. 报关单栏目的经营单位、申报单位以及收货单位应如下填写。

经营单位:保罗公司

申报单位:银基公司

收货单位:保罗公司

理由是:经营单位指对外签订并执行进出口贸易合同的、且在海关办理了注册登记手续的中国境内企业或其他单位。如合同签订者与执行者不是同一行业,经营单位栏目应填执行合同企业。本题中对外签订进口合同的是佳禾公司,但是执行合同的是保罗公司。所以,经营单位是保罗公司。申报单位指对申报内容的真实性直接向海关负责的企业或单位,所以应是报关公司银基公司。收货单位是指已知的进口货物在境内的最终消费、使用的单位。包括自行从境外进口货物的单位以及委托有进出口经营权单位办理代理进口货物的单位。所以,这一栏应填写出最终消费、使用的单位保罗公司。

4. 根据《联合国国际货物销售合同公约》规定:承诺于到达要约人时生效。有效接受必须在有效期内送达发盘人。本案雅思瑞公司的接受 21 日才送达丰南公司,该接受是无效的,构成逾期接受。逾期接受仍有接受的效力,如果发盘人毫不迟延地用口头或书面将此意见通知被发盘人。本案中丰南公司并未对逾期接受予以确认,所以该接受无效,合同不成立。

7.1.3　报关与国际货运专业英语考核

一、单项选择题

1－5　BDABC　6－10　BDACA　11－15　DACBA　16－20　CDCAC

二、多项选择题

1. ABCD　2. A　3. ABD　4. AC　5. ABD　6. ABC　7. ABCD　8. ABCD　9. ABD　10. ABC　11. ACD　12. ABCD　13. ABD　14. ABCD　15. AB　16. BD　17. CD　18. B　19. ABC　20. ABD

三、判断题

1－5　FTFFF　6－10　FFFTT　11－15　TFFTT

7.1.4　国际航线和主要港口考核

一、单项选择题

1－5　BABCA

二、多项选择题

1. CD　2. ABD　3. ABC　4. ABC　5. ABCD

三、判断题

1－5　FTFTF

7.2 单证知识考核

7.2.1 单据考核

一、提单的填制

BILL OF LADING

(1)Shipper SHENZHEN CHANGSHENGI IMPORT&EXPORT CORPATION FOREIGH TRADE SHENZHEN, CHINA		(4)B/L No:	
(2)Consignee TO ORDER OF SHIPPER		Combined Transport Bill of Lading	
(3)Notify Address TKAMLA CORPORATION 6-7,KAWARA MACH OSAKA,JAPAN		For delivery of goods please apply to:	
Pre-carriage by	Place of Receipt		
(5)Ocean Vessel Voy. No. YANGFAN	(6)Port of Loading SHENZHEN		
(7)Port of Discharge OSAKA	Place of Delivery	Final destination for the merchant's Reference only	
(8)Container,Seal No. Marks & Nos. ABC OSAKA C/NO.1-300	(9)No.of Package (10)Description of Goods 300CARTONS OF SCHOOL BAGS	(11)Gross Weight Kgs 86 000 KGS	Measurement m^2 15.6
(12)Freight Charges	Revenue Tons	Rate Per	Prepaid
Ex. Rate	Prepaid at	Payable at	(13)Place and Date of Issue
	Total Prepaid	(14)No. of Original B/L	Stamp Signature

LADEN ON BOARD VESSEL

Date

By ------------------------------

二、报关单填制

1.

中华人民共和国出口货物报关单

预录入编号：　　　　　　　　　　　　　海关编号：

出口口岸	备案号	出口日期	申报日期
大连大窑湾海关（0910）			2009.05.31
经营单位 大连宏发化工贸易公司（210291****）	运输方式 江海运输（2）	运输工具名称 CSCL YANTIAN/0042S	提运单号 ZIMUDA927057
发货单位 大连宏发化工有限公司	贸易方式 0110	征免性质 101	结汇方式
许可证号 05-AA-701226	运运国(地区) 新加坡	指运港 吉大港	境内货源地 大连经济开发区

批准文号	成交方式	运费	保费	杂费
	3			502/-15606/3
合同协议号 XM2004NA266	件数 170	包装种类 托盘	毛重(公斤) 199 920	净重(公斤) 183 600

集装箱号	随附单据	生产厂家
CLHU3122612/40/4080	S：CH200511818	

标记唛头及备注

SINGAPORE

FOR TRANSSHIPMENT TO

GHITTAGONG，BANGLADESH　X：TE050616005

GROSS WEGHT：294KGS　CLHU3122339/20/ 2275　CLHU3122597/20/2275　CLHU3122811 /20/2275

TARE WEIGHT：24KGS　CLHU3122827/20/ 2275　CLHU3122869/20/2275　CLHU3122940/20/2275

SHIPMENT NO.：2　CLHU3122961/20/2275　CLHU3122977/20/2275　CLHU3122979/20/2275

项号	商品编号	商品名称	规格型号	数量及单位	最终目的国(地区)	单价	总价	币制	征免
01		三氯硝基甲烷 CHLOROPICRIN 99.5% MIN.		183 600千克	孟加拉国	459	312 120	USD	照章

税费征收情况

录入员录入单位　兹声明以上申报无讹并承担法律责任	海关审单批注及放行日期(签章)
报关员　申报单位(签章)	审单　审价
单位地址	征税　统计
邮编　电话　填制日期	查验　放行

2.

中华人民共和国出口货物报关单

预录入编号： 海关编号：

出口口岸 南京南通海关（2302）	备案号	出口日期	申报日期 2009.05.21	
经营单位 南京金山高贸易有限公司 3201158972	运输方式 江海运输（2）	运输工具名称 DONGFANG/703	提运单号 HDJH-FLSB4052	
发货单位 3201158972	贸易方式 0110	征免性质 101	结汇方式 D/P	
许可证号 54780	运抵国(地区) 丹麦	指运港 哥本哈根	境内货源地 3201	
批准文号 215157263	成交方式 CIF	运费 502/400/3	保费 5	杂费
合同协议号 JH-FLSSC05	件数 1	包装种类 集装箱	毛重(公斤) 24 000	净重(公斤) 21 600
集装箱号 TEXU9608490/40/4000	随附单据			生产厂家

标记唛头及备注

FLS/9711/COPENHAGEN/CARTON 1-1200

项号	商品编号	商品名称	规格型号	数量及单位	最终目的国(地区)	单价	总价	币制	征免
01		幸福牌自行车							
		YE803 26′		600辆	丹麦	66	39 600	USD	照章
		YE803 24		600辆		72	43 200		

税费征收情况

录入员录入单位	兹声明以上申报无讹并承担法律责任	海关审单批注及放行日期(签章)
报关员 申报单位(签章) 单位地址 邮编 电话 填制日期		审单 审价 征税 统计 查验 放行

3.

中华人民共和国进口货物报关单

预录入编号：　54152452235　　　　　　　　　　　　　海关编号：521825461

进口口岸 北京海关（0118）	备案号	进口日期 2009.02.02	申报日期 2009.02.07
经营单位 北京威力电子进出口公司 1101910077	运输方式 江海运输（2）	运输工具名称 大东丸	提运单号 WJ-1321
收货单位 1101910077	贸易方式 一般贸易	征免性质 一般征税	征税比例
许可证号	起运国(地区) 日本	装货港 东京	境内目的地 北京

批准文号	成交方式 CIF	运费	保费	杂费
合同协议号 08-Y1-1002	件数 1	包装种类 木箱	毛重(公斤) 3 300.00	净重(公斤) 11 00.00
集装箱号	随附单据 A			用途 外贸自营内销

标记唛头及备注　　Y1-1002/BJ

项号	商品编号	商品名称,规格型号	数量及单位	原产国(地区)	单价	总价	币制	征免
01	8513300	直流发电机 500千瓦	1 100公斤	日本	4 000.00	4 000.00	美元	照章片税

税费征收情况

录入员录入单位	兹声明以上申报无讹并承担法律责任	海关审单批注及放行日期(签章)
报关员　申报单位(签章)		审单　　审价
单位地址		征税　　统计
		查验　　放行
邮编　　电话　　填制日期		

三、商业发票和装箱单的填制

深圳昌盛贸易公司

SHENZHEN CHANGSHENG TRADE CORPORATION

PACKING LIST

TO: TKAMLA CORPORATION
6-7, KAWARA MACH OSAKA, JAPAN INVOICE NO.: 20090401

S/C NO.: 2009100
DATE: APR. 20, 2009
FROM: SHENZHEN TO: OSAKA

Marks & No.	Descriptions of Goods	Quantity (PCS)	Measurement (M^3)	Net Weight (KGS)	Gross Weight (KGS)
N/M	100 CARTONS OF SCHOOL BAG	36 000	36 018 CM^3	26	28
TOTAL AMOUNT	800 CTNS	36 000	3.6	2 600	2 800

深圳昌盛贸易公司

SHENZHEN CHANGSHENG TRADE CORPORATION

COMMERCIAL INVOICE

TO MESSRS: TKAMLA CORPORATION
6-7, KAWARA MACH OSAKA, JAPAN

INVOICE NO.: 20090401
INVOICE DATE: APR. 20, 2009
L/C NO.: 775178
L/C DATE:
S/C NO.: 2009100

EXPORTER: SHENZHEN CHANGSHENG TRADE CORPORATION

TRANSPORT DETAILS: FROM SHENZHEN TO OSAKA BY SEA

TERMS OF PAYMENT: T/T

MARKS & NO.	DESCRIPTION OF GOODS	QUANTITY	UNIT PRICE	AMOUNT
N/M	100 CARTONS OF SCHOOL BAG	36 000	CIF OSAKA	USD 360 000.00 USD 10/PCS

TOTAL: 36 000PCS
TOTAL QUANTITY: SAY U. S. DOLLARS THREE HUNDRED AND SIXTY THOUSAND ONLY

SHENZHEN CHANGSHENG
TRADE CORPORATION

四、原产地证明书的填制

<table>
<tr><td colspan="3">(2) Goods consigned
SHANGHAI LIGHT INDUSTRIAL PR ODUCTS COMPANY LIMITED
168 DONGXU ROAD SHANGHAI CHINA</td><td colspan="3" rowspan="2">(1)Reference No.
GENERALIZED SYSTEM OF PREFERENCES
CERTIFICATE OF ORIGIN
(Combined declaration and certificate)
FORM A
Issued In THE PEOPOE'S REPUBLIC OF CHINA

(Country)
See Noted Overleaf</td></tr>
<tr><td colspan="3">(3) Goods consignee to
JAPAN IMPORT AND EXPORT CO., LTD.
NUMBER 512 TOKYO, JAPAN</td></tr>
<tr><td colspan="3">(4) Means of transport and route
FROM SHANGHAI ,CHINA TO TOKYO, JAPAN
WIA HONGKONG BY VESSEL</td><td colspan="3">(5) For official use</td></tr>
<tr><td>(6)
Item number
1
******</td><td>(7)Marks & numbers on packages
GOGNJU
TOKYO
C/NO. 1-200
*********</td><td>(8)Number and kind of packages ; description of goods
200(TWO HUNDRED)CARTONS GARMENTS(100% COTTON JERSEY BABY'S OVERALL)
***********************</td><td>(9)Origin criterion(see noted overleaf)
"P"
********</td><td>(10)Gross weight or other quantity
10 000 PCS
**********</td><td>(11)Number and date of invoices
20090003,
MAR 17th, 2009
*************</td></tr>
<tr><td colspan="3">(12)Certification
It is hereby certified on the basis of control carried out, the declaration by the exporter is correct.

SHANGHAI MAY 20, 2009

Place and date, signature and stamp of certifying authority</td><td colspan="3">(13)Declaration by the exporter he undersigned hereby declares that the above detail and statements are correct that the goods were produce in
CHINA
----
and that they comply with the original requirements specified for those goods in the Generalized System of Preferences for goods exported to
(import country)
JAPAN

SHANGHAI MAY 20,2009

Place and date, signature of authorized signatory</td></tr>
</table>

五、出口收汇核销单的填制

出口收汇核销单存根联

编号：652134587

出口单位：上海玩具进出口公司
单位代码：4789635122
出口币种总价：USD 526 000.00
收汇方式：L/C
预计收款日期：
报关日期：2009 年 2 月 11 日
备注：
此单报关 有效期截止到：

出口收汇核销单正联

编号：652134587

出口单位：上海玩具进出口公司				
单位代码：4789635122				
银行签审	类别	币种金额	日期	盖章
海关签注栏				
外汇管理局签注栏： 年 月 日（盖章）				

出口收汇核销单联

出口退税专用联

编号：652134587

出口单位：上海玩具进出口公司		
单位代码： 4789635122		
货物名称	数量	币种总价
玩具	660 箱	USD 526 000.00
报关单编号： SH509876543		
外汇管理局签注栏： 年 月 日（盖章）		

7.2.2 综合训练

1. 商业发票

GUANDONG BAOSHI TOOLS MANUFACTURE CO. ,LTD.

ZHANQIAN ROAD, GUANGZHOU, CHINA

TEL：020 – 22568741　　INV. NO. BS068

FAX：020 – 22682103　　DATE：MAR. 18, 2009

P/I NO. :20090228

COMMERCIAL INVOICE

To：

ABC CORP. OF LONDON

66/66ACOMMERCIAL STREET, LONDON

FROM GUANGHZOU, CHINA　　TO SEMARANG, INDONESIA

MARKS & NO. S	DESCRIPTION OF GOODS	QUANTITY	UNIT PRICE	AMOUNT
N/M	TOOLS			
	Double Open End Spanner			
8×10MM	60 000	0.50	30 000.00	
10×12MM	80 000	0.40	32 000.00	
TOTAL：		140 000		62 000.00

TOTAL AMOUNT：SAY U. S. DOLLARS SIXTY TWO THOUSAND ONLY

GUANDONG BAOSHI TOOLS MANUFACTURE CO. ,LTD.

2. 装箱单

GUANDONG BAOSHI TOOLS MANUFACTURE CO. ,LTD.

ZHANQIAN ROAD, GUANGZHOU, CHINA

TEL：020－22568741　　INV. NO. BS068

FAX:020－22682103　　DATE：MAR. 18,2009

P/I NO. :20090228

PACKING LIST

TO：ABC CORP. OF LONDON

Marks & No.	Description of Goods	Quantity	Measurement (M^3)	Net Weight (KGS)	Gross Weight (KGS)
N/M	TOOLS Double Open End Spanner 8 × 10MM	60 000	12	1 080	1 200
10 × 12MM	80 000	8	1 760	2 000	
TOTAL AMOUNT		140 000			

3. 原产地证明书

(1)Exporter (full name, address and country) GUANDONG BAOSHI TOOLS MANUFACTURE CO., LTD. ZHANQIAN ROAD, GUANGZHOU, CHINA	CERTIFICATE NO.
(2)Consignee (full name, address and country) ABC CORP. OF LONDON 66/66ACOMMERCIAL STREET, LONDON	CERTIFICATE OF ORIGIN OF THE PEOPLE'S REPUBLIC OF CHINA
(3)Means of transport and route FROM GUANGHZOU TO SEMARANG BY AIR	(5) For certifying authority use only
(4)Destination port INDONESIA	

(6)Marks & numbers on packages	(7)Container No.; No. and kind of packages; Description of goods	(8) H.S. Code	(9)Gross weight or other quantity	(10)Number and date of invoice
N/M	TOOLS Double Open End Spanner 8×10MM 10×12MM ********************	8204.11	G.W. 3 200 (KGS)	BS068 MAR. 18, 2009

(11)Declaration by the exporter The undersigned hereby declares that the above details and statements are correct, that all the goods were produced in China and that they comply with the Rules of Origin of the People's Republic of China. GUANGZHOU MAR. 18, 2009 Place, date, signature and stamp of authority signatory.	(12)Certification It is hereby certified that the declaration by the exporter is correct. .... Place, date, signature and stamp of certifying authority.

4. 出境货物报检单

中华人民共和国出入境检验检疫

出境货物报检单

报检单位(加盖公章):广州宝石工具制造公司　　　　*编　　号　T00668845

报检单位登记号:1367768841　联系人:　　　电话:65756111　报检日2009　年　4月　日

发货人	(中　文)广州宝石工具制造公司	6575611
	(外　文)GUANGZHOU BAOSHI TOOLS MANUFACTURE CO.,LTD.	
收货人	(中　文)	
	(外　文)ABC CORP.OF LONDON	

货物名称(中/外文)	H.S.编码	产地	数/重量	货物总值	包装种类及数量
手工工具 TOOLS	8204.00	中国 广州	140 000 件	62 000 美元	1 400 箱

运输工具名称号码		贸易方式	一般贸易	货物存放地点	
合同号	20093321	信用证号		用途	
发货日期	2009.05.01	输往国家(地区)	印度尼西亚	许可证 / 审批号	
启运地	广州	到达口岸	赛马拉奇	生产单位注册号	SH1866742
集装箱规格、数量及号码	1 × 2 0TE×312114				

合同、信用证订立的检验检疫条款或特殊要求	标 记 及 号 码	随附单据(划"✓"或补填)	
	N/M	✓合同	☐包装性能结果单
		☐信用证	☐许可/审批文件
		✓发票	☐
		☐换证凭单	☐
		✓装箱单	☐
		☐厂检单	

需要证单名称(划"✓"或补填)				*检验检疫费	
✓品质证书	1 正 2 副	☐植物检疫证书	__正__副	总金额 (人民币元)	
☐重量证书	__正__副	☐熏蒸/消毒证书	__正__副		
✓数量证书	_1_正_2_副	☐出境货物换证凭单	__正__副		
☐兽医卫生证书	__正__副	☐		计费人	
☐健康证书	__正__副	☐			
☐卫生证书	__正__副	☐		收费人	
☐动物卫生证书	__正__副	☐			

报检人郑重声明:	领 取 证 单	
1. 本人被授权报检。 2. 上列填写内容正确属实,货物无伪造或冒用他人的厂名、标志、认证标志,并承担货物质量责任。	日期	
签名:__________	签名	

注:有"*"号栏由出入境检验检疫机关填写　　　　◆国家出入境检验检疫局制

[1-2 (2000.1.1)]

5. 国际货物托运书

广州宝石工具有限公司

GUANDONG BAOSHI TOOLS MANUFACTURE CO.,LTD.

国际货物托运书

SHIPPER`S LETTER OF INSTRUCTION   REF NO: XY050401

始发站 AIRPORT DEPARTURE GUANGZHOU	到达站 AIRPORT OF DESTINATION SEMARANG	供承运人用 FOR CARRIER ONLY	
路线及到达站 ROUTING AND DESTINATION		航班/日期 FLIGHT/DAY	航班/日期 FLIGHT/DAY

至 TO	第一承运人 BY FIRST CARRIER	至 TO	承运人 BY	至 TO	承运人 BY	至 TO	承运人 BY	已预留吨位 BOOKED

收货人姓名及地址 ABC CORP.OF LONDON CONSIGNEES NAME AND ADDRESS	运费： CHARGES:
另行通知 SAME AS CONSIGNEE ALSO NOTIFY	FREIGHT PREPAID

托运人账号 SHIPPER' S ACCOUNT NUMBER	托运人姓名及地址 SHIPPER' S NAME&ADDRESS GUANDONG BAOSHI TOOLS MANUFACTURE CO.,LTD. ZHANQIAN ROAD , GUANGZHOU ,CHINA

托运人声明的价值 SHIPPER' S DECLARED VALUE		保险金额 AMOUNT OF INSURANCE	所附文件 DOCUMENTS TO ACCOMPANY AIR WAYBIL
供运输用 FOR CARRIAGE	供海关用 FOR CUSTOMS		

件数 NO.OF PACKAGES	实际毛重 ACTUAL GROSS WEIGHT(KG)	运价类别 RATE CLASS	收费重量 CHARGEABLE WEIGHT	离岸 RATE CHARGE	货物名称及重量（包括体积或尺寸） NATURE AND QUANTITY OF GOODS (INCL. DIMENSIONS OR VOLUME)
1 400 CNTS	3 200				TOOLS 20 CBM

在货物不能交于收货人时，托运人指示的处理方法 SHIPPER' S INSTRUCTIONS IN CASE OF INABILTY TO DELIVER SHIPMENT AS CONSIGNED
处理情况（包括包装方式、货物标志及号码等） HANDLNG INFORMATION (INCL. METHOD OF PACKING, IDENTIFYING MARKS AND NUMBERS.ETC.)

6. 空运单

Shippers name and address GUANDONG BAOSHI TOOLS MANUFACTURE CO.,LTD.						AIR WAYBILL			
Consignees name and address ABC CORP.OF LONDON						It is agreed that the goods described herein are accepted in apparent good order and condition (except as noted) for carriage SUBJECT TO THE CONDITIONS OF CONTRACT ON THE REVERSE HEREOF, ALL GOODS MAY BE CARRIED BY ANY OTHER MEANS. INCLUDING ROAD OR ANY OTHER CARRIER UNLESS SPECIFIC CONTRARY INSTRUCTIONS ARE GIVEN HEREON BY THE SHIPPER. THE SHIPPERS ATTENTION IS DRAWN TO THE NOTICE CONCERNING CARIERS LIMITATION OF LIABILITY. Shipper may increase such limitation of liability by declaring a higher value of carriage and paying a supplemental charge if required.			
Issuing Carriers Agent Name and City						Accounting Information FREIGHT PREPAID D=34(20CBM)			
Agents IATA Code 08321550			Account No.						
Airport of Departure(Add. of First Carrier) and Requested Routing									
to	By first carrier	to	by	to	by	Currency USD	Declared Value for Carriage NVD	Declared Value for Customs NVD	
Airport of Destination GUAGNZHOU			Flight/Date	Amount of Insurance		If carrier offers insurance and such insurance is requested in accordance with the conditions thereof indicate amount to be insured in figures in box marked"Amount of Insurance"			
Handling Information AS PER PEF NO.:XY050401									
No. of Pieces	Gross Weight	Kg lb	Rate Class	Chargeable Weight	Rate/Charge	Total	Nature and Quantity of Goods		
1 400	3 200	k	s	3 333.33	1.5	2 400.00	TOOLS 20 CBM		
Prepaid　Weight Charge　Collect 2 400.00					Other Charges AWB FEE:200.00				
Valuation Charge									
Tax									
Total Other Charges Due Agent 200.00									
Total Other Charges Due Carrier									
Total Prepaid 2 400.00		Total Collect							
Currency Conversion Rates		CC Charges in des. Currency			Signature of Shipper or His Agent				
For Carriers Use Only at Destination		Charges at Destination							

7. 出口货物报关单

中华人民共和国出口货物报关单

预录入编号：　　　　　　　　　　　　　　　　　　海关编号：8328866457

出口口岸 白云机场2233	备案号	出口日期 2009.05.01	申报日期 2009.04.24
经营单位 广州宝石报关公司	运输方式 航空运输	运输工具名称	提运单号 B050588661
发货单位 3122668874	贸易方式 一般贸易	征免性质 一般征税	结汇方式 电汇
许可证号	运运国(地区) 印度尼西亚	指运港 塞马拉奇	境内货源地 广州

批准文号	成交方式 CPT	运费 502/2400/3	保费	杂费
合同协议号 20093321	件数 1 400	包装种类 纸箱	毛重(公斤) 3 200	净重(公斤) 2 840
集装箱号 TEX312114/20/277	随附单据 B：5461786256			生产厂家 广州宝石工具制造公司

标记唛头及备注

N/M

项号	商品编号	商品名称，规格型号	数量及单位	最终目的国(地区)	单价	总价	币制	征免
	8204.1100	手工工具		印度尼西亚			502	照章
01		8×10 MM（M T M）	1 080 千克					
			6 000 件		0.50	30 000.00		
02		10×12 MM（M T M）	1 760 千克					
			8 000 件		0.40	32 000.00		

税费征收情况

录入员录入单位　　兹声明以上申报无讹并承担法律责任 报关员　刘娜　　　　　　申报单位(签章) 3106611882 单位地址　广州站前路10号 邮编　　电话　　填制日期　2009年4月24日	海关审单批注及放行日期(签章) 审单　　审价 征税　　统计 查验　　放行

参考文献

1. 全国国际商务单证培训考试办公室. 国际商务单证理论与实务[M]. 北京:中国商务出版社,2008.
2. 李金林. 外贸制单[M]. 北京:对外经济贸易大学出版社,2008.
3. 严思忆,李宝柱,陈波. 国际货物贸易单证实务[M]. 北京:对外经济贸易大学出版社,2007.
4. 潘钢. 国际商务单证业务[M]. 北京:电子工业出版社,2007.
5. 余心之,徐美荣. 新编外贸单证实务[M]. 北京:对外经济贸易大学出版社,2005.
6. 连有. 新编国际贸易概论[M]. 北京:电子工业出版社,2008.
7. 屈韬. 外贸单证处理技巧[M]. 广州:广东经济出版社,2000.
8. 徐文文. 常用国际商务单证制作[M]. 北京:高等教育出版社,2007.
9. 陆梦青. 单证员岗位实训[M]. 北京:高等教育出版社,2007.
10. 崔瑾. 外贸单证实务[M]. 北京:高等教育出版社,2002.
11. 李卫. 国际贸易实务[M]. 北京:电子工业出版社,2007.
12. 海关总署报关员资格考试编写委员会. 报关员资格全国统一考试教材[M]. 北京:中国海关出版社,2008.
13. 童宏祥. 外贸单证实务[M]. 上海:华东理工大学出版社,2005.
14. 童宏祥. 外贸单证实务操作练习与解答[M]. 上海:华东理工大学出版社,2005.
15. 余世明. 国际商务单证实务[M]. 广州:暨南大学出版社,2006.
16. 余世明. 国际商务单证实务练习题及分析解答[M]. 广州:暨南大学出版社,2006.
17. 姚大伟. 国际货运代理实务[M]. 北京:中国对外经济贸易出版社,2002.
18. 卓乃坚. 国际贸易支付及其单证实务[M]. 上海:东华大学出版社,2005.
19. 张援越. 报关原理与实务[M]. 天津:天津大学出版社,2008.
20. 连有. 国际结算[M]. 上海:上海财经大学出版社,2007.
21. 中国国际货运代理协会. 国际货运代理理论与实务[M]. 北京:中国商务出版社,2007.
22. 李勤昌. 国际货物运输[M]. 大连:东北财经大学出版社,2005.